LH 한국토지주택공사

NCS + 전공 + 모의고사 3회

시대에듀

2025 최신판 시대에듀 LH 한국토지주택공사
NCS + 전공 + 최종점검 모의고사 3회 + 무료NCS특강

Always **with you**

사람의 인연은 길에서 우연하게 만나거나 함께 살아가는 것만을 의미하지는 않습니다.
책을 펴내는 출판사와 그 책을 읽는 독자의 만남도 소중한 인연입니다.
시대에듀는 항상 독자의 마음을 헤아리기 위해 노력하고 있습니다. 늘 독자와 함께하겠습니다.

머리말 PREFACE

국민주거안정을 실현하고자 노력하는 LH 한국토지주택공사는 2025년에 신입사원을 채용할 예정이다. 채용절차는 「지원서 접수 → 서류전형 → 필기전형 → AI면접 · 인성검사 → 면접전형 → 최종합격자 선정」 순서로 진행되며, 서류전형 평가점수에 가산점을 합산한 총점의 고득점자 순으로 모집분야별 선발예정인원의 30배수에게 필기전형 응시 기회를 부여한다. 필기전형은 직업기초능력과 직무역량을 평가하며, 그중 직업기초능력은 의사소통능력, 수리능력, 문제해결능력 등을 평가한다. 직무역량은 직무별로 내용이 상이하므로 반드시 확정된 채용공고를 확인해야 한다. 이때, 필기전형 고득점자 순으로 선발예정인원의 2～4배수에게 면접전형 응시 기회가 주어지므로 합격을 위해서는 필기전형에서의 고득점이 중요하다.

LH 한국토지주택공사 필기전형 합격을 위해 시대에듀에서는 기업별 NCS 시리즈 누적 판매량 1위의 출간경험을 토대로 다음과 같은 특징을 가진 도서를 출간하였다.

도서의 특징

1. **기출복원문제를 통한 출제 유형 확인!**
   - 2024년 하반기 주요 공기업 NCS 및 2024～2023년 전공 기출복원문제를 수록하여 공기업별 출제 경향을 파악할 수 있도록 하였다.
2. **출제 영역 맞춤 문제를 통한 실력 상승!**
   - 직업기초능력 대표기출유형&기출응용문제를 수록하여 NCS 유형별로 꼼꼼하게 학습할 수 있도록 하였다.
   - 직무역량(행정 · 경영 · 경제 · 토목 · 건축) 적중예상문제를 수록하여 전공 또한 빈틈없이 학습할 수 있도록 하였다.
3. **최종점검 모의고사를 통한 완벽한 실전 대비!**
   - 철저한 분석을 통해 실제 유형과 유사한 최종점검 모의고사를 수록하여 자신의 실력을 점검하고 향상시킬 수 있도록 하였다.
4. **다양한 콘텐츠로 최종 합격까지!**
   - LH 한국토지주택공사 채용 가이드와 면접 기출질문을 수록하여 채용 전반에 대비할 수 있도록 하였다.
   - 온라인 모의고사 2회분을 무료로 제공하여 필기전형을 준비하는 데 부족함이 없도록 하였다.

끝으로 본 도서를 통해 LH 한국토지주택공사 채용을 준비하는 모든 수험생 여러분이 합격의 기쁨을 누리기를 진심으로 기원한다.

SDC(Sidae Data Center) 씀

LH 한국토지주택공사 기업분석

INTRODUCE

◇ 미션

국민주거안정의 실현과 국토의 효율적 이용으로
삶의 질 향상과 국민경제 발전을 선도

◇ 비전

살고 싶은 집과 도시로 **국민의 희망을 가꾸는 기업**

◇ 핵심가치

T	R	U	S	T
Together	Revolution	Unification	Safety & Quality	Transparency
국민중심	미래혁신	소통화합	안전품질	청렴공정

◇ 인재상

LH C.O.R.E. Leadership

소통 · 성과 · 도전 · 공익으로 미래가치를 창출하는 핵심인재

◇ 전사적 경영목표

주택공급 100만 호	주거복지 200만 호
도시조성 250km²	산업거점 50km²
품질목표 100% 달성	중대재해 ZERO
부채비율 232% 이하	고객만족 BEST

◇ 중기(2025～2029) 경영목표 및 전략과제

경영목표	전략과제
국민 주거생활 향상	1-1 국민 주거안정을 위한 주택 공급 확대 1-2 저출생 · 고령화 등 대응을 위한 맞춤형 주거지원 강화 1-3 국민 삶의 질을 높이는 주거복지 구현
효율과 균형의 국토 · 도시 조성	2-1 지역 성장거점 조성으로 국토경쟁력 향상 2-2 도시 · 주택 재정비 등 도시관리 기능 강화 2-3 편리하고 쾌적한 친환경 도시 조성
건설산업 미래변화 선도	3-1 국민이 체감하는 고품질 주택건설 기술 선도 3-2 품질과 안전 중심의 건설관리 강화 3-3 공정한 건설환경 조성 및 민간성장 지원
지속가능경영 기반 확립	4-1 국민중심 경영체계 및 소통강화로 기관 신뢰 회복 4-2 디지털 기반 대국민서비스 질 제고 4-3 조직역량 제고 및 재무개선으로 경영효율성 강화

신입 채용 안내 INFORMATION

◇ 지원자격

❶ 학력 · 연령 · 성별 · 어학 · 신체조건 : 제한 없음

❷ 자격증

- 사무직(일반행정, 법률, 회계) : 제한 없음
- 사무직(전산, 지적, 문화재), 기술직(전체) : 해당 모집직무 지원자격 자격증 보유자

※ 보훈 · 장애인 전형 기술직 지원자의 경우 본인이 선택한 모집직무의 지원자격을 보유해야 함

❸ 병역 : 남자의 경우 병역필 또는 면제자

※단, 입사일 전까지 전역예정자로, 전형절차에 응시 가능한 경우 지원 가능

❹ 한국토지주택공사 직원채용 결격사유에 해당되지 않는 자

❺ 입사일부터 전일근무가 가능하고 인턴기간 중 3주 내외 합숙교육이 가능한 자

◇ 필기전형

구분		직무		내용
직무능력검사	직업기초능력	전 직무		의사소통능력, 수리능력, 문제해결능력
	직무역량	사무	일반행정	행정학원론, 행정조직론, 인사행정, 행정법
				경영학원론, 재무관리, 마케팅, 조직 및 인적자원관리
				경제학원론, 미시경제학, 거시경제학
		기술	토목	응용역학, 측량학, 수리학 및 수문학, 철근콘크리트 및 강구조, 토질 및 기초, 상하수도공학
			건축	건축계획학, 건축시공학, 건축구조학, 건축설비, 건축관계법규

※ 일부 직무의 경우 제외하였음

◇ 면접전형

구분		내용	평가항목
대면면접	직무면접	직무별 상황과 관련한 다양한 업무 자료 분석 및 발표 평가	정보해석 및 처리능력, 문제해결 및 논리전개 능력 등
	인성면접	자기소개서, 인성검사를 기반으로 인성요소 등 평가	직업관, 가치관, 사회적 책임감 등

❖ 위 채용 안내는 2024년 채용공고를 기준으로 작성하였으므로 세부사항은 확정된 채용공고를 확인하기 바랍니다.

2024년 기출분석 ANALYSIS

총평

LH 한국토지주택공사의 필기전형은 5지선다 PSAT형으로 출제되었다. 예년과 달리 NCS 40문항, 전공 60문항으로 문항 수가 변동되었으며, 특히 사무직의 경우 직무별 전공과목을 평가하는 등 변동사항이 있었다. NCS는 난이도 높게 출제되었다는 의견이 많았으며, 전공 역시 타 공사공단에 비해 훨씬 높은 수준의 문제들이 출제되었다고 한다. 특히 영역별 주관식 문제가 10문항씩 출제되어 곤혹스러웠다는 후기가 많았다. 총 100문항을 110분 내에 풀이하는 것이 어려웠다는 수험생이 다수였으므로 시간관리 연습과 더불어 꼼꼼한 대비가 필요해 보인다.

◇ 영역별 출제 비중

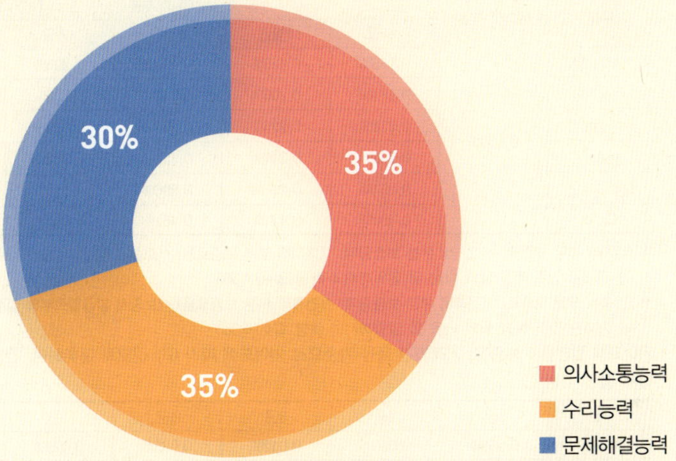

구분	출제 특징
의사소통능력	• 청년월세지원사업, 환경부 관련 사업 등 공사 관련 지문이 출제됨 • 제목 찾기, 내용 일치, 빈칸 삽입 등의 문제가 출제됨
수리능력	• 자료 계산 문제가 출제됨 • 증감률, 증가율을 구하는 문제가 출제됨
문제해결능력	• 자료 해석 문제가 다수 출제됨 • 긴 지문이 주어진 문제가 출제됨
직무역량	**경영** 로지스틱스, 유한회사, 황금낙하산, 복리후생과 임금, 포드시스템, 메르크식, 인사시스템, 포지셔닝(다차원척도법, 포지셔닝맵, 컨조인트분석) 시장개발 전략, 메시지 구조, 인적판매, 제휴 라이센스, 생산 라이센스, 제품스왑 등 **경제** 소비자잉여, 생산자 이론, 노동 공급량, 공공재, 피구세, 독점적 경쟁시장, IS-LM, 필립스 곡선, 소비함수, 국제무역, 환율 등 **토목** 수두 산정, 4점법, 부정정보 처짐, 원환응력, 상재하중 재하 시 주동토압 계산, 플랫플레이트 슬래브 등 **건축** 건축물 이격거리, 건설관리조직, 최대전단응력, 건축양식, 건축설비 등

PSAT형

| 수리능력

04 다음은 신용등급에 따른 아파트 보증률에 대한 사항이다. 자료와 상황에 근거할 때, 갑(甲)과 을(乙)의 보증료의 차이는 얼마인가?(단, 두 명 모두 대지비 보증금액은 5억 원, 건축비 보증금액은 3억 원이며, 보증서 발급일로부터 입주자 모집공고 안에 기재된 입주 예정 월의 다음 달 말일까지의 해당 일수는 365일이다)

- (신용등급별 보증료)=(대지비 부분 보증료)+(건축비 부분 보증료)
- 신용평가 등급별 보증료율

구분	대지비 부분	건축비 부분				
		1등급	2등급	3등급	4등급	5등급
AAA, AA	0.138%	0.178%	0.185%	0.192%	0.203%	0.221%
A^+		0.194%	0.208%	0.215%	0.226%	0.236%
A^-, BBB^+		0.216%	0.225%	0.231%	0.242%	0.261%
BBB^-		0.232%	0.247%	0.255%	0.267%	0.301%
BB^+ ~ CC		0.254%	0.276%	0.296%	0.314%	0.335%
C, D		0.404%	0.427%	0.461%	0.495%	0.531%

※ (대지비 부분 보증료)=(대지비 부분 보증금액)×(대지비 부분 보증료율)×(보증서 발급일로부터 입주자 모집공고 안에 기재된 입주 예정 월의 다음 달 말일까지의 해당 일수)÷365

※ (건축비 부분 보증료)=(건축비 부분 보증금액)×(건축비 부분 보증료율)×(보증서 발급일로부터 입주자 모집공고 안에 기재된 입주 예정 월의 다음 달 말일까지의 해당 일수)÷365

- 기여고객 할인율 : 보증료, 거래기간 등을 기준으로 기여도에 따라 6개 군으로 분류하며, 건축비 부분 요율에서 할인 가능

구분	1군	2군	3군	4군	5군	6군
차감률	0.058%	0.050%	0.042%	0.033%	0.025%	0.017%

〈상황〉

- 갑 : 신용등급은 A^+이며, 3등급 아파트 보증금을 내야 한다. 기여고객 할인율에서는 2군으로 선정되었다.
- 을 : 신용등급은 C이며, 1등급 아파트 보증금을 내야 한다. 기여고객 할인율은 3군으로 선정되었다.

① 554,000원
② 566,000원
③ 582,000원
④ 591,000원
⑤ 623,000원

특징
- ▸ 대부분 의사소통능력, 수리능력, 문제해결능력을 중심으로 출제(일부 기업의 경우 자원관리능력, 조직이해능력을 출제)
- ▸ 자료에 대한 추론 및 해석 능력을 요구

대행사
- ▸ 엑스퍼트컨설팅, 커리어넷, 태드솔루션, 한국행동과학연구소(행과연), 휴노 등

모듈형

| 문제해결능력

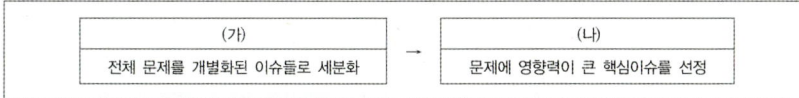

41 문제해결절차의 문제 도출 단계는 (가)와 (나)의 절차를 거쳐 수행된다. 다음 중 (가)에 대한 설명으로 적절하지 않은 것은?

(가)	→	(나)
전체 문제를 개별화된 이슈들로 세분화		문제에 영향력이 큰 핵심이슈를 선정

① 문제의 내용 및 영향 등을 파악하여 문제의 구조를 도출한다.
② 본래 문제가 발생한 배경이나 문제를 일으키는 메커니즘을 분명히 해야 한다.
③ 현상에 얽매이지 말고 문제의 본질과 실제를 봐야 한다.
④ 눈앞의 결과를 중심으로 문제를 바라봐야 한다.
⑤ 문제 구조 파악을 위해서 Logic Tree 방법이 주로 사용된다.

특징
- 이론 및 개념을 활용하여 푸는 유형
- 채용 기업 및 직무에 따라 NCS 직업기초능력평가 10개 영역 중 선발하여 출제
- 기업의 특성을 고려한 직무 관련 문제를 출제
- 주어진 상황에 대한 판단 및 이론 적용을 요구

대행사
- 인트로맨, 휴스테이션, ORP연구소 등

피듈형(PSAT형 + 모듈형)

| 자원관리능력

07 다음 자료를 근거로 판단할 때, 연구모임 A～E 중 세 번째로 많은 지원금을 받는 모임은?

〈지원계획〉

- 지원을 받기 위해서는 한 모임당 5명 이상 9명 미만으로 구성되어야 한다.
- 기본지원금은 모임당 1,500천 원을 기본으로 지원한다. 단, 상품개발을 위한 모임의 경우는 2,000천 원을 지원한다.
- 추가지원금

등급	상	중	하
추가지원금(천 원/명)	120	100	70

※ 추가지원금은 연구 계획 사전평가결과에 따라 달라진다.

- 협업 장려를 위해 협업이 인정되는 모임에는 위의 두 지원금을 합한 금액의 30%를 별도로 지원한다.

〈연구모임 현황 및 평가결과〉

특징
- 기초 및 응용 모듈을 구분하여 푸는 유형
- 기초인지모듈과 응용업무모듈로 구분하여 출제
- PSAT형보다 난도가 낮은 편
- 유형이 정형화되어 있고, 유사한 유형의 문제를 세트로 출제

대행사
- 사람인, 스카우트, 인크루트, 커리어케어, 트리피, 한국사회능력개발원 등

주요 공기업 적중 문제 TEST CHECK

LH 한국토지주택공사

증가율 ▸ 유형

2024년 적중

27 다음은 2022년 테니스 팀 A～E의 선수 인원수 및 총연봉과 각각의 전년 대비 증가율에 대한 자료이다. 이에 대한 설명으로 옳지 않은 것은?

〈2022년 테니스 팀 A～E의 선수 인원수 및 총연봉〉

(단위 : 명, 억 원)

테니스 팀	선수 인원수	총연봉
A	5	15
B	10	25
C	8	24
D	6	30
E	6	24

※ (팀 선수 평균 연봉) $=\frac{(\text{총연봉})}{(\text{선수 인원수})}$

〈2022년 테니스 팀 A～E의 선수 인원수 및 총연봉의 전년 대비 증가율〉

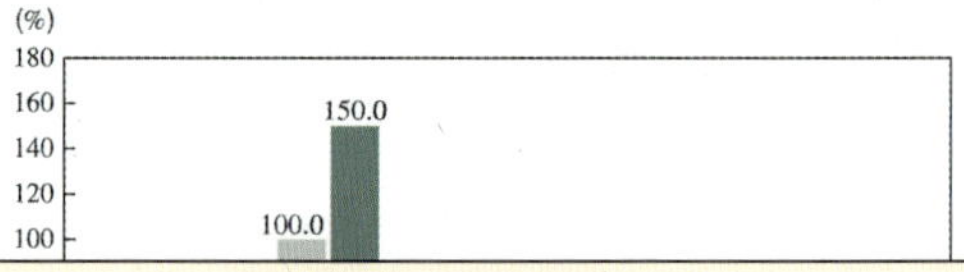

환경 ▸ 키워드

2024년 적중

40 다음 글과 〈보기〉를 근거로 할 때 가장 적절한 것은?

환경오염 및 예방 대책의 추진(제○○조)

환경부장관 및 시장·군수·구청장 등은 국가산업단지의 주변지역에 대한 환경기초조사를 정기적으로 실시하여야 하며 이를 기초로 하여 환경오염 및 예방 대책을 수립·시행하여야 한다.

환경기초조사의 방법·시기 등(제□□조)

전조(前條)에 따른 환경기초조사의 방법과 시기 등은 다음 각 호와 같다.

1. 환경기초조사의 범위는 지하수 및 지표수의 수질, 대기, 토양 등에 대한 계획·조사 및 치유대책을 포함한다.
2. 환경기초조사는 당해 기초지방자치단체장이 1단계 조사를 하고 환경부장관이 2단계 조사를 한다. 다만 1단계 조사결과에 의하여 정상지역으로 판정된 때는 2단계 조사를 하지 아니한다.
3. 제2호에 따른 1단계 조사는 그 조사 시행일 기준으로 3년마다 실시하고, 2단계 조사는 1단계 조사 판정일 이후 1개월 이내에 실시하여야 한다.

보기

- L시에는 갑, 을, 병 세 곳의 국가산업단지가 있다.
- L시 시장은 다음과 같이 세 개 단지의 주변지역에 대한 1단계 환경기초조사를 하였다. 2023년 1월 1일에 기록되어 있는 시행일, 판정일 및 판정 결과는 다음과 같다.

구분	1단계 조사 시행일	1단계 조사 판정일	결과
갑단지 주변지역	2021년 7월 1일	2022년 11월 30일	오염 지역
을단지 주변지역	2020년 3월 1일	2020년 9월 1일	오염 지역
병단지 주변지역	2021년 10월 1일	2022년 7월 1일	정상 지역

코레일 한국철도공사

농도 ▶ 유형

2024년 적중

02 농도가 10%인 소금물 200g에 농도가 15%인 소금물을 섞어서 13%인 소금물을 만들려고 한다. 이때, 농도가 15%인 소금물은 몇 g이 필요한가?

① 150g
② 200g
③ 250g
④ 300g
⑤ 350g

SWOT 분석 ▶ 유형

2024년 적중

01 다음은 K섬유회사에 대한 SWOT 분석 자료이다. 분석에 따른 대응 전략으로 적절한 것을 〈보기〉에서 모두 고르면?

S 강점	W 약점
• 첨단 신소재 관련 특허 다수 보유	• 신규 생산 설비 투자 미흡 • 브랜드의 인지도 부족
O 기회	**T 위협**
• 고기능성 제품에 대한 수요 증가 • 정부 주도의 문화 콘텐츠 사업 지원	• 중저가 의류용 제품의 공급 과잉 • 저임금의 개발도상국과 경쟁 심화

보기

ㄱ. SO전략으로 첨단 신소재를 적용한 고기능성 제품을 개발한다.
ㄴ. ST전략으로 첨단 신소재 관련 특허를 개발도상국의 경쟁업체에 무상 이전한다.
ㄷ. WO전략으로 문화 콘텐츠와 디자인을 접목한 신규 브랜드 개발을 통해 적극적으로 마케팅 한다.
ㄹ. WT전략으로 기존 설비에 대한 재투자를 통해 대량생산 체제로 전환한다.

① ㄱ, ㄷ
② ㄱ, ㄹ
③ ㄴ, ㄷ
④ ㄴ, ㄹ
⑤ ㄷ, ㄹ

국가철도공단

맞춤법 ▸ 유형 2024년 적중

01 다음 중 밑줄 친 부분의 맞춤법이 옳은 것은?

① 그는 손가락으로 북쪽을 가르켰다.
② 뚝배기에 담겨 나와서 시간이 지나도 식지 않았다.
③ 열심히 하는 것은 좋은데 촛점이 틀렸다.
④ 몸이 너무 약해서 보약을 다려 먹어야겠다.

직접비 / 간접비 ▸ 키워드 2024년 적중

32 다음은 직접비와 간접비에 대한 설명이다. 이를 참고할 때 〈보기〉의 인건비와 성격이 가장 유사한 것은?

> 어떤 활동이나 사업의 비용을 추정하거나 예산을 잡을 때에는 추정해야 할 많은 유형의 비용이 존재한다. 그중 대표적인 것이 직접비와 간접비이다. 직접비란 간접비용에 상대되는 용어로서, 제품 생산 또는 서비스를 창출하기 위해 직접 소비된 것으로 여겨지는 비용을 말한다. 이와 반대로 간접비란 제품을 생산하거나 서비스를 창출하기 위해 소비된 비용 중에서 직접비용을 제외한 비용으로, 제품 생산에 직접 관련되지 않은 비용을 말하는데, 이는 매우 다양하기 때문에 많은 사람들이 간접비용을 정확하게 예측하지 못해 어려움을 겪는 경우가 많다.

> **보기**
> 인건비란 제품 생산 또는 서비스 창출을 위한 업무를 수행하는 사람들에게 지급되는 비용으로, 계약에 의해 고용된 외부 인력에 대한 비용도 인건비에 포함된다. 이러한 인건비는 일반적으로 전체 비용 중 가장 큰 비중을 차지하게 된다.

① 통신비 ② 출장비
③ 광고비 ④ 보험료

한국도로공사

참거짓 ▶ 유형

2024년 적중

06 A ~ D는 한 판의 가위바위보를 한 후 그 결과에 대해 각각 두 가지의 진술을 하였다. 두 가지의 진술 중 하나는 반드시 참이고, 하나는 반드시 거짓이라고 할 때, 다음 중 항상 참인 것은?

> A : C는 B를 이길 수 있는 것을 냈고, B는 가위를 냈다.
> B : A는 C와 같은 것을 냈지만, A가 편 손가락의 수는 나보다 적었다.
> C : B는 바위를 냈고, 그 누구도 같은 것을 내지 않았다.
> D : A, B, C 모두 참 또는 거짓을 말한 순서가 동일하다. 이 판은 승자가 나온 판이었다.

① B와 같은 것을 낸 사람이 있다.
② 보를 낸 사람은 1명이다.
③ D는 혼자 가위를 냈다.
④ B가 기권했다면 가위를 낸 사람이 지는 판이다.

매출액 ▶ 키워드

2024년 적중

18 다음 표는 D회사 구내식당의 월별 이용자 수 및 매출액에 대한 자료이고, 보고서는 D회사 구내식당 가격인상에 대한 내부검토 자료이다. 이를 토대로 '2024년 1월의 이용자 수 예측'에 대한 그래프로 옳은 것은?

〈2023년 D회사 구내식당의 월별 이용자 수 및 매출액〉

(단위 : 명, 천 원)

구분	특선식		일반식		총매출액
	이용자 수	매출액	이용자 수	매출액	
7월	901	5,406	1,292	5,168	10,574
8월	885	5,310	1,324	5,296	10,606
9월	914	5,484	1,284	5,136	10,620
10월	979	5,874	1,244	4,976	10,850
11월	974	5,844	1,196	4,784	10,628
12월	952	5,712	1,210	4,840	10,552

※ 총매출액은 특선식 매출액과 일반식 매출액의 합이다.

〈보고서〉

2023년 12월 D회사 구내식당은 특선식(6,000원)과 일반식(4,000원)의 두 가지 메뉴를 판매하고 있다. 2023년 11월부터 구내식당 총매출액이 감소하고 있어 지난 2년 동안 동결되었던 특선식과 일반식 중 한 가지 메뉴의 가격을 2024년 1월부터 1,000원 인상할지를 검토하였다.
메뉴 가격에 변동이 없을 경우, 일반식 이용자와 특선식 이용자의 수가 모두 2023년 12월에 비해 감소하여 2024년 1월의 총매출액은 2023년 12월보다 감소할 것으로 예측된다.
특선식 가격만을 1,000원 인상하여 7,000원으로 할 경우, 특선식 이용자 수는 2023년 7월 이후 최저치 이하로 감소하지만, 가격 인상의 영향 등으로 총매출액은 2023년 10월 이상으로 증가할 것으로 예측된다.
일반식 가격만을 1,000원 인상하여 5,000원으로 할 경우, 일반식 이용자 수는 2023년 12월 대비 10% 이상 감소하며, 특선식 이용자 수는 2023년 10월보다 증가하지는 않으리라 예측된다.

도서 200% 활용하기 STRUCTURES

1 기출복원문제로 출제경향 파악

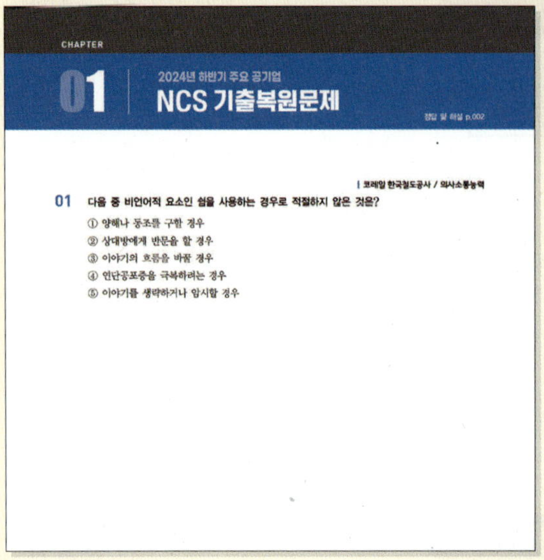

CHAPTER 01 2024년 하반기 주요 공기업

NCS 기출복원문제

정답 및 해설 p.002

| 코레일 한국철도공사 / 의사소통능력

01 다음 중 비언어적 요소인 쉼을 사용하는 경우로 적절하지 않은 것은?

① 양해나 동조를 구할 경우
② 상대방에게 반문을 할 경우
③ 이야기의 흐름을 바꿀 경우
④ 연단공포증을 극복하려는 경우
⑤ 이야기를 생략하거나 암시할 경우

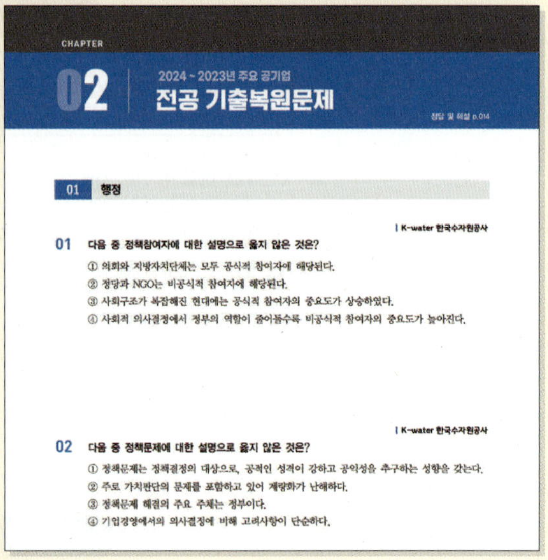

CHAPTER 02 2024~2023년 주요 공기업

전공 기출복원문제

정답 및 해설 p.014

01 행정

| K-water 한국수자원공사

01 다음 중 정책참여자에 대한 설명으로 옳지 않은 것은?

① 의회와 지방자치단체는 모두 공식적 참여자에 해당된다.
② 정당과 NGO는 비공식적 참여자에 해당된다.
③ 사회구조가 복잡해진 현대에는 공식적 참여자의 중요도가 상승하였다.
④ 사회적 의사결정에서 정부의 역할이 줄어들수록 비공식적 참여자의 중요도가 높아진다.

| K-water 한국수자원공사

02 다음 중 정책문제에 대한 설명으로 옳지 않은 것은?

① 정책문제는 정책결정의 대상으로, 공적인 성격이 강하고 공익성을 추구하는 성향을 갖는다.
② 주로 가치판단의 문제를 포함하고 있어 계량화가 난해하다.
③ 정책문제 해결의 주요 주체는 정부이다.
④ 기업경영에서의 의사결정에 비해 고려사항이 단순하다.

▸ 2024년 하반기 주요 공기업 NCS 및 2024~2023년 전공 기출복원문제를 수록하여 공기업별 출제경향을 파악할 수 있도록 하였다.

2 출제 영역 맞춤 문제로 필기전형 완벽 대비

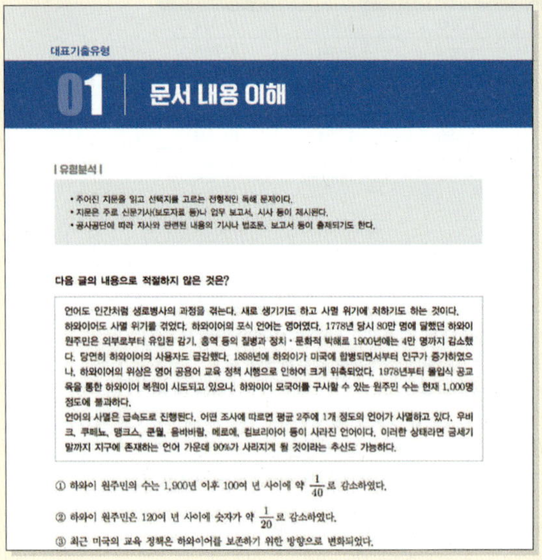

대표기출유형

01 문서 내용 이해

| 유형분석 |

- 주어진 지문을 읽고 선택지를 고르는 전형적인 독해 문제이다.
- 지문은 주로 신문기사(보도자료 등)나 업무 보고서, 시사 등이 제시된다.
- 공사공단에 따라 자사와 관련된 내용의 기사나 법조문, 보고서 등이 출제되기도 한다.

다음 글의 내용으로 적절하지 않은 것은?

언어도 인간처럼 생로병사의 과정을 겪는다. 새로 생기기도 하고 사멸 위기에 처하기도 하는 것이다. 하와이어도 사멸 위기를 겪었다. 하와이어의 모식 언어는 영어였다. 1778년 당시 80만 명에 달했던 하와이 원주민은 외부로부터 유입된 감기, 홍역 등의 질병과 정치·문화적 박해로 1900년에는 4만 명까지 감소했다. 당연히 하와이어의 사용자도 급감했다. 1898년에 하와이가 미국에 합병되면서부터 인구가 증가하였으나, 하와이어의 위상은 영어 공용어 교육 정책 시행으로 인하여 크게 위축되었다. 1978년부터 몰입식 공교육을 통한 하와이어 복원이 시도되고 있으나, 하와이어 모국어를 구사할 수 있는 원주민 수는 현재 1,000명 정도에 불과하다.
언어의 사멸은 급속도로 진행된다. 어떤 조사에 따르면 평균 2주에 1개 정도의 언어가 사멸하고 있다. 우비크, 쿠페뇨, 맹크스, 콘월, 음바바람, 메로에, 컴브리아어 등이 사라진 언어이다. 이러한 상태라면 금세기 말까지 지구에 존재하는 언어 가운데 90%가 사라지게 될 것이라는 추산도 가능하다.

① 하와이 원주민의 수는 1,900년 이후 100여 년 사이에 약 $\frac{1}{40}$로 감소하였다.
② 하와이 원주민은 120여 년 사이에 숫자가 약 $\frac{1}{20}$로 감소하였다.
③ 최근 미국의 교육 정책은 하와이어를 보존하기 위한 방향으로 변화되었다.

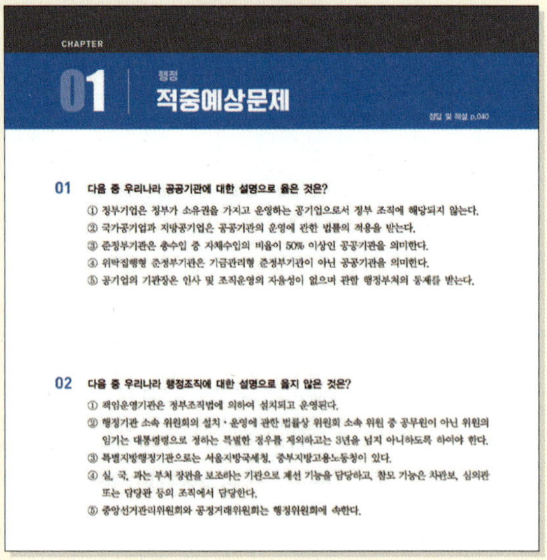

CHAPTER 01 행정

적중예상문제

정답 및 해설 p.040

01 다음 중 우리나라 공공기관에 대한 설명으로 옳은 것은?

① 정부기업은 정부가 소유권을 가지고 운영하는 공기업으로서 정부 조직에 해당되지 않는다.
② 국가공기업과 지방공기업은 공공기관의 운영에 관한 법률의 적용을 받는다.
③ 준정부기관은 총수입 중 자체수입의 비율이 50% 이상인 공공기관을 의미한다.
④ 위탁집행형 준정부기관은 기금관리형 준정부기관이 아닌 공공기관을 의미한다.
⑤ 공기업의 기관장은 인사 및 조직운영의 자율성이 없으며 관할 행정부처의 통제를 받는다.

02 다음 중 우리나라 행정조직에 대한 설명으로 옳지 않은 것은?

① 책임운영기관은 정부조직법에 의하여 설치되고 운영된다.
② 행정기관 소속 위원회의 설치·운영에 관한 법률상 위원회 소속 위원 중 공무원이 아닌 위원의 임기는 대통령령으로 정하는 특별한 경우를 제외하고는 3년을 넘지 아니하도록 하여야 한다.
③ 특별지방행정기관으로는 서울지방국세청, 중부지방고용노동청이 있다.
④ 실, 국, 과는 부처 장관을 보조하는 기관으로 계선 기능을 담당하고, 참모 기능은 차관보, 심의관 또는 담당관 등의 조직에서 담당한다.
⑤ 중앙선거관리위원회와 공정거래위원회는 행정위원회에 속한다.

▸ 직업기초능력 대표기출유형&기출응용문제를 수록하여 NCS 유형별로 꼼꼼히 학습할 수 있도록 하였다.
▸ 직무역량(행정·경영·경제·토목·건축) 적중예상문제를 수록하여 전공 또한 빈틈없이 학습할 수 있도록 하였다.

3 최종점검 모의고사 + OMR을 활용한 실전 연습

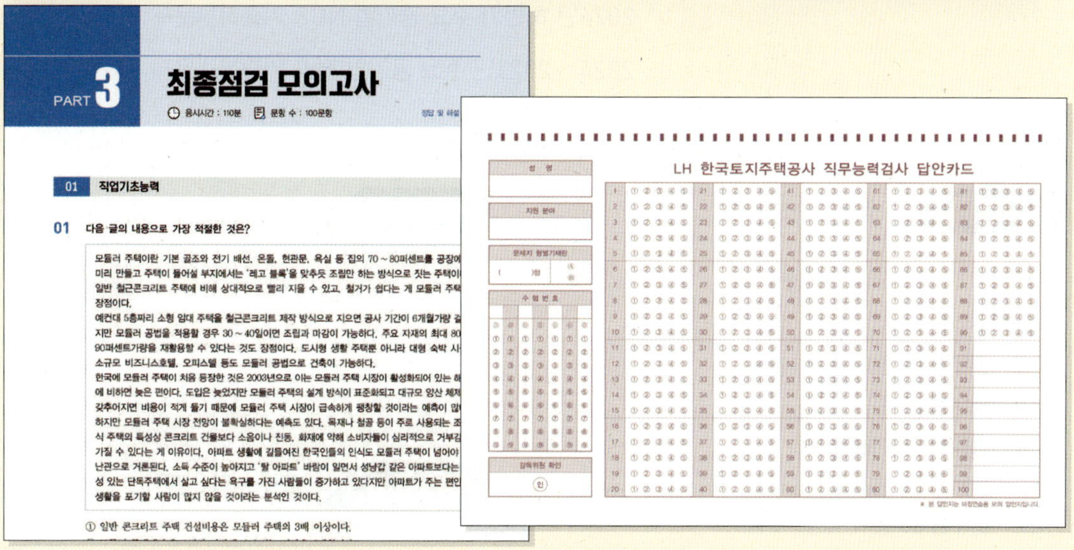

- 철저한 분석을 통해 실제 유형과 유사한 최종점검 모의고사를 수록하여 자신의 실력을 점검하고 향상시킬 수 있도록 하였다.
- 모바일 OMR 답안채점/성적분석 서비스를 통해 필기전형에 대비할 수 있도록 하였다.

4 인성검사부터 면접까지 한 권으로 최종 마무리

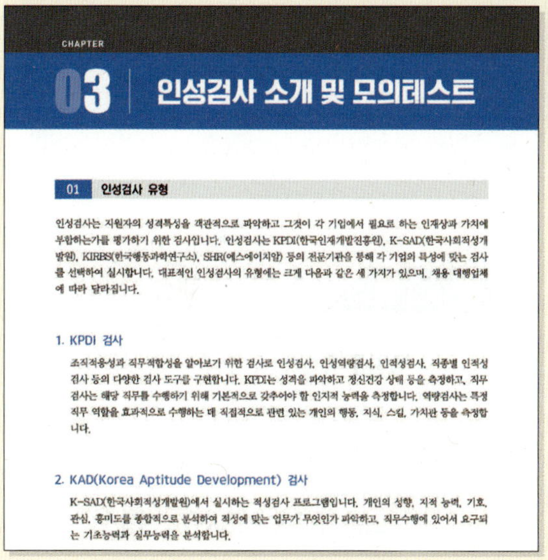

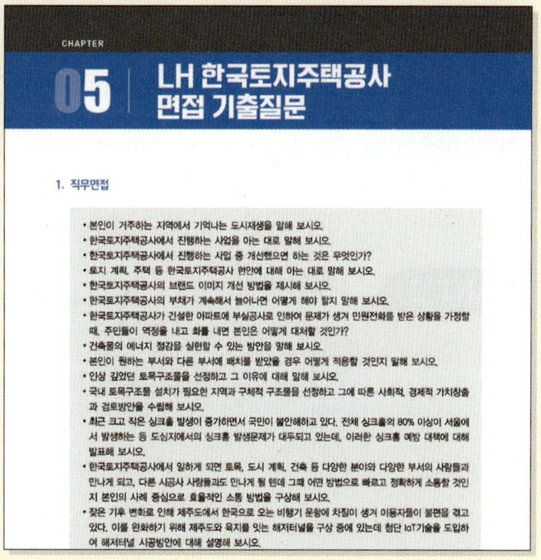

- 인성검사 모의테스트를 수록하여 인성검사 유형 및 문항을 확인할 수 있도록 하였다.
- LH 한국토지주택공사 면접 기출질문을 수록하여 면접에서 나오는 질문을 미리 파악하고 면접에 대비할 수 있도록 하였다.

이 책의 차례 CONTENTS

Add+ 특별부록

CHAPTER 01 2024년 하반기 주요 공기업 NCS 기출복원문제 2
CHAPTER 02 2024~2023년 주요 공기업 전공 기출복원문제 33

PART 1 직업기초능력

CHAPTER 01 의사소통능력 4
대표기출유형 01 문서 내용 이해
대표기출유형 02 글의 주제 · 제목
대표기출유형 03 문단 나열
대표기출유형 04 내용 추론
대표기출유형 05 빈칸 삽입
대표기출유형 06 문서 작성 · 수정

CHAPTER 02 수리능력 30
대표기출유형 01 응용 수리
대표기출유형 02 자료 계산
대표기출유형 03 자료 이해

CHAPTER 03 문제해결능력 44
대표기출유형 01 명제 추론
대표기출유형 02 SWOT 분석
대표기출유형 03 규칙 적용
대표기출유형 04 자료 해석

PART 2 직무역량

CHAPTER 01 행정 60
CHAPTER 02 경영 67
CHAPTER 03 경제 73
CHAPTER 04 토목 80
CHAPTER 05 건축 87

PART 3 최종점검 모의고사 98

PART 4 채용 가이드

CHAPTER 01 블라인드 채용 소개 238
CHAPTER 02 서류전형 가이드 240
CHAPTER 03 인성검사 소개 및 모의테스트 247
CHAPTER 04 면접전형 가이드 254
CHAPTER 05 LH 한국토지주택공사 면접 기출질문 264

별 책 정답 및 해설

Add+ 특별부록 2
PART 1 직업기초능력 26
PART 2 직무역량 40
PART 3 최종점검 모의고사 64
OMR 답안카드

Add+

특별부록

CHAPTER 01 2024년 하반기 주요 공기업 NCS 기출복원문제

CHAPTER 02 2024 ~ 2023년 주요 공기업 전공 기출복원문제

CHAPTER

01 2024년 하반기 주요 공기업 NCS 기출복원문제

정답 및 해설 p.002

| 코레일 한국철도공사 / 의사소통능력

01 다음 중 비언어적 요소인 쉼을 사용하는 경우로 적절하지 않은 것은?

① 양해나 동조를 구할 경우
② 상대방에게 반문을 할 경우
③ 이야기의 흐름을 바꿀 경우
④ 연단공포증을 극복하려는 경우
⑤ 이야기를 생략하거나 암시할 경우

| 코레일 한국철도공사 / 의사소통능력

02 다음 밑줄 친 부분에 해당하는 키슬러의 대인관계 의사소통 유형은?

> 의사소통 시 이 유형의 사람은 따뜻하고 인정이 많고 자기희생적이나 타인의 요구를 거절하지 못하므로 타인과의 정서적인 거리를 유지하는 노력이 필요하다.

① 지배형 ② 사교형
③ 친화형 ④ 고립형
⑤ 순박형

03 다음 글을 통해 알 수 있는 철도사고 발생 시 행동요령으로 적절하지 않은 것은?

철도사고는 지하철, 고속철도 등 철도에서 발생하는 사고를 뜻한다. 많은 사람이 한꺼번에 이용하며 무거운 전동차가 고속으로 움직이는 특성상 철도사고가 발생할 경우 인명과 재산에 큰 피해가 발생한다.

철도사고는 다양한 원인에 의해 발생하며 사고 유형 또한 다양하게 나타나는데, 대표적으로는 충돌사고, 탈선사고, 열차화재사고가 있다. 이 사고들은 철도안전법에서 철도교통사고로 규정되어 있으며, 많은 인명피해를 야기하므로 철도사업자는 반드시 이를 예방하기 위한 조치를 취해야 한다. 또한 승객들은 위험으로부터 빠르게 벗어나기 위해 사고 시 대피요령을 파악하고 있어야 한다.

국토교통부는 철도사고 발생 시 인명과 재산을 보호하기 위한 국민행동요령을 제시하고 있다. 이 행동요령에 따르면 지하철에서 사고가 발생할 경우 가장 먼저 객실 양 끝에 있는 인터폰으로 승무원에게 사고를 알려야 한다. 만약 화재가 발생했다면 곧바로 119에 신고하고, 여유가 있다면 객실 양 끝에 비치된 소화기로 불을 꺼야 한다. 반면 화재의 진화가 어려울 경우 입과 코를 젖은 천으로 막고 화재가 발생하지 않은 다른 객실로 이동해야 한다. 전동차에서 대피할 때는 안내방송과 승무원의 안내에 따라 질서 있게 대피해야 하며 이때 부상자, 노약자, 임산부가 먼저 대피할 수 있도록 배려하고 도와주어야 한다. 만약 전동차의 문이 열리지 않으면 반드시 열차가 멈춘 후에 안내방송에 따라 비상핸들이나 비상콕크를 돌려 문을 열고 탈출해야 한다. 전동차가 플랫폼에 멈췄을 경우 스크린도어를 열고 탈출해야 하는데, 손잡이를 양쪽으로 밀거나 빨간색 비상바를 밀고 탈출해야 한다. 반대로 역이 아닌 곳에서 멈췄을 경우 감전의 위험이 있으므로 반드시 승무원의 안내에 따라 반대편 선로의 열차 진입에 유의하며 대피 유도등을 따라 침착하게 비상구로 대피해야 한다.

이와 같이 승객들은 철도사고 발생 시 신고, 질서 유지, 빠른 대피를 중점적으로 유념하여 행동해야 한다. 철도사고는 사고 자체가 일어나지 않도록 철저한 안전관리와 예방이 필요하지만, 다양한 원인으로 예상치 못하게 발생한다. 따라서 철도교통을 이용하는 승객 또한 평소에 안전 수칙을 준수하고 비상 상황에서 침착하게 대처하는 훈련이 필요하다.

① 침착함을 잃지 않고 승무원의 안내에 따라 대피해야 한다.

② 화재사고 발생 시 규모가 크지 않다면 빠르게 진화 작업을 해야 한다.

③ 선로에서 대피할 경우 승무원의 안내와 대피 유도등을 따라 대피해야 한다.

④ 열차에서 대피할 때는 탈출이 어려운 사람부터 대피할 수 있도록 도와야 한다.

⑤ 열차사고 발생 시 탈출을 위해 우선 비상핸들을 돌려 열차의 문을 개방해야 한다.

04 다음 글을 읽고 알 수 있는 하향식 읽기 모형의 사례로 적절하지 않은 것은?

> 글을 읽는 것은 단순히 책에 쓰인 문자를 해독하는 것이 아니라 그 안에 담긴 의미를 파악하는 과정이다. 그렇다면 사람들은 어떤 방식으로 글의 의미를 파악할까? 세상의 모든 어휘를 알고 있는 사람은 없을 것이다. 그러나 대부분의 사람들, 특히 고등교육을 받은 성인들은 자신이 잘 모르는 어휘가 있더라도 글의 전체적인 맥락과 의미를 파악할 수 있다. 이를 설명해 주는 것이 바로 하향식 읽기 모형이다.
> 하향식 읽기 모형은 독자가 이미 알고 있는 배경지식과 경험을 바탕으로 글의 전체적인 맥락을 먼저 파악하는 방식이다. 하향식 읽기 모형은 독자의 능동적인 참여를 활용하는 읽기로, 여기서 독자는 단순히 글을 받아들이는 수동적인 존재가 아니라 자신의 지식과 경험을 활용하여 글의 의미를 구성해 나가는 주체적인 역할을 한다. 이때 독자는 글의 내용을 예측하고 추론하며, 심지어 자신의 생각을 더하여 글에 대한 이해를 넓혀갈 수 있다.
> 하향식 읽기 모형의 장점은 빠르고 효율적인 독서가 가능하다는 것이다. 글의 전체적인 맥락을 먼저 파악하기 때문에 글의 핵심 내용을 빠르게 파악할 수 있고, 배경지식을 활용하여 더 깊이 있는 이해를 얻을 수 있다. 또한 예측과 추론을 통한 능동적인 독서는 독서에 대한 흥미를 높여 주는 효과도 있다.
> 그러나 하향식 읽기 모형은 독자의 배경지식에 의존하여 읽는 방법이므로 배경지식이 부족한 경우 글의 의미를 정확하게 파악하기 어려울 수 있으며, 배경지식에 의존하여 오해를 할 가능성도 크다. 또한 글의 내용이 복잡하다면 많은 배경지식을 가지고 있더라도 글의 맥락을 적극적으로 가정하거나 추측하기 어려운 것 또한 하향식 읽기 모형의 단점이 된다.
> 하향식 읽기 모형은 글의 내용을 빠르게 이해하고 독자 스스로 내면화할 수 있으므로 독서 능력 향상에 유용한 방법이다. 그러나 모든 글에 동일하게 적용할 수 있는 읽기 모델은 아니므로 글의 종류와 독자의 배경지식에 따라 적절한 읽기 전략을 사용해야 한다. 따라서 하향식 읽기 모형과 함께 상향식 읽기(문자의 정확한 해독), 주석 달기, 소리 내어 읽기 등 다양한 읽기 전략을 활용하여야 한다.

① 회의 자료를 읽기 전 회의 주제를 먼저 파악하여 회의 안건을 예상하였다.
② 기사의 헤드라인을 먼저 읽어 기사의 내용을 유추한 뒤 상세 내용을 읽었다.
③ 제품 설명서를 읽어 제품의 기능과 각 버튼의 용도를 파악하고 기계를 작동시켰다.
④ 요리법의 전체적인 조리 과정을 파악하고 단계별로 필요한 재료와 순서를 확인하였다.
⑤ 서문이나 목차를 통해 책의 전체적인 흐름을 파악하고 관심 있는 부분을 집중적으로 읽었다.

| 코레일 한국철도공사 / 수리능력

05 농도가 15%인 소금물 200g과 농도가 20%인 소금물 300g을 섞었을 때, 섞인 소금물의 농도는?

① 17%
② 17.5%
③ 18%
④ 18.5%
⑤ 19%

| 코레일 한국철도공사 / 수리능력

06 남직원 A ~ C, 여직원 D ~ F 6명이 일렬로 앉고자 한다. 여직원끼리 인접하지 않고, 여직원 D와 남직원 B가 서로 인접하여 앉는 경우의 수는?

① 12가지
② 20가지
③ 40가지
④ 60가지
⑤ 120가지

| 코레일 한국철도공사 / 수리능력

07 다음과 같이 일정한 규칙으로 수를 나열할 때 빈칸에 들어갈 수로 옳은 것은?

−23	−15	−11	5	13	25	( )	45	157	65

① 49
② 53
③ 57
④ 61
⑤ 65

08 다음은 K시의 유치원, 초·중·고등학교, 고등교육기관의 취학률 및 초·중·고등학교의 상급학교 진학률에 대한 자료이다. 이에 대한 설명으로 옳지 않은 것은?

〈유치원, 초·중·고등학교, 고등교육기관 취학률〉

(단위 : %)

구분	2014년	2015년	2016년	2017년	2018년	2019년	2020년	2021년	2022년	2023년
유치원	45.8	45.2	48.3	50.6	51.6	48.1	44.3	45.8	49.7	52.8
초등학교	98.7	99	98.6	98.9	99.3	99.6	98.1	98.1	99.5	99.9
중학교	98.5	98.6	98.1	98	98.9	98.5	97.1	97.6	97.5	98.2
고등학교	95.3	96.9	96.2	95.4	96.2	94.7	92.1	93.7	95.2	95.6
고등교육기관	65.6	68.9	64.9	66.2	67.5	69.2	70.8	71.7	74.3	73.5

〈초·중·고등학교 상급학교 진학률〉

(단위 : %)

구분	2014년	2015년	2016년	2017년	2018년	2019년	2020년	2021년	2022년	2023년
초등학교	100	100	100	100	100	100	100	100	100	100
중학교	99.7	99.7	99.7	99.7	99.7	99.7	99.7	99.7	99.7	99.6
고등학교	93.5	91.8	90.2	93.2	91.7	90.5	91.4	92.6	93.9	92.8

① 중학교의 취학률은 매년 97% 이상이다.

② 매년 취학률이 가장 높은 기관은 초등학교이다.

③ 고등교육기관의 취학률이 70%를 넘긴 해는 2020년부터이다.

④ 2023년에 중학교에서 고등학교로 진학하지 않은 학생의 비율은 전년 대비 감소하였다.

⑤ 고등교육기관의 취학률이 가장 낮은 해와 고등학교의 상급학교 진학률이 가장 낮은 해는 같다.

09 다음은 A기업과 B기업의 2024년 1 ~ 6월 매출액에 대한 자료이다. 이를 그래프로 옮겼을 때의 개형으로 옳은 것은?

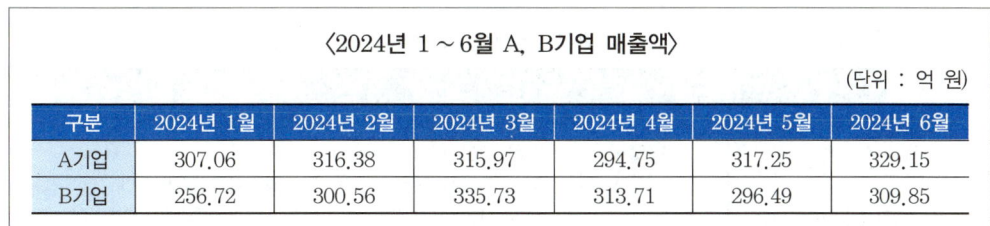

〈2024년 1 ~ 6월 A, B기업 매출액〉

(단위 : 억 원)

구분	2024년 1월	2024년 2월	2024년 3월	2024년 4월	2024년 5월	2024년 6월
A기업	307.06	316.38	315.97	294.75	317.25	329.15
B기업	256.72	300.56	335.73	313.71	296.49	309.85

①
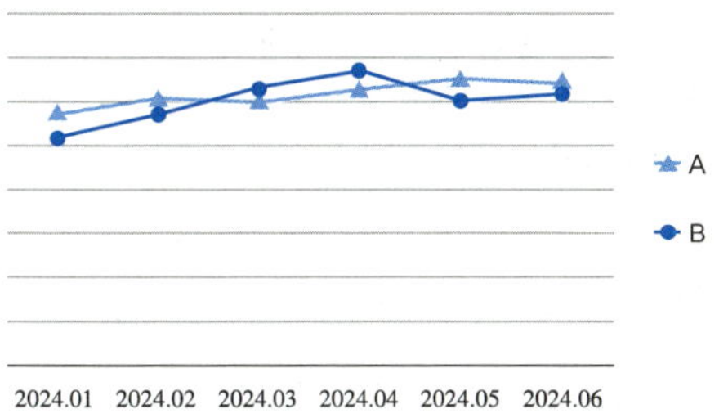

②
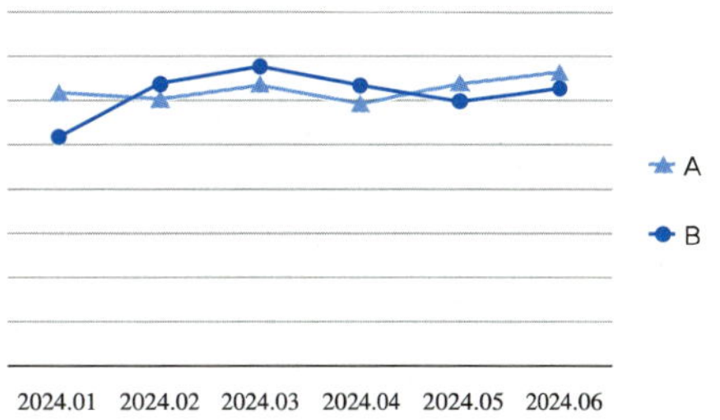

③
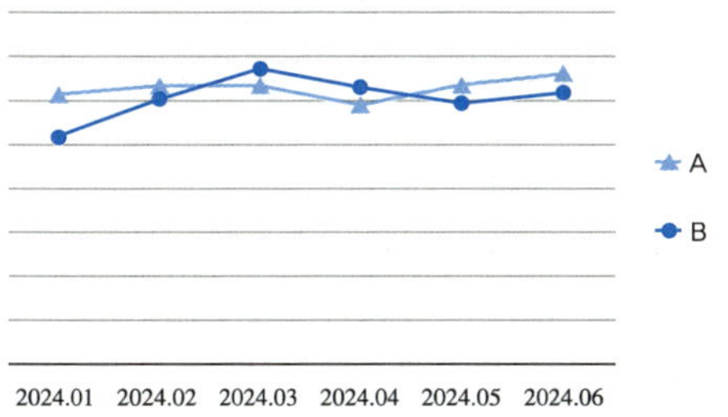

④
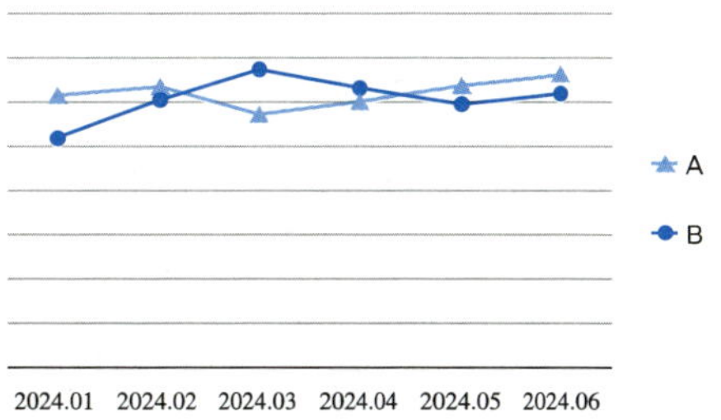

⑤
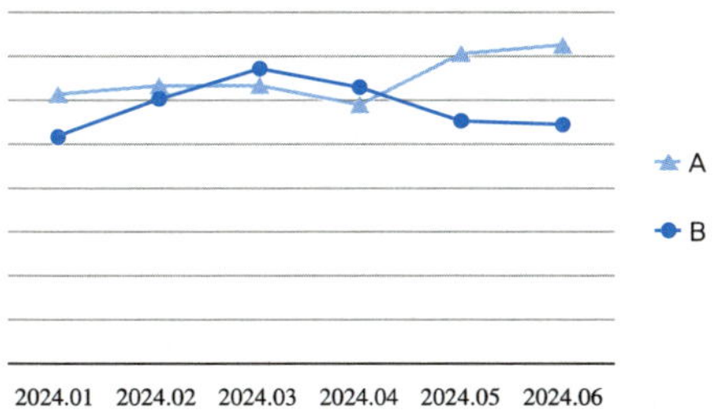

10 다음은 스마트 팜을 운영하는 K사에 대한 SWOT 분석 결과이다. 이에 따른 전략이 나머지와 다른 것은?

〈K사 스마트 팜 SWOT 분석 결과〉

구분		분석 결과
내부환경요인	강점 (Strength)	• 차별화된 기술력 : 기존 스마트 팜 솔루션과 차별화된 센서 기술, AI 기반 데이터 분석 기술 보유 • 젊고 유연한 조직 : 빠른 의사결정과 시장 변화에 대한 적응력 • 정부 사업 참여 경험 : 스마트 팜 관련 정부 사업 참여 가능성
	약점 (Weakness)	• 자금 부족 : 연구개발, 마케팅 등에 필요한 자금 확보 어려움 • 인력 부족 : 다양한 분야의 전문 인력 확보 필요 • 개발력 부족 : 신규 기술 개발 속도 느림
외부환경요인	기회 (Opportunity)	• 스마트 팜 시장 성장 : 스마트 팜에 대한 관심 증가와 이에 따른 정부의 적극적인 지원 • 해외 시장 진출 가능성 : 글로벌 스마트 팜 시장 진출 기회 확대 • 활발한 관련 연구 : 스마트 팜 관련 공동연구 및 포럼, 설명회 등 정보 교류가 활발하게 논의
	위협 (Threat)	• 경쟁 심화 : 후발 주자의 등장과 기존 대기업의 시장 장악 가능성 • 기술 변화 : 빠르게 변화하는 기술 트렌드에 대한 대응 어려움 • 자연재해 : 기후 변화 등 예측 불가능한 자연재해로 인한 피해 가능성

① 정부 지원을 바탕으로 연구개발에 필요한 자금을 확보

② 스마트 팜 관련 공동연구에 참가하여 빠르게 신규 기술을 확보

③ 스마트 팜에 대한 높은 관심을 바탕으로 온라인 펀딩을 통해 자금을 확보

④ 포럼 등 설명회에 적극적으로 참가하여 전문 인력 확충을 위한 인맥을 확보

⑤ 스마트 팜 관련 정부 사업 참여 경험을 바탕으로 정부의 적극적인 지원을 확보

| 코레일 한국철도공사 / 문제해결능력

11 다음 대화에서 공통적으로 나타나는 논리적 오류로 가장 적절한 것은?

A : 반려견 출입 금지라고 쓰여 있는 카페에 갔는데 거절당했어. 반려견 출입 금지면 고양이는 괜찮은 거 아니야?
B : 어제 직장동료가 "조심히 들어가세요."라고 했는데 집에 들어갈 때만 조심하라는 건가?
C : 친구가 비가 와서 우울하다고 했는데, 비가 안 오면 행복해지겠지?
D : 이웃을 사랑하라는 선생님의 가르침을 실천하기 위해 사기를 저지른 이웃을 숨겨 주었어.
E : 의사가 건강을 위해 채소를 많이 먹으라고 하던데 앞으로는 채소만 먹으면 되겠어.
F : 긍정적인 생각을 하면 좋은 일이 생기니까 아무리 나쁜 일이 있어도 긍정적으로만 생각하면 될 거야.

① 무지의 오류
② 연역법의 오류
③ 과대해석의 오류
④ 허수아비 공격의 오류
⑤ 권위나 인신공격에 의존한 논증

| 코레일 한국철도공사 / 문제해결능력

12 A～E열차를 운행거리가 가장 긴 순서대로 나열하려고 한다. 운행시간 및 평균 속력이 다음과 같을 때, C열차는 몇 번째로 운행거리가 긴 열차인가?(단, 열차 대기시간은 고려하지 않는다)

〈A～E열차 운행시간 및 평균 속력〉

구분	운행시간	평균 속력
A열차	900분	50m/s
B열차	10시간 30분	150km/h
C열차	8시간	55m/s
D열차	720분	2.5km/min
E열차	10시간	2.7km/min

① 첫 번째
② 두 번째
③ 세 번째
④ 네 번째
⑤ 다섯 번째

13 다음 글에서 나타난 문제해결 절차의 단계로 가장 적절한 것은?

> K대학교 기숙사는 최근 학생들의 불만이 끊이지 않고 있다. 특히, 식사의 질이 낮고, 시설이 노후화되었으며, 인터넷 연결 상태가 불안정하다는 의견이 많았다. 이에 K대학교 기숙사 운영위원회는 문제해결을 위해 긴급회의를 소집했다.
> 회의에서 학생 대표들은 식단의 다양성 부족, 식재료의 신선도 문제, 식당 내 위생 상태 불량 등을 지적했다. 또한, 시설 관리 담당자는 건물 외벽의 균열, 낡은 가구, 잦은 누수 현상 등 시설 노후화 문제를 강조했다. IT 담당자는 기숙사 내 와이파이 연결 불안정, 인터넷 속도 저하 등 통신환경 문제를 제기했다.
> 운영위원회는 이러한 다양한 의견을 종합하여 문제를 더욱 구체적으로 분석하기로 결정했다. 먼저, 식사 문제의 경우 학생들의 식습관 변화에 따른 메뉴 구성의 문제점, 식자재 조달 과정의 비효율성, 조리 시설의 부족 등의 문제점을 파악했다. 시설 문제는 건물의 노후화로 인한 안전 문제, 에너지 효율 저하, 학생들의 편의성 저하 등으로 세분화했다. 마지막으로, 통신환경 문제는 기존 네트워크 장비의 노후화, 학생 수 증가에 따른 네트워크 부하 증가 등의 세부 문제가 제시되었다.

① 문제 인식
② 문제 도출
③ 원인 분석
④ 해결안 개발
⑤ 실행 및 평가

14 다음 중 빈칸에 들어갈 단어로 가장 적절한 것은?

> 감사원의 조사 결과 J공사는 공공사업을 위해 투입된 세금을 본래의 목적에 사용하지 않고 무단으로 ______했음이 밝혀졌다.

① 전용(轉用)
② 남용(濫用)
③ 적용(適用)
④ 활용(活用)
⑤ 준용(遵用)

15 다음 중 비행을 하기 위한 시조새의 신체 조건으로 가장 적절한 것은?

시조새(Archaeopteryx)는 약 1억 5천만 년 전 중생대 쥐라기 시대에 살았던 고대 생물로, 조류와 공룡의 중간 단계에 위치한 생물이다. 1861년 독일 바이에른 지방에 있는 졸른호펜 채석장에서 화석이 발견된 이후, 시조새는 조류의 기원과 공룡에서 새로의 진화 과정을 밝히는 데 중요한 단서를 제공해 왔다. '시조(始祖)'라는 이름에서 알 수 있듯이 시조새는 현대 조류의 조상으로 여겨지며 고생물학계에서 매우 중요한 연구 대상으로 취급된다.
시조새는 오늘날의 새와는 여러 가지 차이점이 있다. 이빨이 있는 부리, 긴 척추뼈로 이루어진 꼬리, 그리고 날개에 있는 세 개의 갈고리 발톱은 공룡의 특징을 잘 보여준다. 비록 현대 조류처럼 가슴뼈가 비행에 최적화된 형태로 발달되지는 않았지만, 갈비뼈와 팔에 강한 근육이 붙어있어 짧은 거리를 활강하거나 나뭇가지 사이를 오르내리며 이동할 수 있었던 것으로 추정된다.
한편, 시조새는 비대칭형 깃털을 가진 최초의 동물 중 하나로, 이는 비행을 하기에 적합한 형태이다. 시조새의 깃털은 현대의 날 수 있는 조류처럼 바람을 맞는 곳의 깃털은 짧고, 뒤쪽은 긴 형태인데, 이러한 비대칭형 깃털은 양력을 제공해 짧은 거리의 활강을 가능하게 했으며, 새의 조상으로서 비행의 초기 형태를 보여준다. 이로 인해 시조새는 공룡에서 새로 이어지는 진화 과정을 이해하는 데 있어 중요한 생물학적 증거로 여겨지고 있다.
시조새의 화석 연구는 당시의 생태계에 대한 정보도 제공하고 있다. 시조새는 열대 우림이나 활엽수림 근처에서 생활하며 나뭇가지를 오르내렸을 가능성이 큰 것으로 추정된다. 시조새의 이동 방식에 대해서는 여러 가설이 존재하지만, 짧은 거리의 활강을 통해 먹이를 찾고 이동했을 것이라는 주장이 유력하다.
결론적으로 시조새는 공룡과 새의 특성을 모두 가진 중간 단계의 생물로, 진화의 과정을 이해하는 데 핵심적인 역할을 한다. 시조새의 다양한 신체적 특징들은 공룡에서 새로 이어지는 진화의 연결고리를 보여주며, 조류 비행의 기원을 이해하는 중요한 증거로 평가된다.

① 날개 사이에 근육질의 익막이 있다.
② 날개에는 세 개의 갈고리 발톱이 있다.
③ 날개의 깃털이 비대칭 구조로 형성되어 있다.
④ 척추뼈가 꼬리까지 이어지는 유선형 구조이다.
⑤ 현대 조류처럼 가슴뼈가 비행에 최적화된 구조이다.

16 다음 글의 주제로 가장 적절한 것은?

사람들에게 의학을 대표하는 인물을 물어본다면 대부분 히포크라테스(Hippocrates)를 떠올릴 것이다. 히포크라테스는 당시 신의 징벌이나 초자연적인 힘으로 생각되었던 질병을 관찰을 통해 자연적 현상으로 이해하였고, 당시 마술이나 철학으로 여겨졌던 의학을 분리하였다. 이에 따라 의사라는 직업이 과학적인 기반 위에 만들어지게 되었다. 현재에는 의학의 아버지로 불리며 히포크라테스 선서라고 불리는 의사의 윤리적 기준을 저술한 것으로 알려져 있다. 이처럼 히포크라테스는 서양의학의 상징으로 받아들여지지만, 서양의학에 절대적인 영향을 준 사람은 클라우디오스 갈레노스(Claudius Galenus)이다.
갈레노스는 로마 시대 검투사 담당의에서 황제 마르쿠스 아우렐리우스의 주치의로 활동한 의사로, 해부학, 생리학, 병리학에 걸친 방대한 의학체계를 집대성하여 이후 1,000년 이상 서양의학의 토대를 닦았다. 당시에는 인체의 해부가 금지되어 있었기 때문에 갈레노스는 원숭이, 돼지 등을 사용하여 해부학적 지식을 쌓았으며, 임상 실험을 병행하여 의학적 지식을 확립하였다. 이러한 해부 및 실험을 통해 갈레노스는 여러 장기의 기능을 밝히고, 근육과 뼈를 구분하였으며, 심장의 판막이나 정맥과 동맥의 차이점 등을 밝혀내거나, 혈액이 혈관을 통해 신체 말단까지 퍼져나가며 신진대사를 조절하는 물질을 운반한다고 밝혀냈다. 물론 갈레노스도 히포크라테스가 주장한 4원소에 따른 4체액설(혈액, 담즙, 황담즙, 흑담즙)을 믿거나 피를 뽑아 치료하는 사혈법을 주장하는 등 현대 의학과는 거리가 있지만, 당시에 의학 이론을 해부와 실험을 통해 증명하고 방대한 저술을 남겼다는 놀라운 업적을 가지고 있으며, 이것이 실제로 가장 오랫동안 서양의학을 실제로 지배하는 토대가 되었다.

① 갈레노스의 생애와 의학의 발전
② 고대에서 현대까지 해부학의 발전 과정
③ 히포크라테스 선서에 의한 전문직의 도덕적 기준
④ 히포크라테스와 갈레노스가 서양의학에 끼친 영향과 중요성
⑤ 히포크라테스와 갈레노스의 4체액설이 현대 의학에 끼친 영향

ㅣ한국전력공사 / 의사소통능력

17 다음 중 제시된 단어와 가장 비슷한 단어는?

비상구

① 진입로
② 출입구
③ 돌파구
④ 여울목
⑤ 탈출구

ㅣ한국전력공사 / 수리능력

18 A열차가 어떤 터널을 진입하고 5초 후 B열차가 같은 터널에 진입하였다. 그로부터 5초 후 B열차가 터널을 빠져나왔고 5초 후 A열차가 터널을 빠져나왔다. A열차가 터널을 빠져나오는 데 걸린 시간이 14초일 때, B열차는 A열차보다 몇 배 빠른가?(단, A열차와 B열차 모두 속력의 변화는 없으며, 두 열차의 길이는 서로 같다)

① 2배
② 2.5배
③ 3배
④ 3.5배
⑤ 4배

ㅣ한국전력공사 / 수리능력

19 A팀은 5일부터 5일마다 회의실을 사용하고, B팀은 4일부터 4일마다 회의실을 사용하기로 하였으며, 두 팀이 사용하고자 하는 날이 겹칠 경우에는 A, B팀이 번갈아가며 사용하기로 하였다. 어느 날 A팀과 B팀이 사용하고자 하는 날이 겹쳤을 때, 겹친 날을 기준으로 A팀이 9번, B팀이 8번 회의실을 사용했다면, 이때까지 A팀은 회의실을 최대 몇 번 이용하였는가?(단, 회의실 사용일이 첫 번째로 겹친 날에는 A팀이 먼저 사용하였으며, 회의실 사용일은 주말 및 공휴일도 포함한다)

① 61회
② 62회
③ 63회
④ 64회
⑤ 65회

20 다음 모스 굳기 10단계에 해당하는 광물 A ~ C가 〈조건〉을 만족할 때, 이에 대한 설명으로 옳은 것은?

〈모스 굳기 10단계〉

단계	1단계	2단계	3단계	4단계	5단계
광물	활석	석고	방해석	형석	인회석
단계	6단계	7단계	8단계	9단계	10단계
광물	정장석	석영	황옥	강옥	금강석

• 모스 굳기 단계의 단계가 낮을수록 더 무른 광물이고, 단계가 높을수록 단단한 광물이다.
• 단계가 더 낮은 광물로 단계가 더 높은 광물을 긁으면 긁힘 자국이 생기지 않는다.
• 단계가 더 높은 광물로 단계가 더 낮은 광물을 긁으면 긁힘 자국이 생긴다.

조건

• 광물 A로 광물 B를 긁으면 긁힘 자국이 생기지 않는다.
• 광물 A로 광물 C를 긁으면 긁힘 자국이 생긴다.
• 광물 B로 광물 C를 긁으면 긁힘 자국이 생긴다.
• 광물 B는 인회석이다.

① 광물 C는 석영이다.
② 광물 A는 방해석이다.
③ 광물 A가 가장 무르다.
④ 광물 B가 가장 단단하다.
⑤ 광물 B는 모스 굳기 단계가 7단계 이상이다.

21 J공사는 지방에 있는 지점 사무실을 공유 오피스로 이전하고자 한다. 다음 사무실 이전 조건을 참고할 때, 〈보기〉 중 이전할 오피스로 가장 적절한 곳은?

〈사무실 이전 조건〉

- 지점 근무 인원 : 71명
- 사무실 예상 이용 기간 : 5년
- 교통 조건 : 역이나 버스 정류장에서 도보 10분 이내
- 시설 조건 : 자사 홍보영상 제작을 위한 스튜디오 필요, 회의실 필요
- 비용 조건 : 다른 조건이 모두 가능한 공유 오피스 중 가장 저렴한 곳(1년 치 비용 선납 가능)

보기

구분	가용 인원수	보유시설	교통 조건	임대비용
A오피스	100인	라운지, 회의실, 스튜디오, 복사실, 탕비실	A역에서 도보 8분	1인당 연간 600만 원
B오피스	60인	회의실, 스튜디오, 복사실	B정류장에서 도보 5분	1인당 월 40만 원
C오피스	100인	라운지, 회의실, 스튜디오	C역에서 도보 7분	월 3,600만 원
D오피스	90인	회의실, 복사실, 탕비실	D정류장에서 도보 4분	월 3,500만 원 (1년 치 선납 시 8% 할인)
E오피스	80인	라운지, 회의실, 스튜디오	E역과 연결된 사무실	월 3,800만 원 (1년 치 선납 시 10% 할인)

① A오피스
② B오피스
③ C오피스
④ D오피스
⑤ E오피스

※ 다음은 에너지바우처 사업에 대한 자료이다. 이어지는 질문에 답하시오. [22~23]

〈에너지바우처〉

1. 에너지바우처란?

국민 모두가 시원한 여름, 따뜻한 겨울을 보낼 수 있도록 에너지 취약계층을 위해 에너지바우처(이용권)를 지급하여 전기, 도시가스, 지역난방, 등유, LPG, 연탄을 구입할 수 있도록 지원하는 제도

2. 신청대상 : 소득기준과 세대원 특성기준을 모두 충족하는 세대

• 소득기준 : 국민기초생활 보장법에 따른 생계급여 / 의료급여 / 주거급여 / 교육급여 수급자

• 세대원 특성기준 : 주민등록표 등본상 기초생활수급자(본인) 또는 세대원이 다음 중 어느 하나에 해당하는 경우

– 노인 : 65세 이상

– 영유아 : 7세 이하의 취학 전 아동

– 장애인 : 장애인복지법에 따라 등록한 장애인

– 임산부 : 임신 중이거나 분만 후 6개월 미만인 여성

– 중증질환자, 희귀질환자, 중증난치질환자 : 국민건강보험법 시행령에 따라 보건복지부장관이 정하여 고시하는 중증질환, 희귀질환, 중증난치질환을 가진 사람

– 한부모가족 : 한부모가족지원법에 따른 '모' 또는 '부'로서 아동인 자녀를 양육하는 사람

– 소년소녀가정 : 보건복지부에서 정한 아동분야 지원대상에 해당하는 사람(아동복지법에 의한 가정위탁보호 아동 포함)

• 지원 제외 대상 : 세대원 모두가 보장시설 수급자

• 다음의 경우 동절기 에너지바우처 중복 지원 불가

– 긴급복지지원법에 따라 동절기 연료비를 지원받은 자(세대)

– 한국에너지공단의 등유바우처를 발급받은 자(세대)

– 한국광해광업공단의 연탄쿠폰을 발급받은 자(세대)

※ 하절기 에너지바우처를 사용한 수급자가 동절기에 위 사업들을 신청할 경우 동절기 에너지바우처를 중지 처리한 후 신청(중지사유 : 타동절기 에너지이용권 수급)

※ 단, 동절기 에너지바우처를 일부 사용한 경우 위 사업들은 신청 불가

3. 바우처 지원금액

구분	1인 세대	2인 세대	3인 세대	4인 이상 세대
하절기	55,700원	73,800원	90,800원	117,000원
동절기	254,500원	348,700원	456,900원	599,300원
총액	310,200원	422,500원	547,700원	716,300원

4. 지원방법

• 요금차감

– 하절기 : 전기요금 고지서에서 요금을 자동으로 차감

– 동절기 : 도시가스 / 지역난방 중 하나를 선택하여 고지서에서 요금을 자동으로 차감

• 실물카드 : 동절기 도시가스, 등유, LPG, 연탄을 실물카드(국민행복카드)로 직접 결제

22 **다음 중 에너지바우처에 대한 설명으로 옳지 않은 것은?**

① 36개월의 아이가 있는 의료급여 수급자 A는 에너지바우처를 신청할 수 있다.
② 혼자서 아이를 3명 키우는 교육급여 수급자 B는 1년에 70만 원을 넘게 지원받을 수 있다.
③ 보장시설인 양로시설에 살면서 생계급여를 받는 70세 독거노인 C는 에너지바우처를 신청할 수 있다.
④ 에너지바우처 기준을 충족하는 D는 겨울에 연탄보일러를 사용하므로 실물카드를 받는 방법으로 지원을 받아야 한다.
⑤ 희귀질환을 앓고 있는 어머니와 함께 단둘이 사는 생계급여 수급자 E는 에너지바우처를 통해 여름에 전기비에서 73,800원이 차감될 것이다.

23 **다음은 A, B가족의 에너지바우처 정보이다. A, B가족이 올해 에너지바우처를 통해 지원받는 금액의 총합은 얼마인가?**

〈A, B가족의 에너지바우처 정보〉

구분	세대 인원	소득기준	세대원 특성기준	특이사항
A가족	5명	의료급여 수급자	영유아 2명	연탄쿠폰 발급받음
B가족	2명	생계급여 수급자	소년소녀가정	지역난방 이용

① 190,800원
② 539,500원
③ 948,000원
④ 1,021,800원
⑤ 1,138,800원

한국전력공사 / 정보능력

24 다음 C 프로그램을 실행하였을 때의 결과로 옳은 것은?

```
#include <stdio.h>
int main() {
    int result=0;
    while (result<2) {
        result=result+1;
        printf("%d₩n",result);
        result=result-1;
    }
}
```

① 실행되지 않는다.

② 0
1

③ 0
−1

④ 1
1

⑤ 1이 무한히 출력된다.

한국전력공사 / 정보능력

25 다음은 A국과 B국의 물가지수 동향에 대한 자료이다. [E2] 셀에 「=ROUND(D2, −1)」를 입력하였을 때, 출력되는 값은?

〈A, B국 물가지수 동향〉

	A	B	C	D	E
1		A국	B국	평균 판매지수	
2	2024년 1월	122.313	112.36	117.3365	
3	2024년 2월	119.741	110.311	115.026	
4	2024년 3월	117.556	115.379	116.4675	
5	2024년 4월	124.739	118.652	121.6955	
6	⋮	⋮	⋮	⋮	
7					

① 100
② 105
③ 110
④ 115
⑤ 120

26 다음 중 빈칸에 들어갈 내용으로 가장 적절한 것은?

주의력 결핍 과잉행동장애(ADHD)는 학령기 아동에게 흔히 나타나는 질환으로, 주의력 결핍, 과잉행동, 충동성의 증상을 보인다. 이는 아동의 학교 및 가정생활에 큰 영향을 미치며, 적절한 치료와 관리가 필요하다. ADHD의 원인은 신경화학적 요인과 유전적 요인이 복합적으로 작용하는 것으로 여겨진다. 도파민과 노르에피네프린 같은 신경전달물질의 불균형이 주요 원인으로 지목되며, 가족력이 있는 경우 ADHD 발병 확률이 높아진다. 연구에 따르면, ADHD는 상당한 유전적 연관성을 보이며, 부모나 형제 중에 ADHD를 가진 사람이 있을 경우 그 위험이 증가한다.
환경적 요인도 ADHD 발병에 영향을 미칠 수 있다. 임신 중 음주, 흡연, 약물 사용 등이 위험을 높일 수 있으며, 조산이나 저체중 출산도 연관성이 있다. 이러한 환경적 요인들은 태아의 뇌 발달에 영향을 미쳐 ADHD 발병 가능성을 증가시킬 수 있다. 그러나 이러한 요인들이 단독으로 ADHD를 유발하는 것은 아니며, 다양한 요인이 복합적으로 작용하여 증상이 나타난다.
ADHD 치료는 약물요법과 비약물요법으로 나뉜다. 약물요법에서는 메틸페니데이트 같은 중추신경자극제가 널리 사용된다. 이 약물은 도파민과 노르에피네프린의 재흡수를 억제해 증상을 완화한다. 이러한 약물은 주의력 향상과 충동성 감소에 효과적이며, 많은 연구에서 그 효능이 입증되었다. 비약물요법으로는 행동개입 요법과 심리사회적 프로그램이 있다. 이는 구조화된 환경에서 집중을 방해하는 요소를 최소화하고, 연령에 맞는 개입방법을 적용한다. 예를 들어, 학령기 아동에게는 그룹부모훈련과 교실 내 행동개입 프로그램이 추천된다.
가정에서는 부모가 아이가 해야 할 일을 목록으로 작성하도록 돕고, 한 번에 한 가지씩 처리하도록 지도해야 한다. 특히 아이의 바람직한 행동에는 칭찬하고, 잘못된 행동에는 책임을 지도록 하는 것이 중요하다. 이러한 방법은 아이의 자존감을 높이고 긍정적인 행동을 강화하는 데 도움이 된다. 학교에서는 과제를 짧게 나누고, 수업이 지루하지 않도록 하며, 규칙과 보상을 일관되게 유지해야 한다. 교사는 ADHD 아동이 주의가 산만해질 수 있는 환경적 요소를 제거하고, 많은 격려와 칭찬을 통해 학습 동기를 유발해야 한다.
ADHD는 완치가 어려운 만성 질환이지만 적절한 치료와 관리를 통해 증상을 개선할 수 있다. 약물치료와 비약물 치료를 병행하고 가정과 학교에서 적절한 지원이 이루어지면 ADHD 아동도 건강하고 행복한 삶을 영위할 수 있다. 결론적으로, ADHD는 ____________________
따라서 다양한 원인에 부합하는 맞춤형 치료와 환경 조성을 통해 아동의 잠재력을 최대한 발휘할 수 있도록 지원해야 한다. 이는 아동이 자신의 능력을 충분히 발휘하고 성공적인 삶을 살아가는 데 중요한 역할을 한다.

① 완벽한 치료가 불가능한 불치병이다.
② 약물 치료를 통해 쉽게 치료가 가능하다.
③ 다양한 원인이 복합적으로 작용하는 질환이다.
④ 아동에게 적극적으로 개입해 충동성을 감소시켜야 하는 질환이다.

27 **다음 중 밑줄 친 단어가 맞춤법상 옳지 않은 것은?**

① 김주임은 지난 분기 매출을 조사하여 증가량을 백분율로 표기하였다.

② 젊은 세대를 중심으로 빠른 이직 트렌드가 형성되어 이직률이 높아지고 있다.

③ 이번 학기 출석율이 이전보다 크게 향상되어 학생들의 참여도가 높아지고 있다.

④ 이번 시험의 합격률이 역대 최고치를 기록하며 수험생들에게 희망을 안겨주었다.

28 **S공사는 2024년 상반기에 신입사원을 채용하였다. 전체 지원자 중 채용에 불합격한 남성 수와 여성 수의 비율은 같으며, 합격한 남성 수와 여성 수의 비율은 2 : 3이라고 한다. 남성 전체 지원자와 여성 전체 지원자의 비율이 6 : 7일 때, 합격한 남성 수가 32명이면 전체 지원자는 몇 명인가?**

① 192명
② 200명
③ 208명
④ 216명

29 다음은 직장가입자 보수월액보험료에 대한 자료이다. A씨가 〈조건〉에 따라 장기요양보험료를 납부할 때, A씨의 2023년 보수 월액은?(단, 소수점 첫째 자리에서 반올림한다)

〈직장가입자 보수월액보험료〉

- 개요 : 보수월액보험료는 직장가입자의 보수월액에 보험료율을 곱하여 산정한 금액에 경감 등을 적용하여 부과한다.
- 보험료 산정 방법
  - 건강보험료는 다음과 같이 산정한다.
    (건강보험료)=(보수월액)×(건강보험료율)
    ※ 보수월액 : 동일사업장에서 당해 연도에 지급받은 보수총액을 근무월수로 나눈 금액
  - 장기요양보험료는 다음과 같이 산정한다.
    2022.12.31. 이전 : (장기요양보험료)=(건강보험료)×(장기요양보험료율)
    2023.01.01. 이후 : $(\text{장기요양보험료})=(\text{건강보험료})\times\frac{(\text{장기요양보험료율})}{(\text{건강보험료율})}$

〈2020 ~ 2024년 보험료율〉

(단위 : %)

구분	2020년	2021년	2022년	2023년	2024년
건강보험료율	6.67	6.86	6.99	7.09	7.09
장기요양보험료율	10.25	11.52	12.27	0.9082	0.9182

조건

- A씨는 K공사에서 2011년 3월부터 2023년 9월까지 근무하였다.
- A씨는 3개월 후 2024년 1월부터 S공사에서 현재까지 근무하고 있다.
- A씨의 2023년 장기요양보험료는 35,120원이었다.

① 3,866,990원　② 3,974,560원
③ 4,024,820원　④ 4,135,970원

30 **다음 중 개인정보보호법에서 사용하는 용어에 대한 정의로 옳지 않은 것은?**

① '가명처리'란 추가 정보 없이도 특정 개인을 알아볼 수 있도록 처리하는 것을 말한다.

② '정보주체'란 처리되는 정보에 의하여 알아볼 수 있는 사람으로서 그 정보의 주체가 되는 사람을 말한다.

③ '개인정보'란 살아 있는 개인에 관한 정보로서 성명, 주민등록번호 및 영상 등을 통하여 개인을 알아볼 수 있는 정보를 말한다.

④ '처리'란 개인정보의 수집, 생성, 연계, 연동, 기록, 저장, 보유, 가공, 편집, 검색, 출력, 정정, 복구, 이용, 제공, 공개, 파기, 그 밖에 이와 유사한 행위를 말한다.

31 **다음은 생활보조금 신청자의 소득 및 결과에 대한 자료이다. 월 소득이 100만 원 이하인 사람은 보조금 지급이 가능하고, 100만 원을 초과한 사람은 보조금 지급이 불가능할 때, 보조금 지급을 받는 사람의 수를 구하는 함수로 옳은 것은?**

〈생활보조금 신청자 소득 및 결과〉

	A	B	C	D	E
1	지원번호	소득(만 원)	결과		
2	1001	150	불가능		
3	1002	80	가능		보조금 지급 인원 수
4	1003	120	불가능		
5	1004	95	가능		
6	⋮	⋮	⋮		
7					

① =COUNTIF(A:C,"<=100")　　② =COUNTIF(A:C,<=100)

③ =COUNTIF(B:B,"<=100")　　④ =COUNTIF(B:B,<=100)

32 다음은 초등학생의 주차별 용돈에 대한 자료이다. 빈칸에 들어갈 함수를 바르게 짝지은 것은?(단, 한 달은 4주로 한다)

〈초등학생 주차별 용돈〉

	A	B	C	D	E	F
1	학생번호	1주	2주	3주	4주	합계
2	1	7,000	8,000	12,000	11,000	(A)
3	2	50,000	60,000	45,000	55,000	
4	3	70,000	85,000	40,000	55,000	
5	4	10,000	6,000	18,000	14,000	
6	5	24,000	17,000	34,000	21,000	
7	6	27,000	56,000	43,000	28,000	
8	한 달 용돈이 150,000원 이상인 학생 수					(B)

	(A)	(B)
①	=SUM(B2:E2)	=COUNTIF(F2:F7,">=150,000")
②	=SUM(B2:E2)	=COUNTIF(B2:E2,">=150,000")
③	=SUM(B2:E2)	=COUNTIF(B2:E7,">=150,000")
④	=SUM(B2:E7)	=COUNTIF(F2:F7,">=150,000")
⑤	=SUM(B2:E7)	=COUNTIF(B2:F2,">=150,000")

33 다음 중 빅데이터 분석 기획 절차를 순서대로 바르게 나열한 것은?

① 범위 설정 → 프로젝트 정의 → 위험 계획 수립 → 수행 계획 수립
② 범위 설정 → 프로젝트 정의 → 수행 계획 수립 → 위험 계획 수립
③ 프로젝트 정의 → 범위 정의 → 위험 계획 수립 → 수행 계획 수립
④ 프로젝트 정의 → 범위 설정 → 수행 계획 수립 → 위험 계획 수립

34 다음 중 밑줄 친 부분의 단어가 어법상 옳은 것은?

> K씨는 항상 ㉠ 짜깁기 / 짜집기한 자료로 보고서를 작성했다. 처음에는 아무도 눈치채지 못했지만, 시간이 지나면서 K씨의 작업이 다른 사람들의 것과 비교해 질적으로 떨어지는 것이 분명해졌다. K씨는 결국 동료들 사이에서 ㉡ 뒤처지기 / 뒤쳐지기 시작했고, 격차를 좁히기 위해 더 많은 시간을 투자해야 했다.

	㉠	㉡
①	짜깁기	뒤처지기
②	짜깁기	뒤쳐지기
③	짜집기	뒤처지기
④	짜집기	뒤쳐지기

35 다음 중 공문서 작성 시 유의해야 할 점으로 옳지 않은 것은?

① 한 장에 담아내는 것이 원칙이다.
② 부정문이나 의문문의 형식은 피한다.
③ 마지막엔 반드시 '끝'자로 마무리한다.
④ 날짜 다음에 괄호를 사용할 경우에는 반드시 마침표를 찍는다.

36 영서가 어머니와 함께 40분 동안 만두를 60개 빚었다고 한다. 어머니가 혼자서 1시간 동안 만두를 빚을 수 있는 개수가 영서가 혼자서 1시간 동안 만두를 빚을 수 있는 개수보다 10개 더 많을 때, 영서는 1시간 동안 만두를 몇 개 빚을 수 있는가?

① 30개　② 35개
③ 40개　④ 45개

| 경기도 공공기관 통합채용 / 수리능력

37 대칭수는 순서대로 읽은 수와 거꾸로 읽은 수가 같은 수를 가리키는 말이다. 예컨대, 121, 303, 1,441, 85058 등은 대칭수이다. 1,000 이상 50,000 미만의 대칭수는 모두 몇 개인가?

① 180개 ② 325개
③ 405개 ④ 490개

| 경기도 공공기관 통합채용 / 수리능력

38 어떤 자연수 '25□'가 3의 배수일 때, □에 들어갈 수 있는 모든 자연수의 합은?

① 12 ② 13
③ 14 ④ 15

| 경기도 공공기관 통합채용 / 문제해결능력

39 바이올린, 호른, 오보에, 플루트 4가지의 악기를 다음 〈조건〉에 따라 좌우로 4칸인 선반에 각각 1대씩 보관하려 한다. 각 칸에는 한 대의 악기만 배치할 수 있을 때, 왼쪽에서 두 번째 칸에 배치할 수 없는 악기는?

조건
- 호른은 바이올린 바로 왼쪽에 위치한다.
- 오보에는 플루트 왼쪽에 위치하지 않는다.

① 바이올린 ② 호른
③ 오보에 ④ 플루트

| 경기도 공공기관 통합채용 / 조직이해능력

40 다음 중 비영리 조직에 해당하지 않는 것은?

① 교육기관 ② 자선단체
③ 사회적 기업 ④ 비정부기구

41 다음은 D기업의 분기별 재무제표에 대한 자료이다. 2022년 4분기의 영업이익률은 얼마인가?

〈D기업 분기별 재무제표〉

(단위 : 십억 원, %)

구분	2022년 1분기	2022년 2분기	2022년 3분기	2022년 4분기	2023년 1분기	2023년 2분기	2023년 3분기	2023년 4분기
매출액	40	50	80	60	60	100	150	160
매출원가	30	40	70	80	100	100	120	130
매출총이익	10	10	10	(　)	−40	0	30	30
판관비	3	5	5	7	8	5	7.5	10
영업이익	7	5	5	(　)	−8	−5	22.5	20
영업이익률	17.5	10	6.25	(　)	−80	−5	15	12.5

※ (영업이익률)=(영업이익)÷(매출액)×100
※ (영업이익)=(매출총이익)−(판관비)
※ (매출총이익)=(매출액)−(매출원가)

① −30%　② −45%
③ −60%　④ −75%

42 5km/h의 속력으로 움직이는 무빙워크를 이용하여 이동하는 데 36초가 걸렸다. 무빙워크 위에서 무빙워크와 같은 방향으로 4km/h의 속력으로 걸어 이동할 때 걸리는 시간은?

① 10초　② 15초
③ 20초　④ 25초

43 다음 순서도에서 출력되는 result 값은?

〈순서도 기호〉

기호	설명	기호	설명
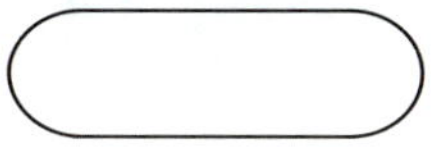	시작과 끝을 나타낸다.	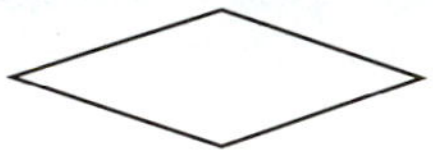	어느 것을 택할 것인지 판단한다.
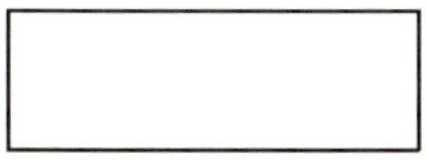	데이터를 입력하거나 계산하는 등의 처리를 한다.		선택한 값을 출력한다.

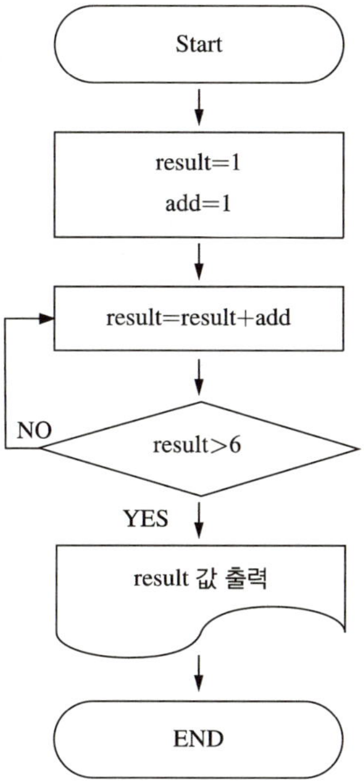

① 11
② 10
③ 9
④ 8
⑤ 7

44 다음은 A컴퓨터 A/S센터의 하드디스크 수리 방문접수 과정에 대한 순서도이다. 하드디스크 데이터 복구를 문의할 때, 출력되는 도형은 무엇인가?

〈순서도 기호〉

기호	설명	기호	설명
	시작과 끝을 나타낸다.		어느 것을 택할 것인지 판단한다.
	데이터를 입력하거나 계산하는 등의 처리를 한다.		선택한 값을 출력한다.

〈A컴퓨터 하드디스크 수리 방문접수 순서도〉

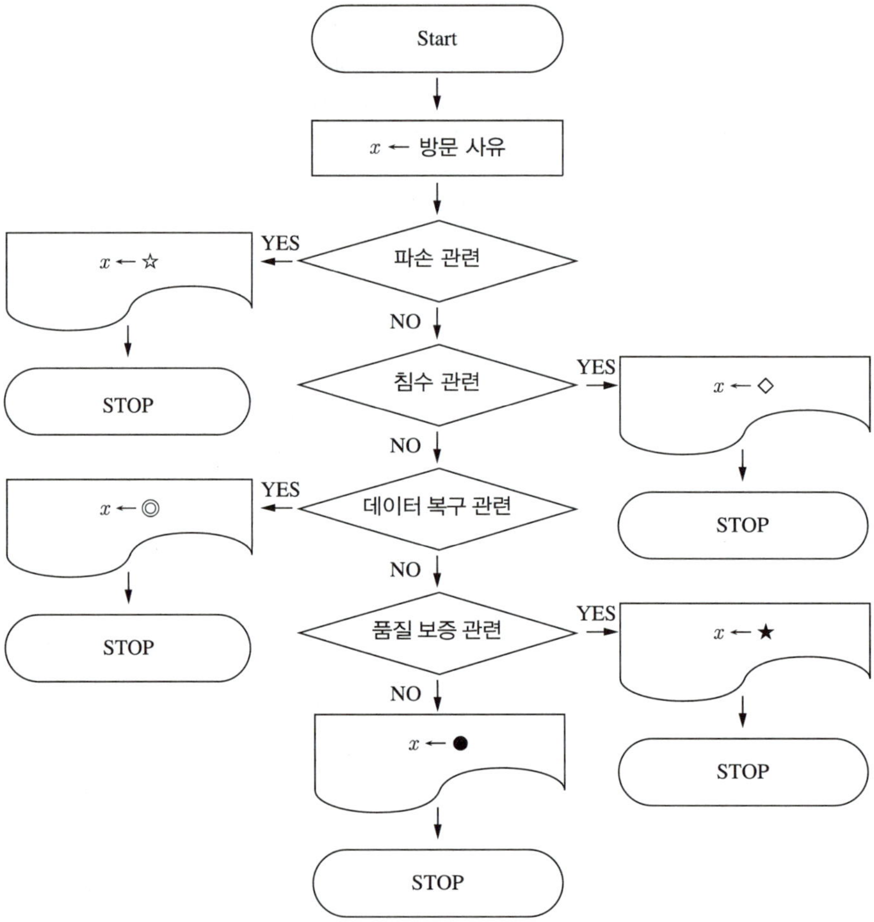

① ☆
② ◇
③ ◎
④ ★
⑤ ●

45 다음은 EAN-13 바코드 부여 규칙에 대한 자료이다. 상품코드의 맨 앞 자릿수가 9일 때, 2 ~ 7번째 자릿수가 '387655'라면 이를 이진코드로 바르게 변환한 것은?

〈EAN-13 바코드 부여 규칙〉

1. 13자리 상품코드의 맨 앞 자릿수에 따라 다음과 같이 변환한다.

상품코드 번호	2 ~ 7번째 자릿수	8 ~ 13번째 자릿수
0	AAAAAA	CCCCCC
1	AABABB	CCCCCC
2	AABBAB	CCCCCC
3	AABBBA	CCCCCC
4	ABAABB	CCCCCC
5	ABBAAB	CCCCCC
6	ABBBAA	CCCCCC
7	ABABAB	CCCCCC
8	ABABBA	CCCCCC
9	ABBABA	CCCCCC

2. A, B, C는 다음과 같이 상품코드 번호를 이진코드로 변환한 값이다.

상품코드 번호	A	B	C
0	0001101	0100111	1110010
1	0011001	0110011	1100110
2	0010011	0011011	1101100
3	0111101	0100001	1000010
4	0100011	0011101	1011100
5	0110001	0111001	1001110
6	0101111	0000101	1010000
7	0111011	0010001	1000100
8	0110111	0001001	1001000
9	0001011	0010111	1110100

	2번째 수	3번째 수	4번째 수	5번째 수	6번째 수	7번째 수
①	0111101	0001001	0010001	0101111	0111001	0110001
②	0100001	0001001	0010001	0000101	0111101	0111101
③	0111101	0110111	0111011	0101111	0111001	0111101
④	0100001	0101111	0010001	0010111	0100111	0001011
⑤	0111101	0011001	0010001	0101111	0011001	0111001

※ 다음은 청소 유형별 청소기 사용 방법 및 고장 유형별 확인 사항에 대한 자료이다. 이어지는 질문에 답하시오. [46~47]

〈청소 유형별 청소기 사용 방법〉

유형	사용 방법
일반 청소	1. 기본형 청소구를 장착해 주세요. 2. 작동 버튼을 눌러 주세요.
틈새 청소	1. 기본형 청소구의 입구 돌출부를 누르고 잡아당기면 좁은 흡입구를 꺼낼 수 있습니다. 반대로 돌출부를 누르면서 밀어 넣으면 좁은 흡입구를 안쪽으로 정리할 수 있습니다. 2. 1.의 좁은 흡입구를 꺼낸 상태에서 돌출부를 시계 방향으로 돌리면 돌출부를 고정할 수 있습니다. 3. 좁은 흡입구를 고정한 후 작동 버튼을 눌러 주세요. (좁은 흡입구에는 솔이 함께 들어 있습니다)
카펫 청소	1. 별도의 돌기 청소구로 교체해 주세요. (기본형으로도 카펫 청소를 할 수 있으나, 청소 효율이 떨어집니다) 2. 작동 버튼을 눌러 주세요.
스팀 청소	1. 별도의 스팀 청소구로 교체해 주세요. 2. 스팀 청소구의 물통에 물을 충분히 채운 후 뚜껑을 잠가 주세요. ※ 반드시 전원을 분리한 상태에서 진행해 주세요. 3. 걸레판에 걸레를 부착한 후 스팀 청소구의 노즐에 장착해 주세요. ※ 반드시 전원을 분리한 상태에서 진행해 주세요. 4. 스팀 청소 버튼을 누르고 안전 스위치를 눌러 주세요. ※ 안전을 위해 안전 스위치를 누르는 동안에만 스팀이 발생합니다. ※ 스팀 청소 작업 도중 및 완료 직후에 청소기를 거꾸로 세우거나 스팀 청소구를 눕히면 뜨거운 물이 새어 나와 화상을 입을 수 있습니다. 5. 스팀 청소 완료 후 물이 충분히 식은 후 물통 및 스팀 청소구를 분리해 주세요. ※ 충분히 식지 않은 상태에서 분리 시 뜨거운 물이 새어 나와 화상의 위험이 있습니다.

〈고장 유형별 확인 사항〉

유형	확인 사항
흡입력 약화	• 흡입구, 호스, 먼지통, 먼지분리기에 크기가 큰 이물질이 걸려 있는지 확인해 주세요. • 필터를 교체해 주세요. • 먼지통, 먼지분리기, 필터의 조립 상태를 확인해 주세요.
청소기 미작동	• 전원이 제대로 연결되어 있는지 확인해 주세요.
물 보충 램프 깜빡임	• 물통에 물이 충분한지 확인해 주세요. • 물이 충분히 채워졌어도 꺼질 때까지 시간이 다소 걸립니다. 잠시 기다려 주세요.
스팀 안 나옴	• 물통에 물이 충분한지 확인해 주세요. • 안전 스위치를 눌렀는지 확인해 주세요.
바닥에 물이 남음	• 스팀 청소구를 너무 자주 좌우로 기울이면 물이 소량 새어 나올 수 있습니다. • 걸레가 많이 젖었으므로 걸레를 교체해 주세요.
악취 발생	• 제품 기능상의 문제는 아니므로 고장이 아닙니다. • 먼지통 및 필터를 교체해 주세요. • 스팀 청소구의 물통 등 청결 상태를 확인해 주세요.
소음 발생	• 흡입구, 호스, 먼지통, 먼지분리기에 크기가 큰 이물질이 걸려 있는지 확인해 주세요. • 먼지통, 먼지분리기, 필터의 조립 상태를 확인해 주세요.

| 인천교통공사 / 기술능력

46 **다음 중 청소 유형별 청소기 사용 방법에 대한 설명으로 옳지 않은 것은?**

① 기본형 청소구로 카펫 청소가 가능하다.

② 스팀 청소 직후 통을 분리하면 화상의 위험이 있다.

③ 기본형 청소구를 이용하여 좁은 틈새를 청소할 수 있다.

④ 안전 스위치를 1회 누르면 별도의 외부 입력 없이 스팀을 지속하여 발생시킬 수 있다.

⑤ 스팀 청소 시 물 보충 및 걸레 부착 작업은 반드시 전원을 분리한 상태에서 진행해야 한다.

| 인천교통공사 / 기술능력

47 **다음 중 고장 유형별 확인 사항이 바르게 연결되어 있지 않은 것은?**

① 물 보충 램프 깜빡임 : 잠시 기다리기

② 악취 발생 : 스팀 청소구의 청결 상태 확인하기

③ 흡입력 약화 : 먼지통, 먼지분리기, 필터 교체하기

④ 바닥에 물이 남음 : 물통에 물이 너무 많이 있는지 확인하기

⑤ 소음 발생 : 흡입구, 호스, 먼지통, 먼지분리기의 이물질 걸림 확인하기

48 다음 중 동료의 피드백을 장려하기 위한 방안으로 적절하지 않은 것은?

① 행동과 수행을 관찰한다.
② 즉각적인 피드백을 제공한다.
③ 뛰어난 수행성과에 대해서는 인정한다.
④ 간단하고 분명한 목표와 우선순위를 설정한다.
⑤ 긍정적인 상황에서는 피드백을 자제하는 것도 나쁘지 않다.

49 다음 중 내적 동기를 유발하는 방법으로 적절하지 않은 것은?

① 변화를 두려워하지 않는다.
② 업무 관련 교육을 생략한다.
③ 주어진 일에 책임감을 갖는다.
④ 창의적인 문제해결법을 찾는다.
⑤ 새로운 도전의 기회를 부여한다.

50 다음은 갈등 정도와 조직 성과의 관계에 대한 그래프이다. 이에 대한 설명으로 옳지 않은 것은?

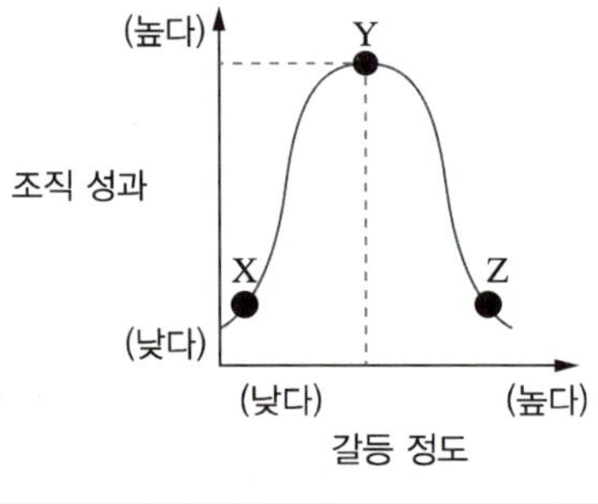

① 적절한 갈등이 있을 경우 가장 높은 조직 성과를 얻을 수 있다.
② 갈등이 없을수록 조직 내부가 결속되어 높은 조직 성과를 보인다.
③ Y점에서는 갈등의 순기능, Z점에서는 갈등의 역기능이 작용한다.
④ 갈등이 없을 경우 낮은 조직 성과를 얻을 수 있다.
⑤ 갈등이 잦을 경우 낮은 조직 성과를 얻을 수 있다.

CHAPTER

02 2024 ~ 2023년 주요 공기업 전공 기출복원문제

정답 및 해설 p.014

01 행정

| K-water 한국수자원공사

01 다음 중 정책참여자에 대한 설명으로 옳지 않은 것은?

① 의회와 지방자치단체는 모두 공식적 참여자에 해당된다.
② 정당과 NGO는 비공식적 참여자에 해당된다.
③ 사회구조가 복잡해진 현대에는 공식적 참여자의 중요도가 상승하였다.
④ 사회적 의사결정에서 정부의 역할이 줄어들수록 비공식적 참여자의 중요도가 높아진다.

| K-water 한국수자원공사

02 다음 중 정책문제에 대한 설명으로 옳지 않은 것은?

① 정책문제는 정책결정의 대상으로, 공적인 성격이 강하고 공익성을 추구하는 성향을 갖는다.
② 주로 가치판단의 문제를 포함하고 있어 계량화가 난해하다.
③ 정책문제 해결의 주요 주체는 정부이다.
④ 기업경영에서의 의사결정에 비해 고려사항이 단순하다.

| K-water 한국수자원공사

03 다음 중 회사모형의 특징에 대한 설명으로 옳은 것은?

① 사이어트와 드로어가 주장한 모형으로, 조직의 의사결정 방식에 대해 설명하는 이론이다.
② 합리적 결정과 점증적 결정이 누적 및 혼합되어 의사결정이 이루어진다고 본다.
③ 조직들 간의 연결성이 강하지 않은 경우를 전제로 하고 있다.
④ 정책결정 단계를 초정책결정 단계, 정책결정 단계, 후정책결정 단계로 구분하여 설명한다.

| K-water 한국수자원공사

04 다음 〈보기〉 중 블라우와 스콧이 주장한 조직 유형에 대한 설명으로 옳지 않은 것을 모두 고르면?

보기

ㄱ. 호혜조직의 1차적 수혜자는 조직 내 의사결정의 참여를 보장받는 구성원이며, 은행, 유통업체 등이 해당된다.
ㄴ. 사업조직의 1차적 수혜자는 조직의 소유자이며, 이들의 주목적은 이윤 추구이다.
ㄷ. 봉사조직의 1차적 수혜자는 이들을 지원하는 후원조직으로, 서비스 제공을 위한 인프라 및 자금조달을 지원한다.
ㄹ. 공공조직의 1차적 수혜자는 공공서비스의 수혜자인 일반대중이며, 경찰, 소방서, 군대 등이 공공조직에 해당된다.

① ㄱ, ㄴ
② ㄱ, ㄷ
③ ㄴ, ㄷ
④ ㄷ, ㄹ

| K-water 한국수자원공사

05 다음 중 우리나라 직위분류제의 구조에 대한 설명으로 옳지 않은 것은?

① 직군 : 직위분류제의 구조 중 가장 상위의 구분 단위이다.
② 직위 : 개인에게 부여되는 직무와 책임이다.
③ 직류 : 동일 직렬 내 직무가 동일한 것이다.
④ 직렬 : 일반적으로 해당 구성원 간 동일한 보수 체계를 적용받는 구분이다.

| K-water 한국수자원공사

06 다음 중 엽관주의와 실적주의에 대한 설명으로 옳지 않은 것은?

① 민주주의적 평등 이념의 실현을 위해서는 엽관주의보다 실적주의가 유리하다.
② 엽관주의와 실적주의 모두 조직 수반에 대한 정치적 정합성보다 정치적 중립성 확보가 강조된다.
③ 공공조직에서 엽관주의적 인사가 이루어질 시 조직 구성원들의 신분이 불안정해진다는 단점이 있다.
④ 미국의 경우, 엽관주의의 폐단에 대한 대안으로 펜들턴 법의 제정에 따라 인사행정에 실적주의가 도입되었다.

| 한국가스기술공사

07 **다음 중 발생주의 회계의 특징으로 옳은 것은?**

① 현금의 유출입 발생 시 회계 장부에 기록하는 방법을 의미한다.
② 실질적 거래의 발생을 회계처리에 정확히 반영할 수 있다는 장점이 있다.
③ 회계연도 내 경영활동과 성과에 대해 정확히 측정하기 어렵다는 한계가 있다.
④ 재화나 용역의 인수 및 인도 시점을 기준으로 장부에 기입한다.
⑤ 수익과 비용이 대응되지 않는다는 한계가 있다.

| 한국가스기술공사

08 **다음 〈보기〉 중 맥그리거(D. McGregor)의 인간관에 대한 설명으로 옳지 않은 것을 모두 고르면?**

보기

ㄱ. X이론은 부정적이고 수동적인 인간관에 근거하고 있고, Y이론은 긍정적이고 적극적인 인간관에 근거하고 있다.
ㄴ. X이론에서는 보상과 처벌을 통한 통제보다는 직원들에 대한 조언과 격려에 의한 경영전략을 강조하였다.
ㄷ. Y이론에서는 자율적 통제를 강조하는 경영전략을 제시하였다.
ㄹ. X이론의 적용을 위한 대안으로 권한의 위임 및 분권화, 직무 확대 등을 제시했다.

① ㄱ, ㄴ
② ㄱ, ㄷ
③ ㄴ, ㄷ
④ ㄴ, ㄹ
⑤ ㄷ, ㄹ

| 한국중부발전

09 **다음 중 대한민국 중앙정부의 인사조직형태에 대한 설명으로 옳지 않은 것은?**

① 실적주의의 인사행정을 위해서는 독립합의형보다 비독립단독형 인사조직이 적절하다.
② 비독립단독형 인사기관은 독립합의형 인사기관에 비해 의사결정이 신속하다는 특징이 있다.
③ 독립합의형 인사기관의 경우 비독립단독형 인사기관에 비해 책임소재가 불분명하다는 특징이 있다.
④ 독립합의형 인사기관은 일반적으로 일반행정부처에서 분리되어 있으며, 독립적 지위를 가진 합의체의 형태를 갖는다.

| 한국중부발전

10 다음 〈보기〉 중 정부실패의 원인으로 옳지 않은 것을 모두 고르면?

보기

㉠ 정부가 민간주체보다 정보에 대한 접근성이 높아서 발생한다.
㉡ 공공부문의 불완전경쟁으로 인해 발생한다.
㉢ 정부행정이 사회적 필요에 비해 장기적 관점에서 추진되어 발생한다.
㉣ 정부의 공급은 공공재라는 성격을 가지기 때문에 발생한다.

① ㉠, ㉡
② ㉠, ㉢
③ ㉡, ㉢
④ ㉡, ㉣

| 한국중부발전

11 다음 〈보기〉의 행정의 가치 중 수단적 가치가 아닌 것을 모두 고르면?

보기

㉠ 공익
㉡ 자유
㉢ 합법성
㉣ 민주성
㉤ 복지

① ㉠, ㉡, ㉣
② ㉠, ㉡, ㉤
③ ㉠, ㉢, ㉣
④ ㉠, ㉣, ㉤

| 한국중부발전

12 다음 중 신공공관리론과 뉴거버넌스에 대한 설명으로 옳은 것은?

① 뉴거버넌스는 민영화, 민간위탁을 통한 서비스의 공급을 지향한다.
② 영국의 대처주의, 미국의 레이거노믹스는 모두 신공공관리론에 토대를 둔 정치기조이다.
③ 뉴거버넌스는 정부가 사회의 문제해결을 주도하여 민간 주체들의 적극적 참여를 유도하는 것을 추구한다.
④ 신공공관리론은 정부실패를 지적하며 등장한 이론으로, 민간에 대한 충분한 정보력을 갖춘 크고 완전한 정부를 추구한다.

| 한국동서발전

13 다음 중 사물인터넷을 사용하지 않은 경우는?

① 스마트 팜 시스템을 도입하여 작물 재배의 과정을 최적화, 효율화한다.
② 비상전력체계를 이용하여 재난 및 재해 등 위기상황으로 전력 차단 시 동력을 복원한다.
③ 커넥티드 카를 이용하여 차량 관리 및 운행 현황 모니터링을 자동화한다.
④ 스마트홈 기술을 이용하여 가정 내 조명, 에어컨 등을 원격 제어한다.

| 한국동서발전

14 다음 〈보기〉 중 수평적 인사이동에 해당하지 않는 것을 모두 고르면?

보기

ㄱ. 강임　　ㄴ. 승진
ㄷ. 전보　　ㄹ. 전직

① ㄱ, ㄴ　　② ㄱ, ㄷ
③ ㄴ, ㄷ　　④ ㄷ, ㄹ

| 한국동서발전

15 다음 〈보기〉 중 유료 요금제에 해당하지 않는 것을 모두 고르면?

보기

ㄱ. 국가지정문화재 관람료
ㄴ. 상하수도 요금
ㄷ. 국립공원 입장료

① ㄱ　　② ㄷ
③ ㄱ, ㄴ　　④ ㄴ, ㄷ

02 경영

코레일 한국철도공사

01 다음 중 테일러의 과학적 관리법과 관계가 없는 것은?

① 시간연구
② 동작연구
③ 동등 성과급제
④ 과업관리
⑤ 표준 작업조건

코레일 한국철도공사

02 다음 중 근로자가 직무능력 평가를 위해 개인능력평가표를 활용하는 제도는 무엇인가?

① 자기신고제도
② 직능자격제도
③ 평가센터제도
④ 직무순환제도
⑤ 기능목록제도

코레일 한국철도공사

03 다음 중 데이터베이스 마케팅에 대한 설명으로 옳지 않은 것은?

① 기업 규모와 관계없이 모든 기업에서 활용이 가능하다.
② 기존 고객의 재구매를 유도하며, 장기적인 마케팅 전략 수립이 가능하다.
③ 인구통계, 심리적 특성, 지리적 특성 등을 파악하여 고객별 맞춤 서비스가 가능하다.
④ 고객자료를 바탕으로 고객 및 매출 증대에 대한 마케팅 전략을 실행하는 데 목적이 있다.
⑤ 단방향 의사소통으로 고객과 1 : 1 관계를 구축하여 즉각적으로 반응을 확인할 수 있다.

| 코레일 한국철도공사

04 다음 중 공정성 이론에서 절차적 공정성에 해당하지 않는 것은?

① 접근성
② 반응속도
③ 형평성
④ 유연성
⑤ 적정성

| 코레일 한국철도공사

05 다음 중 e-비즈니스 기업의 장점으로 옳지 않은 것은?

① 빠른 의사결정을 진행할 수 있다.
② 양질의 고객서비스를 제공할 수 있다.
③ 배송, 물류비 등 각종 비용을 절감할 수 있다.
④ 기업이 더 높은 가격으로 제품을 판매할 수 있다.
⑤ 소비자에게 더 많은 선택권을 부여할 수 있다.

| 코레일 한국철도공사

06 다음 중 조직시민행동에 대한 설명으로 옳지 않은 것은?

① 조직 구성원이 수행하는 행동에 대해 의무나 보상이 존재하지 않는다.
② 조직 구성원의 자발적인 참여가 바탕이 되며, 대부분 강제적이지 않다.
③ 조직 구성원의 처우가 좋지 않을수록 조직시민행동은 자발적으로 일어난다.
④ 조직 내 바람직한 행동을 유도하고, 구성원의 조직 참여도를 제고한다.
⑤ 조직의 리더가 구성원으로부터 신뢰를 받을 때 구성원의 조직시민행동이 크게 증가한다.

| 코레일 한국철도공사

07 다음 중 분배적 협상의 특징으로 옳지 않은 것은?

① 상호 목표 배치 시 자기의 입장을 명확히 주장한다.
② 협상을 통해 공동의 이익을 확대(Win－Win)한다.
③ 정보를 숨겨 필요한 정보만 선택적으로 활용한다.
④ 협상에 따른 이익을 정해진 비율로 분배한다.
⑤ 간부회의, 밀실회의 등을 통한 의사결정을 주로 진행한다.

코레일 한국철도공사

08 다음 글에서 설명하는 직무분석방법은?

> • 여러 직무활동을 동시에 기록할 수 있다.
> • 직무활동 전체의 모습을 파악할 수 있다.
> • 직무성과가 외형적일 때 적용이 가능하다.

① 관찰법
② 면접법
③ 워크 샘플링법
④ 질문지법
⑤ 연구법

코레일 한국철도공사

09 다음 중 전문품에 대한 설명으로 옳지 않은 것은?

① 가구, 가전제품 등이 해당된다.
② 제품의 가격이 상대적으로 비싼 편이다.
③ 특정 브랜드에 대한 높은 충성심이 나타난다.
④ 충분한 정보 제공 및 차별화가 중요한 요소로 작용한다.
⑤ 소비자가 해당 브랜드에 대한 충분한 지식이 없는 경우가 많다.

코레일 한국철도공사

10 다음 중 연속생산에 대한 설명으로 옳은 것은?

① 단위당 생산원가가 낮다.
② 운반비용이 많이 소요된다.
③ 제품의 수명이 짧은 경우 적합한 방식이다.
④ 제품의 수요가 다양한 경우 적합한 방식이다.
⑤ 작업자의 숙련도가 떨어질 경우 작업에 참여시키지 않는다.

| K-water 한국수자원공사

11 다음 K기업 재무회계 자료를 참고할 때, 기초부채를 계산하면 얼마인가?

- 기초자산 : 100억 원
- 기말자본 : 65억 원
- 총수익 : 35억 원
- 총비용 : 20억 원

① 30억 원
② 40억 원
③ 50억 원
④ 60억 원

| K-water 한국수자원공사

12 다음 중 ERG 이론에 대한 설명으로 옳지 않은 것은?

① 매슬로의 욕구 5단계설을 발전시켜 주장한 이론이다.
② 인간의 욕구를 중요도 순으로 계층화하여 정의하였다.
③ 인간의 욕구를 존재욕구, 관계욕구, 성장욕구의 3단계로 나누었다.
④ 상위에 있는 욕구를 충족시키지 못하면 하위에 있는 욕구는 더욱 크게 감소한다.

| K-water 한국수자원공사

13 다음 중 기업이 사업 다각화를 추진하는 목적으로 볼 수 없는 것은?

① 기업의 지속적인 성장 추구
② 사업위험 분산
③ 유휴자원의 활용
④ 기업의 수익성 강화

| 서울교통공사

14 다음 중 주식 관련 상품에 대한 설명으로 옳지 않은 것은?

① ELS : 주가지수 또는 종목의 주가 움직임에 따라 수익률이 결정되며, 만기가 없는 증권이다.
② ELB : 채권, 양도성 예금증서 등 안전자산에 주로 투자하며, 원리금이 보장된다.
③ ELD : 수익률이 코스피200지수에 연동되는 예금으로, 주로 정기예금 형태로 판매한다.
④ ELT : ELS를 특정금전신탁 계좌에 편입하는 신탁상품으로, 투자자의 의사에 따라 운영한다.
⑤ ELF : ELS와 ELD의 중간 형태로, ELS를 기초 자산으로 하는 펀드를 말한다.

| 서울교통공사

15 다음 중 인사와 관련된 이론에 대한 설명으로 옳지 않은 것은?

① 로크는 인간이 합리적으로 행동한다는 가정하에 개인이 의식적으로 얻으려고 설정한 목표가 동기와 행동에 영향을 미친다고 주장하였다.
② 브룸은 동기 부여에 대해 기대이론을 적용하여 기대감, 적합성, 신뢰성을 통해 구성원의 직무에 대한 동기 부여를 결정한다고 주장하였다.
③ 매슬로는 욕구의 위계를 생리적 욕구, 안전의 욕구, 애정과 공감의 욕구, 존경의 욕구, 자아실현의 욕구로 나누어 단계별로 욕구가 작용한다고 설명하였다.
④ 맥그리거는 인간의 본성에 대해 부정적인 관점인 X이론과 긍정적인 관점인 Y이론이 있으며, 경영자는 조직목표 달성을 위해 근로자의 본성(X, Y)을 파악해야 한다고 주장하였다.
⑤ 허즈버그는 욕구를 동기요인과 위생요인으로 나누었으며, 동기요인에는 인정감, 성취, 성장 가능성, 승진, 책임감, 직무 자체가 해당되고, 위생요인에는 보수, 대인관계, 감독, 직무안정성, 근무환경, 회사의 정책 및 관리가 해당된다.

| 서울교통공사

16 다음 글에 해당하는 마케팅 STP 단계는 무엇인가?

- 서로 다른 욕구를 가지고 있는 다양한 고객들을 하나의 동질적인 고객집단으로 나눈다.
- 인구, 지역, 사회, 심리 등을 기준으로 활용한다.
- 전체시장을 동질적인 몇 개의 하위시장으로 구분하여 시장별로 차별화된 마케팅을 실행한다.

① 시장세분화
② 시장매력도 평가
③ 표적시장 선정
④ 포지셔닝
⑤ 재포지셔닝

| 한국중부발전

17 다음 중 종단분석과 횡단분석의 비교가 옳지 않은 것은?

구분	종단분석	횡단분석
방법	시간적	공간적
목표	특성이나 현상의 변화	집단의 특성 또는 차이
표본 규모	큼	작음
횟수	반복	1회

① 방법 ② 목표
③ 표본 규모 ④ 횟수

| 한국중부발전

18 다음 중 향후 채권이자율이 시장이자율보다 높아질 것으로 예상될 때 나타날 수 있는 현상으로 옳은 것은?

① 별도의 이자 지급 없이 채권발행 시 이자금액을 공제하는 방식을 선호하게 된다.
② 1년 만기 은행채, 장기신용채 등의 발행이 늘어난다.
③ 만기에 가까워질수록 채권가격 상승에 따른 이익을 얻을 수 있다.
④ 채권가격이 액면가보다 높은 가격에 거래되는 할증채 발행이 증가한다.

| 한국서부발전

19 다음 중 BCG 매트릭스에 대한 설명으로 옳은 것은?

① 스타(Star) 사업 : 높은 시장점유율로 현금창출은 양호하나, 성장 가능성은 낮은 사업이다.
② 현금젖소(Cash Cow) 사업 : 성장 가능성과 시장점유율이 모두 낮아 철수가 필요한 사업이다.
③ 개(Dog) 사업 : 성장 가능성과 시장점유율이 모두 높아서 계속 투자가 필요한 유망 사업이다.
④ 물음표(Question Mark) 사업 : 신규 사업 또는 현재 시장점유율은 낮으나, 향후 성장 가능성이 높은 사업이다.

| 한국서부발전

20 다음 중 테일러의 과학적 관리법의 특징에 대한 설명으로 옳지 않은 것은?

① 작업능률을 최대로 높이기 위하여 노동의 표준량을 정한다.
② 작업에 사용하는 도구 등을 개별 용도에 따라 다양하게 제작하여 성과를 높인다.
③ 작업량에 따라 임금을 차등하여 지급한다.
④ 관리에 대한 전문화를 통해 노동자의 태업을 사전에 방지한다.

03 경제

| 서울교통공사

01 다음 중 수요의 가격탄력성에 대한 설명으로 옳지 않은 것은?

① 수요의 가격탄력성은 가격의 변화에 따른 수요의 변화를 의미한다.
② 분모는 상품 가격의 변화량을 상품 가격으로 나눈 값이다.
③ 대체재가 많을수록 수요의 가격탄력성은 탄력적이다.
④ 가격이 1% 상승할 때 수요가 2% 감소하였으면 수요의 가격탄력성은 2이다.
⑤ 가격탄력성이 0보다 크면 탄력적이라고 할 수 있다.

| 서울교통공사

02 다음 중 대표적인 물가지수인 GDP 디플레이터를 구하는 계산식으로 옳은 것은?

① (실질 GDP)÷(명목 GDP)×100
② (명목 GDP)÷(실질 GDP)×100
③ (실질 GDP)+(명목 GDP)÷2
④ (명목 GDP)−(실질 GDP)÷2
⑤ (실질 GDP)÷(명목 GDP)×2

| 서울교통공사

03 다음 〈조건〉을 참고할 때, 한계소비성향(MPC) 변화에 따른 현재 소비자들의 소비 변화폭은?

조건
- 기존 소비자들의 연간 소득은 3,000만 원이며, 한계소비성향은 0.6을 나타내었다.
- 현재 소비자들의 연간 소득은 4,000만 원이며, 한계소비성향은 0.7을 나타내었다.

① 700
② 1,100
③ 1,800
④ 2,500
⑤ 3,700

한국가스기술공사

04 다음 글의 빈칸에 들어갈 단어가 바르게 나열된 것은?

> • 환율이 ___㉠___하면 순수출이 증가한다.
> • 국내이자율이 높아지면 환율은 ___㉡___한다.
> • 국내물가가 오르면 환율은 ___㉢___한다.

	㉠	㉡	㉢
①	하락	상승	하락
②	하락	상승	상승
③	하락	하락	하락
④	상승	하락	상승
⑤	상승	하락	하락

한국가스기술공사

05 다음 중 독점적 경쟁시장에 대한 설명으로 옳지 않은 것은?

① 독점적 경쟁시장은 완전경쟁시장과 독점시장의 중간 형태이다.
② 대체성이 높은 제품의 공급자가 시장에 다수 존재한다.
③ 시장진입과 퇴출이 자유롭다.
④ 독점적 경쟁기업의 수요곡선은 우하향하는 형태를 나타낸다.
⑤ 가격경쟁이 비가격경쟁보다 활발히 진행된다.

한국가스기술공사

06 다음 중 고전학파와 케인스학파에 대한 설명으로 옳지 않은 것은?

① 케인스학파는 경기가 침체할 경우, 정부의 적극적 개입이 바람직하지 않다고 주장하였다.
② 고전학파는 임금이 매우 신축적이어서 노동시장이 항상 균형상태에 이르게 된다고 주장하였다.
③ 케인스학파는 저축과 투자가 국민총생산의 변화를 통해 같아지게 된다고 주장하였다.
④ 고전학파는 실물경제와 화폐를 분리하여 설명한다.
⑤ 케인스학파는 단기적으로 화폐의 중립성이 성립하지 않는다고 주장하였다.

한국가스기술공사

07 다음 사례에서 나타나는 현상으로 옳은 것은?

- 물은 사용 가치가 크지만 교환 가치가 작은 반면, 다이아몬드는 사용 가치가 작지만 교환 가치는 크게 나타난다.
- 한계효용이 작을수록 교환 가치가 작으며, 한계효용이 클수록 교환 가치가 크다.

① 매몰비용의 오류　② 감각적 소비
③ 보이지 않는 손　④ 가치의 역설
⑤ 희소성

한국가스기술공사

08 다음 자료를 참고하여 실업률을 구하면 얼마인가?

- 생산가능인구 : 50,000명
- 취업자 : 20,000명
- 실업자 : 5,000명

① 10%　② 15%
③ 20%　④ 25%
⑤ 30%

한국중부발전

09 J기업이 다음 〈조건〉과 같이 생산량을 늘린다고 할 때, 한계비용은 얼마인가?

조건

- J기업의 제품 1단위당 노동가격은 4, 자본가격은 6이다.
- J기업은 제품 생산량을 50개에서 100개로 늘리려고 한다.
- 평균비용 $P=2L+K+\frac{100}{Q}$ (L : 노동가격, K : 자본가격, Q : 생산량)

① 10　② 12
③ 14　④ 16

| 한국서부발전

10 다음은 A국과 B국이 노트북 1대와 TV 1대를 생산하는 데 필요한 작업 시간을 나타낸 자료이다. A국과 B국의 비교우위에 대한 설명으로 옳은 것은?

구분	노트북	TV
A국	6시간	8시간
B국	10시간	8시간

① A국이 노트북, TV 생산 모두 비교우위에 있다.
② B국이 노트북, TV 생산 모두 비교우위에 있다.
③ A국은 노트북 생산, B국은 TV 생산에 비교우위가 있다.
④ A국은 TV 생산, B국은 노트북 생산에 비교우위가 있다.

| 한국서부발전

11 다음 중 다이내믹 프라이싱에 대한 설명으로 옳지 않은 것은?

① 동일한 제품과 서비스에 대한 가격을 시장 상황에 따라 변화시켜 적용하는 전략이다.
② 호텔, 항공 등의 가격을 성수기 때 인상하고, 비수기 때 인하하는 것이 대표적인 예이다.
③ 기업은 소비자별 맞춤형 가격을 통해 수익을 극대화할 수 있다.
④ 소비자 후생이 증가해 소비자의 만족도가 높아진다.

| 한국서부발전

12 다음 〈보기〉 중 빅맥 지수에 대한 설명으로 옳은 것을 모두 고르면?

보기

㉠ 빅맥 지수를 최초로 고안한 나라는 미국이다.
㉡ 각 나라의 물가수준을 비교하기 위해 고안된 지수로, 구매력 평가설을 근거로 한다.
㉢ 맥도날드 빅맥 가격을 기준으로 한 이유는 전 세계에서 가장 동질적으로 판매되고 있는 상품이기 때문이다.
㉣ 빅맥 지수를 구할 때 빅맥 가격은 제품 가격과 서비스 가격의 합으로 계산한다.

① ㉠, ㉡　　② ㉠, ㉢
③ ㉡, ㉢　　④ ㉡, ㉣

| 한국서부발전

13 **다음 중 확장적 통화정책의 영향으로 옳은 것은?**

① 건강보험료가 인상되어 정부의 세금 수입이 늘어난다.
② 이자율이 하락하고, 소비 및 투자가 감소한다.
③ 이자율이 상승하고, 환율이 하락한다.
④ 은행이 채무불이행 위험을 줄이기 위해 더 높은 이자율과 담보 비율을 요구한다.

| 한국서부발전

14 **다음 중 노동의 수요공급곡선에 대한 설명으로 옳지 않은 것은?**

① 노동 수요는 파생수요라는 점에서 재화시장의 수요와 차이가 있다.
② 상품 가격이 상승하면 노동 수요곡선은 오른쪽으로 이동한다.
③ 토지, 설비 등이 부족하면 노동 수요곡선은 오른쪽으로 이동한다.
④ 노동에 대한 인식이 긍정적으로 변화하면 노동 공급곡선은 오른쪽으로 이동한다.

| 한국서부발전

15 **다음 〈조건〉에 따라 S씨가 할 수 있는 최선의 선택은?**

조건

- S씨는 퇴근 후 운동을 할 계획으로 헬스, 수영, 자전거, 달리기 중 하나를 고르려고 한다.
- 각 운동이 주는 만족도(이득)는 헬스 5만 원, 수영 7만 원, 자전거 8만 원, 달리기 4만 원이다.
- 각 운동에 소요되는 비용은 헬스 3만 원, 수영 2만 원, 자전거 5만 원, 달리기 3만 원이다.

① 헬스 ② 수영
③ 자전거 ④ 달리기

PART 1

직업기초능력

CHAPTER 01 의사소통능력

CHAPTER 02 수리능력

CHAPTER 03 문제해결능력

CHAPTER 01

의사소통능력

합격 Cheat Key

의사소통능력은 평가하지 않는 공사·공단이 없을 만큼 필기시험에서 중요도가 높은 영역으로, 세부 유형은 문서 이해, 문서 작성, 의사 표현, 경청, 기초 외국어로 나눌 수 있다. 문서 이해·문서 작성과 같은 지문에 대한 주제 찾기, 내용 일치 문제의 출제 비중이 높으며, 문서의 특성을 파악하는 문제도 출제되고 있다.

1 문제에서 요구하는 바를 먼저 파악하라!

의사소통능력에서 가장 중요한 것은 제한된 시간 안에 빠르고 정확하게 답을 찾아내는 것이다. 의사소통능력에서는 지문이 아니라 문제가 주인공이므로 지문을 보기 전에 문제를 먼저 파악해야 하며, 문제에 따라 전략적으로 빠르게 풀어내는 연습을 해야 한다.

2 잠재되어 있는 언어 능력을 발휘하라!

세상에 글은 많고 우리가 학습할 수 있는 시간은 한정적이다. 이를 극복할 수 있는 방법은 다양한 글을 접하는 것이다. 실제 시험장에서 어떤 내용의 지문이 나올지 아무도 예측할 수 없으므로 평소에 신문, 소설, 보고서 등 여러 글을 접하는 것이 필요하다.

3 상황을 가정하라!

업무 수행에 있어 상황에 따른 언어 표현은 중요하다. 같은 말이라도 상황에 따라 다르게 해석될 수 있기 때문이다. 그런 의미에서 자신의 의견을 효과적으로 전달할 수 있는 능력을 평가하는 것이다. 업무를 수행하면서 발생할 수 있는 여러 상황을 가정하고 그에 따른 올바른 언어표현을 정리하는 것이 필요하다.

4 말하는 이의 입장에서 생각하라!

잘 듣는 것 또한 하나의 능력이다. 상대방의 이야기에 귀 기울이고 공감하는 태도는 업무를 수행하는 관계 속에서 필요한 요소이다. 그런 의미에서 다양한 상황에서 듣는 능력을 평가하는 것이다. 말하는 이가 요구하는 듣는 이의 태도를 파악하고, 이에 따른 판단을 할 수 있도록 언제나 말하는 사람의 입장이 되는 연습이 필요하다.

01 | 문서 내용 이해

| 유형분석 |

- 주어진 지문을 읽고 선택지를 고르는 전형적인 독해 문제이다.
- 지문은 주로 신문기사(보도자료 등)나 업무 보고서, 시사 등이 제시된다.
- 공사공단에 따라 자사와 관련된 내용의 기사나 법조문, 보고서 등이 출제되기도 한다.

다음 글의 내용으로 적절하지 않은 것은?

언어도 인간처럼 생로병사의 과정을 겪는다. 새로 생기기도 하고 사멸 위기에 처하기도 하는 것이다. 하와이어도 사멸 위기를 겪었다. 하와이어의 포식 언어는 영어였다. 1778년 당시 80만 명에 달했던 하와이 원주민은 외부로부터 유입된 감기, 홍역 등의 질병과 정치·문화적 박해로 1900년에는 4만 명까지 감소했다. 당연히 하와이어의 사용자도 급감했다. 1898년에 하와이가 미국에 합병되면서부터 인구가 증가하였으나, 하와이어의 위상은 영어 공용어 교육 정책 시행으로 인하여 크게 위축되었다. 1978년부터 몰입식 공교육을 통한 하와이어 복원이 시도되고 있으나, 하와이어 모국어를 구사할 수 있는 원주민 수는 현재 1,000명 정도에 불과하다.
언어의 사멸은 급속도로 진행된다. 어떤 조사에 따르면 평균 2주에 1개 정도의 언어가 사멸하고 있다. 우비크, 쿠페뇨, 맹크스, 쿤월, 음바바람, 메로에, 컴브리아어 등이 사라진 언어이다. 이러한 상태라면 금세기 말까지 지구에 존재하는 언어 가운데 90%가 사라지게 될 것이라는 추산도 가능하다.

① 하와이 원주민의 수는 1,900년 이후 100여 년 사이에 약 $\frac{1}{40}$로 감소하였다.

② 하와이 원주민은 120여 년 사이에 숫자가 약 $\frac{1}{20}$로 감소하였다.

③ 최근 미국의 교육 정책은 하와이어를 보존하기 위한 방향으로 변화되었다.

④ 언어는 끊임없이 새로 생겨나고, 또 사라진다.

⑤ 하와이는 미국에 합병된 후 인구가 증가하였다.

정답 ①

제시문에 따르면 1900년 하와이 원주민의 수는 4만 명이었으며, 현재 하와이어 모국어를 구사할 수 있는 원주민의 수는 1,000명 정도이다. 그러나 하와이 원주민의 수가 1,000명인 것은 아니므로 ①은 적절하지 않다.

풀이 전략!

주어진 선택지에서 키워드를 체크한 후, 지문의 내용과 비교해 가면서 내용의 일치 유무를 빠르게 판단한다.

대표기출유형 01 기출응용문제

01 다음 글의 내용으로 가장 적절한 것은?

보름달 중에 가장 크게 보이는 보름달을 슈퍼문이라고 한다. 이때 보름달이 크게 보이는 이유는 달이 평소보다 지구에 가까이 있기 때문이다. 슈퍼문이 되려면 보름달이 되는 시점과 달이 지구에 가장 가까워지는 시점이 일치하여야 한다. 달의 공전 궤도가 완벽한 원이라면 지구에서 달까지의 거리가 항상 똑같을 것이다. 하지만 실제로는 타원 궤도여서 달이 지구에 가까워지거나 멀어지는 현상이 생긴다. 유독 달만 그런 것은 아니고 태양계의 모든 행성이 태양을 중심으로 타원 궤도로 돈다. 이것이 바로 그 유명한 케플러의 행성운동 제1법칙이다.

지구와 달의 평균 거리는 약 38만 km인 반면 슈퍼문일 때는 그 거리가 35만 7,000km 정도로 가까워진다. 달의 반지름은 약 1,737km이므로, 지구와 달의 거리가 평균 정도일 때 지구에서 보름달을 바라보는 시각도*는 0.52도 정도인 반면, 슈퍼문일 때는 시각도가 0.56도로 커진다. 반대로 보름달이 가장 작게 보일 때, 다시 말해 보름달이 지구에서 제일 멀 때는 그 거리가 약 40만 km여서 보름달을 보는 시각도가 0.49도로 작아진다.

밀물과 썰물이 생기는 원인은 지구에 작용하는 달과 태양의 중력 때문인데, 달이 태양보다는 지구에 훨씬 더 가깝기 때문에 더 큰 영향을 미친다. 달이 지구에 가까워지면 평소 달이 지구를 당기는 힘보다 더 강하게 지구를 당긴다. 그리고 달의 중력이 더 강하게 작용하면, 달을 향한 쪽의 해수면은 평상시보다 더 높아진다. 실제 우리나라에서도 슈퍼문일 때 제주도 등 해안가에 바닷물이 평소보다 더 높게 밀려 들어와서 일부 지역이 침수 피해를 겪기도 했다.

한편 달의 중력 때문에 높아진 해수면이 지구와 함께 자전을 하다 보면 지구의 자전을 방해하게 된다. 일종의 브레이크가 걸리는 셈이다. 이 때문에 지구의 자전 속도가 느려지게 되고 그 결과 하루의 길이에 미세하게 차이가 생긴다. 실제 연구 결과에 따르면 100만 년에 17초 정도씩 길어지는 효과가 생긴다고 한다.

* 시각도 : 물체의 양끝에서 눈의 결합점을 향하여 그은 두 선이 이루는 각

① 지구에서 태양까지의 거리는 1년 동안 항상 일정하다.
② 해수면의 높이는 지구와 달의 거리와 관계가 없다.
③ 달이 지구에서 멀어지면 궤도에서 벗어나지 않기 위해 평소보다 더 강하게 지구를 잡아당긴다.
④ 달의 중력 때문에 지구가 자전하는 속도는 점점 빨라지고 있다.
⑤ 지구와 달의 거리가 36만 km 정도인 경우, 지구에서 보름달을 바라보는 시각도는 0.49도보다 크다.

02 다음 글의 내용으로 적절하지 않은 것은?

모든 동물들은 생리적 장치들이 제대로 작동하기 위해서 체액의 농도를 어느 정도 일정하게 유지해야 한다. 이를 위해 수분의 획득과 손실의 균형을 조절하는 작용을 삼투 조절이라 한다. 동물은 서식지와 체액의 농도, 특히 염도 차이가 있을 경우, 삼투 현상에 따라 체내 수분의 획득과 손실이 발생하기 때문에, 이러한 상황에서 체액의 농도를 일정하게 유지하는 것이 중요한 생존 과제이다.
삼투 현상이란 반(半)투과성 막을 사이에 두고 농도가 다른 양쪽의 용액 중 농도가 낮은 쪽의 용매가 농도가 높은 쪽으로 옮겨 가는 현상이다. 소금물에서는 물에 녹아 있는 소금을 용질, 그 물을 용매라고 할 수 있는데 반투과성 막의 양쪽에 농도가 다른 소금물이 있다면, 농도가 낮은 쪽의 물이 높은 쪽으로 이동하게 된다. 이때 양쪽의 농도가 같다면, 용매의 순이동은 없다고 한다.
동물들은 이러한 삼투 현상에 대응하여 수분 균형을 어떻게 유지하느냐에 따라 삼투 순응형과 삼투 조절형으로 분류된다. 먼저 삼투 순응형 동물은 모두 해수(海水) 동물로 체액과 해수의 염분 농도, 즉 염도가 같기 때문에 수분의 순이동은 없다. 게나 홍합, 갯지네 등이 여기에 해당한다. 이와 달리 삼투 조절형 동물은 체액의 염도와 서식지의 염도가 달라, 체액의 염도가 변하지 않도록 삼투 조절을 하며 살아간다.
삼투 조절형 동물 중 해수에 사는 대다수 어류의 체액은 해수에 비해 염도가 낮기 때문에 체액의 수분이 빠져나갈 수 있다. 그래서 표피는 비투과성이지만, 아가미의 상피세포를 통해 물을 쉽게 빼앗긴다. 이렇게 삼투 현상에 의해 빼앗긴 수분을 보충하기 위하여 이들은 계속 바닷물을 마시게 된다. 이로 인해 이들의 창자에서 바닷물의 70 ~ 80%가 혈관 속으로 흡수되는데, 이때 염분도 혈관 속으로 들어간다. 그러면 아가미의 상피 세포에 있는 염분 분비 세포를 작동시켜 과도해진 염분을 밖으로 내보낸다.
담수에 사는 동물들이 직면한 삼투 조절의 문제는 해수 동물과 정반대이다. 담수 동물의 체액은 담수에 비해 염도가 높기 때문에 아가미를 통해 수분이 계속 유입될 수 있다. 그래서 담수 동물들은 물을 거의 마시지 않고 많은 양의 오줌을 배출하여 문제를 해결하고 있다. 이들의 비투과성 표피는 수분의 유입을 막기 위한 것이다.
한편 육상에 사는 동물들 또한 다양한 경로를 통해 수분이 밖으로 빠져나간다. 오줌, 대변, 피부, 가스교환 기관의 습한 표면 등을 통해 수분을 잃기 때문이다. 그래서 육상 동물들은 물을 마시거나 음식을 통해 그리고 세포호흡으로 물을 생성하여 부족한 수분을 보충한다.

① 동물들은 체액의 농도가 크게 달라지면 생존하기 어렵다.
② 동물들이 삼투 현상에 대응하는 방법은 서로 다를 수 있다.
③ 동물의 체액과 서식지 물의 농도가 같으면 삼투 현상에 의한 수분의 순이동은 없다.
④ 담수 동물은 육상 동물과 마찬가지로 많은 양의 오줌을 배출하여 체내 수분을 일정하게 유지한다.
⑤ 육상 동물들은 세포호흡을 통해서도 수분을 보충할 수 있다.

03 다음 글의 내용으로 가장 적절한 것은?

> 우리는 물놀이를 할 때는 구명조끼, 오토바이를 탈 때는 보호대를 착용한다. 이외에도 각종 작업 및 스포츠 활동을 할 때 안전을 위해 보호 장치를 착용하는데, 위험성이 높을수록 이러한 안전장치의 필요성이 높아진다.
> 특히 자칫 잘못하면 생명을 위협할 수 있는 송배전 계통에선 감전 등의 전기사고를 방지하기 위한 안전장치가 필요한데 그중 하나가 '접지'이다.
> 접지란 감전 등의 전기사고 예방 목적으로 전기회로 또는 전기기기, 전기설비의 어느 한쪽을 대지에 연결하여 기기와 대지와의 전위차가 0V가 되도록 하는 것으로, 전류는 전위차가 있을 때에만 흐르므로 접지가 되어 있는 전기회로 및 설비에는 사람의 몸이 닿아도 감전되지 않게 된다.
> 접지를 하는 가장 큰 목적은 사람과 가축의 감전을 방지하기 위해서이다. 전기설비의 전선 피복이 벗겨지거나 노출된 상태에서 사람이나 가축이 전선이나 설비의 케이스를 만지면 감전사고로 인한 부상 및 사망 등의 위험이 높아지기 때문이다.
> 접지의 또 다른 목적 중 하나는 폭발 및 화재방지이다. 마찰 등에 의한 정전기 발생 위험이 있는 장치 및 물질을 취급하는 전기설비들은 자칫하면 정전기 발생이 화재 및 폭발로 이어질 수 있기 때문에 정전기 발생을 사전에 예방하기 위해 접지를 해둬야 한다.
> 그 외에도 송전선으로부터 인근 통신선의 유도장해 방지, 전기설비의 절연파괴 방지에 따른 신뢰도 향상 등을 위해 접지를 사용하기도 한다.
> 접지방식에는 비접지방식, 직접 접지방식, 저항 접지방식, 리액터 접지방식이 있다. 비접지방식의 경우 접지를 위해 중성점에 따로 금속선을 연결할 필요는 없으나, 송배전 계통의 전압이 높고 선로의 전압이 높으면 송전선로, 배전선로의 일부가 대지와 전기적으로 연결되는 지락사고를 발생시킬 수 있는 것이 단점이다. 반대로 우리나라에서 가장 많이 사용하는 직접 접지방식은 중성점에 금속선을 연결한 것으로 절연비를 절감할 수 있지만, 금속선을 타고 지락 전류가 많이 흐르므로 계통의 안정도가 나쁘다.
> 그 밖에도 저항 접지방식은 중성점에 연결하는 선의 저항 크기에 따라 고저항 접지방식과 저저항 접지방식이 있으며, 접지 저항이 너무 작으면 송배전선 인근 통신선에 유도장애가 커지고, 반대로 너무 크면 평상시 대지전압이 높아진다.
> 리액터 접지방식도 저항 접지방식과 같이 임피던스의 크기에 따라 저임피던스 접지방식과 고임피던스 접지방식이 있고, 임피던스가 너무 작으면 인근 통신선에 유도장애가 커지고, 너무 크면 평상시 대지 전압이 높아진다.
> 이처럼 접지 종류별로 장단점이 있어 모든 전기사고를 완벽히 방지할 수는 없기에, 더 안전하고 완벽한 접지에 대한 연구의 필요성이 높아진다.

① 위험성이 낮을 경우 안정장치는 필요치 않게 된다.
② 전기사고를 방지하는 안정장치는 접지 외에도 다양한 방법들이 있다.
③ 전위차가 없더라도 전류가 흐를 수도 있다.
④ 접지를 하지 않으면 정전기가 발생한다.
⑤ 중성점에 연결하는 선의 저항 크기와 임피던스의 크기는 상관관계가 있다.

PART 1

대표기출유형

02 글의 주제 · 제목

| 유형분석 |

- 주어진 지문을 파악하여 전달하고자 하는 핵심 주제나 제목을 고르는 문제이다.
- 정보를 종합하고 중요한 내용을 구별하는 능력이 필요하다.
- 설명문부터 주장, 반박문까지 다양한 성격의 지문이 제시되므로 글의 성격별 특징을 알아 두는 것이 좋다.

다음 글의 주제로 가장 적절한 것은?

우리는 주변에서 신호등 음성 안내기, 휠체어 리프트, 점자 블록 등의 장애인 편의 시설을 많이 볼 수 있다. 우리는 이런 편의 시설을 장애인들이 지니고 있는 국민으로서의 기본 권리를 인정한 것이라는 시각에서 바라보고 있다. 물론 장애인의 일상생활 보장이라는 측면에서 이 시각은 당연한 것이다. 하지만 이를 바라보는 또 다른 시각이 필요하다. 그것은 바로 장애인만을 위한 것이 아니라 일상생활에서 활동에 불편을 겪는 모두를 위한 것이라는 시각이다. 편리하고 안전한 시설은 장애인뿐만 아니라 우리 모두에게 유용하기 때문이다. 예를 들어, 건물의 출입구에 설치되어 있는 경사로는 장애인들의 휠체어만 다닐 수 있도록 설치해 놓은 것이 아니라, 몸이 불편해서 계단을 오르내릴 수 없는 노인이나 유모차를 끌고 다니는 사람들도 편하게 다닐 수 있도록 만들어 놓은 시설이다. 결국 이 경사로는 우리 모두에게 유용한 시설인 것이다.

그런 의미에서, 근래에 대두되고 있는 '보편적 디자인', 즉 '유니버설 디자인(Universal Design)'이라는 개념은 우리에게 좋은 시사점을 제공해 준다. 보편적 디자인이란 가능한 모든 사람이 이용할 수 있도록 제품, 건물, 공간을 디자인한다는 의미를 가지고 있기 때문이다. 이러한 시각으로 바라본다면 장애인 편의 시설이 우리 모두에게 편리하고 안전한 시설로 인식될 것이다.

① 우리 주변에서는 장애인 편의 시설을 많이 볼 수 있다.
② 보편적 디자인은 근래에 대두되고 있는 중요한 개념이다.
③ 어떤 집단의 사람들이라도 이용할 수 있는 제품을 만들어야 한다.
④ 보편적 디자인이라는 관점에서 장애인 편의 시설을 바라볼 필요가 있다.
⑤ 장애인들의 기본 권리를 보장하기 위해 장애인 편의 시설을 확충해야 한다.

정답 ④

제시문의 첫 번째 문단에서 '장애인 편의 시설에 대한 새로운 시각'이 필요하다고 밝히고, 두 번째 문단에서 장애인 편의 시설이 '우리 모두에게 유용함'을 강조했으며, 마지막 부분에서 보편적 디자인의 시각으로 바라볼 때 '장애인 편의 시설은 우리 모두에게 편리하고 안전한 시설로 인식될 것'이라고 하였다.

풀이 전략!

'결국', '즉', '그런데', '그러나', '그러므로' 등의 접속어 뒤에 주제가 드러나는 경우가 많다는 것에 주의하면서 지문을 읽는다.

대표기출유형 02 기출응용문제

01 다음 기사의 제목으로 가장 적절한 것은?

> 지난 달 17일 첫 홍역의심환자 신고 이후 병원 내 접촉자로 추정되는 2명이 추가 확진되어 격리치료 중이다.
> 이에 따라 감염병 관리 정보시스템을 활용해 관련 기관과 민간전문가 간 긴급 영상회의를 갖고 환자·의심환자 및 접촉자 관리 강화, 해당 의료기관 의료진 중 홍역 예방 접종력(2회)이 확인되지 않은 사람을 대상으로 임시 예방접종을 시행하기로 했다.
> 질병관리본부는 홍역 유행 차단을 위해 현재 의료기관 내 접촉자와 일반 접촉자 352명을 대상으로 모니터링을 실시하는 한편, 병원과 신속대응 체계를 구축했다. 추가 환자·접촉자가 있는지 추가 확인을 실시하고, 의심증상자 발생 시 출근 및 등교 중지 등의 조치를 시행하고 있다. 이 밖에도 모든 의료기관에 발열, 발진이 동반된 환자 진료 시 홍역 여부를 주의 깊게 관찰하고, 홍역이 의심되는 경우 격리치료 및 관할 보건소에 즉시 신고해 줄 것을 요청하였다.
> 관계자는 "최근 서울에서도 3명의 홍역환자가 발생했고, 유럽·일본 등에서도 홍역 유행이 지속되고 있어 국내유입 가능성이 커지고 있다."라면서 "홍역은 호흡기나 비말(침방울 등), 공기를 통해 전파되므로 감염예방을 위해 손씻기, 기침예절 지키기 등 개인위생을 철저히 준수하고, 발열 등 의심 증상이 있는 경우 출근·등교를 중지해야 한다."라고 당부했다.
> 홍역은 예방접종으로 예방이 가능하므로 표준 예방접종 일정에 따라 접종을 완료하고, 특히 유럽 등 해외여행을 계획하고 있는 경우에는 사전 예방접종을 반드시 확인해야 한다.
> 질병관리본부는 유럽 등 여행 후 홍역 의심 증상(발열, 발진, 기침, 콧물, 결막염 등)이 발생한 경우 다른 사람과의 접촉을 최소화하고 관할 보건소 또는 질병관리본부 콜센터에 문의하여 안내에 따라 병원에 방문해 줄 것을 거듭 당부하였다.

① 홍역환자 발생, 전파 차단 조치 나서
② 홍역환자 3명 발생, 초기 대응 미흡해
③ 감염병 관리 정보 시스템 가동
④ 홍역, 예방접종으로 예방 가능
⑤ 홍역과 인류의 과거와 미래

02 다음 글의 제목으로 가장 적절한 것은?

2020년 2월, 코로나19의 지역 감염이 확산됨에 따라 감염병 위기경보 수준이 '경계'에서 '심각'으로 격상되었다. 이처럼 감염병 위기 단계가 높아지면 무엇이 달라질까?
감염병 위기경보 수준은 '관심', '주의', '경계', '심각'의 4단계로 나뉘며, 각 단계에 따라 정부의 주요 대응 활동이 달라진다. 먼저, 해외에서 신종감염병이 발생하여 유행하거나 국내에서 원인불명 또는 재출현 감염병이 발생하면 '관심' 단계의 위기경보가 발령된다. '관심' 단계에서 질병관리본부는 대책반을 운영하여 위기 징후를 모니터링하고, 필요할 경우 현장 방역 조치와 방역 인프라를 가동한다. 해외에서의 신종감염병이 국내로 유입되거나 국내에서 원인불명 또는 재출현 감염병이 제한적으로 전파되면 '주의' 단계가 된다. '주의' 단계에서는 질병관리본부의 중앙방역대책본부가 설치되어 운영되며, 유관기관은 협조체계를 가동한다. 또한 '관심' 단계에서 가동된 현장 방역 조치와 방역 인프라, 모니터링 및 감시 시스템은 더욱 강화된다. 국내로 유입된 해외의 신종감염병이 제한적으로 전파되거나 국내에서 발생한 원인불명 또는 재출현 감염병이 지역 사회로 전파되면 '경계' 단계로 격상된다. '경계' 단계에서는 중앙방역대책본부의 운영과 함께 보건복지부 산하에 중앙사고수습본부가 설치된다. 필요할 경우 총리 주재하에 범정부 회의가 개최되고, 행정안전부는 범정부 지원본부의 운영을 검토한다. 마지막으로 해외의 신종감염병이 국내에서 지역사회 전파 및 전국 확산을 일으키거나 국내 원인불명 또는 재출현 감염병이 전국적으로 확산되면 위기경보의 가장 높은 단계인 '심각' 단계로 격상된다. 이 단계에서는 범정부적 총력 대응과 함께 필요할 경우 중앙재난안전대책본부를 운영하게 된다. 이때 '경계' 단계에서 총리 주재하에 범정부 회의가 이루어지던 방식은 중앙재난안전대책본부가 대규모 재난의 예방·대비·대응·복구 등에 관한 사항을 총괄하고 조정하는 방식으로 달라진다.

① 코로나19 감염 확산에 따른 대응 방안
② 감염병 위기경보 단계 상향에 따른 국민 행동수칙 변화
③ 시간에 따른 감염병 위기경보 단계의 변화
④ 위기경보 '심각' 단계 상향에 따른 정부의 특별 지원
⑤ 감염병 위기경보 단계에 따른 정부의 대응 변화

03 다음 글의 주제로 가장 적절한 것은?

> 현재 우리나라의 진료비 지불제도 중 가장 주도적으로 시행되는 지불제도는 행위별수가제이다. 행위별수가제는 의료기관에서 의료인이 제공한 의료서비스(행위, 약제, 치료 재료 등)에 대해 서비스별로 가격(수가)을 정하여 사용량과 가격에 의해 진료비를 지불하는 제도로, 의료보험 도입 당시부터 채택하고 있다. 그러나 최근 관련 전문가들로부터 이러한 지불제도를 개선해야 한다는 목소리가 많이 나오고 있다.
> 조사에 의하면 우리나라의 국민의료비를 증대시키는 주요 원인은 고령화로 인한 진료비 증가와 행위별수가제로 인한 비용의 무한 증식이다. 현재 우리나라의 국민의료비는 OECD 회원국 중 최상위를 기록하고 있으며 앞으로 더욱 심화될 것으로 예측된다. 특히 행위별수가제는 의료행위를 할수록 지불되는 진료비가 증가하므로 CT, MRI 등 영상검사를 중심으로 의료 남용이나 과다 이용 문제가 발생하고 있고, 병원의 이익 증대를 위하여 환자에게는 의료비 부담을, 의사에게는 업무 부담을, 건강보험에는 재정 부담을 증대시키고 있다.
> 이러한 행위별수가제의 문제점을 개선하기 위해 일부 질병군에서는 환자가 입원해서 퇴원할 때까지 발생하는 진료에 대하여 질병마다 미리 정해진 금액을 내는 제도인 포괄수가제를 시행 중이며, 요양병원, 보건기관에서는 입원 환자의 질병, 기능 상태에 따라 입원 1일당 정액수가를 적용하는 정액수가제를 병행하여 실시하고 있지만 비용 산정의 경직성, 의사 비용과 병원 비용의 비분리 등 여러 가지 문제점이 있어 현실적으로 효과를 내지 못하고 있다는 지적이 많다.
> 기획재정부와 보건복지부는 시간이 지날수록 건강보험 적자가 계속 증대되어 머지않아 고갈될 위기에 있다고 발표하였다. 당장 행위별수가제를 전면적으로 폐지할 수는 없으므로 기존의 다른 수가제의 문제점을 개선하여 확대하는 등 의료비 지불방식의 다변화가 구조적으로 진행되어야 할 것이다.

① 신포괄수가제의 정의
② 행위별수가제의 한계점
③ 의료비 지불제도의 역할
④ 건강보험의 재정 상황
⑤ 다양한 의료비 지불제도 소개

03 | 문단 나열

| 유형분석 |

- 각 문단의 내용을 파악하고 논리적 순서에 맞게 배열하는 복합적인 문제이다.
- 전체적인 글의 흐름을 이해하는 것이 중요하며, 각 문장의 지시어나 접속어에 주의한다.

다음 문단을 논리적 순서대로 바르게 나열한 것은?

(가) 환경부 국장은 "급식인원이 하루 50만 명에 이르는 K놀이공원이 음식문화 개선에 앞장서는 것은 큰 의미가 있다."라면서 "이번 협약을 계기로 대기업 중심의 범국민적인 음식문화 개선 운동이 빠르게 확산될 것으로 기대한다."라고 말했다.

(나) K놀이공원은 하루 평균 15,000여 톤에 이르는 과도한 음식물쓰레기 발생으로 연간 20조 원의 경제적인 낭비가 초래되고 있는 심각성을 인지하고, 환경부와 상호협력하여 음식물쓰레기 줄이기 방안을 적극 추진하기로 했다.

(다) 이날 체결한 협약에 따라 K놀이공원에서 운영하는 전국 500여 단체급식 사업장과 외식사업장에서는 구매, 조리, 배식 등 단계별로 음식물쓰레기 줄이기 활동을 전개하고, 사업장별 특성에 맞는 감량 활동 및 다양한 홍보 캠페인 실시, 인센티브 제공을 통해 이용 고객들의 적극적인 참여를 유도할 계획이다.

(라) 이에 환경부 국장과 K놀이공원 사업부장은 지난 26일, 환경부, 환경연구소 및 K놀이공원 관계자 등이 참석한 가운데, 음식문화 개선대책에 관한 자발적 협약을 체결하였다.

① (가) – (라) – (나) – (다)
② (나) – (라) – (다) – (가)
③ (다) – (라) – (나) – (가)
④ (라) – (다) – (가) – (나)
⑤ (라) – (다) – (나) – (가)

정답 ②

제시문은 K놀이공원이 음식물쓰레기로 인한 낭비의 심각성을 인식하여 환경부와 음식문화 개선대책 협약을 맺었고, 이 협약으로 인해 대기업 중심의 국민적인 음식문화 개선 운동이 확산될 것이라는 내용의 글이다. 따라서 (나) 음식물쓰레기로 인한 낭비에 대한 심각성을 인식한 K놀이공원과 환경부 → (라) 음식문화 개선 대책 협약 체결 → (다) 협약에 따라 사업장별 특성에 맞는 음식물쓰레기 감량 활동 전개하는 K놀이공원 → (가) 협약을 계기로 대기업 중심의 범국민적 음식문화 개선 운동이 확산될 것을 기대하는 환경부 국장의 순서로 나열하는 것이 적절하다.

풀이 전략!

상대적으로 시간이 부족하다고 느낄 때는 선택지를 참고하여 문장의 순서를 생각해 본다.

대표기출유형 03 기출응용문제

※ 다음 문단을 논리적 순서대로 바르게 나열한 것을 고르시오. [1~2]

01

(가) 위기가 있는 만큼 기회도 주어진다. 다만, 그 기회를 잡기 위해 우리에게 가장 필요한 것은 지혜이다. 그리고 그 지혜를 행동으로 옮길 때, 우리는 성공이라는 결과를 얻을 수 있는 것이다.
(나) 세계적 금융위기는 끝나지 않았고, 동중국해를 둘러싼 중국과 일본의 영토분쟁은 세계 경제에 새로운 위협 요인이 되고 있다. 국가경제도 부동산 가격 하락으로 가계부채 문제가 경제에 부담이 될 것이라는 예측이 나온다. 휴일 영업을 둘러싼 대형마트와 재래시장 간의 갈등도 심화되고 있다. 기업의 입장에서나, 개인의 입장에서나 온통 풀기 어려운 문제에 둘러싸인 형국이다.
(다) 이 위기를 이겨낸 사람이 성공하고, 위기를 이겨낸 기업이 경쟁에서 승리한다. 어려움을 이겨낸 나라가 자신에게 주어진 무대에서 주역이 되었다는 것을 우리는 지난 역사 속에서 배울 수 있다.
(라) 한마디로 위기(危機)의 시대이다. 위기는 '위험'을 의미하는 위(危)자와 '기회'를 의미하는 기(機)자가 합쳐진 말이다. 위기라는 말에는 위험과 기회라는 이중의 의미가 함께 들어 있다. 위험을 이겨낸 사람이 기회를 잡을 수 있다는 말이다. 위기는 기회의 또 다른 얼굴이다.

① (가) – (라) – (나) – (다)
② (나) – (가) – (다) – (라)
③ (나) – (라) – (다) – (가)
④ (라) – (가) – (다) – (나)
⑤ (라) – (다) – (가) – (나)

02

(가) 이 방식을 활용하면 공정의 흐름에 따라 제품이 생산되므로 자재의 운반 거리를 최소화할 수 있어 전체 공정 관리가 쉽다.
(나) 그러나 기계 고장과 같은 문제가 발생하면 전체 공정이 지연될 수 있고, 규격화된 제품 생산에 최적화된 설비 및 배치 방식을 사용하기 때문에 제품의 규격이나 디자인이 변경되면 설비 배치 방식을 재조정해야 한다는 문제가 있다.
(다) 제품을 효율적으로 생산하기 위해서는 생산 설비의 효율적인 배치가 중요하다. 설비의 효율적인 배치란 자재의 불필요한 운반을 최소화하고, 공간을 최대한 활용하면서 적은 노력으로 빠른 시간에 목적하는 제품을 생산할 수 있도록 설비를 배치하는 것이다.
(라) 그중에서도 제품별 배치(Product Layout) 방식은 생산하려는 제품의 종류는 적지만 생산량이 많은 경우에 주로 사용된다. 제품별로 완성품이 될 때까지의 공정 순서에 따라 설비를 배열해 부품 및 자재의 흐름을 단순화하는 것이 핵심이다.

① (가) – (다) – (나) – (라)
② (나) – (가) – (라) – (다)
③ (다) – (나) – (라) – (가)
④ (다) – (라) – (가) – (나)
⑤ (다) – (라) – (나) – (가)

※ 다음 제시된 문단을 읽고, 이어질 문단을 논리적 순서대로 바르게 나열한 것을 고르시오. [3~4]

03

서양연극의 전통적이고 대표적인 형식인 비극은 인생을 진지하고 엄숙하게 바라보는 견해에서 생겼다. 근본 원리는 아리스토텔레스의 견해에 의존하지만, 개념과 형식은 시대 배경에 따라 다양하다. 특히 16세기 말 영국의 대표적인 극작가 중 한 명인 셰익스피어의 등장은 비극의 역사에 새로운 장을 열었다. 셰익스피어는 1600년 이후, 이전과는 다른 분위기의 비극을 발표하기 시작했다. 이 중 대표적인 작품 4개를 '셰익스피어의 4대 비극'이라고 한다. 셰익스피어는 4대 비극을 통해 영국의 사회적·문화적 가치관과 인간의 보편적 정서를 유감없이 보여주는데, 특히 당시 영국 사회 질서의 개념과 관련되어 있다. 보통 사회 질서가 깨어지고 그 붕괴의 양상이 매우 급하고 강렬할수록 사회의 변혁 또한 크게 일어날 가능성이 큰데, 이와 같은 질서의 파괴로 일어나는 격변을 배경으로 하여 쓴 대표적인 작품이 바로 『맥베스』이다.

(가) 이로 인해 『맥베스』는 인물 내면의 갈등이 섬세하게 묘사된 작품이라는 평가는 물론, 다른 작품들에 비해 비교적 짧지만, 사건이 속도감 있고 집약적으로 전개된다는 평가도 받는다.

(나) 셰익스피어는 사건 및 정치적 욕망의 경위가 아닌 인간의 양심과 영혼의 붕괴에 집중해서 작품의 전개를 다룬다.

(다) 『맥베스』는 셰익스피어의 고전적 특성과 현대성이 가장 잘 드러나 있는 작품으로, 죄책감에 빠진 주인공 맥베스가 왕위 찬탈 과정에서 공포와 절망 속에 갇혀 파멸해가는 과정을 그린 작품이다.

(라) 이는 질서의 파괴 속에서 인간이 자신의 내면에 자리하고 있는 선과 악에 대한 근본적인 자세에 의문을 지니면서 그로 인한 번민, 새로운 깨달음, 비극적인 파멸 등에 이르는 과정을 깊이 있게 보여주고자 함이다.

① (가) – (나) – (다) – (라)
② (가) – (다) – (라) – (나)
③ (나) – (다) – (라) – (가)
④ (다) – (나) – (가) – (라)
⑤ (다) – (나) – (라) – (가)

04

마그네틱 카드는 자기 면에 있는 데이터를 입력장치에 통과시키는 것만으로 데이터를 전산기기에 입력할 수 있다. 마그네틱 카드는 미국 IBM에서 자기 테이프의 원리를 카드에 응용한 것으로 자기 테이프 표면에 있는 자성 물질의 특성을 변화시켜 데이터를 기록하는 방식으로 개발되었다. 개발 이후 신용카드, 신분증 등 여러 방면으로 응용되었고, 현재도 사용되고 있다. 하지만 마그네틱 카드는 자기 테이프를 이용하였기 때문에 자석과 접촉하면 기능이 상실되는 단점을 가지고 있는데, 최근 마그네틱 카드의 단점을 보완한 IC카드가 만들어져 사용되고 있다.

(가) IC카드는 데이터를 여러 번 쓰거나 지울 수 있는 EEPROM이나 플래시 메모리를 내장하고 있다. 개발 초기의 IC카드는 8KB 정도의 저장 공간을 가지고 있었으나, 2000년대 이후에는 1MB 이상의 데이터 저장이 가능하다.

(나) IC카드는 내부에 집적회로를 내장하였기 때문에 자석과 접촉해도 데이터가 손상되지 않으며, 마그네틱 카드에 비해 다양한 기능을 추가할 수 있고 보안성 및 내구성도 우수하다.

(다) 메모리 외에도 프로세서를 함께 내장한 것도 있다. 이러한 것들은 스마트 카드로 불리며 현재 16비트 및 32비트급의 성능을 가진 카드도 등장했다. 프로세서를 탑재한 카드는 데이터의 저장뿐 아니라 데이터의 암호화나 특정 컴퓨터만이 호환되도록 하는 등의 프로그래밍이 가능해서 보안성이 향상되었다.

① (가) – (나) – (다)
② (가) – (다) – (나)
③ (나) – (가) – (다)
④ (나) – (다) – (가)
⑤ (다) – (가) – (나)

04 내용 추론

| 유형분석 |

- 주어진 지문을 바탕으로 도출할 수 있는 내용을 찾는 문제이다.
- 선택지의 내용을 정확하게 확인하고 지문의 정보와 비교하여 추론하는 능력이 필요하다.

다음 글을 통해 추론할 수 없는 것은?

제약 연구원이란 제약 회사에서 약을 만드는 과정에 참여하는 사람을 말한다. 제약 연구원은 이러한 모든 단계에 참여하지만, 특히 신약 개발 단계와 임상 시험 단계에서 가장 중점적인 역할을 한다. 일반적으로 약을 만드는 과정은 새로운 약품을 개발하는 신약 개발 단계, 임상 시험을 통해 개발된 신약의 약효를 확인하는 임상 시험 단계, 식약처에 신약이 판매될 수 있도록 허가를 요청하는 약품 허가 요청 단계, 마지막으로 의료진과 환자를 대상으로 신약에 대해 홍보하는 영업 및 마케팅의 단계로 나눈다.

제약 연구원이 되기 위해서는 일반적으로 약학을 전공해야 한다고 생각하기 쉽지만, 약학 전공자 이외에도 생명 공학, 화학 공학, 유전 공학 전공자들이 제약 연구원으로 활발하게 참여하고 있다. 만일 신약 개발의 전문가가 되고 싶다면 해당 분야에서 오랫동안 연구한 경험이 필요하기 때문에 대학원에서 석사나 박사 학위를 취득하는 것이 유리하다.

제약 연구원이 되기 위해서는 전문적인 지식도 중요하지만, 사람의 생명과 관련된 일인 만큼, 무엇보다도 꼼꼼함과 신중함, 책임 의식이 필요하다. 또한 제약 회사라는 공동체 안에서 일을 하는 것이므로 원만한 일의 진행을 위해서 의사소통 능력도 필수적으로 요구된다. 오늘날 제약 분야가 빠르게 성장하고 있다는 점을 고려할 때, 일에 대한 도전 의식, 호기심과 탐구심 등도 제약 연구원에게 필요한 능력으로 꼽을 수 있다.

① 제약 연구원은 약품 허가 요청 단계에 참여한다.
② 오늘날 제약 연구원에게 요구되는 능력이 많아졌다.
③ 생명이나 유전 공학 전공자도 제약 연구원으로 일할 수 있다.
④ 신약 개발 전문가가 되려면 반드시 석사나 박사를 취득해야 한다.
⑤ 제약 연구원과 관련된 정보가 부족하다면 약학을 전공해야만 제약 연구원이 될 수 있다고 생각할 수 있다.

정답 ④

제시문에 따르면 신약 개발의 전문가가 되기 위해서는 해당 분야에서 오랫동안 연구한 경험이 필요하므로 석사나 박사 학위를 취득하는 것이 유리하다고 하였다. 그러나 석사나 박사 학위가 신약 개발 전문가가 되는 데 도움을 준다는 것일 뿐이므로 반드시 필요한 필수 조건인지는 알 수 없다. 따라서 ④는 제시문을 통해 추론할 수 없다.

풀이 전략!

주어진 제시문이 어떠한 내용을 다루고 있는지 파악한 후 선택지의 키워드를 확실하게 체크하고, 제시문의 정보에서 도출할 수 있는 내용을 찾는다.

01 다음 글의 합리주의적인 이론에서 추론할 수 없는 것은?

어린이의 언어 습득을 설명하려는 이론으로는 두 가지가 있다. 하나는 경험주의적인 혹은 행동주의적인 이론이요, 다른 하나는 합리주의적인 이론이다.
경험주의 이론에 의하면 어린이가 언어를 습득하는 것은 어떤 선천적인 능력에 의한 것이 아니라 경험적인 훈련에 의해서 오로지 후천적으로만 이루어진다.
한편, 합리주의적인 언어 습득의 이론에서 어린이가 언어를 습득하는 것은 거의 전적으로 타고난 특수한 언어 학습 능력과 일반 언어 구조에 대한 추상적인 선험적 지식에 의한 것이다.

① 인간은 언어 습득 능력을 가지고 태어난다.
② 일정한 나이가 되면 모든 어린이가 예외 없이 언어를 통달하게 된다.
③ 많은 현실적 악조건에도 불구하고 어린이가 완전한 언어 능력을 갖출 수 있게 된다.
④ 어린이는 완전히 백지상태에서 출발하여 반복 연습과 시행착오, 그리고 교정에 의해서 언어라는 습관을 형성한다.
⑤ 언어가 극도로 추상적이고 고도로 복잡한데도 불구하고 어린이들은 짧은 시일 안에 언어를 습득한다.

02 다음 글을 읽고 추론한 내용으로 가장 적절한 것은?

사람들은 단순히 공복을 채우기 위해서가 아니라 다른 많은 이유로 '먹는다'는 행위를 행한다. 먹는다는 것에 대한 비생리학적인 동기에 관해서 연구하고 있는 과학자들에 따르면 비만인 사람들과 표준체중인 사람들은 식사 패턴에서 꽤나 차이를 보이는 것을 알 수 있다고 한다. 한 연구에서는 비만인 사람들에게 식사 전에 그 식사에 대한 상세한 설명을 하면 설명을 하지 않은 경우에 비해서 식사량이 늘었지만, 표준체중인 사람들에게서는 그런 현상이 보이지 않았다. 또한 표준체중인 사람들은 밝은 색 접시에 담긴 견과류와 어두운 색 접시에 담긴 견과류를 먹은 개수의 차가 거의 없는 것에 비해, 비만인 사람들은 밝은 색 접시에 담긴 견과류를 어두운 색 접시에 담긴 견과류보다 2배 더 많이 먹었다는 연구도 있다.

① 비만인 사람들은 표준체중인 사람들에 비해 외부 자극에 의해 식습관에 영향을 받기 쉽다.
② 표준체중인 사람들은 비만체중인 사람들에 비해 식사량이 적다.
③ 표준체중인 사람들은 음식에 대한 욕구를 절제할 수 있다.
④ 비만인 사람들은 표준체중인 사람들보다 감각이 예민하다.
⑤ 비만인 사람들은 생리학적인 필요성이라기보다 감정적 또는 심리적인 필요성에 쫓겨서 식사를 하고 있다.

03 다음은 수상학에서 제시하는 손금에 대한 기사이다. 이를 읽고 추론한 내용으로 적절하지 않은 것은?

> 수상학이란 오랜 세월에 걸쳐 성공한 사람, 실패한 사람 등을 지켜보다 손에서 어떤 유형을 찾아내 그것으로 사람의 성격이나 운명 따위를 설명하는 것이다. 수상학에 따르면 사람의 손에는 성공과 사랑, 결혼, 건강, 성격 등 갖가지 정보가 담겨 있다고 한다. 수상학을 맹신하는 것은 문제가 있겠지만 플라톤이나 아리스토텔레스 같은 철학자들도 수상학에 능통했다고 하니, 수상학에서 말하는 손금에 대해 알아보도록 하자.
> 우선, 손금의 기본선에는 생명선, 두뇌선, 감정선이 있다. 두뇌선이 가운데 뻗어 있고 그 위로는 감정선이, 그 아래로는 생명선이 있다. 건강과 수명을 나타내는 생명선은 선명하고 길어야 좋다고 하며, 생명선에 잔주름이 없으면 병치레도 안 한다고 한다. 두뇌선도 선명할수록 머리가 좋다고 알려져 있다. 두뇌선이 직선형이면 의사나 과학자 등 이공 계열과 맞으며, 곡선형이면 감성적인 경우가 많아 인문 계열과 통한다고 한다. 감정선도 마찬가지로 직선에 가까울수록 솔직하고 감정 표현에 직설적이며, 곡선에 가까울수록 성격이 부드럽고 여성스럽다고 한다.
> 수상학에서는 손금뿐만 아니라 손바닥의 굴곡도 중요하게 보는데, 손바닥 안쪽 부분의 두툼하게 올라온 크고 작은 살집을 '구'라고 한다. 구 역시 많은 의미를 담고 있으며, 생명선의 안쪽, 엄지 아래쪽에 살집이 두툼한 부분을 금성구라고 한다. 이곳이 발달한 사람은 운동을 잘하며 정이 많다고 해석하고 있다. 금성구 옆에 위치한 살집은 '월구'라고 하는데, 이곳이 발달하면 예술가의 기질이 많다고 한다. 검지 아랫부분에 명예와 권력을 의미하는 목성구, 중지 아랫부분에 종교적 믿음의 정도를 나타내는 토성구가 있으며, 약지 아랫부분에 위치한 태양구가 발달하면 사교성이 뛰어나고, 소지 아랫부분에 위치한 수성구가 발달하면 사업적 기질이 풍부하다고 한다.

① 미술을 좋아하는 철수는 월구가 발달해 있을 것이다.
② 영희는 수학을 잘하는 것을 보니 두뇌선이 직선형이다.
③ 몽룡이의 감정선이 직선인 것을 보니 여성스러운 성격이 있을 것이다.
④ 길동이는 수성구가 발달했으니 사업을 시작해보는 것이 좋다.
⑤ 춘향이는 금성구가 발달해서 정이 많을 것이다.

04 다음 글을 근거로 추론할 때, 언급된 작품 중 가장 마지막에 완성된 작품은?

> **반 고흐가 여동생 윌에게**
> 재작년 누에넨에서 완성한 「감자 먹는 사람들」이 내가 그린 그림 중 제일 낫다고 생각해. 그 후로는 알맞은 모델을 구할 수 없었어. 그 대신 색채 문제를 고민할 기회를 가질 수 있었지. 작년에는 「장미와 해바라기가 있는 정물」을 완성하면서 분홍색, 노란색, 주황색, 찬란한 빨간색에 익숙해질 수 있었단다. 그 덕에 올 여름 「아시니에르의 음식점」을 완성하면서 과거보다 더 많은 색을 볼 수 있었어.
> 1887년 여름
>
> **반 고흐가 베르나르에게**
> 이제 막 다 그린 「씨 뿌리는 사람」을 보내네. 태양만큼이나 환한 그림일세. 「별이 빛나는 밤」은 언제쯤이면 완성할 수 있을까? 완벽한 자연의 아름다움 앞에서 아무리 큰 무력감을 느끼더라도 우선 노력은 해야겠다고 다짐하네.
> 1888년 6월
>
> **반 고흐가 동생 테오에게**
> 근래 아프기는 했지만 「수확하는 사람」을 드디어 완성했어. 수확하느라 뙤약볕에서 온 힘을 다하고 있는 흐릿한 인물에서 나는 죽음의 이미지를 발견하곤 해. 그래서 「씨 뿌리는 사람」과는 반대의 그림이라 해야겠지.
> 1889년 9월 5일
>
> **테오가 형 반 고흐에게**
> 앵데팡당 전이 열렸어. 올 초에 받은 형의 두 작품 「장미와 해바라기가 있는 정물」과 「별이 빛나는 밤」도 그곳에 전시되었어. 멀리서도 시선을 확 잡아끄는 아름다운 그림이야.
> 1889년 9월 12일

① 「감자 먹는 사람들」
② 「별이 빛나는 밤」
③ 「수확하는 사람」
④ 「씨 뿌리는 사람」
⑤ 「장미와 해바라기가 있는 정물」

PART 1

대표기출유형

05 빈칸 삽입

| 유형분석 |

- 주어진 지문을 바탕으로 빈칸에 들어갈 내용을 찾는 문제이다.
- 선택지의 내용을 정확하게 확인하고 빈칸 앞뒤 문맥을 파악하는 능력이 필요하다.

다음 글의 빈칸에 들어갈 내용으로 가장 적절한 것은?

미세먼지와 황사는 여러모로 비슷하면서도 뚜렷한 차이점을 지니고 있다. 삼국사기에도 기록되어 있는 황사는 중국 내륙 내몽골 사막에 강풍이 불면서 날아오는 모래와 흙먼지를 일컫는데, 장단점이 존재했던 과거와 달리 중국 공업지대를 지난 황사에 미세먼지와 중금속 물질이 더해지며 심각한 환경문제로 대두되었다. 이와 달리 미세먼지는 일반적으로는 대기오염물질이 공기 중에 반응하여 형성된 황산염이나 질산염 등 이온 성분, 석탄·석유 등에서 발생한 탄소화합물과 검댕, 흙먼지 등 금속화합물의 유해성분으로 구성된다. 미세먼지의 경우 통념적으로는 먼지를 미세먼지와 초미세먼지로 구분하고 있지만, 대기환경과 환경 보전을 목적으로 하는 환경정책기본법에서는 미세먼지를 PM(Particulate Matter)이라는 단위로 구분한다. 즉, 미세먼지(PM_{10})의 경우 입자의 크기가 $10\mu m$ 이하인 먼지이고, 미세먼지($PM_{2.5}$)는 입자의 크기가 $2.5\mu m$ 이하인 먼지로 정의하고 있다. 이에 비해 황사는 통념적으로는 입자 크기로 구분하지 않으나 주로 지름 $20\mu m$ 이하의 모래로 구분하고 있다. 때문에 ____________________

① 황사 문제를 해결하기 위해서는 근본적으로 황사의 발생 자체를 억제할 필요가 있다.
② 황사와 미세먼지의 차이를 입자의 크기만으로 구분 짓긴 어렵다.
③ 미세먼지의 역할 또한 분명히 존재함을 기억해야 할 것이다.
④ 황사와 미세먼지의 근본적인 구별법은 그 역할에서 찾아야 할 것이다.
⑤ 초미세먼지를 차단할 수 있는 마스크라 해도 황사와 초미세먼지를 동시에 차단하긴 어렵다.

정답 ②

미세먼지의 경우 최소 $10\mu m$ 이하의 먼지로 정의되고 있지만, 황사의 경우 주로 지름 $20\mu m$ 이하의 모래로 구분하되 통념적으로는 입자 크기로 구분하지 않는다. 따라서 $10\mu m$ 이하의 황사의 입자의 크기만으로 미세먼지와 구분 짓기는 어렵다.

오답분석

①·⑤ 제시문을 통해서 알 수 없는 내용이다.
③ 미세먼지의 역할에 대한 설명을 찾을 수 없다.
④ 제시문에서 설명하는 황사와 미세먼지의 근본적인 구별법은 구성성분의 차이이다.

풀이 전략!

빈칸 앞뒤의 문맥을 파악한 후 선택지에서 가장 어울리는 내용을 찾는다. 빈칸 앞에 접속어가 있다면 이를 활용한다.

01 **다음 글의 빈칸에 들어갈 접속어를 순서대로 바르게 나열한 것은?**

> 각 시대에는 그 시대의 특징을 나타내는 문학이 있다고 한다. 우리나라도 무릇 사천 살이 넘는 생활의 역사를 가진 만큼 그 발전 시기마다 각각 특색을 가진 문학이 없을 수 없고, 문학이 있었다면 그 중추가 되는 것은 아무래도 시가문학이라고 볼 수밖에 없다. ________ 대개 어느 민족을 막론하고 인간 사회가 성립하는 동시에 벌써 각자의 감정과 의사를 표시하려는 욕망이 생겼을 것이며, 삼라만상의 대자연은 자연 그 자체가 율동적이고 음악적이라고 할 수 있기 때문이다. 다시 말하면 인간이 생활하는 곳에는 자연적으로 시가가 발생하였다고 할 수 있다. ________ 사람의 지혜가 트이고 비교적 언어의 사용이 능란해짐에 따라 종합 예술체의 한 부분으로 있었던 서정문학적 요소가 분화·독립되어 제요나 노동요 따위의 시가의 원형을 이루고 다시 이 집단적 가요는 개인적 서정시로 발전하여 갔으리라 추측된다. ________ 다른 나라도 마찬가지이겠지만, 우리 문학사상에서 시가의 지위는 상당히 중요한 몫을 지니고 있다.

① 왜냐하면 – 그리고 – 그러므로
② 그리고 – 왜냐하면 – 그러므로
③ 그러므로 – 그리고 – 왜냐하면
④ 왜냐하면 – 그러나 – 그럼에도 불구하고
⑤ 그러므로 – 그래서 – 그러나

02 다음 글의 빈칸에 들어갈 문장을 〈보기〉에서 찾아 순서대로 바르게 나열한 것은?

요즘에는 낯선 곳을 찾아갈 때 지도를 해석하며 어렵게 길을 찾지 않아도 된다. 이는 기술력의 발달에 따라 제공되는 공간 정보를 바탕으로 최적의 경로를 탐색할 수 있게 되었기 때문이다. ______________ 이처럼 공간 정보가 시간에 따른 변화를 반영할 수 있게 된 것은 정보를 수집하고 분석하는 정보 통신 기술의 발전과 밀접한 관련이 있다.
공간 정보의 활용은 '위치정보시스템(GPS)'과 '지리정보시스템(GIS)' 등의 기술적 발전과 휴대전화나 태블릿 PC 등 정보 통신 기기의 보급을 기반으로 한다. 위치정보시스템은 공간에 대한 정보를 수집하고, 지리정보시스템은 정보를 저장, 분류, 분석한다. 이렇게 분석된 정보는 사용자의 요구에 따라 휴대전화나 태블릿 PC 등을 통해 최적화되어 전달된다.
길 찾기를 예로 들어 이 과정을 살펴보자. 휴대전화 애플리케이션을 이용해 사용자가 가려는 목적지를 입력하고 이동 수단으로 버스를 선택하였다면, 우선 사용자의 현재 위치가 위치정보시스템에 의해 실시간으로 수집된다. 그리고 목적지와 이동 수단 등 사용자의 요구와 실시간으로 수집된 정보에 따라 지리정보시스템은 탑승할 버스 정류장의 위치, 다양한 버스 노선, 최단 시간 등을 분석하여 제공한다. ______________
______________ 예를 들어 여행지와 관련한 공간 정보는 여행자의 요구와 선호에 따라 선별적으로 분석되어 활용된다. 나아가 유동 인구를 고려한 상권 분석과 교통의 흐름을 고려한 도시 계획 수립에도 공간 정보 활용이 가능하게 되었다. 획기적으로 발전되고 있는 첨단 기술이 적용된 공간 정보가 국가 차원의 자연재해 예측 시스템에도 활발히 활용된다면 한층 정밀한 재해 예방 및 대비가 가능해질 것이다. 이로 인해 우리의 삶도 더 편리하고 안전해질 것으로 기대된다.

보기

㉠ 어떤 곳의 위치 좌표나 지리적 형상에 대한 정보뿐만 아니라 시간에 따른 공간의 변화를 포함한 공간 정보를 이용할 수 있게 되면서 가능해진 것이다.
㉡ 더 나아가 교통 정체와 같은 돌발 상황과 목적지에 이르는 경로의 주변 정보까지 분석하여 제공한다.
㉢ 공간 정보의 활용 범위는 계속 확대되고 있다.

① ㉠, ㉡, ㉢
② ㉠, ㉢, ㉡
③ ㉡, ㉠, ㉢
④ ㉡, ㉢, ㉠
⑤ ㉢, ㉠, ㉡

03 다음 글의 빈칸에 들어갈 내용으로 가장 적절한 것은?

탁월함은 어떻게 습득되는가, 그것을 가르칠 수 있는가? 이 물음에 대하여 아리스토텔레스는 지성의 탁월함은 가르칠 수 있지만, 성품의 탁월함은 비이성적인 것이어서 가르칠 수 없고, 훈련을 통해서 얻을 수 있다고 대답한다.

그는 좋은 성품을 얻는 것을 기술을 습득하는 것에 비유한다. 그에 따르면, 리라(Lyra)를 켬으로써 리라를 켜는 법을 배우며 말을 탐으로써 말을 타는 법을 배운다. 어떤 기술을 얻고자 할 때 처음에는 교사의 지시대로 행동한다. 그리고 반복 연습을 통하여 그 행동이 점점 더 하기 쉽게 되고 마침내 제2의 천성이 된다. 이와 마찬가지로 어린아이는 어떤 상황에서 어떻게 행동해야 진실되고 관대하며 예의를 차리게 되는지 일일이 배워야 한다. 훈련과 반복을 통하여 그런 행위들을 연마하다 보면 그것들을 점점 더 쉽게 하게 되고, 결국에는 스스로 판단할 수 있게 된다.

그는 올바른 훈련이란 강제가 아니고 그 자체가 즐거움이 되어야 한다고 지적한다. 또한 그렇게 훈련받은 사람은 일을 바르게 처리하는 것을 즐기게 되고, 일을 바르게 처리하고 싶어하게 되며, 올바른 일을 하는 것을 어려워하지 않게 된다. 이처럼 성품의 탁월함이란 사람들이 '하는 것'만이 아니라 사람들이 '하고 싶어 하는 것'과도 관련된다. 그리고 한두 번 관대한 행동을 한 것으로 충분하지 않으며, 늘 관대한 행동을 하고 그런 행동에 감정적으로 끌리는 성향을 갖고 있어야 비로소 관대함에 관하여 성품의 탁월함을 갖고 있다고 할 수 있다.

다음과 같은 예를 통해 아리스토텔레스의 견해를 생각해 보자. 갑돌이는 성품이 곧고 자신감이 충만하다. 그가 한 모임에 참석하였는데, 거기서 다수의 사람들이 옳지 않은 행동을 한다고 생각했을 때, 그는 다수의 행동에 대하여 비판의 목소리를 낼 것이며 그렇게 하는 데 별 어려움을 느끼지 않을 것이다. 한편, 수줍음이 많고 우유부단한 병식이도 한 모임에 참석하였는데, 그 역시 다수의 행동이 잘못되었다는 판단을 했다고 하자. 이런 경우에 병식이는 일어나서 다수의 행동이 잘못되었다고 말할 수 있겠지만, 그렇게 하려면 엄청난 의지를 발휘해야 할 것이고 자신과 힘든 싸움도 해야 할 것이다. 그런데도 병식이가 그렇게 행동했다면 우리는 병식이가 용기 있게 행동하였다고 칭찬할 것이다. 그러나 아리스토텔레스의 입장에서 성품의 탁월함을 가진 사람은 갑돌이다. 왜냐하면 ________________ 우리가 어떠한 사람을 존경할 것인가가 아니라, 우리 아이를 어떤 사람으로 키우고 싶은가라는 질문을 받는다면 우리는 아리스토텔레스의 견해에 가까워질 것이다. 왜냐하면 우리는 우리 아이들을 갑돌이와 같은 사람으로 키우고 싶어 할 것이기 때문이다.

① 그는 내적인 갈등 없이 옳은 일을 하기 때문이다.
② 그는 옳은 일을 하는 천성을 타고났기 때문이다.
③ 그는 주체적 판단에 따라 옳은 일을 하기 때문이다.
④ 그는 자신이 옳다는 확신을 가지고 옳은 일을 하기 때문이다.
⑤ 그는 다른 사람들의 칭찬을 의식하지 않고 옳은 일을 하기 때문이다.

06 문서 작성 · 수정

| 유형분석 |

- 기본적인 어휘력과 어법에 대한 지식을 필요로 하는 문제이다.
- 글의 내용을 파악하고 문맥을 읽을 줄 알아야 한다.

다음 글에서 ㉠ ~ ㉤의 수정 방안으로 적절하지 않은 것은?

> 학부모들을 상대로 설문조사를 한 결과, 사교육비 절감에 가장 큰 도움을 준 제도는 바로 교과교실제(영어, 수학 교실 등 과목전용교실 운영)였다. 사교육비 중에서도 가장 ㉠ 많은 비용이 차지하는 과목이 영어와 수학이라는 점을 고려해보면 공교육에서 영어, 수학을 집중적으로 가르쳐주는 것이 사교육비 절감에 큰 도움이 되었다는 점을 이해할 수 있다. 한때 사교육비 절감을 기대하며 도입했던 '방과 후 학교'는 사교육비를 절감하지 못했는데, 이는 학생들을 학교에 묶어놓는 것만으로는 사교육을 막을 수 없다는 점을 시사한다. 학생과 학부모가 적지 않은 비용을 지불하면서도 사교육을 찾게 되는 이유는 ㉡ 입시에 도움이 된다. 공교육에서는 정해진 교과 과정에 맞추어 수업을 해야 하고 실력 차이가 나는 학생들을 ㉢ 개별적으로 가르쳐야 하기 때문에 입시에 초점을 맞추기가 쉽지 않다. 따라서 공교육만으로는 입시에 뒤처진다고 생각하는 사람들이 많은 것이다. ㉣ 그래서 교과교실제에 이어 사교육비 절감에 도움이 되었다고 생각하는 요인이 '다양하고 좋은 학교의 확산'이라는 점을 보면 공교육에도 희망이 있다고 할 수 있다. 인문계, 예체능계, 실업계, 특목고 정도로만 학교가 나눠졌던 과거에 비해 지금은 학생의 특기와 적성에 맞는 다양하고 좋은 학교가 많이 생겨났다. 좋은 대학에 입학하려는 이유가 대학의 서열화와 그에 따른 취업경쟁 때문이라는 것을 생각해보면 고등학교 때부터 ㉤ 미래를 위해 공부할 수 있는 학교는 사교육비 절감과 더불어 공교육의 강화, 과도한 입시 경쟁 완화에 도움이 될 것이다.

① ㉠ : 조사가 잘못 쓰였으므로 '많은 비용을 차지하는'으로 수정한다.
② ㉡ : 호응 관계를 고려하여 '입시에 도움이 되기 때문이다.'로 수정한다.
③ ㉢ : 문맥을 고려하여 '집중적으로'로 수정한다.
④ ㉣ : 앞 내용과 상반된 내용이 이어지므로 '하지만'으로 수정한다.
⑤ ㉤ : 앞 내용을 고려하여 '미래를 위해 공부할 수 있는 학교의 확산은'으로 수정한다.

정답 ③

제시문의 내용에 따르면 공교육에서는 학생들의 실력 차이를 모두 고려할 수가 없다. 따라서 '한꺼번에'로 수정하는 것이 적절하다.

풀이 전략!

문장에서 주어와 서술어의 호응 관계가 적절한지 주어와 서술어를 찾아 확인해 보는 연습을 하며, 문서작성의 원칙과 주의사항은 미리 알아두는 것이 좋다.

01 L기업의 신입사원 교육담당자인 귀하는 상사로부터 다음과 같은 메일을 받았다. 신입사원의 업무 역량을 향상시킬 수 있도록 교육할 내용으로 적절하지 않은 것은?

> 수신 : ○○○
> 발신 : △△△
>
> ---
>
> 제목 : 신입사원 교육프로그램을 구성할 때 참고해 주세요.
> 내용 :
> ○○○ 씨, 오늘 조간신문을 보다가 공감이 가는 내용이 있어서 보내드립니다.
> 신입사원 교육 때, 문서작성 능력을 향상시킬 수 있는 프로그램을 추가하면 좋을 것 같습니다. 기업체 인사담당자들을 대상으로 한 조사에서 '신입사원의 국어 능력 만족도'는 '그저 그렇다'가 65.4%, '불만족'이 23.1%나 됐는데, 특히 '기획안과 보고서 작성능력'에서 '그렇다'의 응답 비율(53.2%)이 가장 높았다. 기업들이 대학에 개설되기를 희망하는 교과과정을 조사한 결과에서도 가장 많은 41.3%가 '기획문서 작성'을 꼽았다. 특히 인터넷 세대들은 '짜깁기' 기술엔 능해도 논리를 구축해 효과적으로 커뮤니케이션을 하고 상대를 설득하는 능력에선 크게 떨어진다.

① 문서의 중요한 내용을 미괄식으로 작성하는 것은 문서작성에 중요한 부분이다.

② 상대방이 이해하기 어려운 글은 좋은 글이 아니므로, 우회적인 표현이나 현혹적인 문구는 지양한다.

③ 중요하지 않은 경우 한자의 사용을 자제하며 만약 사용할 경우 상용한자의 범위 내에서 사용하도록 한다.

④ 문서의미를 전달하는 데 문제가 없다면 끊을 수 있는 부분은 가능한 한 끊어서 문장을 짧게 만들고, 실질적인 내용을 담을 수 있도록 한다.

⑤ 문서로 전달하고자 하는 핵심메시지가 잘 드러나도록 작성하며 논리적으로 의견을 전개하도록 한다.

02 다음 글의 ㉠~㉤을 바꾸어 쓸 때 적절하지 않은 것은?

> 산등성이가 검은 바위로 끊기고 산봉우리가 여기저기 솟아 있어서 이들 산은 때로 ㉠ 황량하고 접근할 수 없는 것처럼 험준해 보인다. 산봉우리들은 분홍빛의 투명한 자수정으로 빛나고, 그 그림자는 짙은 코발트빛을 띠며 내려앉고, 하늘은 푸른 금빛을 띤다. 서울 인근의 풍광은 이른 봄에도 아름답다. 이따금 녹색의 연무가 산자락을 ㉡ 휘감고, 산등성이는 연보랏빛 진달래로 물들고, 불그레한 자두와 화사한 벚꽃, 그리고 ㉢ 흐드러지게 핀 복숭아꽃이 예상치 못한 곳에서 나타난다.
> 서울처럼 인근에 아름다운 산책로와 마찻길이 있고 외곽지대로 조금만 나가더라도 한적한 숲이 펼쳐져 있는 도시는 동양에서는 거의 찾아볼 수 없다. 또 한 가지 덧붙여 말한다면, 서울만큼 안전한 도시는 없다는 것이다. 내가 직접 경험한 바이지만, 이곳에서는 여자들이 유럽에서처럼 누군가를 ㉣ 대동하지 않고도 성 밖의 어느 곳이든 아무런 ㉤ 성가신 일을 겪지 않고 나다닐 수 있다.

① ㉠ : 경사가 급하고
② ㉡ : 둘러 감고
③ ㉢ : 탐스럽게
④ ㉣ : 데리고 가지
⑤ ㉤ : 번거로운

03 다음 글에서 ㉠~㉤의 수정 방안으로 적절하지 않은 것은?

> 피부의 각질을 제거하기 위한 세안제나 치약 속에 들어 있는 작고 꺼끌꺼끌한 알갱이의 정체를 아십니까? 바로 '마이크로비즈(Microbeads)'라고 불리는 미세 플라스틱입니다. 작은 알갱이가 세정력을 높인다는 이유로 다양한 제품에서 이를 활용해 왔습니다. 그런데 이 미세 플라스틱이 해양 환경 오염을 일으키고, 인간에게 악영향을 미친다는 점이 밝혀져 주목이 되고 있습니다.
> 길이나 지름이 5mm 이하인 플라스틱을 미세 플라스틱이라고 하는데, 이렇게 크기가 작기 때문에 미세 플라스틱은 정수 처리 과정에서 ㉠ 거르지 않고 하수구를 통해 바다로 흘러 들어가게 됩니다. 이때 폐수나 오수에 섞이면서 미세 플라스틱이 독성 물질을 흡수하게 되는데, 문제는 이를 먹이로 오인한 많은 수의 ㉡ 바다새들과 물고기들이 미세 플라스틱을 섭취하고 있다는 점입니다. 오염된 미세 플라스틱의 섭취로 인해 자칫 해양 생물들이 죽음에 이를 수도 있기 때문에 이는 심각한 문제가 됩니다. ㉢ 한편 먹이사슬을 통해 누적된 미세 플라스틱은 해양 생물을 섭취하는 최상위 포식자인 인간에게도 피해를 줄 수 있기 때문에 더욱 심각한 상황을 초래할 수도 있습니다.
> 최근 국회에서도 미세 플라스틱의 심각성을 인식하여 미세 플라스틱이 포함된 제품의 제조와 수입을 금지하는 법안이 통과되었고, 내년부터는 미세 플라스틱이 포함된 제품의 판매가 금지됩니다. 앞으로 법적 규제가 이루어진다고 ㉣ 할지라도 바로 지금부터 미세 플라스틱이 포함된 제품을 사용하지 ㉤ 않음으로서 독약과도 같은 미세 플라스틱으로부터 해양 생태계를 보존하고 인류를 지키려는 노력을 기울여야 할 것입니다.

① ㉠ : 주어와 서술어의 호응 관계를 고려하여 '걸러지지'로 고친다.
② ㉡ : 맞춤법에 어긋나므로 '바닷새'로 수정한다.
③ ㉢ : 문장을 자연스럽게 연결하기 위해 '또한'으로 고친다.
④ ㉣ : 띄어쓰기가 올바르지 않으므로 '할 지라도'로 수정한다.
⑤ ㉤ : 격조사의 쓰임이 적절하지 않으므로 '않음으로써'로 수정한다.

04 다음 글의 ㉠ ~ ㉤ 중 전체 흐름과 맞지 않는 곳을 찾아 수정하려고 할 때, 가장 적절한 것은?

> 소아시아 지역에 위치한 비잔틴 제국의 수도 콘스탄티노플이 이슬람교를 신봉하는 오스만인들에 의해 함락되었다는 소식이 인접해 있는 유럽 지역에까지 전해졌다. 그 지역 교회의 한 수도원 서기는 이에 대해 "㉠ 지금까지 이보다 더 끔찍했던 사건은 없었으며, 앞으로도 결코 없을 것이다."라고 기록했다.
>
> 1453년 5월 29일 화요일, 해가 뜨자마자 오스만 제국의 군대는 난공불락으로 유명한 케르코포르타 성벽의 작은 문을 뚫고 진군하기 시작했다. 해가 질 무렵, 약탈당한 도시에 남아 있는 모든 것은 그들의 차지가 되었다. 비잔틴 제국의 86번째 황제였던 콘스탄티누스 11세는 서쪽 성벽 아래에 있는 좁은 골목에서 전사하였다. 이것으로 ㉡ 1,100년 이상 존재했던 소아시아 지역의 기독교도 황제가 사라졌다. 잿빛 말을 타고 화요일 오후 늦게 콘스탄티노플에 입성한 술탄 메흐메드 2세는 우선 성소피아 대성당으로 갔다. 그는 이 성당을 파괴하는 대신 이슬람 사원으로 개조하라는 명령을 내렸고, 우선 그 성당을 철저하게 자신의 보호 하에 두었다. 또한 학식이 풍부한 그리스 정교회 수사에게 격식을 갖추어 공석 중인 총대주교직을 수여하고자 했다. 그는 이슬람 세계를 위해 ㉢ 기독교의 제단뿐만 아니라 그 이상의 것들도 활용했다. 역대 비잔틴 황제들이 제정한 법을 그가 주도하고 있던 법제화의 모델로 이용하였던 것이다. 이러한 행위들은 ㉣ 단절을 추구하는 정복왕 메흐메드 2세의 의도에서 비롯된 것이라고 할 수 있다.
>
> 그는 자신이야말로 지중해를 '우리의 바다'라고 불렀던 로마 제국의 진정한 계승자임을 선언하고 싶었던 것이다. 일례로 그는 한때 유럽과 아시아를 포함한 지중해 전역을 지배했던 제국의 정통 상속자임을 선언하면서, 의미심장하게도 자신의 직함에 '룸 카이세리', 즉 로마의 황제라는 칭호를 추가했다. 또한 그는 패권 국가였던 로마의 옛 명성을 다시 찾기 위한 노력의 일환으로 로마 사람의 땅이라는 뜻을 지닌 루멜리아에 새로 수도를 정했다. 이렇게 함으로써 그는 ㉤ 오스만 제국이 유럽으로 확대될 것이라는 자신의 확신을 보여주었다.

① ㉠ : '지금까지 이보다 더 영광스러운 사건은 없었으며'로 고친다.

② ㉡ : '1,100년 이상 존재했던 소아시아 지역의 이슬람 황제가 사라졌다.'로 고친다.

③ ㉢ : '기독교의 제단뿐만 아니라 그 이상의 것들도 파괴했다.'로 고친다.

④ ㉣ : '연속성을 추구하는 정복왕 메흐메드 2세의 의도에서 비롯된 것'으로 고친다.

⑤ ㉤ : '오스만 제국이 아시아로 확대될 것이라는 자신의 확신을 보여주었다.'로 고친다.

CHAPTER 02

수리능력

합격 Cheat Key

수리능력은 사칙 연산 · 통계 · 확률의 의미를 정확하게 이해하고 이를 업무에 적용하는 능력으로, 기초 연산과 기초 통계, 도표 분석 및 작성의 문제 유형으로 출제된다. 수리능력 역시 채택하지 않는 대학병원 · 의료원이 거의 없을 만큼 필기시험에서 중요도가 높은 영역이다.

특히, 난이도가 높은 공사 · 공단의 시험에서는 도표 분석, 즉 자료 해석 유형의 문제가 많이 출제되고 있고, 응용 수리 역시 꾸준히 출제하는 공사 · 공단이 많기 때문에 기초 연산과 기초 통계에 대한 공식의 암기와 자료 해석 능력을 기를 수 있는 꾸준한 연습이 필요하다.

1 응용 수리의 공식은 반드시 암기하라!

응용 수리는 공사 · 공단마다 출제되는 문제는 다르지만, 사용되는 공식은 비슷한 경우가 많으므로 자주 출제되는 공식을 반드시 암기하여야 한다. 문제에서 묻는 것을 정확하게 파악하여 그에 맞는 공식을 적절하게 적용하는 꾸준한 노력과 공식을 암기하는 연습이 필요하다.

2 자료의 해석은 자료에서 즉시 확인할 수 있는 지문부터 확인하라!

수리능력 중 도표 분석, 즉 자료 해석 능력은 많은 시간을 필요로 하는 문제가 출제되므로, 증가·감소 추이와 같이 눈으로 확인이 가능한 지문을 먼저 확인한 후 복잡한 계산이 필요한 지문을 확인하는 방법으로 문제를 풀이한다면 시간을 조금이라도 아낄 수 있다. 또한, 여러 가지 보기가 주어진 문제 역시 지문을 잘 확인하고 문제를 풀이한다면 불필요한 계산을 생략할 수 있으므로 항상 지문부터 확인하는 습관을 들여야 한다.

3 도표 작성에서 지문에 작성된 도표의 제목을 반드시 확인하라!

도표 작성은 하나의 자료 혹은 보고서와 같은 수치가 표현된 자료를 도표로 작성하는 형식으로 출제되는데, 대체로 표보다는 그래프를 작성하는 형태로 많이 출제된다. 지문을 살펴보면 각 지문에서 주어진 도표에도 소제목이 있는 경우가 대부분이다. 이때, 자료의 수치와 도표의 제목이 일치하지 않는 경우 함정이 존재하는 문제일 가능성이 높으므로 도표의 제목을 반드시 확인하는 것이 중요하다.

01 응용 수리

| 유형분석 |

- 문제에서 제공하는 정보를 파악한 뒤, 사칙연산을 활용하여 계산하는 전형적인 수리문제이다.
- 문제를 풀기 위한 정보가 산재되어 있는 경우가 많으므로 주어진 조건 등을 꼼꼼히 확인해야 한다.

정주는 집에서 4km 떨어진 영화관까지 150m/min의 속도로 자전거를 타고 가다가 중간에 내려서 50m/min의 속도로 걸어갔다. 집에서 영화관까지 도착하는 데 30분이 걸렸을 때, 정주가 걸어간 시간은 몇 분인가?

① 5분 ② 7분
③ 10분 ④ 15분
⑤ 17분

정답 ①

정주가 걸어서 간 시간을 x분이라고 하면, 자전거를 타고 간 시간은 $(30-x)$분이다.

$150(30-x)+50x=4{,}000$

$\rightarrow 100x=500$

$\therefore x=5$

따라서 정주가 걸어간 시간은 5분이다.

풀이 전략!

문제에서 묻는 바를 정확하게 확인한 후, 필요한 조건 또는 정보를 구분하여 신속하게 풀어 나간다. 단, 계산에 착오가 생기지 않도록 유의한다.

대표기출유형 01 기출응용문제

01 L공사는 창립일을 맞이하여 초대장을 준비하려고 한다. 초대장을 혼자서 만들 경우 A대리는 6일, B사원은 12일이 걸린다면 A대리와 B사원이 함께 초대장을 만들 경우, 완료할 때까지 며칠이 걸리는가?

① 5일
② 4일
③ 3일
④ 2일
⑤ 1일

02 수학시험에서 동일이는 101점, 나경이는 105점, 윤진이는 108점을 받았다. 천희의 점수까지 합한 네 명의 수학시험 점수 평균이 105점일 때, 천희의 수학시험 점수는?

① 105점
② 106점
③ 107점
④ 108점
⑤ 109점

03 L공단은 상반기 공채에서 9명의 신입사원을 채용하였고, 신입사원 교육을 위해 A ~ C 세 개의 조로 나누기로 하였다. 신입사원들을 한 조에 3명씩 배정한다고 할 때, 3개의 조로 나누는 경우의 수는?

① 1,240가지
② 1,460가지
③ 1,680가지
④ 1,800가지
⑤ 1,930가지

04 L고등학교 운동장은 다음과 같이 양 끝이 반원 모양이다. 한 학생이 운동장 가장자리를 따라 한 바퀴를 달린다고 할 때, 학생이 달린 거리는 몇 m인가?(단, 원주율 $\pi \fallingdotseq 3$으로 계산한다)

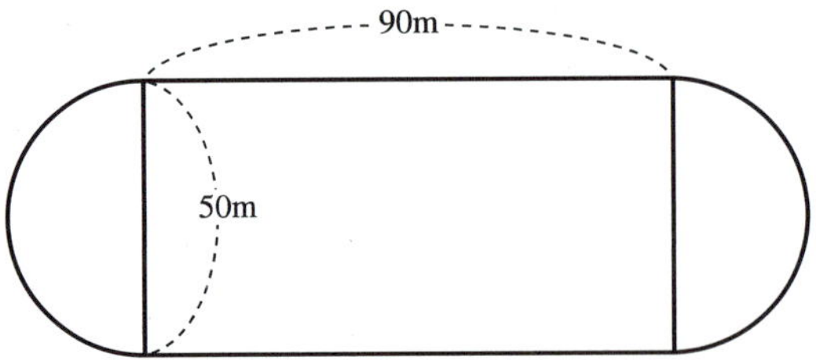

① 300m
② 310m
③ 320m
④ 330m
⑤ 340m

05 새로 얻은 직장의 가까운 곳에 자취를 시작하게 된 한별이는 도어 록의 비밀번호를 새로 설정하려고 한다. 한별이의 도어 록 번호판은 다음과 같이 0을 제외한 1 ~ 9 숫자로 되어 있다. 비밀번호를 서로 다른 4개의 숫자로 구성한다고 할 때, 5와 6을 제외하고, 1과 8이 포함된 4자리 숫자로 만들 확률은?

〈도어 록 비밀번호〉

① $\frac{5}{63}$
② $\frac{2}{21}$
③ $\frac{1}{7}$
④ $\frac{10}{63}$
⑤ $\frac{13}{63}$

06 동전을 던져 앞면이 나오면 $+2$만큼 이동하고, 뒷면이 나오면 -1만큼 이동하는 게임을 하려고 한다. 동전을 5번 던져서 다음 수직선 위의 A가 4지점으로 이동할 확률은?

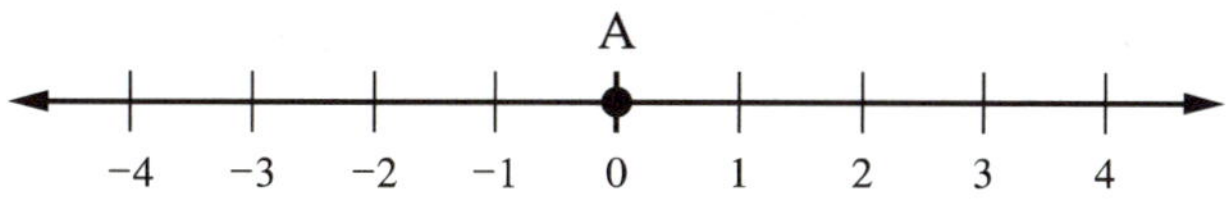

① $\frac{3}{32}$
② $\frac{5}{32}$
③ $\frac{1}{4}$
④ $\frac{5}{16}$
⑤ $\frac{7}{16}$

07 A대리는 이번 출장을 위해 KTX 표를 미리 구매하여 40% 할인된 가격에 구매하였다. 하지만 출장 일정이 바뀌어서 하루 전날 표를 취소하였다. 환불 규정에 따라 16,800원을 돌려받았을 때, 할인되지 않은 KTX 표의 가격은 얼마인가?

〈환불 규정〉

- 2일 전 : 구매 가격의 100%
- 1일 전부터 열차 출발 전 : 구매 가격의 70%
- 열차 출발 후 : 구매 가격의 50%

① 40,000원
② 48,000원
③ 56,000원
④ 67,200원
⑤ 70,000원

대표기출유형

02 자료 계산

| 유형분석 |

- 문제에 주어진 도표를 분석하여 각 선택지의 값을 계산해 정답 유무를 판단하는 문제이다.
- 주로 그래프와 표로 제시되며, 경영·경제·산업 등과 관련된 최신 이슈를 많이 다룬다.
- 자료 간의 증감률·비율·추세 등을 자주 묻는다.

L마트 물류팀에 근무하는 E사원은 9월 라면 입고량과 판매량을 확인하던 중 11일과 15일에 A, B업체의 기록이 누락되어 있는 것을 발견하였다. 동료직원인 D사원은 E사원에게 "9월 11일의 전체 라면 재고량 중 A업체는 10%, B업체는 9%를 차지하였고, 9월 15일의 A업체 라면 재고량은 B업체보다 500개가 더 많았다."라고 말했다. 이때 9월 11일의 전체 라면 재고량은 몇 개인가?

구분		9월 12일	9월 13일	9월 14일
A업체	입고량	300	–	200
	판매량	150	100	–
B업체	입고량	–	250	–
	판매량	200	150	50

① 10,000개
② 15,000개
③ 20,000개
④ 25,000개
⑤ 30,000개

정답 ①

9월 11일의 전체 라면 재고량을 x개라고 하면, A, B업체의 9월 11일 라면 재고량은 각각 $0.1x$개, $0.09x$개이다.
이때 A, B업체의 9월 15일 라면 재고량을 구하면 다음과 같다.
- A업체 : $0.1x+300+200-150-100=(0.1x+250)$개
- B업체 : $0.09x+250-200-150-50=(0.09x-150)$개

9월 15일에는 A업체의 라면 재고량이 B업체보다 500개가 더 많으므로 식을 세우면 다음과 같다.
$0.1x+250=0.09x-150+500$
$\therefore x=10,000$
따라서 9월 11일의 전체 라면 재고량은 10,000개이다.

풀이 전략!

선택지를 먼저 읽고 필요한 정보를 도표에서 확인하도록 하며, 계산이 필요한 경우에는 실제 수치를 사용하여 복잡한 계산을 하는 대신, 대소 관계의 비교나 선택지의 옳고 그름만을 판단할 수 있을 정도로 간소화하여 계산해 풀이시간을 단축할 수 있도록 한다.

01 다음은 4개 국가의 연도별 관광 수입 및 지출을 나타낸 자료이다. 2023년 관광 수입이 가장 많은 국가와 가장 적은 국가의 2024년 관광 지출 대비 관광 수입 비율의 차이는 얼마인가?(단, 소수점 둘째 자리에서 반올림한다)

〈국가별 관광 수입 및 지출〉

(단위 : 백만 달러)

구분	관광 수입			관광 지출		
	2022년	2023년	2024년	2022년	2023년	2024년
한국	15,214	17,300	13,400	25,300	27,200	30,600
중국	44,969	44,400	32,600	249,800	250,100	257,700
홍콩	36,150	32,800	33,300	23,100	24,100	25,400
인도	21,013	22,400	27,400	14,800	16,400	18,400

① 25.0%
② 27.5%
③ 28.3%
④ 30.4%
⑤ 31.1%

02 L통신회사는 이동전화의 통화시간에 따라 월 2시간까지는 기본요금이 부과되고, 2시간 초과 3시간까지는 분당 a원, 3시간 초과부터는 $2a$원을 부과한다. 다음과 같이 요금이 청구되었을 때, a의 값은 얼마인가?

〈휴대전화 이용요금〉

구분	통화시간	요금
8월	3시간 30분	21,600원
9월	2시간 20분	13,600원

① 50
② 80
③ 100
④ 120
⑤ 150

03 자료 이해

| 유형분석 |

- 제시된 자료를 분석하여 선택지의 정답 유무를 판단하는 문제이다.
- 표의 수치 등을 통해 변화량이나 증감률, 비중 등을 비교하여 판단하는 문제가 자주 출제된다.
- 지원하고자 하는 기업이나 산업과 관련된 자료 등이 문제의 자료로 많이 다뤄진다.

다음은 도시폐기물량 상위 10개국의 도시폐기물량지수와 한국의 도시폐기물량을 나타낸 자료이다. 이에 대한 설명으로 옳은 것을 〈보기〉에서 모두 고르면?

〈도시폐기물량 상위 10개국의 도시폐기물량지수〉

순위	2021년		2022년		2023년		2024년	
	국가	지수	국가	지수	국가	지수	국가	지수
1	미국	12.05	미국	11.94	미국	12.72	미국	12.73
2	러시아	3.40	러시아	3.60	러시아	3.87	러시아	4.51
3	독일	2.54	브라질	2.85	브라질	2.97	브라질	3.24
4	일본	2.53	독일	2.61	독일	2.81	독일	2.78
5	멕시코	1.98	일본	2.49	일본	2.54	일본	2.53
6	프랑스	1.83	멕시코	2.06	멕시코	2.30	멕시코	2.35
7	영국	1.76	프랑스	1.86	프랑스	1.96	프랑스	1.91
8	이탈리아	1.71	영국	1.75	이탈리아	1.76	터키	1.72
9	터키	1.50	이탈리아	1.73	영국	1.74	영국	1.70
10	스페인	1.33	터키	1.63	터키	1.73	이탈리아	1.40

※ $(\text{도시폐기물량지수})=\frac{(\text{해당 연도 해당 국가의 도시폐기물량})}{(\text{해당 연도 한국의 도시폐기물량})}$

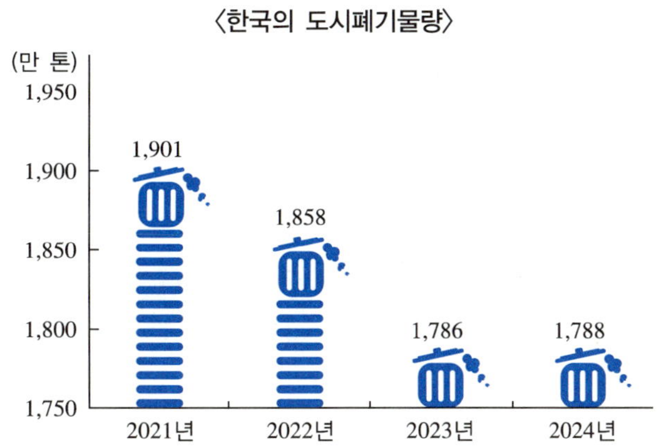

보기

㉠ 2024년 도시폐기물량은 미국이 일본의 4배 이상이다.
㉡ 2023년 러시아의 도시폐기물량은 8,000만 톤 이상이다.
㉢ 2024년 스페인의 도시폐기물량은 2021년에 비해 감소하였다.
㉣ 영국의 도시폐기물량은 터키의 도시폐기물량보다 매년 많다.

① ㉠, ㉢
② ㉠, ㉣
③ ㉡, ㉢
④ ㉡, ㉣
⑤ ㉢, ㉣

정답 ①

㉠ 제시된 자료의 각주에 의해 같은 해의 각국의 도시폐기물량지수는 그 해 한국의 도시폐기물량을 기준해 도출된다. 즉, 같은 해의 여러 국가의 도시폐기물량을 비교할 때 도시폐기물량지수로도 비교가 가능하다. 2024년 미국과 일본의 도시폐기물량지수는 각각 12.73, 2.53이다. $2.53 \times 4 = 10.12 < 12.73$이므로 옳은 설명이다.

㉢ 2021년 한국의 도시폐기물량은 1,901만 톤이므로 2021년 스페인의 도시폐기물량은 $1,901 \times 1.33 = 2,528.33$만 톤이다. 도시폐기물량 상위 10개국의 도시폐기물량지수 자료를 보면 2024년 스페인의 도시폐기물량지수는 상위 10개국에 포함되지 않았음을 확인할 수 있다. 즉, 스페인의 도시폐기물량은 도시폐기물량지수 10위인 이탈리아의 도시폐기물량보다 적다. 2024년 한국의 도시폐기물량은 1,788만 톤이므로 이탈리아의 도시폐기물량은 $1,788 \times 1.40 = 2,503.2$만 톤이다. 즉, 2024년 이탈리아의 도시폐기물량은 2021년 스페인의 도시폐기물량보다 적다. 따라서 2024년 스페인의 도시폐기물량은 2021년에 비해 감소했다.

오답분석

㉡ 2023년 한국의 도시폐기물량은 1,786만 톤이므로 2023년 러시아의 도시폐기물량은 $1,786 \times 3.87 = 6,911.82$만 톤이다.

㉣ 2024년의 경우 터키의 도시폐기물량지수는 영국보다 높다. 따라서 2024년 영국의 도시폐기물량은 터키의 도시폐기물량보다 적다.

풀이 전략!

평소 변화량이나 증감률, 비중 등을 구하는 공식을 알아두고 있어야 하며, 지원하는 공사공단과 관련된 자료나 관련 산업에 대한 자료 등을 확인하여 비교하는 연습 등을 한다.

※ 다음은 2024년 지역별 에너지원 소비량을 나타낸 자료이다. 이어지는 질문에 답하시오. [1~2]

〈지역별 에너지원 소비량〉

[단위 : 만 톤(ton), 만 토(toe)]

구분	석탄	석유	천연가스	수력·풍력	원자력
서울	885	2,849	583	2	574
인천	1,210	3,120	482	4	662
경기	2,332	2,225	559	3	328
대전	1,004	998	382	0.5	112
강원	3,120	1,552	101	28	53
부산	988	1,110	220	6	190
충청	589	1,289	88	4	62
전라	535	1,421	48	2	48
경상	857	1,385	58	2	55
대구	1,008	1,885	266	1	258
울산	552	888	53	1.6	65
광주	338	725	31	1	40
제주	102	1,420	442	41	221
합계	13,520	20,867	3,313	96	2,668

01 다음 〈보기〉 중 지역별 에너지원 소비량에 대한 설명으로 옳은 것을 모두 고르면?

보기

ㄱ. 석유와 천연가스, 원자력의 소비량 상위 3개 지역은 동일하다.
ㄴ. 강원의 소비량 1위인 에너지원은 총 2가지이다.
ㄷ. 석유의 소비량이 가장 많은 지역의 소비량은 가장 적은 지역의 소비량의 4배 이상이다.
ㄹ. 수력·풍력의 소비량 상위 5개 지역의 소비량의 합은 전체 소비량의 90% 이상을 차지한다.

① ㄱ, ㄴ
② ㄱ, ㄷ
③ ㄱ, ㄹ
④ ㄴ, ㄷ
⑤ ㄷ, ㄹ

02 에너지원별 소비량이 가장 적은 지역의 소비량이 전체 소비량에서 차지하는 비율을 구해 그 비율이 큰 순서대로 에너지원을 바르게 나열한 것은?(단, 소수점 셋째 자리에서 반올림한다)

① 원자력 – 석유 – 천연가스 – 석탄 – 수력・풍력
② 석유 – 천연가스 – 원자력 – 석탄 – 수력・풍력
③ 석유 – 원자력 – 석탄 – 천연가스 – 수력・풍력
④ 석유 – 원자력 – 천연가스 – 수력・풍력 – 석탄
⑤ 석유 – 원자력 – 천연가스 – 석탄 – 수력・풍력

03 다음은 국가별 무역수지에 대한 자료이다. 이에 대한 설명으로 옳지 않은 것은?

〈국가별 무역수지 현황〉

(단위 : 백만 USD)

구분	한국	그리스	노르웨이	뉴질랜드	대만	독일	러시아	미국
7월	40,882	2,490	7,040	2,825	24,092	106,308	22,462	125,208
8월	40,125	2,145	7,109	2,445	24,629	107,910	23,196	116,218
9월	40,846	2,656	7,067	2,534	22,553	118,736	25,432	122,933
10월	41,983	2,596	8,005	2,809	26,736	111,981	24,904	125,142
11월	45,309	2,409	8,257	2,754	25,330	116,569	26,648	128,722
12월	45,069	2,426	8,472	3,088	25,696	102,742	31,128	123,557

① 한국의 무역수지의 전월 대비 증가량이 가장 많았던 달은 11월이다.
② 뉴질랜드의 무역수지는 8월 이후 지속해서 증가하였다.
③ 그리스의 12월 무역수지의 전월 대비 증가율은 약 0.7%이다.
④ 10월부터 12월 사이 한국의 무역수지 변화 추이와 같은 양상을 보이는 나라는 2개국이다.
⑤ 12월 무역수지가 7월 대비 감소한 나라는 그리스, 독일, 미국이다.

04 다음은 2024년 항목별 상위 7개 동의 자산규모를 나타낸 자료이다. 이에 대한 설명으로 옳은 것은?

〈2024년 항목별 상위 7개 동의 자산규모〉

구분 순위	총자산(조 원)		부동산자산(조 원)		예금자산(조 원)		가구당 총자산(억 원)	
	동명	규모	동명	규모	동명	규모	동명	규모
1	여의도동	24.9	대치동	17.7	여의도동	9.6	을지로동	51.2
2	대치동	23.0	서초동	16.8	태평로동	7.0	여의도동	26.7
3	서초동	22.6	압구정동	14.3	을지로동	4.5	압구정동	12.8
4	반포동	15.6	목동	13.7	서초동	4.3	도곡동	9.2
5	목동	15.5	신정동	13.6	역삼동	3.9	잠원동	8.7
6	도곡동	15.0	반포동	12.5	대치동	3.1	이촌동	7.4
7	압구정동	14.4	도곡동	12.3	반포동	2.5	서초동	6.4

※ (총자산)=(부동산자산)+(예금자산)+(증권자산)

※ (가구 수)=$\frac{\text{(총자산)}}{\text{(가구당 총자산)}}$

① 압구정동의 가구 수는 여의도동의 가구 수보다 적다.

② 이촌동의 가구 수는 2만 가구 이상이다.

③ 대치동의 증권자산은 서초동의 증권자산보다 많다.

④ 여의도동의 증권자산은 최소 4조 원 이상이다.

⑤ 도곡동의 총자산 대비 부동산자산의 비율은 목동보다 높다.

05 다음은 국민권익위원회에서 발표한 행정기관들의 고충민원 접수처리 현황이다. 〈보기〉 중 이에 대한 설명으로 옳은 것을 모두 고르면?(단, 소수점 셋째 자리에서 반올림한다)

〈고충민원 접수처리 현황〉

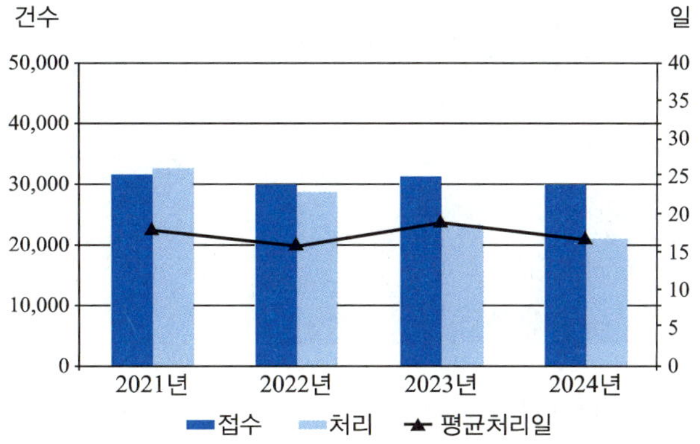

〈고충민원 접수처리 항목별 세부현황〉

(단위 : 건, 일)

구분		2021년	2022년	2023년	2024년
접수		31,681	30,038	31,308	30,252
처리		32,737	28,744	23,573	21,080
인용	시정권고	277	257	205	212
	제도개선	0	0	0	0
	의견표명	467	474	346	252
	조정합의	2,923	2,764	2,644	2,567
	소계	3,667	3,495	3,195	3,031
단순안내		12,396	12,378	10,212	9,845
기타처리		16,674	12,871	10,166	8,204
평균처리일		18	16	19	17

보기

ㄱ. 기타처리 건수의 전년 대비 감소율은 매년 증가하였다.
ㄴ. 처리 건수 중 인용 건수 비율은 2024년이 2021년에 비해 3% 이상 높다.
ㄷ. 처리 건수 대비 조정합의 건수의 비율은 2022년이 2023년보다 높다.
ㄹ. 평균처리일이 짧은 해일수록 조정합의 건수 대비 의견표명 건수 비율이 높다.

① ㄱ
② ㄴ
③ ㄱ, ㄷ
④ ㄴ, ㄹ
⑤ ㄴ, ㄷ, ㄹ

CHAPTER 03

문제해결능력

합격 Cheat Key

문제해결능력은 업무를 수행하면서 여러 가지 문제 상황이 발생하였을 때, 창의적이고 논리적인 사고를 통하여 이를 올바르게 인식하고 적절히 해결하는 능력으로, 하위 능력에는 사고력과 문제처리능력이 있다.

문제해결능력은 NCS 기반 채용을 진행하는 대다수의 공사·공단에서 채택하고 있으며, 다양한 자료와 함께 출제되는 경우가 많아 어렵게 느껴질 수 있다. 특히, 난이도가 높은 문제로 자주 출제되기 때문에 다른 영역보다 더 많은 노력이 필요할 수는 있지만 그렇기에 차별화를 할 수 있는 득점 영역이므로 포기하지 말고 꾸준하게 노력해야 한다.

1 질문의 의도를 정확하게 파악하라!

문제해결능력은 문제에서 무엇을 묻고 있는지 정확하게 파악하여 먼저 풀이 방향을 설정하는 것이 가장 효율적인 방법이다. 특히, 조건이 주어지고 답을 찾는 창의적·분석적인 문제가 주로 출제되고 있기 때문에 처음에 정확한 풀이 방향이 설정되지 않는다면 문제를 제대로 풀지 못하게 되므로 첫 번째로 출제 의도 파악에 집중해야 한다.

2 중요한 정보는 반드시 표시하라!

출제 의도를 정확히 파악하기 위해서는 문제의 중요한 정보를 반드시 표시하거나 메모하여 하나의 조건, 단서도 잊고 넘어가는 일이 없도록 해야 한다. 실제 시험에서는 시간의 압박과 긴장감으로 정보를 잘못 적용하거나 잊어버리는 실수가 많이 발생하므로 사전에 충분한 연습이 필요하다.

3 반복 풀이를 통해 취약 유형을 파악하라!

문제해결능력은 특히 시간관리가 중요한 영역이다. 따라서 정해진 시간 안에 고득점을 할 수 있는 효율적인 문제 풀이 방법을 찾아야 한다. 이때, 반복적인 문제 풀이를 통해 자신이 취약한 유형을 파악하는 것이 중요하다. 정확하게 풀 수 있는 문제부터 빠르게 풀고 취약한 유형은 나중에 푸는 효율적인 문제 풀이를 통해 최대한 고득점을 맞는 것이 중요하다.

01 명제 추론

| 유형분석 |

- 주어진 문장을 토대로 논리적으로 추론하여 참 또는 거짓을 구분하는 문제이다.
- 대체로 연역추론을 활용한 명제 문제가 출제된다.
- 자료를 제시하고 새로운 결과나 자료에 주어지지 않은 내용을 추론해 가는 형식의 문제가 출제된다.

어느 도시에 있는 병원의 공휴일 진료 현황은 다음 〈조건〉과 같다. 공휴일에 진료하는 병원의 수는?

조건

- B병원이 진료를 하지 않으면 A병원은 진료를 한다.
- B병원이 진료를 하면 D병원은 진료를 하지 않는다.
- A병원이 진료를 하면 C병원은 진료를 하지 않는다.
- C병원이 진료를 하지 않으면 E병원이 진료를 한다.
- E병원은 공휴일에 진료를 하지 않는다.

① 1곳　　② 2곳
③ 3곳　　④ 4곳
⑤ 5곳

정답 ②

제시된 조건을 각각의 명제로 보고 이들을 수식으로 설명하면 다음과 같다(단, 명제가 참일 경우 그 대우도 참이다).

- B병원이 진료를 하지 않으면 A병원이 진료한다(~B → A / ~A → B).
- B병원이 진료를 하면 D병원은 진료를 하지 않는다(B → ~D / D → ~B).
- A병원이 진료를 하면 C병원은 진료를 하지 않는다(A → ~C / C → ~A).
- C병원이 진료를 하지 않으면 E병원이 진료한다(~C → E / ~E → C).

이를 하나로 연결하면 D병원이 진료를 하면 B병원이 진료를 하지 않고, B병원이 진료를 하지 않으면 A병원은 진료를 한다. A병원이 진료를 하면 C병원은 진료를 하지 않고, C병원이 진료를 하지 않으면 E병원은 진료를 한다(D → ~B → A → ~C → E). 명제가 참일 경우 그 대우도 참이므로 ~E → C → ~A → B → ~D가 된다. E병원은 공휴일에 진료를 하지 않으므로 위의 명제를 참고하면 C와 B병원만이 진료를 하는 경우가 된다. 따라서 공휴일에 진료를 하는 병원은 2곳이다.

풀이 전략!

명제와 관련한 기본적인 논법에 대해서는 미리 학습해 두며, 이를 바탕으로 각 문장에 있는 핵심단어 또는 문구를 기호화하여 정리한 후, 선택지와 비교하여 참 또는 거짓을 판단한다.

대표기출유형 01 기출응용문제

01 A～D는 한 판의 가위바위보를 한 후 그 결과에 대해 각각 두 가지의 진술을 하였다. 두 가지의 진술 중 하나는 반드시 참이고, 하나는 반드시 거짓이라고 할 때, 다음 중 항상 참인 것은?

> A : C는 B를 이길 수 있는 것을 냈고, B는 가위를 냈다.
> B : A는 C와 같은 것을 냈지만, A가 편 손가락의 수는 나보다 적었다.
> C : B는 바위를 냈고, 그 누구도 같은 것을 내지 않았다.
> D : A, B, C 모두 참 또는 거짓을 말한 순서가 동일하다. 이 판은 승자가 나온 판이었다.

① B와 같은 것을 낸 사람이 있다.
② 보를 낸 사람은 1명이다.
③ D는 혼자 가위를 냈다.
④ B가 기권했다면 가위를 낸 사람이 지는 판이다.
⑤ 바위를 낸 사람은 2명이다.

02 오늘 K씨는 종합병원에 방문하여 A～C과 진료를 모두 받아야 한다. 〈조건〉이 다음과 같을 때, 가장 빠르게 진료를 받을 수 있는 경로는?(단, 주어진 조건 외에는 고려하지 않는다)

> **조건**
> • 모든 과의 진료와 예약은 오전 9시 시작이다.
> • 모든 과의 점심시간은 오후 12시 30분부터 오후 1시 30분이다.
> • A과와 C과는 본관에 있고 B과는 별관동에 있다. 본관과 별관동 이동에는 셔틀로 약 30분이 소요되며, 점심시간에는 셔틀이 운행하지 않는다.
> • A과는 오전 10시부터 오후 3시까지만 진료를 한다.
> • B과는 점심시간 후에 사람이 몰려 약 1시간의 대기시간이 필요하다.
> • A과 진료는 단순 진료로 30분 정도 소요될 예정이다.
> • B과 진료는 치료가 필요하여 1시간 정도 소요될 예정이다.
> • C과 진료는 정밀 검사가 필요하여 2시간 정도 소요될 예정이다.

① A－B－C
② B－A－C
③ B－C－A
④ C－A－B
⑤ C－B－A

PART 1

02 SWOT 분석

| 유형분석 |

- 상황에 대한 환경 분석 결과를 통해 주요 과제를 도출하는 문제이다.
- 주로 3C 분석 또는 SWOT 분석을 활용한 문제들이 출제되고 있으므로 해당 분석도구에 대한 사전 학습이 요구된다.

다음 글을 참고하여 B자동차가 취할 수 있는 전략으로 옳은 것은?

'SWOT'는 Strength(강점), Weakness(약점), Opportunity(기회), Threat(위협)의 머리글자를 따서 만든 단어로, 경영 전략을 세우는 방법론이다. SWOT로 도출된 조직의 내·외부 환경을 분석하고, 이 결과를 통해 대응전략을 구상할 수 있다. 'SO전략'은 기회를 활용하기 위해 강점을 사용하는 전략이고, 'WO전략'은 약점을 보완 또는 극복하여 시장의 기회를 활용하는 전략이다. 'ST전략'은 위협을 피하기 위해 강점을 활용하는 방법이며, 'WT전략'은 위협요인을 피하기 위해 약점을 보완하는 전략이다.

- 새로운 정권의 탄생으로 자동차 업계 내 새로운 바람이 불 것으로 예상된다. A당선인이 이번 선거에서 친환경차 보급 확대를 주요 공약으로 내세웠고, 공약에 따라 공공기관용 친환경차 비율을 70%로 상향시키기로 하고, 친환경차 보조금 확대 등을 통해 친환경차 보급률을 높이겠다는 계획을 세웠다. 또한 최근 환경을 생각하는 국민 의식의 향상과 친환경차의 연비 절감 부분이 친환경차 구매 욕구 상승에 기여하고 있다.
- B자동차는 기존에 전기자동차 모델들을 꾸준히 출시하여 성장세가 두드러지고 있는데다 고객들의 다양한 구매 욕구를 충족시킬 만한 전기자동차 상품의 다양성을 확보하였다. 또한, B자동차의 전기자동차 미국 수출이 증가하고 있는 만큼 앞으로의 전망도 밝을 것으로 예상된다.

① SO전략　　② WO전략
③ ST전략　　④ WT전략

정답 ①

- Strength(강점) : B자동차는 전기자동차 모델들을 꾸준히 출시하여 성장세가 두드러지고 있는데다 고객들의 다양한 구매 욕구를 충족시킬 만한 전기자동차 상품의 다양성을 확보하였다.
- Opportunity(기회) : 새로운 정권에서 친환경차 보급 확대에 적극 나설 것으로 보인다는 점과 환경을 생각하는 국민 의식의 향상과 친환경차의 연비 절감 부분이 친환경차 구매 욕구 상승에 기여하고 있으며 B자동차의 미국 수출이 증가하고 있다.

따라서 해당 기사를 분석하면 SO전략이 적절하다.

풀이 전략!

문제에 제시된 분석도구를 확인한 후, 분석 결과를 종합적으로 판단하여 각 선택지의 전략 과제와 일치 여부를 판단한다.

01 다음은 L은행에 대한 SWOT 분석 결과이다. 위협 요인에 들어갈 내용으로 옳지 않은 것은?

〈L은행의 SWOT 분석 결과〉

강점(Strength)	약점(Weakness)
• 지속적 혁신에 대한 경영자의 긍정적 마인드 • 고객만족도 1위의 높은 고객 충성도 • 다양한 투자 상품 개발	• 해외 투자 경험 부족으로 취약한 글로벌 경쟁력 • 소매 금융에 비해 부족한 기업 금융
기회(Opportunity)	**위협(Threat)**
• 국내 유동자금의 증가 • 해외 금융시장 진출 확대 • 정부의 규제 완화 정책	

① 정부의 정책 혼란으로 인한 시장의 불확실성
② 경기 침체 장기화
③ 부족한 리스크 관리 능력
④ 금융업의 경계 파괴에 따른 경쟁 심화
⑤ 글로벌 금융사의 국내 시장 진출

02 다음은 국내 화장품 제조 회사에 대한 SWOT 분석 결과이다. 〈보기〉 중 분석에 따른 대응 전략으로 옳은 것을 모두 고르면?

〈국내 화장품 제조 회사의 SWOT 분석 결과〉

강점(Strength)	약점(Weakness)
• 신속한 제품 개발 시스템 • 차별화된 제조 기술 보유	• 신규 생산 설비 투자 미흡 • 낮은 브랜드 인지도
기회(Opportunity)	**위협(Threat)**
• 해외시장에서의 한국 제품 선호 증가 • 새로운 해외시장의 출현	• 해외 저가 제품의 공격적 마케팅 • 저임금의 개발도상국과 경쟁 심화

보기

ㄱ. 새로운 해외시장의 소비자 기호를 반영한 제품을 개발하여 출시한다.
ㄴ. 국내에 화장품 생산 공장을 추가로 건설하여 제품 생산량을 획기적으로 증가시킨다.
ㄷ. 차별화된 제조 기술을 통해 품질 향상과 고급화 전략을 추구한다.
ㄹ. 브랜드 인지도가 낮으므로 해외 현지 기업과의 인수·합병을 통해 해당 회사의 브랜드로 제품을 출시한다.

① ㄱ, ㄴ
② ㄱ, ㄷ
③ ㄴ, ㄷ
④ ㄴ, ㄹ
⑤ ㄷ, ㄹ

03 규칙 적용

| 유형분석 |

- 주어진 상황과 규칙을 종합적으로 활용하여 풀어가는 문제이다.
- 일정, 비용, 순서 등 다양한 내용을 다루고 있어 유형을 한 가지로 단일화하기 어렵다.

갑은 다음 규칙을 참고하여 알파벳 단어를 숫자로 변환하고자 한다. 규칙을 적용한 〈보기〉의 알파벳 Z에 해당하는 자연수들을 모두 더한 값은?

〈규칙〉

① 알파벳 'A'부터 'Z'까지 순서대로 자연수를 부여한다.
예 A=2라고 하면 B=3, C=4, D=5이다.
② 단어의 음절에 같은 알파벳이 연속되는 경우 ①에서 부여한 숫자를 알파벳이 연속되는 횟수만큼 거듭제곱한다.
예 A=2이고 단어가 'AABB'이면 AA는 '2^2'이고, BB는 '3^2'이므로 '49'로 적는다.

보기

㉠ AAABBCC는 10000001020110404로 변환된다.
㉡ CDFE는 3465로 변환된다.
㉢ PJJYZZ는 1712126729로 변환된다.
㉣ QQTSR은 625282726으로 변환된다.

① 154 ② 176
③ 199 ④ 212
⑤ 234

정답 ④

㉠ A=100, B=101, C=102이다. 따라서 Z=125이다.
㉡ C=3, D=4, E=5, F=6이다. 따라서 Z=26이다.
㉢ P가 17임을 볼 때, J=11, Y=26, Z=27이다.
㉣ Q=25, R=26, S=27, T=28이다. 따라서 Z=34이다.
따라서 해당하는 Z값을 모두 더하면 125+26+27+34=212이다.

풀이 전략!

문제에 제시된 조건이나 규칙을 정확히 파악한 후, 선택지나 상황에 적용하여 문제를 풀어 나간다.

대표기출유형 03 기출응용문제

01 다음은 도서코드(ISBN)에 대한 자료이다. 주문도서에 대한 설명으로 옳은 것은?

〈[예시] 도서코드(ISBN)〉

국제표준도서번호					부가기호		
접두부	국가번호	발행자번호	서명식별번호	체크기호	독자대상	발행형태	내용분류
123	12	1234567		1	1	1	123

※ 국제표준도서번호는 5개의 군으로 나누어지고 군마다 '–'로 구분한다.

〈도서코드(ISBN) 세부사항〉

접두부	국가번호	발행자번호	서명식별번호	체크기호
978 또는 979	한국 89 미국 05 중국 72 일본 40 프랑스 22	발행자번호 – 서명식별번호 7자리 숫자 예 8491 – 208 : 발행자번호가 8491번인 출판사에서 208번째 발행한 책		0 ~ 9

독자대상	발행형태	내용분류
0 교양 1 실용 2 여성 3 (예비) 4 청소년 5 중고등 학습참고서 6 초등 학습참고서 7 아동 8 (예비) 9 전문	0 문고본 1 사전 2 신서판 3 단행본 4 전집 5 (예비) 6 도감 7 그림책, 만화 8 혼합자료, 점자자료, 전자책, 마이크로자료 9 (예비)	030 백과사전 100 철학 170 심리학 200 종교 360 법학 470 생명과학 680 연극 710 한국어 770 스페인어 740 영미문학 720 유럽사

〈주문도서〉

978 – 05 – 441 – 1011 – 3 14710

① 한국에서 출판한 도서이다.

② 441번째 발행된 도서이다.

③ 발행자번호는 총 7자리이다.

④ 한 권으로만 출판되지는 않았다.

⑤ 한국어로 되어 있다.

※ 다음 자료를 보고 이어지는 질문에 답하시오. [2~4]

〈블랙박스 시리얼 번호 체계〉

개발사		제품		메모리 용량		제조연월				일련번호	PCB버전
값	의미	값	의미	값	의미	값	의미	값	의미	값	값
A	아리스	BD	블랙박스	1	4GB	A	2019년	1~9	1~9월	00001	1
S	성진	BL	LCD 블랙박스	2	8GB	B	2020년	O	10월	00002	2
B	백경	BP	IPS 블랙박스	3	16GB	C	2021년	N	11월	…	3
C	천호	BE	LED 블랙박스	4	32GB	D	2022년	D	12월	09999	9999
M	미강테크	–	–	–	–	E	2023년	–	–	–	–

※ 예시 : ABD2E6000101 → 아리스 블랙박스, 8GB, 2023년 6월 생산, 10번째 모델, PCB 1번째 버전

〈A/S 접수 현황〉

분류 1	분류 2	분류 3	분류 4
ABD1A2001092	MBE2E3001243	SBP3CD012083	ABD4B3007042
BBD1DD000132	MBP2CO120202	CBE3C4000643	SBE4D5101483
SBD1D9000082	ABE2D0001063	BBD3B6000761	MBP4C6000263
ABE1C6100121	CBL2C3010213	ABP3D8010063	BBE4DN020473
CBP1C6001202	SBD2B9001501	CBL3S8005402	BBL4C5020163
CBL1BN000192	SBP2C5000843	SBD3B1004803	CBP4D6100023
MBD1A2012081	BBL2BO010012	MBE3E4010803	SBE4E4001613
MBE1DB001403	CBD2B3000183	MBL3C1010203	ABE4DO010843

02 A/S가 접수되면 수리를 위해 각 제품을 해당 제조사로 전달한다. 그런데 제품 시리얼 번호를 확인하는 과정에서 조회되지 않는 번호가 있다는 것을 발견하였다. 다음 중 모두 몇 개의 시리얼 번호가 잘못 기록되었는가?

① 6개 ② 7개
③ 8개 ④ 9개
⑤ 10개

03 A/S가 접수된 제품 중 2019~2020년에 생산된 제품에 대해 무상으로 블루투스 기능을 추가해 주는 이벤트를 진행하고 있다. A/S 접수가 된 블랙박스 중에서 이벤트에 해당하는 제품은 모두 몇 개인가?

① 6개 ② 7개
③ 8개 ④ 9개
⑤ 10개

04 당사의 제품을 구매한 고객이 A/S를 접수하면, 상담원은 제품 시리얼 번호를 확인하여 기록해 두고 있다. 제품 시리얼 번호는 특정 기준에 의해 분류하여 기록하고 있는데, 다음 중 그 기준은 무엇인가?

① 개발사
② 제품
③ 메모리 용량
④ 제조년월
⑤ PCB버전

PART 1

05 L회사는 신제품의 품번을 다음 규칙에 따라 정한다고 한다. 제품에 설정된 임의의 영단어가 'INTELLECTUAL'이라면 이 제품의 품번으로 옳은 것은?

〈규칙〉

- 1단계 : 알파벳 A ~ Z를 숫자 1, 2, 3, …으로 변환하여 계산한다.
- 2단계 : 제품에 설정된 임의의 영단어를 숫자로 변환한 값의 합을 구한다.
- 3단계 : 임의의 영단어 속 자음의 합에서 모음의 합을 뺀 값의 절댓값을 구한다.
- 4단계 : 2단계와 3단계의 값을 더한 다음 4로 나누어 2단계의 값에 더한다.
- 5단계 : 4단계의 값이 정수가 아닐 경우에는 소수점 첫째 자리에서 버림한다.

① 120
② 140
③ 160
④ 180
⑤ 200

04 자료 해석

| 유형분석 |

- 주어진 자료를 해석하고 활용하여 풀어가는 문제이다.
- 꼼꼼하고 분석적인 접근이 필요한 다양한 자료들이 출제된다.

L사 인사팀 직원인 A씨는 사내 설문조사를 통해 요즘 사람들이 연봉보다는 일과 삶의 균형을 더 중요시하고 직무의 전문성을 높이고 싶어 한다는 결과를 도출했다. 다음 중 설문조사 결과와 L사 임직원의 근무여건에 대한 자료를 참고하여 인사제도를 합리적으로 변경한 것은?

〈임직원 근무여건〉

구분	주당 근무 일수(평균)	주당 근무시간(평균)	직무교육 여부	퇴사율
정규직	6일	52시간 이상	○	17%
비정규직 1	5일	40시간 이상	○	12%
비정규직 2	5일	20시간 이상	×	25%

① 정규직의 연봉을 7% 인상한다.

② 정규직을 비정규직으로 전환한다.

③ 비정규직 1의 직무교육을 비정규직 2와 같이 조정한다.

④ 정규직의 주당 근무시간을 비정규직 1과 같이 조정하고 비정규직 2의 직무교육을 시행한다.

⑤ 비정규직 2의 근무 일수를 정규직과 같이 조정한다.

정답 ④

정규직의 주당 근무시간을 비정규직 1과 같이 줄여 근무여건을 개선하고, 퇴사율이 가장 높은 비정규직 2의 직무교육을 시행하여 퇴사율을 줄이는 것이 가장 적절하다.

오답분석

① 설문조사 결과에서 연봉보다는 일과 삶의 균형을 더 중요시한다고 하였으므로 연봉이 상승하는 것은 퇴사율에 영향을 미치지 않음을 알 수 있다.
② 정규직을 비정규직으로 전환하는 것은 고용의 안정성을 낮추어 퇴사율을 더욱 높일 수 있다.
③ 직무교육을 하지 않는 비정규직 2보다 직무교육을 하는 정규직과 비정규직 1의 퇴사율이 더 낮기 때문에 이는 적절하지 않다.
⑤ 비정규직 2의 주당 근무 일수를 정규직과 같이 조정하면, 주 6일 20시간을 근무하게 되어 비효율적인 업무를 수행한다.

풀이 전략!

문제 해결을 위해 필요한 정보가 무엇인지 먼저 파악한 후, 제시된 자료를 분석적으로 읽고 해석한다.

대표기출유형 04 기출응용문제

01 갑은 효율적인 월급 관리를 위해 펀드에 가입하고자 한다. A ~ D펀드 중에 하나를 골라 가입하려고 하는데, 안정적이고 우수한 펀드에 가입하기 위해 〈조건〉에 따라 비교하여 다음과 같은 결과를 얻었다. 이를 토대로 〈보기〉에서 옳은 것을 모두 고르면?

조건

- 둘을 비교하여 우열을 가릴 수 있으면 우수한 쪽에는 5점, 아닌 쪽에는 2점을 부여한다.
- 둘을 비교하여 어느 한 쪽이 우수하다고 말할 수 없는 경우에는 둘 다 0점을 부여한다.
- 각 펀드는 다른 펀드 중 두 개를 골라 총 4번의 비교를 했다.
- 총합의 점수로는 우열을 가릴 수 없으며 각 펀드와의 비교를 통해서만 우열을 가릴 수 있다.

〈결과〉

A펀드	B펀드	C펀드	D펀드
7점	7점	4점	10점

보기

ㄱ. D펀드는 C펀드보다 우수하다.
ㄴ. B펀드가 D펀드보다 우수하다고 말할 수 없다.
ㄷ. A펀드와 B펀드의 우열을 가릴 수 있으면 A ~ D까지의 우열순위를 매길 수 있다.

① ㄱ
② ㄱ, ㄴ
③ ㄱ, ㄷ
④ ㄴ, ㄷ
⑤ ㄱ, ㄴ, ㄷ

02 다음은 L공사의 불법하도급 신고 보상 기준에 대한 자료이다. S사원은 이를 토대로 불법하도급 신고 보상액의 사례를 제시하고자 한다. S사원이 계산한 불법하도급 공사 계약금액에 대한 보상 지급금액이 바르게 연결된 것은?

〈불법하도급 신고 보상 기준〉

• 송·변전공사 이외 모든 공사(배전공사, 통신공사 등)

불법하도급 공사 계약금액	보상 지급금액 기준
5천만 원 이하	5%
5천만 원 초과 3억 원 이하	250만 원+5천만 원 초과금액의 3%
3억 원 초과 10억 원 이하	1,000만 원+3억 원 초과금액의 0.5%
10억 원 초과 20억 원 이하	1,350만 원+10억 원 초과금액의 0.4%
20억 원 초과	1,750만 원+20억 원 초과금액의 0.2%

• 송·변전공사(관련 토건공사 포함)

불법하도급 공사 계약금액	보상 지급금액 기준
5천만 원 이하	5%
5천만 원 초과 3억 원 이하	250만 원+5천만 원 초과금액의 3%(한도 1,000만 원)
3억 원 초과 10억 원 이하	1,000만 원+3억 원 초과금액의 0.5%(한도 1,350만 원)
10억 원 초과 100억 원 이하	1,350만 원+10억 원 초과금액의 0.4%(한도 1,750만 원)

	불법하도급 공사 계약금액	보상 지급금액
①	배전공사 6천만 원	280만 원
②	송전공사 12억 원	1,750만 원
③	변전공사 5억 원	1,250만 원
④	통신공사 23억 원	2,220만 원
⑤	송전공사 64억 원	3,510만 원

03 K씨는 로봇청소기를 합리적으로 구매하기 위해 모델별로 성능을 비교 · 분석하였다. K가 선택할 로봇청소기 모델은?

〈로봇청소기 모델별 성능 분석표〉

모델	청소 성능		주행 성능			소음 방지	자동 복귀	안전성	내구성	경제성
	바닥	카펫	자율주행 성능	문턱 넘김	추락 방지					
A	★★★	★	★★	★★	★★	★★★	★★★	★★★	★★★	★★
B	★★	★★★	★★★	★★★	★	★★★	★★	★★★	★★★	★★
C	★★★	★★★	★★★	★	★★★	★★★	★★★	★★★	★★★	★
D	★★	★★	★★★	★★	★	★★	★★	★★★	★★	★★
E	★★★	★★★	★★	★★★	★★	★★★	★★	★★★	★★★	★★★

※ ★★★ : 적합, ★★ : 보통, ★ : 미흡

K씨 : 로봇청소기는 내구성과 안전성이 1순위이고 집에 카펫은 없으니 바닥에 대한 청소 성능이 2순위야. 글을 쓰는 아내를 위해서 소음도 중요하겠지. 문턱이나 추락할 만한 공간은 없으니 자율주행 성능만 좋은 것으로 살펴보면 되겠네. 나머지 기준은 크게 신경 안 써도 될 것 같아.

① A모델
② B모델
③ C모델
④ D모델
⑤ E모델

04 L기업 총무팀, 개발팀, 영업팀, 홍보팀, 고객지원팀 각각의 탕비실에는 이온음료, 탄산음료, 에너지음료, 커피가 구비되어 있다. 각 팀의 탕비실 내 음료 구비 현황은 다음과 같으며, 〈조건〉에 따라 각 팀의 탕비실에 채워 넣을 음료를 일괄적으로 구매하고자 한다. 음료별로 주문해야 할 최소 개수를 바르게 짝지은 것은?

〈L기업 각 팀의 탕비실 내 음료 구비 현황〉

(단위 : 캔)

구분	총무팀	개발팀	영업팀	홍보팀	고객지원팀
이온음료	3	10	10	10	8
탄산음료	10	2	16	7	8
에너지음료	10	1	12	8	7
커피	2	3	1	10	12

조건

- 각 팀은 구매 시 각 음료의 최소 구비 수량의 1.5배를 구매한다.
- 모든 음료는 낱개로 구매할 수 없으며 묶음 단위로 구매해야 한다.
- 이온음료, 탄산음료, 에너지음료, 커피 각각 6캔, 6캔, 6캔, 30캔을 묶음으로 판매하고 있다.
- 이온음료, 탄산음료, 에너지음료, 커피는 각각 최소 6캔, 12병, 10캔, 30캔이 구비되어 있어야 하며, 최소 수량 미달 시 음료를 구매한다.

	이온음료	탄산음료	에너지음료	커피
①	12캔	72캔	48캔	240캔
②	12캔	72캔	42캔	240캔
③	12캔	66캔	42캔	210캔
④	18캔	66캔	48캔	210캔
⑤	18캔	66캔	42캔	210캔

05 K사원은 자기계발을 위해 집 근처 학원들의 정보를 정리하였다. 다음 중 K사원이 배우려는 프로그램에 대한 설명으로 옳지 않은 것은?(단, 시간이 겹치는 프로그램은 수강할 수 없다)

〈프로그램 시간표〉

프로그램	수강료	횟수	강좌시간
필라테스	300,000원	24회	09:00 ~ 10:10
			10:30 ~ 11:40
			13:00 ~ 14:10
플라잉 요가	330,000원	20회	09:00 ~ 10:10
			10:30 ~ 11:40
			13:00 ~ 14:10
액세서리 공방	260,000원	10회	13:00 ~ 15:00
가방 공방	360,000원	12회	13:30 ~ 16:00
복싱	320,000원	30회	10:00 ~ 11:20
			14:00 ~ 15:20

※ 강좌시간이 2개 이상인 프로그램은 그중 원하는 시간에 수강이 가능하다.

① K사원은 오전에 운동을 하고, 오후에 공방에 가는 스케줄이 가능하다.

② 가방 공방의 강좌시간이 액세서리 공방 강좌시간보다 길다.

③ 공방 프로그램 중 하나를 들으면 최대 두 프로그램을 더 들을 수 있다.

④ 프로그램을 최대로 수강할 시 가방 공방을 수강해야 총 수강료가 가장 비싸다.

⑤ 강좌 1회당 수강료는 플라잉 요가가 가방 공방보다 15,000원 이상 저렴하다.

PART 1

인생이란 결코 공평하지 않다.
이 사실에 익숙해져라.

- 빌 게이츠 -

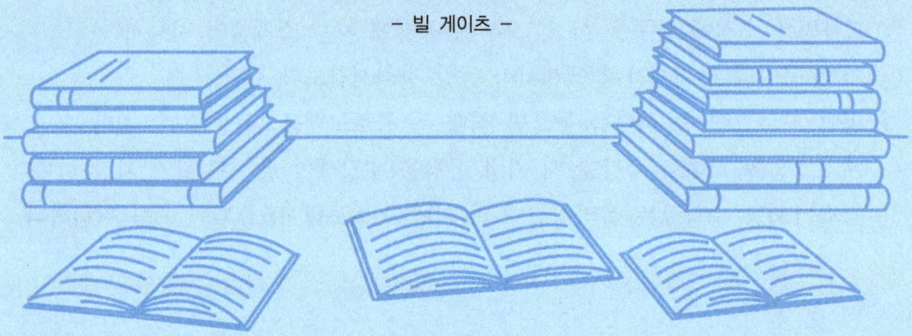

PART 2

직무역량

CHAPTER 01 행정
CHAPTER 02 경영
CHAPTER 03 경제
CHAPTER 04 토목
CHAPTER 05 건축

01 행정 적중예상문제

정답 및 해설 p.040

01 다음 중 우리나라 공공기관에 대한 설명으로 옳은 것은?

① 정부기업은 정부가 소유권을 가지고 운영하는 공기업으로서 정부 조직에 해당되지 않는다.
② 국가공기업과 지방공기업은 공공기관의 운영에 관한 법률의 적용을 받는다.
③ 준정부기관은 총수입 중 자체수입의 비율이 50% 이상인 공공기관을 의미한다.
④ 위탁집행형 준정부기관은 기금관리형 준정부기관이 아닌 공공기관을 의미한다.
⑤ 공기업의 기관장은 인사 및 조직운영의 자율성이 없으며 관할 행정부처의 통제를 받는다.

02 다음 중 우리나라 행정조직에 대한 설명으로 옳지 않은 것은?

① 책임운영기관은 정부조직법에 의하여 설치되고 운영된다.
② 행정기관 소속 위원회의 설치·운영에 관한 법률상 위원회 소속 위원 중 공무원이 아닌 위원의 임기는 대통령령으로 정하는 특별한 경우를 제외하고는 3년을 넘지 아니하도록 하여야 한다.
③ 특별지방행정기관으로는 서울지방국세청, 중부지방고용노동청이 있다.
④ 실, 국, 과는 부처 장관을 보조하는 기관으로 계선 기능을 담당하고, 참모 기능은 차관보, 심의관 또는 담당관 등의 조직에서 담당한다.
⑤ 중앙선거관리위원회와 공정거래위원회는 행정위원회에 속한다.

03 다음 중 규제피라미드에 대한 설명으로 옳은 것은?

① 새로운 위험만 규제하다 보면 사회의 전체 위험 수준은 증가하는 상황이다.
② 규제가 또 다른 규제를 낳은 결과 피규제자의 비용 부담이 점점 늘어나게 되는 상황이다.
③ 기업체에게 상품 정보에 대한 공개 의무를 강화할수록 소비자들의 실질적인 정보량은 줄어들게 되는 상황이다.
④ 과도한 규제를 무리하게 설정하다 보면 실제로는 규제가 거의 이루어지지 않게 되는 상황이다.
⑤ 소득재분배를 위한 규제가 오히려 사회적으로 가장 어려운 사람들에게 해를 끼치게 되는 상황이다.

04 다음 중 행태주의와 제도주의에 대한 설명으로 옳은 것은?

① 행태주의에서는 인간의 자유와 존엄과 같은 가치를 강조한다.
② 제도주의에서는 사회과학도 엄격한 자연과학의 방법을 따라야 한다고 본다.
③ 행태주의에서는 시대적 상황에 적합한 학문의 실천력을 중시한다.
④ 각국에서 채택된 정책의 상이성과 효과를 역사적으로 형성된 제도에서 찾으려는 것은 제도주의 접근의 한 방식이다.
⑤ 제도의 변화와 개혁을 지향한다는 점에서 행태주의와 제도주의는 같다.

05 다음 중 지방자치법 및 주민소환에 관한 법률상 주민소환제도에 대한 설명으로 옳지 않은 것은?

① 시·도지사의 소환청구 요건은 주민투표권자 총수의 100분의 10 이상이다.
② 비례대표의원은 주민소환의 대상이 아니다.
③ 주민소환투표권자의 연령은 주민소환투표일 현재를 기준으로 계산한다.
④ 주민소환투표권자의 4분의 1 이상이 투표에 참여해야 한다.
⑤ 주민소환이 확정된 때에는 주민소환투표대상자는 그 결과가 공표된 시점부터 그 직을 상실한다.

06 다음 중 직위분류제와 관련된 개념들에 대한 설명으로 옳지 않은 것은?

① 직위 : 한 사람의 근무를 요하는 직무와 책임이다.
② 직급 : 직위에 포함된 직무의 성질 및 난이도, 책임의 정도가 유사해 채용과 보수 등에서 동일하게 다룰 수 있는 직위의 집단이다.
③ 직렬 : 직무의 종류는 유사하나 난이도와 책임수준이 다른 직급 계열이다.
④ 직류 : 동일 직렬 내에서 담당 직책이 유사한 직무군이다.
⑤ 직군 : 직무의 종류는 다르지만 직무 수행의 책임도와 자격 요건이 상당히 유사해 동일한 보수를 지급할 수 있는 직위의 횡적군이다.

07 **다음 중 막스 베버(M. Weber)가 제시한 이념형 관료제에 대한 설명으로 옳지 않은 것은?**

① 관료의 충원 및 승진은 전문적인 자격과 능력을 기준으로 이루어진다.
② 조직 내의 모든 결정행위나 작동은 공식적으로 확립된 법규체제에 따른다.
③ 하급자는 상급자의 지시나 명령에 복종하는 계층제의 원리에 따라 조직이 운영된다.
④ 민원인의 만족 극대화를 위해 업무처리 시 관료와 민원인과의 긴밀한 감정교류가 중시된다.
⑤ 조직 내의 모든 업무는 문서로 처리하는 것이 원칙이다.

08 **다음 중 정책평가에서 인과관계의 타당성을 저해하는 여러 가지 요인에 대한 설명으로 옳지 않은 것은?**

① 성숙효과 : 정책으로 인하여 그 결과가 나타난 것이 아니라 그냥 가만히 두어도 시간이 지나면서 자연스럽게 변화가 일어나는 경우이다.
② 회귀인공요소 : 정책대상의 상태가 정책의 영향력과는 관계없이 자연스럽게 평균값으로 되돌아가는 경향이다.
③ 호손효과 : 정책효과가 나타날 가능성이 높은 집단을 의도적으로 실험집단으로 선정함으로써 정책의 영향력이 실제보다 과대평가되는 경우이다.
④ 혼란변수 : 정책 이외에 제3의 변수도 결과에 영향을 미치는 경우 정책의 영향력을 정확히 평가하기 어렵게 만드는 변수이다.
⑤ 허위변수 : 정책과 결과 사이에 아무런 인과관계가 없으나 마치 정책과 결과 사이에 인과관계가 존재하는 것처럼 착각하게 만드는 변수이다.

09 **다음 중 제도화된 부패의 특징으로 옳지 않은 것은?**

① 부패저항자에 대한 보복
② 비현실적 반부패 행동규범의 대외적 발표
③ 부패행위자에 대한 보호
④ 공식적 행동규범의 준수
⑤ 부패의 타성화

10 다음 중 정책결정 모형에 대한 설명으로 옳지 않은 것은?

① 사이먼(Simon)은 결정자의 인지능력의 한계, 결정상황의 불확실성 및 시간의 제약 때문에 결정은 제한적 합리성의 조건하에 이루어지게 된다고 주장한다.

② 점증모형은 이상적이고 규범적인 합리모형과는 대조적으로 실제의 결정상황에 기초한 현실적이고 기술적인 모형이다.

③ 혼합모형은 점증모형의 단점을 합리모형과의 통합으로 보완하려는 시도이다.

④ 쓰레기통모형에서 가정하는 결정상황은 불확실성과 혼란이 심한 상태로 정상적인 권위구조와 결정규칙이 작동하지 않는 경우이다.

⑤ 합리모형에서 말하는 합리성은 정치적 합리성을 의미한다.

11 다음 중 공공선택론에 대한 설명으로 옳지 않은 것은?

① 정부를 공공재의 생산자로 규정하며, 시민들을 공공재의 소비자로 규정한다.

② 자유시장의 논리를 공공부문에 도입함으로써 시장실패라는 한계를 안고 있다.

③ 시민 개개인의 선호와 선택을 존중하며 경쟁을 통해 서비스를 생산하고 공급함으로써 행정의 대응성이 높아진다.

④ 뷰캐넌(J. Buchanan)이 창시하고 오스트롬(V. Ostrom)이 발전시킨 이론으로 정치학적인 분석 도구를 중시한다.

⑤ 개인의 기득권을 계속 유지하려는 보수적인 접근이라는 비판이 있다.

12 다음 중 신공공관리(NPM; New Public Management)와 뉴거버넌스의 특징에 대한 설명으로 옳지 않은 것은?

① NPM이 정부 내부 관리의 문제를 다루는 반면, 뉴거버넌스는 시장 및 시민사회와의 관계에서 정부의 역할과 기능을 다룬다.

② 뉴거버넌스는 NPM에 비해 자원이나 프로그램 관리의 효율성보다 국가차원에서의 민주적 대응성과 책임성을 강조한다.

③ NPM과 뉴거버넌스는 모두 방향잡기(Steering)역할을 중시하며, NPM에서는 기업을 방향잡기의 중심에, 뉴거버넌스에서는 정부를 방향잡기의 중심에 놓는다.

④ 뉴거버넌스는 정부영역과 민간영역을 상호 배타적이고 경쟁적인 관계로 보지 않는다.

⑤ NPM은 경쟁과 계약을 강조하는 반면, 뉴거버넌스는 네트워크나 파트너십을 강조하고 신뢰를 바탕으로 한 상호존중을 중시한다.

13 다음 중 특수경력직 공무원에 대한 설명으로 옳지 않은 것은?

① 특수경력직 공무원은 경력직 공무원과는 달리 실적주의와 직업공무원제의 획일적 적용을 받지 않는다.

② 특수경력직 공무원도 경력직 공무원과 마찬가지로 국가공무원법에 규정된 보수와 복무규율을 적용받는다.

③ 교육·소방·경찰공무원 및 법관, 검사, 군인 등 특수 분야의 업무를 담당하는 공무원은 특수경력직 중 특정직 공무원에 해당한다.

④ 국회수석 전문위원은 특수경력직 중 별정직 공무원에 해당한다.

⑤ 선거에 의해 취임하는 공무원은 특수경력직 중 정무직 공무원에 해당한다.

14 다음 중 시험이 특정한 직위의 의무와 책임에 직결되는 요소들을 어느 정도 측정할 수 있느냐에 대한 타당성의 개념은?

① 내용타당성

② 구성타당성

③ 개념타당성

④ 예측적 기준타당성

⑤ 동시적 기준타당성

15 다음 중 책임운영기관에 대한 설명으로 옳지 않은 것은?

① 기관의 자율성과 독립성을 보장하는 책임운영기관은 신공공관리론의 성과관리에 바탕을 둔 제도이다.

② 책임운영기관의 총 정원 한도는 대통령령으로 정하고 종류별·계급별 정원은 기본운영규정으로 정한다.

③ 소속책임운영기관은 중앙행정기관의 장 소속하에 소속책임운영기관운영심의회를 두고 행정안전부장관 소속하에 책임운영기관운영위원회를 둔다.

④ 중앙책임운영기관장은 국무총리와 성과계약을 체결하고, 소속책임운영기관장은 소속중앙행정기관의 장과 성과계약을 체결한다.

⑤ 소속책임운영기관장의 채용조건은 소속중앙행정기관의 장이 정한다.

16 다음 중 행정통제에 대한 설명으로 옳지 않은 것은?

① 사전적 통제는 어떤 행동이 통제기준에서 이탈되는 결과를 발생시킬 때까지 기다리지 않고 그러한 결과의 발생을 유발할 수 있는 행동이 나타날 때마다 교정해 나간다.
② 통제주체에 의한 통제 분류의 대표적인 예는 외부적 통제와 내부적 통제이다.
③ 외부적 통제의 대표적인 예는 국회, 법원, 국민 등에 의한 통제이다.
④ 사후적 통제는 목표수행 행동의 결과가 목표 기준에 부합되는가를 평가하여 필요한 시정조치를 취하는 통제이다.
⑤ 부정적 환류통제는 실적이 목표에서 이탈된 것을 발견하고 후속되는 행동이 전철을 밟지 않도록 시정하는 통제이다.

17 지식을 암묵지(Tacit Knowledge)와 형식지(Explicit Knowledge)로 구분할 경우, 〈보기〉에서 암묵지에 해당하는 것을 모두 고르면?

보기

ㄱ. 업무매뉴얼
ㄴ. 조직의 경험
ㄷ. 숙련된 기능
ㄹ. 개인적 노하우(Know-how)
ㅁ. 컴퓨터 프로그램
ㅂ. 정부 보고서

① ㄱ, ㄴ, ㄷ
② ㄴ, ㄷ, ㄹ
③ ㄴ, ㄷ, ㅁ
④ ㄴ, ㄹ, ㅁ
⑤ ㄹ, ㅁ, ㅂ

18 다음 중 행정책임과 행정통제에 대한 설명으로 옳지 않은 것은?

① 행정통제의 중심과제는 궁극적으로 민주주의와 관료제 간의 조화 문제로 귀결된다.
② 행정통제는 설정된 행정목표와 기준에 따라 성과를 측정하는 데 초점을 맞추면 별도의 시정 노력은 요구되지 않는 특징이 있다.
③ 행정책임은 행정관료가 도덕적 · 법률적 규범에 따라 행동해야 하는 국민에 대한 의무이다.
④ 행정통제란 어떤 측면에서는 관료로부터 재량권을 빼앗는 것이다.
⑤ 행정책임은 국가적 차원에서 국민에 대한 국가 역할의 정당성을 확인하는 것이다.

19 다음 〈보기〉 중 행정가치에 대한 설명으로 옳은 것은 모두 몇 개인가?

> 보기
>
> ㄱ. 실체설은 공익을 사익의 총합이라고 파악하며, 사익을 초월한 별도의 공익이란 존재하지 않는다고 본다.
>
> ㄴ. 롤스(Rawls)의 사회정의의 원리에 의하면 정의의 제1원리는 기본적 자유의 평등원리이며, 제2원리는 차등조정의 원리이다. 제2원리 내에서 충돌이 생길 때에는 '차등의 원리'가 '기회균등의 원리'에 우선되어야 한다.
>
> ㄷ. 과정설은 공익을 사익을 초월한 실체적, 규범적, 도덕적 개념으로 파악하며, 공익과 사익과 의 갈등이란 있을 수 없다고 본다.
>
> ㄹ. 베를린(Berlin)은 자유의 의미를 두 가지로 구분하면서, 간섭과 제약이 없는 상태를 적극적 자유라고 하고, 무엇을 할 수 있는 자유를 소극적 자유라고 하였다.

① 없음
② 1개
③ 2개
④ 3개
⑤ 4개

20 다음 중 갈등관리에 대한 설명으로 옳지 않은 것은?

① 갈등해소 방법으로는 문제 해결, 상위 목표의 제시, 자원 증대, 태도 변화 훈련, 완화 등을 들 수 있다.
② 적절한 갈등을 조성하는 방법으로 의사전달 통로의 변경, 정보 전달 억제, 구조적 요인의 개편, 리더십 스타일 변경 등을 들 수 있다.
③ 1940년대 말을 기점으로 하여 1970년대 중반까지 널리 받아들여졌던 행태주의적 견해에 의하면 갈등이란 조직 내에서 필연적으로 발생하는 현상으로 보았다.
④ 마치(March)와 사이먼(Simon)은 개인적 갈등의 원인 및 형태를 비수락성, 비비교성, 불확실성으로 구분했다.
⑤ 유해한 갈등을 해소하기 위해 갈등상황이나 출처를 근본적으로 변동시키지 않고 거기에 적응하도록 하는 전략을 사용하기도 한다.

CHAPTER

02 경영 적중예상문제

정답 및 해설 p.046

01 다음 중 균형성과표(BSC)에 대한 설명으로 옳지 않은 것은?

① 균형성과표에서 균형이란 재무적지표와 비재무적지표, 단기적지표와 장기적지표, 후속지표와 선행지표간의 균형을 의미한다.

② 재무적 관점에서 사업조직별 재무 성과지표 설정 시 사업조직의 전략에 대한 고려가 필수적이다.

③ 고객 관점에서 회사는 재무적 목표에서 수익의 원천이 되는 고객 및 시장을 파악해야 한다.

④ 내부프로세스 관점은 고객 관점을 만족시키기 위하여 경영관리 측면에서 필요한 프로세스 의사결정 및 조직을 통한 지표들로 구성되어 있다.

⑤ 학습과 성장 관점에서는 기존의 관점들과 관련 없이 조직의 현재 역량을 파악하고 필요한 역량을 개발하는 데 집중하여야 한다.

PART 2

02 다음 중 마이클 포터(M. Porter)가 제시한 산업경쟁에 영향을 미치는 요인에 해당되지 않는 것은?

① 제품의 대체가능성
② 진입장벽
③ 구매자의 교섭력
④ 산업 내 경쟁업체들의 경쟁
⑤ 원가구조

03 다음 중 특정 기업이 자사 제품을 경쟁제품과 비교하여 유리하고 독특한 위치를 차지하도록 하는 마케팅 전략은?

① 관계마케팅
② 포지셔닝
③ 표적시장 선정
④ 일대일 마케팅
⑤ 시장세분화

04 **다음 중 경영정보시스템 관련 용어에 대한 설명으로 옳은 것은?**

① 데이터베이스관리시스템 : 비즈니스 수행에 필요한 일상적인 거래를 처리하는 정보시스템이다.
② 전문가시스템 : 일반적인 업무를 지원하는 정보시스템이다.
③ 전사적 자원관리시스템 : 공급자와 공급기업을 연계하여 활용하는 정보시스템이다.
④ 의사결정지원시스템 : 데이터를 저장하고 관리하는 정보시스템이다.
⑤ 중역정보시스템 : 최고경영자층이 전략적인 의사결정을 하도록 도와주는 정보시스템이다.

05 **다음 중 동기부여의 내용이론에 해당하는 것은?**

① 성취동기이론
② 기대이론
③ 공정성이론
④ 목표설정이론
⑤ 인지평가이론

06 **다음 수요예측 기법 중 정성적 기법에 해당되지 않는 것은?**

① 델파이법
② 시계열분석법
③ 전문가패널법
④ 자료유추법
⑤ 패널동의법

07 **다음 중 직무분석에 대한 설명으로 옳지 않은 것은?**

① 직무분석은 직무와 관련된 정보를 수집·정리하는 활동이다.
② 직무분석을 통해 얻어진 정보는 전반적인 인적자원관리 활동의 기초자료로 활용된다.
③ 직무분석을 통해 직무기술서와 직무명세서가 작성된다.
④ 직무기술서는 직무를 수행하는 데 필요한 인적요건을 중심으로 작성된다.
⑤ 직무평가는 직무분석을 기초로 이루어진다.

08 **다음 중 자본예산기법과 포트폴리오에 대한 설명으로 옳지 않은 것은?**

① 포트폴리오의 분산은 각 구성주식의 분산을 투자비율로 가중평균하여 산출한다.
② 비체계적 위험은 분산투자를 통해 제거할 수 있는 위험이다.
③ 단일 투자안의 경우 순현가법과 내부수익률법의 경제성 평가 결과는 동일하다.
④ 포트폴리오 기대수익률은 각 구성주식의 기대수익률을 투자비율로 가중평균하여 산출한다.
⑤ 두 투자안 중 하나의 투자안을 선택해야 하는 경우 순현가법과 내부수익률법의 선택 결과가 다를 수 있다.

09 **다음 중 슘페터가 주장한 기업가 정신의 핵심요소가 아닌 것은?**

① 비전의 제시와 실현욕구
② 창의성과 혁신
③ 성취동기
④ 인적 네트워크 구축
⑤ 도전정신

10 **다음 중 BCG 매트릭스에 대한 설명으로 옳은 것은?**

① 횡축은 시장성장률, 종축은 상대적 시장점유율이다.
② 물음표 영역은 시장성장률이 높고, 상대적 시장점유율은 낮아 계속적인 투자가 필요하다.
③ 별 영역은 시장성장률이 낮고, 상대적 시장점유율은 높아 현상유지를 해야 한다.
④ 자금젖소 영역은 현금창출이 많지만, 상대적 시장점유율이 낮아 많은 투자가 필요하다.
⑤ 개 영역은 시장지배적인 위치를 구축하여 성숙기에 접어든 경우이다.

11 다음 중 투자안 분석기법으로서의 순현가(NPV)법에 대한 설명으로 옳은 것은?

① 순현가는 투자의 결과 발생하는 현금유입의 현재가치에서 현금유입의 미래가치를 차감한 것이다.
② 순현가법은 모든 개별 투자안들간의 상호관계를 고려한다.
③ 순현가법에서는 투자안의 내용연수 동안 발생할 미래의 모든 현금흐름을 반영한다.
④ 순현가법에서는 현금흐름을 최대한 큰 할인율로 할인한다.
⑤ 순현가법에서는 투자의 결과 발생하는 현금유입이 투자안의 내부수익률로 재투자 될 수 있다고 가정한다.

12 다음 중 단위당 소요되는 표준작업시간과 실제작업시간을 비교하여, 절약된 작업시간에 대한 생산성 이득을 노사가 각각 50 : 50의 비율로 배분하는 임금제도는?

① 임프로쉐어 플랜
② 스캔런 플랜
③ 메리크식 복률성과급
④ 테일러식 차별성과급
⑤ 러커 플랜

13 다음 중 다각화 전략의 장점으로 옳지 않은 것은?

① 새로운 성장동력을 찾아 기업 자체의 성장성을 잃지 않을 수 있다.
② 개별 사업부문들의 경기순환에 의한 리스크를 줄일 수 있다.
③ 범위의 경제성 또는 시너지 효과는 실질적으로 기업의 이익을 증대시킬 수 있다.
④ 복합기업들이 여러 시장에 참여하고 있기 때문에 어떤 한 사업분야에서 가격경쟁이 치열하다면, 다른 사업분야에서 나오는 수익으로 가격경쟁을 가져갈 수 있다.
⑤ 글로벌경쟁이 심화될수록 경쟁력이 높아질 수 있다.

14 다음 중 델파이 기법에 대한 설명으로 옳지 않은 것은?

① 전문가들을 두 그룹으로 나누어 진행한다.
② 많은 전문가들의 의견을 취합하여 재조정 과정을 거친다.
③ 의사결정 및 의견개진 과정에서 타인의 압력이 배제된다.
④ 전문가들을 공식적으로 소집하여 한 장소에 모이게 할 필요가 없다.
⑤ 미래의 불확실성에 대한 의사결정 및 중장기예측에 좋은 방법이다.

PART 2

15 다음 중 마이클 포터가 제시한 경쟁우위전략에 대한 설명으로 옳지 않은 것은?

① 원가우위전략은 경쟁기업보다 낮은 비용에 생산하여 저렴하게 판매하는 것을 의미한다.
② 차별화전략은 경쟁사들이 모방하기 힘든 독특한 제품을 판매하는 것을 의미한다.
③ 집중화전략은 원가우위에 토대를 두거나 차별화우위에 토대를 둘 수 있다.
④ 원가우위전략과 차별화전략은 일반적으로 대기업에서 많이 수행된다.
⑤ 마이클 포터는 기업이 성공하기 위해서는 한 제품을 통하여 원가우위전략과 차별화전략 두 가지 전략을 동시에 추구해야 한다고 보았다.

16 다음 〈보기〉 중 리더십이론에 대한 설명으로 옳은 것을 모두 고르면?

보기

ㄱ. 변혁적 리더십을 발휘하는 리더는 부하에게 이상적인 방향을 제시하고 임파워먼트(Empowerment)를 실시한다.
ㄴ. 거래적 리더십을 발휘하는 리더는 비전을 통해 단결, 비전의 전달과 신뢰의 확보를 강조한다.
ㄷ. 카리스마 리더십을 발휘하는 리더는 부하에게 높은 자신감을 보이며 매력적인 비전을 제시하지만 위압적이고 충성심을 요구하는 측면이 있다.
ㄹ. 슈퍼리더십을 발휘하는 리더는 부하를 강력하게 지도하고 통제하는 데 역점을 둔다.

① ㄱ, ㄷ
② ㄱ, ㄹ
③ ㄴ, ㄷ
④ ㄴ, ㄹ
⑤ ㄷ, ㄹ

17 다음 중 신제품을 가장 먼저 받아들이는 그룹에 이어 두 번째로 신제품의 정보를 수집하여 신중하게 수용하는 그룹은?

① 조기 수용자(Early Adopters)
② 혁신자(Innovators)
③ 조기 다수자(Early Majority)
④ 최후 수용자(Laggards)
⑤ 후기 다수자(Late Majority)

18 다음 〈보기〉 중 자본시장선(CML)에 대한 설명으로 옳은 것을 모두 고르면?

> **보기**
> ㄱ. 위험자산과 무위험자산을 둘 다 고려할 경우의 효율적 투자 기회선이다.
> ㄴ. 자본시장선 아래에 위치하는 주식은 주가가 과소평가된 주식이다.
> ㄷ. 개별주식의 기대수익률과 체계적 위험간의 선형관계를 나타낸다.
> ㄹ. 효율적 포트폴리오의 균형가격을 산출하는 데 필요한 할인율을 제공한다.

① ㄱ
② ㄱ, ㄴ
③ ㄱ, ㄹ
④ ㄷ, ㄹ
⑤ ㄴ, ㄷ, ㄹ

19 다음 중 한 사람의 업무담당자가 기능부문과 제품부문의 관리자로부터 동시에 통제를 받도록 이중권한 구조를 형성하는 조직구조는?

① 기능별 조직
② 사업부제 조직
③ 매트릭스 조직
④ 프로젝트 조직
⑤ 팀제 조직

20 다음 중 경영통제의 과정을 바르게 나열한 것은?

① 표준의 설정 → 편차의 수정 → 실제성과의 측정
② 표준의 설정 → 실제성과의 측정 → 편차의 수정
③ 실제성과의 측정 → 편차의 수정 → 표준의 설정
④ 실제성과의 측정 → 표준의 설정 → 편차의 수정
⑤ 편차의 수정 → 실제성과의 측정 → 표준의 설정

CHAPTER

03 경제 적중예상문제

정답 및 해설 p.051

01 다음 중 통화승수에 대한 설명으로 옳지 않은 것은?

① 통화승수는 법정지급준비율을 낮추면 커진다.
② 통화승수는 이자율 상승으로 요구불예금이 증가하면 작아진다.
③ 통화승수는 대출을 받은 개인과 기업들이 더 많은 현금을 보유할수록 작아진다.
④ 통화승수는 은행들이 지급준비금을 더 많이 보유할수록 작아진다.
⑤ 화폐공급에 내생성이 없다면 화폐공급곡선은 수직선의 모양을 갖는다.

02 다음 중 물가지수에 대한 설명으로 옳지 않은 것은?

① 소비자물가지수는 소비재를 기준으로 측정하고, 생산자물가지수는 원자재 혹은 자본재 등을 기준으로 측정하기 때문에 두 물가지수는 일치하지 않을 수 있다.
② 소비자물가지수는 상품가격 변화에 대한 소비자의 반응을 고려하지 않는다.
③ GDP 디플레이터는 국내에서 생산된 상품만을 조사 대상으로 하기 때문에 수입상품의 가격동향을 반영하지 못한다.
④ 물가수준 그 자체가 높다는 것과 물가상승률이 높다는 것은 다른 의미를 가진다.
⑤ 물가지수를 구할 때 모든 상품의 가중치를 동일하게 반영한다.

03 다음 중 인플레이션에 대한 설명으로 옳은 것은?

① 피셔가설은 '(명목이자율)=(실질이자율)+(물가상승률)'이라는 명제로, 예상된 인플레이션이 금융거래에 미리 반영됨을 의미한다.
② 새케인스학파에 의하면 예상된 인플레이션의 경우에는 어떤 형태의 사회적 비용도 발생하지 않는다.
③ 실제 물가상승률이 예상된 물가상승률보다 더 큰 경우, 채권자는 이득을 보고 채무자는 손해를 본다.
④ 실제 물가상승률이 예상된 물가상승률보다 더 큰 경우, 고정된 명목임금을 받는 노동자와 기업 사이의 관계에서 노동자는 이득을 보고 기업은 손해를 보게 된다.
⑤ 예상하지 못한 인플레이션 발생의 불확실성이 커지면 장기계약이 활성화되고 단기계약이 위축된다.

04 다음 중 소득분배를 측정하는 방식에 대한 설명으로 옳지 않은 것은?

① 지니계수 값이 커질수록 더 불균등한 소득분배를 나타낸다.
② 십분위분배율 값이 커질수록 더 균등한 소득분배를 나타낸다.
③ 모든 구성원의 소득이 동일하다면 로렌츠 곡선은 대각선이다.
④ 동일한 지니계수 값을 갖는 두 로렌츠 곡선은 교차할 수 없다.
⑤ 전체 구성원의 소득기준 하위 10% 계층이 전체 소득의 10%를 벌면 로렌츠 곡선은 대각선이다.

05 다음 〈보기〉 중 노동시장에 대한 설명으로 옳은 것을 모두 고르면?

보기

ㄱ. 완전경쟁 노동시장이 수요 독점화되면 고용은 줄어든다.
ㄴ. 단기 노동수요곡선은 장기 노동수요곡선보다 임금의 변화에 비탄력적이다.
ㄷ. 채용비용이 존재할 때 숙련 노동수요곡선은 미숙련 노동수요곡선보다 임금의 변화에 더 탄력적이다.

① ㄱ　　② ㄷ
③ ㄱ, ㄴ　　④ ㄴ, ㄷ
⑤ ㄱ, ㄴ, ㄷ

06 다음 〈보기〉 중 총수요곡선을 우측으로 이동시키는 요인으로 옳은 것을 모두 고르면?

보기

ㄱ. 주택담보대출의 이자율 인하
ㄴ. 종합소득세율 인상
ㄷ. 기업에 대한 투자세액공제 확대
ㄹ. 물가수준 하락으로 가계의 실질자산가치 증대
ㅁ. 해외경기 호조로 순수출 증대

① ㄱ, ㄴ, ㄹ　　② ㄱ, ㄷ, ㅁ
③ ㄱ, ㄹ, ㅁ　　④ ㄴ, ㄷ, ㄹ
⑤ ㄴ, ㄷ, ㅁ

07 **다음 중 고전학파의 이자율에 대한 설명으로 옳은 것은?**

① 피셔효과로 인해 화폐의 중립성이 성립된다.
② IS – LM곡선에 의해 균형이자율이 결정된다.
③ 유동성선호가 이자율 결정에 중요한 역할을 한다.
④ 화폐부문과 실물부문의 연결고리 역할을 한다.
⑤ 화폐시장에서 화폐에 대한 수요와 화폐의 공급에 의해 결정된다.

08 **다음 중 케인스 소비함수에 대한 설명으로 옳지 않은 것은?**

① 한계소비성향은 0보다 크고 1보다 작다.
② 소비는 현재 소득의 함수이다.
③ 소득이 없어도 기본적인 소비는 있다.
④ 소득이 증가할수록 평균소비성향은 증가한다.
⑤ 소득과 소비의 장기적 관계를 설명할 수 없다.

09 **제품 A만 생산하는 독점기업의 생산비는 생산량에 관계없이 1단위당 60원이고, 제품 A에 대한 시장 수요곡선은 $P=100-2Q$이다. 다음 중 이 독점기업의 이윤극대화 가격(P)과 생산량(Q)은?**

	P	Q		P	Q
①	40원	30개	②	50원	25개
③	60원	20개	④	70원	15개
⑤	80원	10개			

10 다음 중 여러 형태의 시장 또는 기업에 대한 설명으로 옳지 않은 것은?

① 독점기업이 직면한 수요곡선은 시장수요곡선 그 자체이다.
② 독점시장의 균형에서 가격과 한계수입의 차이가 클수록 독점도는 커진다.
③ 독점적 경쟁시장에서 제품의 차별화가 클수록 수요의 가격탄력성이 커진다.
④ 모든 기업의 이윤극대화 필요조건은 한계수입과 한계비용이 같아지는 것이다.
⑤ 독점기업은 수요의 가격탄력성이 서로 다른 두 소비자 집단이 있을 때 가격차별로 이윤극대화를 꾀할 수 있다.

11 다음은 후생경제학에 대한 내용이다. 빈칸에 들어갈 용어를 바르게 나열한 것은?

- __㉮__ 이론에 따르면 일부의 파레토효율성 조건이 추가로 충족된다고 해서 사회후생이 증가한다는 보장은 없다.
- 파레토효율성을 통해 __㉯__ 을 평가하고, 사회후생함수(사회무차별곡선)를 통해 __㉰__ 을 평가한다.
- 후생경제학 제1정리에 따르면 모든 경제주체가 합리적이고 시장실패 요인이 없으면 __㉱__ 에서 자원배분은 파레토효율적이다.

① ㉮ : 차선, ㉯ : 효율성, ㉰ : 공평성, ㉱ : 완전경쟁시장
② ㉮ : 코즈, ㉯ : 효율성, ㉰ : 공평성, ㉱ : 완전경쟁시장
③ ㉮ : 차선, ㉯ : 효율성, ㉰ : 공평성, ㉱ : 독점적경쟁시장
④ ㉮ : 코즈, ㉯ : 공평성, ㉰ : 효율성, ㉱ : 독점적경쟁시장
⑤ ㉮ : 차선, ㉯ : 공평성, ㉰ : 효율성, ㉱ : 완전경쟁시장

12 다음 〈보기〉 중 최고가격제에 대한 설명으로 옳은 것을 모두 고르면?

보기

ㄱ. 암시장을 출현시킬 가능성이 있다.
ㄴ. 초과수요를 야기한다.
ㄷ. 사회적 후생을 증대시킨다.
ㄹ. 최고가격은 시장의 균형가격보다 높은 수준에서 설정되어야 한다.

① ㄱ, ㄴ
② ㄱ, ㄷ
③ ㄱ, ㄹ
④ ㄴ, ㄷ
⑤ ㄷ, ㄹ

13 최근 들어 우리나라에서 자동차 부품 생산이 활발하게 이루어지고 있다. 동일한 자동차 부품을 생산하는 5개 기업의 노동투입량과 자동차 부품 생산량 간의 관계가 다음과 같을 때, 평균노동생산성이 가장 낮은 기업은?

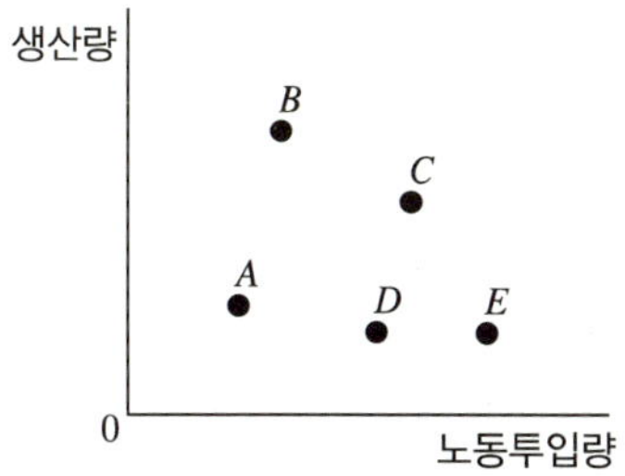

① A
② B
③ C
④ D
⑤ E

14 다음 중 빈칸에 들어갈 내용이 바르게 연결된 것은?

여가가 정상재인 상황에서 임금이 상승할 경우 __ㄱ__ 효과보다 __ㄴ__ 효과가 더 크다면 노동공급은 임금상승에도 불구하고 감소하게 된다. 만약 __ㄷ__ 의 기회비용 상승에 반응하여 __ㄷ__ 의 총사용량을 줄인다면, 노동공급곡선은 정(+)의 기울기를 가지게 된다.

	ㄱ	ㄴ	ㄷ
①	대체	소득	여가
②	대체	소득	노동
③	소득	대체	여가
④	소득	대체	노동
⑤	가격	소득	여가

15 다음 〈보기〉 중 소득분배에 대한 설명으로 옳은 것을 모두 고르면?

보기

가. 생산물시장 및 생산요소시장이 완전경쟁일 때, 기업이 고용하는 노동의 한계생산력 가치는 임금과 일치한다.
나. 생산요소가 노동과 자본뿐이라고 할 때, 요소의 대체탄력도가 1보다 작다면 노동의 상대가격상승은 자본의 분배비율을 크게 만든다.
다. 10분위분배율의 크기가 크면 클수록, 또는 지니계수의 크기가 작을수록 소득은 더욱 균등하게 분배되었다고 본다.
라. 간접세 비중이 높아지면 지니계수가 낮아진다.

① 가, 나
② 가, 다
③ 가, 라
④ 나, 다
⑤ 나, 라

16 기업 A가 생산하는 재화에 투입하는 노동의 양을 L이라 하면, 노동의 한계생산은 $27-5L$이다. 이 재화의 가격이 20이고 임금이 40이라면, 이윤을 극대로 하는 기업 A의 노동수요량은?

① 1
② 2
③ 3
④ 4
⑤ 5

17 다음 중 과점시장의 굴절수요곡선 이론에 대한 설명으로 옳지 않은 것은?

① 한계수입곡선에는 불연속한 부분이 있다.
② 굴절수요곡선은 원점에 대해 볼록한 모양을 갖는다.
③ 한 기업이 가격을 내리면 나머지 기업들도 같이 내리려 한다.
④ 한 기업이 가격을 올리더라도 나머지 기업들은 따라서 올리려 하지 않는다.
⑤ 기업은 한계비용이 일정 범위 내에서 변해도 가격과 수량을 쉽게 바꾸려 하지 않는다.

18 **다음 중 수요의 가격탄력성이 0이면서 공급곡선은 우상향하고 있는 재화에 대해 조세가 부과될 경우, 조세부담의 귀착에 대한 설명으로 옳은 것은?**

① 조세부담은 모두 소비자에게 귀착된다.
② 조세부담은 모두 판매자에게 귀착된다.
③ 조세부담은 양측에 귀착되지만 소비자에게 더 귀착된다.
④ 조세부담은 양측에 귀착되지만 판매자에게 더 귀착된다.
⑤ 조세부담은 소비자와 판매자에게 똑같이 귀착된다.

PART 2

19 **다음 〈보기〉 중 여러 가지 비용곡선에 대한 설명으로 옳은 것을 모두 고르면?**

보기

ㄱ. 평균비용곡선은 평균가변비용곡선의 위에 위치한다.
ㄴ. 평균비용곡선이 상승할 때 한계비용곡선은 평균비용곡선 아래에 있다.
ㄷ. 평균고정비용곡선은 우하향한다.
ㄹ. 총가변비용곡선의 기울기와 총비용곡선의 기울기는 다르다.
ㅁ. 평균비용은 평균고정비용에 평균가변비용을 더한 값이다.

① ㄱ, ㄴ, ㄷ
② ㄱ, ㄷ, ㅁ
③ ㄱ, ㄹ, ㅁ
④ ㄴ, ㄷ, ㄹ
⑤ ㄴ, ㄹ, ㅁ

20 **A국의 2023년 명목 GDP는 100억 원이었고, 2024년 명목 GDP는 150억 원이었다. 기준년도인 2023년 GDP 디플레이터가 100이고, 2024년 GDP 디플레이터는 120인 경우, 2024년의 전년 대비 실질 GDP 증가율은?**

① 10%
② 15%
③ 20%
④ 25%
⑤ 30%

CHAPTER

04 토목 적중예상문제

정답 및 해설 p.055

01 다음 중 구조해석의 기본 원리인 겹침의 원리(Principal of Superposition)에 대한 설명으로 옳지 않은 것은?

① 탄성한도 이하의 외력이 작용할 때 성립한다.

② 외력과 변형이 비선형관계에 있을 때 성립한다.

③ 여러 종류의 하중이 실린 경우에 이 원리를 이용하면 편리하다.

④ 부정정 구조물에서도 성립한다.

⑤ 작용하는 하중에 의해 구조물의 변형이 많아서는 안 된다.

02 단면이 원형인 보에 휨모멘트 M이 작용할 때, 이 보에 작용하는 최대 휨응력은?(단, 원형의 반지름은 r이다)

① $\frac{2M}{\pi r^3}$

② $\frac{4M}{\pi r^3}$

③ $\frac{8M}{\pi r^3}$

④ $\frac{16M}{\pi r^3}$

⑤ $\frac{32M}{\pi r^3}$

03 다음 중 서로 다른 크기의 철근을 압축부에서 겹침이음하는 경우의 이음길이에 대한 설명으로 옳은 것은?

① 이음길이는 크기가 큰 철근의 정착길이와 크기가 작은 철근의 겹침이음길이 중 큰 값 이상이어야 한다.

② 이음길이는 크기가 작은 철근의 정착길이와 크기가 큰 철근의 겹침이음길이 중 작은 값 이상이어야 한다.

③ 이음길이는 크기가 작은 철근의 정착길이와 크기가 큰 겹침이음길이의 평균값 이상이어야 한다.

④ 이음길이는 크기가 큰 철근의 정착길이와 크기가 작은 철근의 겹침이음길이를 합한 값 이상이어야 한다.

⑤ 이음길이는 크기가 큰 철근의 정착길이와 크기가 작은 철근의 겹침이음길의 평균값 이상이어야 한다.

04 폭이 20cm, 높이가 30cm인 직사각형 단면의 단순보에서 최대 휨모멘트가 2t · m일 때 처짐곡선의 곡률반지름의 크기는?(단, $E = 100,000 kg_f/cm^2$ 이다)

① 4,500m
② 450m
③ 2,250m
④ 225m
⑤ 22.5m

PART 2

05 무게 1kg의 물체를 다음 그림과 같이 두 끈으로 늘어뜨렸을 때, 한 끈이 받는 힘의 크기 순서대로 바르게 나열한 것은?

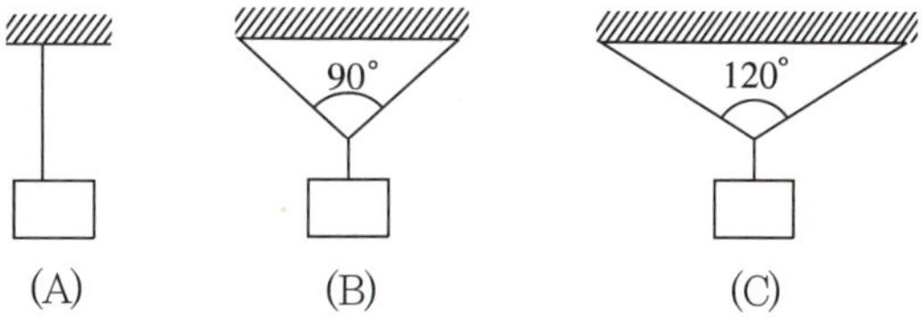

① (A) > (B) > (C)
② (A) > (C) > (B)
③ (B) > (A) > (C)
④ (C) > (A) > (B)
⑤ (C) > (B) > (A)

06 한 변의 길이가 10m인 정사각형 토지를 축척 1 : 600인 도상에서 관측한 결과 도상의 변 관측 오차가 0.2mm씩 발생하였다면, 실제 면적에 대한 오차 비율은?

① 1.2%
② 2.4%
③ 4.8%
④ 6.0%
⑤ 7.2%

07 다음 중 다각측량의 순서로 옳은 것은?

① 계획 – 답사 – 선점 – 조표 – 관측
② 계획 – 선점 – 답사 – 조표 – 관측
③ 계획 – 선점 – 답사 – 관측 – 조표
④ 계획 – 답사 – 선점 – 관측 – 조표
⑤ 계획 – 관측 – 답사 – 선점 – 조표

08 다음 그림에서 y축에 대한 단면 2차 모멘트의 값은?

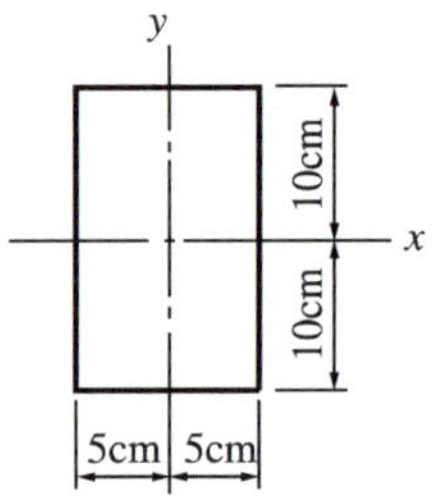

① 약 $6,333\text{cm}^4$
② 약 $4,666\text{cm}^4$
③ 약 $1,667\text{cm}^4$
④ 약 $1,416\text{cm}^4$
⑤ 약 432cm^4

09 양단힌지로 된 장주의 좌굴하중이 $P_b=10\text{t}$일 때, 조건이 같은 양단고정인 장주의 좌굴하중은?

① 5t
② 10t
③ 20t
④ 30t
⑤ 40t

10 **다음 중 철근콘크리트가 성립하는 이유에 대한 설명으로 옳지 않은 것은?**

① 철근과 콘크리트와의 부착력이 크다.
② 콘크리트 속에 묻힌 철근은 녹슬지 않고, 내구성을 갖는다.
③ 철근과 콘크리트의 무게가 거의 같고, 내구성이 같다.
④ 철근과 콘크리트는 열에 대한 팽창계수가 거의 같다.
⑤ 철근은 인장에 강하고, 콘크리트는 압축에 강하다.

PART 2

11 **프리스트레스의 손실을 초래하는 원인 중 프리텐션 방식보다 포스트텐션 방식에서 크게 나타나는 것은?**

① 콘크리트의 탄성수축
② 강재와 시스의 마찰
③ 콘크리트의 크리프
④ 콘크리트의 건조수축
⑤ 콘크리트의 수화반응

12 **다음 중 지하수의 투수계수에 대한 설명으로 옳지 않은 것은?**

① 같은 종류의 토사라 할지라도 그 간극률에 따라 변한다.
② 흙입자의 구성, 지하수의 점성계수에 따라 변한다.
③ 지하수의 유량을 결정하는 데 사용된다.
④ 지역 특성에 따른 무차원 상수이다.
⑤ 포화도가 높다면 투수계수 또한 높다.

13 직사각형 보에서 계수 전단력 $V_u = 70\text{kN}$을 전단철근 없이 지지하고자 할 경우 필요한 최소 유효깊이 d는 약 얼마인가?(단, $b = 400\text{mm}$, $f_{ck} = 21\text{MPa}$, $f_y = 350\text{MPa}$이다)

① 426mm
② 556mm
③ 611mm
④ 751mm
⑤ 773mm

14 다음 중 지름이 d인 원형 단면의 회전반경은?

① $\dfrac{d}{4}$
② $\dfrac{d}{3}$
③ $\dfrac{d}{2}$
④ $\dfrac{d}{8}$
⑤ $\dfrac{d}{6}$

15 다음 그림과 같은 직사각형 단면의 소성 단면계수(Plastic Section Modulus)는?

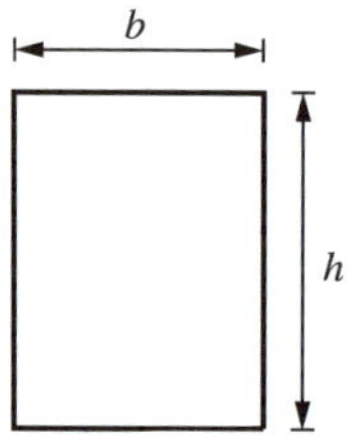

① $\dfrac{bh^2}{6}$
② $\dfrac{bh^2}{5}$
③ $\dfrac{bh^2}{4}$
④ $\dfrac{bh^2}{3}$
⑤ $\dfrac{bh^2}{2}$

16 다음 하수의 처리방법 중 생물막법에 해당되는 것은?

① 산화구법
② 심층포기법
③ 회전원판법
④ 활성슬러지법
⑤ 수정식 폭기법

PART 2

17 다음 중 완속여과지와 비교한 급속여과지에 대한 설명으로 옳지 않은 것은?

① 유입수가 고탁도인 경우에 적합하다.
② 세균처리에 있어 확실성이 적다.
③ 유지관리비가 적게 들고, 특별한 관리기술이 필요하지 않다.
④ 대규모 처리에 적합하다.
⑤ 협소한 장소에 시공 가능하며, 건설비가 적다.

18 샘플러(Sampler)의 외경이 6cm, 내경이 5.5cm일 때, 면적비 A_r은?(단, 소수점 둘째 자리에서 버림한다)

① 8.3%
② 9%
③ 16%
④ 19%
⑤ 21%

19 **다음 중 흙의 다짐에 대한 설명으로 옳지 않은 것은?**

① 조립토는 세립토보다 최대 건조단위중량이 커진다.
② 습윤측 다짐을 하면 흙의 구조가 면모구조가 된다.
③ 최적함수비로 다질 때, 최대 건조단위중량이 된다.
④ 동일한 다짐 에너지에 대해서는 건조측이 습윤측보다 더 큰 강도를 보인다.
⑤ 낮은 압력에서는 습윤쪽으로, 높은 압력에서는 건조쪽으로 다지는 흙의 압축성이 커진다.

20 **다음 〈조건〉의 경량콘크리트를 사용할 때 경량 콘크리트계수(λ)로 옳은 것은?**

조건

- 콘크리트 설계기준 압축강도(f_{ck}) : 24MPa
- 콘크리트 인장강도(f_{sp}) : 2.17MPa

① 0.72
② 0.75
③ 0.79
④ 0.85
⑤ 0.92

CHAPTER

05 건축 적중예상문제

정답 및 해설 p.058

01 다음 중 공장 건축의 레이아웃 계획에 대한 설명으로 옳지 않은 것은?

① 플랜트 레이아웃은 공장건축의 기본설계와 병행하여 이루어진다.
② 고정식 레이아웃은 조선소와 같이 제품이 크고 수량이 적을 경우에 적용된다.
③ 다품종 소량생산이나 주문생산 위주의 공장에는 공정 중심의 레이아웃이 적합하다.
④ 레이아웃 계획은 작업장 내의 기계설비 배치에 대한 것으로 공장 규모 변화에 따른 융통성은 고려대상이 아니다.
⑤ 제품 중심의 레이아웃은 대량생산에 유리하며 생산성이 높다.

02 다음 중 쇼핑센터의 몰(Mall)의 계획에 대한 설명으로 옳지 않은 것은?

① 전문점들과 중심상점의 주출입구는 몰에 면하도록 한다.
② 몰에는 자연광을 끌어들여 외부공간과 같은 성격을 갖게 하는 것이 좋다.
③ 다층으로 계획할 경우, 시야의 개방감을 적극적으로 고려하는 것이 좋다.
④ 중심상점들 사이의 몰의 길이는 150m를 초과하지 않아야 하며, 길이 40 ~ 50m마다 변화를 주는 것이 바람직하다.
⑤ 각종 연회, 이벤트 행사 등을 유치하기 위해 코트를 설치하기도 한다.

03 다음 중 건축공사비에 대한 설명으로 옳지 않은 것은?

① 공사비는 직접공사비와 간접공사비로 구성된다.
② 직접공사비의 구성은 인건비, 자재비, 장비사용료 등이 해당된다.
③ 공사속도를 빠르게 할수록 간접공사비는 감소한다.
④ 공사속도가 느릴수록 직접공사비는 증가한다.
⑤ 직접공사비의 원가는 자재비, 노무비, 외주비, 경비가 해당된다.

04 다음 중 흙의 휴식각에 대한 터파기 경사각도로 옳은 것은?

① 휴식각의 $\frac{1}{2}$로 한다.
② 휴식각과 같게 한다.
③ 휴식각의 2배로 한다.
④ 휴식각의 3배로 한다.
⑤ 휴식각의 4배로 한다.

05 다음은 사질지반과 점토지반을 비교한 내용이다. 빈칸 ㉠~㉣에 들어갈 말이 바르게 짝지어진 것은?

구분	사질지반	점토지반
압밀속도	빠르다	느리다
압밀침하량	작다	크다
투수계수·투수성	㉠	㉡
함수율	작다	크다
가소성	작다	크다
내부마찰각	크다	작다
불교란시료의 채집	㉢	㉣
파낸 후 부피변화	상대적으로 작다	상대적으로 크다

	㉠	㉡	㉢	㉣
①	크다	작다	불리	용이
②	크다	작다	용이	불리
③	작다	크다	용이	불리
④	작다	크다	불리	용이
⑤	동일	동일	용이	불리

06 다음 그림과 같은 단순보에서 반력 R_A의 값은?

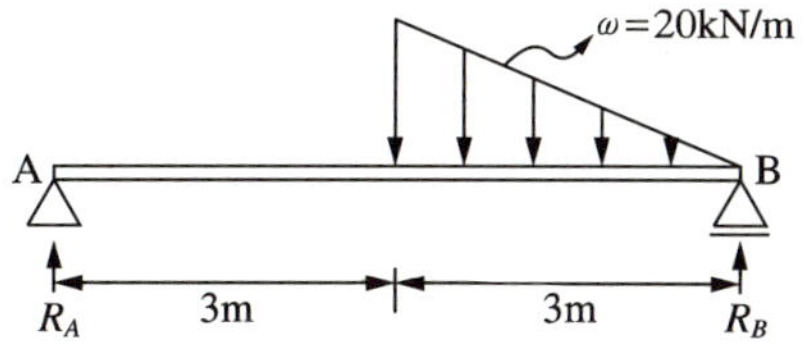

① 5kN ② 10kN
③ 20kN ④ 25kN
⑤ 30kN

07 다음 중 트러스 해법의 기본 가정으로 옳지 않은 것은?

① 절점을 연결하는 직선은 부재축과 일치한다.
② 외력은 모두 절점에 작용하는 것으로 한다.
③ 부재를 연결하는 절점은 강절점으로 간주한다.
④ 외력은 모두 트러스를 포함한 평면 안에 있는 것으로 한다.
⑤ 모든 부재는 직선재이며, 부재의 자중 및 변형은 무시한다.

08 다음 그림과 같은 부정정 구조물의 A단 수직반력은?

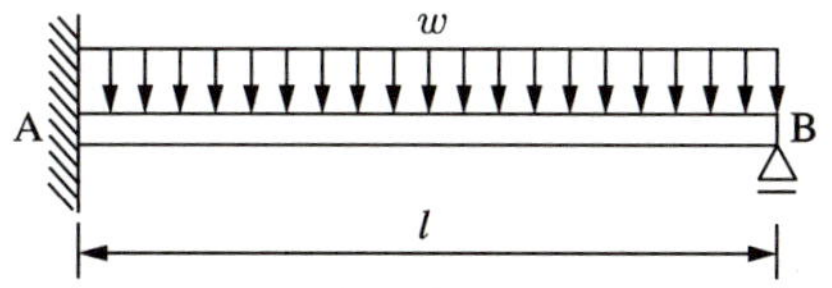

① $\frac{5wL}{8}$ ② $\frac{4wL}{2}$
③ $\frac{3wL}{8}$ ④ $\frac{2wL}{3}$
⑤ $\frac{wL}{2}$

09 **콘크리트구조물의 설계법 중 강도설계법의 특징으로 옳지 않은 것은?**

① 구조물의 파괴에 대한 안전도의 확보가 확실하다.
② 서로 다른 하중의 특성을 설계에 반영할 수 있다.
③ 서로 다른 재료의 특성을 설계에 반영시키기 어렵다.
④ 처짐 및 균열에 대한 사용성 확보 검토가 불필요하다.
⑤ 콘크리트의 소성범위를 계산에 반영한다.

10 **다음 중 고가수조 급수방식의 물 공급순서로 옳은 것은?**

① 상수도 → 저수조 → 펌프 → 고가수조 → 위생기구
② 상수도 → 고가수조 → 펌프 → 저수조 → 위생기구
③ 상수도 → 고가수조 → 저수조 → 펌프 → 위생기구
④ 상수도 → 저수조 → 고가수조 → 펌프 → 위생기구
⑤ 상수도 → 펌프 → 고가수조 → 저수조 → 위생기구

11 **다음 중 배관재료에 대한 설명으로 옳지 않은 것은?**

① 주철관은 강관에 비해 내식성이 우수하다.
② 강관의 접합에는 납땜접합이 가장 많이 이용된다.
③ 동관은 관의 두께에 따라 K, L, M 타입으로 구분된다.
④ 합성수지관은 온도 변화에 따른 신축에 유의하여야 한다.
⑤ 동관은 전기 및 열전도율이 좋고 전성·연성이 풍부하며 가공도 용이하다.

12 다음 중 트랩(Trap)의 유효봉수 깊이로 옳은 것은?

① 30 ~ 50mm
② 50 ~ 100mm
③ 100 ~ 150mm
④ 150 ~ 200mm
⑤ 200 ~ 250mm

13 길이가 20m, 지름이 400mm인 덕트에 평균속도 12m/s로 공기가 흐를 때 발생하는 마찰저항은? (단, 덕트의 마찰저항계수는 0.02, 공기의 밀도는 1.2kg/m^3이다)

① 7.3Pa
② 8.6Pa
③ 73.2Pa
④ 86.4Pa
⑤ 92.3Pa

14 다음 〈조건〉의 특징을 갖는 부엌의 평면형은?

조건
• 작업 시 몸을 앞뒤로 바꾸어야 하는 불편이 있다. • 식당과 부엌이 개방되지 않고 외부로 통하는 출입구가 필요한 경우에 많이 쓰인다.

① 일렬형
② ㄱ자형
③ 병렬형
④ ㄷ자형
⑤ LDK형

15 **다음 중 학교의 강당계획에 대한 설명으로 옳지 않은 것은?**

① 체육관의 크기는 배구코트의 크기를 표준으로 한다.
② 강당은 반드시 전교생을 수용할 수 있도록 크기를 결정하지는 않는다.
③ 강당 및 체육관으로 겸용하게 될 경우 체육관 목적으로 치중하는 것이 좋다.
④ 강당 겸 체육관은 커뮤니티의 시설로서 이용될 수 있도록 고려하여야 한다.
⑤ 초등학교, 중학교, 고등학교별로 강당 소요면적을 다르게 한다.

16 **다음 중 아스팔트 방수층, 개량아스팔트 시트 방수층, 합성고분자계 시트 방수층 및 도막 방수층 등 불투수성 피막을 형성하여 방수하는 공사는?**

① 실링방수
② 멤브레인방수
③ 구체침투방수
④ 벤토나이트방수
⑤ 시멘트액체방수

17 **다음 중 건축마감공사로서 단열공사에 대한 설명으로 옳지 않은 것은?**

① 단열시공바탕은 단열재 또는 방습재 설치에 못, 철선, 모르타르 등의 돌출물이 도움이 되므로 제거하지 않아도 된다.
② 설치위치에 따른 단열공법 중 내단열공법은 단열성능이 적고 내부 결로가 발생할 우려가 있다.
③ 단열재를 접착제로 바탕에 붙이고자 할 때에는 바탕면을 평탄하게 한 후 밀착하여 시공하되 초기 박리를 방지하기 위해 압착상태를 유지시킨다.
④ 단열재료에 따른 공법은 성형판단열재 공법, 현장발포재 공법, 뿜칠단열재 공법 등으로 분류할 수 있다.
⑤ 시공부위에 따른 공법은 벽단열, 바닥단열, 지붕단열 공법 등으로 분류할 수 있다.

18 다음 미장재료 중 기경성 재료를 바르게 나열한 것은?

① 회반죽, 석고 플라스터, 돌로마이트 플라스터
② 시멘트 모르타르, 석고 플라스터, 회반죽
③ 석고 플라스터, 돌로마이트 플라스터, 진흙
④ 진흙, 회반죽, 돌로마이트 플라스터
⑤ 시멘트, 석회크림, 돌로마이트 플라스터

19 다음 중 강구조에서 용접선 단부에 붙인 보조판으로 아크의 시작이나 종단부의 크레이터 등의 결함을 방지하기 위해 붙이는 판은?

① 스티프너
② 엔드탭
③ 윙플레이트
④ 커버플레이트
⑤ 데크플레이트

20 다음 그림과 같은 단면을 가진 압축재에서 유효좌굴길이 $KL=250\text{mm}$일 때 Euler의 좌굴하중 값은?(단, $E=210{,}000\text{MPa}$이다)

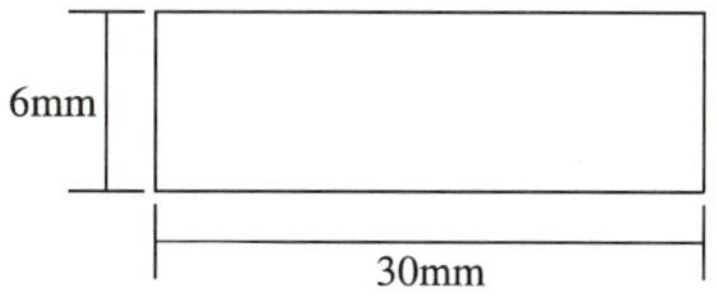

① 17.9kN
② 43.0kN
③ 52.9kN
④ 64.7kN
⑤ 68.9kN

무언가를 위해 목숨을 버릴 각오가 되어 있지 않는 한
그것이 삶의 목표라는 어떤 확신도 가질 수 없다.

- 체 게바라 -

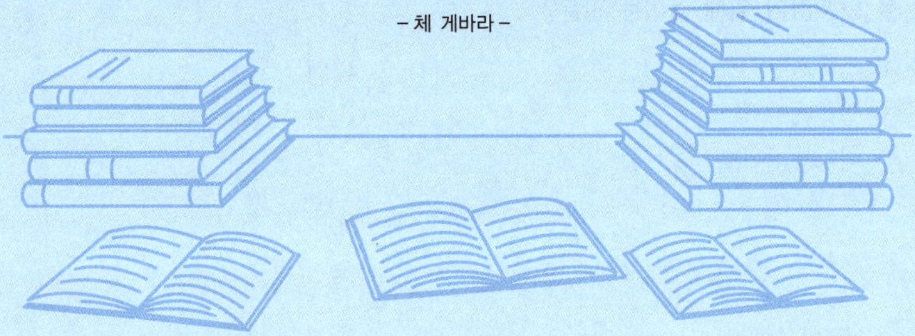

PART 3

최종점검 모의고사

최종점검 모의고사

※ LH 한국토지주택공사 최종점검 모의고사는 최신 채용공고와 후기를 기준으로 구성한 것으로, 실제 시험과 다를 수 있습니다.

※ 모바일 OMR 답안채점 / 성적분석 서비스

행정 경영 경제 토목 건축

■ 취약영역 분석

01 | 직업기초능력

번호	O/×	영역
1		의사소통능력
2		
3		
4		
5		
6		
7		
8		
9		
10		
11		
12		
13		
14		
15		수리능력
16		
17		

번호	O/×	영역
18		수리능력
19		
20		
21		
22		
23		
24		
25		
26		
27		
28		문제해결능력
29		
30		
31		
32		
33		
34		

번호	O/×	영역
35		문제해결능력
36		
37		
38		
39		
40		

02 | 직무역량(행정 · 경영 · 경제 · 토목 · 건축)

번호	01	02	03	04	05	06	07	08	09	10	11	12	13	14	15	16	17
O/×																	

번호	18	19	20	21	22	23	24	25	26	27	28	29	30	31	32	33	34
O/×																	

번호	35	36	37	38	39	40	41	42	43	44	45	46	47	48	49	50	51
O/×																	

번호	51	52	53	54	55	56	57	58	59	60
O/×										

평가문항	100문항	평가시간	110분
시작시간	:	종료시간	:
취약영역			

PART 3

최종점검 모의고사

응시시간 : 110분 문항 수 : 100문항

정답 및 해설 p.064

01 직업기초능력

01 다음 글의 내용으로 가장 적절한 것은?

모듈러 주택이란 기본 골조와 전기 배선, 온돌, 현관문, 욕실 등 집의 70 ~ 80퍼센트를 공장에서 미리 만들고 주택이 들어설 부지에서는 '레고 블록'을 맞추듯 조립만 하는 방식으로 짓는 주택이다. 일반 철근콘크리트 주택에 비해 상대적으로 빨리 지을 수 있고, 철거가 쉽다는 게 모듈러 주택의 장점이다.

예컨대 5층짜리 소형 임대 주택을 철근콘크리트 제작 방식으로 지으면 공사 기간이 6개월가량 걸리지만 모듈러 공법을 적용할 경우 30 ~ 40일이면 조립과 마감이 가능하다. 주요 자재의 최대 80 ~ 90퍼센트가량을 재활용할 수 있다는 것도 장점이다. 도시형 생활 주택뿐 아니라 대형 숙박 시설, 소규모 비즈니스호텔, 오피스텔 등도 모듈러 공법으로 건축이 가능하다.

한국에 모듈러 주택이 처음 등장한 것은 2003년으로 이는 모듈러 주택 시장이 활성화되어 있는 해외에 비하면 늦은 편이다. 도입은 늦었지만 모듈러 주택의 설계 방식이 표준화되고 대규모 양산 체제가 갖추어지면 비용이 적게 들기 때문에 모듈러 주택 시장이 급속하게 팽창할 것이라는 예측이 많다. 하지만 모듈러 주택 시장 전망이 불확실하다는 예측도 있다. 목재나 철골 등이 주로 사용되는 조립식 주택의 특성상 콘크리트 건물보다 소음이나 진동, 화재에 약해 소비자들이 심리적으로 거부감을 가질 수 있다는 게 이유이다. 아파트 생활에 길들여진 한국인들의 인식도 모듈러 주택이 넘어야 할 난관으로 거론된다. 소득 수준이 높아지고 '탈 아파트' 바람이 일면서 성냥갑 같은 아파트보다는 개성 있는 단독주택에서 살고 싶다는 욕구를 가진 사람들이 증가하고 있다지만 아파트가 주는 편안한 생활을 포기할 사람이 많지 않을 것이라는 분석인 것이다.

① 일반 콘크리트 주택 건설비용은 모듈러 주택의 3배 이상이다.
② 모듈러 주택제작에 조립과 마감에 소요되는 기간은 6개월이다.
③ 일반 철근콘크리트 주택은 재활용이 불가하다.
④ 모듈러 주택 공법으로 개성 있는 단독주택 설계가 가능하다.
⑤ 모듈러 주택이 처음 한국에 등장한 시기는 해외에 비해 늦지만, 이에 소요되는 비용은 해외 대비 적다.

02 다음 문단을 논리적 순서대로 바르게 나열한 것은?

먹을거리가 풍부한 현대인의 가장 큰 관심사 중 하나는 웰빙과 다이어트일 것이다. 현대인은 날씬한 몸매에 대한 열망이 지나쳐서 비만한 사람들이 나태하다고 생각하기도 하고, 심지어는 거식증으로 인해 사망한 패션모델까지 있었다. 이러한 사회적 경향 때문에 우리가 먹는 음식물에 포함된 지방이나 기름 성분은 몸에 좋지 않은 '나쁜 성분'으로 매도당하기도 한다. 물론 과도한 지방 섭취, 특히 몸에 좋지 않은 지방은 비만의 원인이 되고 당뇨병, 심장병, 고혈압과 같은 각종 성인병을 유발하지만, 사실 지방은 우리 몸이 정상적으로 활동하는 데 필수적인 성분이다.

(가) 먹을 것이 풍족하지 않은 상황에서 생존에 필수적인 능력은 다름 아닌 에너지를 몸에 축적하는 능력이었다.

(나) 사실 비만과 다이어트의 문제는 찰스 다윈(Charles R. Darwin)의 진화론과 밀접한 관련이 있다. 찰스 다윈은 19세기 영국의 생물학자로 『종의 기원』이라는 책을 써서 자연선택을 통한 생물의 진화 과정을 설명하였다.

(다) 약 100년 전만 해도 우리나라를 비롯한 전 세계 대부분의 국가는 식량이 그리 풍족하지 않았다. 실제로 수십만 년 지속된 인류의 역사에서 인간이 매일 끼니 걱정을 하지 않고 살게 된 것은 최근 수십 년의 일이다.

(라) 생물체가 살아남고 번식을 해서 자손을 남길 수 있느냐 하는 것은 주위 환경과의 관계가 중요한 역할을 하는데, 자연선택이란 주위 환경에 따라 생존하기에 적합한 성질 또는 기능을 가진 종들이 그렇지 못한 종들보다 더 잘 살아남게 되어 자손을 남기게 된다는 개념이다.

그러므로 인류는 이러한 축적 능력이 유전적으로 뛰어난 사람들이 그렇지 않은 사람들보다 상대적으로 더 잘 살아남았을 것이다. 그렇게 살아남은 자들의 후손인 현대인들이 달거나 기름진 음식을 본능적으로 좋아하게 된 것은 진화의 당연한 결과였다. 그리하여 음식이 풍부한 현대 사회에서는 이러한 유전적 특성은 단점으로 작용하게 되었다. 지방이 풍부한 음식을 찾는 경향은 지나치게 지방을 축적하게 했고, 결국 부작용으로 이어졌다.

① (나) – (가) – (라) – (다)
② (나) – (다) – (가) – (라)
③ (나) – (라) – (다) – (가)
④ (다) – (가) – (나) – (라)
⑤ (다) – (라) – (가) – (나)

03 다음 글이 비판의 대상으로 삼는 주장으로 가장 적절한 것은?

경제 문제는 대개 해결이 가능하다. 대부분의 경제 문제에는 몇 개의 해결책이 있다. 그러나 모든 해결책은 누군가가 상당한 손실을 반드시 감수해야 한다는 특징을 갖고 있다. 하지만 누구도 이 손실을 자발적으로 감수하고자 하지 않으며, 우리의 정치제도는 누구에게도 이 짐을 짊어지라고 강요할 수 없다. 우리의 정치적·경제적 구조로는 실질적으로 제로섬(Zero-sum)적인 요소를 지니는 경제 문제에 전혀 대처할 수 없기 때문이다.

대개의 경제적 해결책은 대규모의 제로섬적인 요소를 갖기 때문에 큰 손실을 수반한다. 모든 제로섬 게임에는 승자가 있다면 반드시 패자가 있으며, 패자가 존재해야만 승자가 존재할 수 있다. 경제적 이득이 경제적 손실을 초과할 수도 있지만, 손실의 주체에게 손실의 의미란 상당한 크기의 경제적 이득을 부정할 수 있을 만큼 매우 중요하다. 어떤 해결책으로 인해 평균적으로 사회는 더 잘살게 될 수도 있지만, 이 평균이 훨씬 더 잘살게 된 수많은 사람과 훨씬 더 못살게 된 수많은 사람을 감춘다. 만약 당신이 더 못살게 된 사람 중 하나라면 내 수입이 줄어든 것보다 다른 누군가의 수입이 더 많이 늘었다고 해서 위안을 얻지는 않을 것이다. 결국 우리는 우리 자신의 수입을 보호하기 위해 경제적 변화가 일어나는 것을 막거나 사회가 우리에게 손해를 입히는 공공정책이 강제로 시행되는 것을 막기 위해 싸울 것이다.

① 빈부격차를 해소하는 것만큼 중요한 정책은 없다.
② 사회의 총생산량이 많아지게 하는 정책이 좋은 정책이다.
③ 경제문제에서 모두가 만족하는 해결책은 존재하지 않는다.
④ 경제적 변화에 대응하는 정치제도의 기능에는 한계가 존재한다.
⑤ 경제정책의 효율성을 높이는 방법은 일관성을 유지하는 것이다.

04 다음 글에서 추론할 수 있는 것은?

> 조선이 임진왜란 중에도 필사적으로 보존하고자 한 서적이 바로 조선왕조실록이다. 실록은 원래 서울의 춘추관과 성주・충주・전주 4곳의 사고(史庫)에 보관되었으나, 임진왜란 이후 전주 사고의 실록만 온전한 상태였다. 전란이 끝난 후 단 1벌 남은 실록을 다시 여러 벌 등서하자는 주장이 제기되었다. 우여곡절 끝에 실록 인쇄가 끝난 시기는 1606년이었다. 재인쇄 작업의 결과, 원본을 포함해 모두 5벌의 실록을 갖추게 되었다. 원본은 강화도 마니산에 봉안하고 나머지 4벌은 서울의 춘추관과 평안도 묘향산, 강원도의 태백산과 오대산에 봉안했다.
>
> 이 5벌 중에서 서울 춘추관의 것은 1624년 이괄의 난 때 불에 타 없어졌고, 묘향산의 것은 1633년 후금과의 관계가 악화되자 전라도 무주의 적상산에 사고를 새로 지어 옮겼다. 강화도 마니산의 것은 1636년 병자호란 때 청군에 의해 일부 훼손되었던 것을 현종 때 보수하여 숙종 때 강화도 정족산에 다시 봉안했다. 결국 내란과 외적 침입으로 인해 5곳 가운데 1곳의 실록은 소실되었고, 1곳의 실록은 장소를 옮겼으며, 1곳의 실록은 손상을 입었던 것이다.
>
> 그 후 정족산, 태백산, 적상산, 오대산 4곳의 실록은 안전하게 지켜졌다. 그러나 일본이 다시 여기에 손을 대었다. 1910년 조선 강점 이후 일제는 정족산과 태백산에 있던 실록을 조선총독부로 이관하고, 적상산의 실록을 구황궁 장서각으로 옮겼으며, 오대산의 실록은 일본 동경제국대학으로 반출했다. 일본으로 반출한 것은 1923년 관동 대지진 때 거의 소실되었다. 정족산과 태백산의 실록은 1930년에 경성제국대학으로 옮겨져 지금까지 서울대학교에 보존되어 있다. 한편 장서각의 실록은 6・25 전쟁 때 북한으로 옮겨져 현재 김일성종합대학에 소장되어 있다.

① 재인쇄하였던 실록은 모두 5벌이다.

② 태백산에 보관하였던 실록은 현재 일본에 있다.

③ 현재 한반도에 남아 있는 실록은 모두 4벌이다.

④ 적상산에 보관하였던 실록은 일부가 훼손되었다.

⑤ 현존하는 실록 중에서 가장 오래된 것은 서울대학교에 있다.

PART 3

05 다음 글의 빈칸에 들어갈 내용으로 가장 적절한 것은?

스마트팩토리는 인공지능(AI), 사물인터넷(IoT) 등 다양한 기술이 융합된 자율화 공장으로, 제품 설계와 제조, 유통, 물류 등의 산업 현장에서 생산성 향상에 초점을 맞췄다. 이곳에서는 기계, 로봇, 부품 등의 상호 간 정보 교환을 통해 제조 활동을 하고, 모든 공정 이력이 기록되며, 빅데이터 분석으로 사고나 불량을 예측할 수 있다. 스마트팩토리에서는 컨베이어 생산 활동으로 대표되는 산업 현장의 모듈형 생산이 컨베이어를 대체하고 IoT가 신경망 역할을 한다. 센서와 기기 간 다양한 데이터를 수집하고, 이를 서버에 전송하면 서버는 데이터를 분석해 결과를 도출한다. 서버는 AI 기계학습 기술이 적용돼 빅데이터를 분석하고 생산성 향상을 위한 최적의 방법을 제시한다.

스마트팩토리의 대표 사례로는 고도화된 시뮬레이션 '디지털 트윈'을 들 수 있다. 디지털 트윈은 데이터를 기반으로 가상공간에서 미리 시뮬레이션하는 기술이다. 시뮬레이션을 위해 빅데이터를 수집하고 분석과 예측을 위한 통신・분석 기술에 가상현실(VR), 증강현실(AR)과 같은 기술을 더한다. 이를 통해 산업 현장에서 작업 프로세스를 미리 시뮬레이션하고, VR・AR로 검증함으로써 실제 시행에 따른 손실을 줄이고, 작업 효율성을 높일 수 있다.

한편 '에지 컴퓨팅'도 스마트팩토리의 주요 기술 중 하나이다. 에지 컴퓨팅은 산업 현장에서 발생하는 방대한 데이터를 클라우드로 한 번에 전송하지 않고, 에지에서 사전 처리한 후 데이터를 선별해서 전송한다. 서버와 에지가 연동해 데이터 분석 및 실시간 제어를 수행하여 산업 현장에서 생산되는 데이터가 기하급수로 늘어도 서버에 부하를 주지 않는다. 현재 클라우드 컴퓨팅이 중앙 데이터센터와 직접 소통하는 방식이라면 에지 컴퓨팅은 기기 가까이에 위치한 일명 '에지 데이터 센터'와 소통하며, 저장을 중앙 클라우드에 맡기는 형식이다. 이를 통해 데이터 처리 지연 시간을 줄이고 즉각적인 현장 대처를 가능하게 한다.

이러한 스마트팩토리의 발전은 ____________________ 최근 선진국에서 나타나는 주요 현상 중의 하나는 바로 '리쇼어링'의 가속화이다. 리쇼어링이란 인건비 등 각종 비용 절감을 이유로 해외에 나간 자국 기업들이 다시 본국으로 돌아오는 현상을 의미하는 용어이다. 2000년대 초반까지는 국가적 차원에서 세제 혜택 등의 회유책을 통해 추진되어왔지만, 스마트팩토리의 등장으로 인해 자국 내 스마트팩토리에서의 제조 비용과 중국이나 멕시코와 같은 제3국에서 제조 후 수출 비용에 큰 차이가 없어 리쇼어링 현상은 더욱 가속화되고 있다.

① 공장의 제조 비용을 절감시키고 있다.
② 공장의 세제 혜택을 사라지게 하고 있다.
③ 공장의 위치를 변화시키고 있다.
④ 수출 비용을 줄이는 데 도움이 된다.
⑤ 공장의 생산성을 높이고 있다.

06 다음 글에서 〈보기〉의 문장이 들어갈 위치로 가장 적절한 곳은?

(가) 다시 말해서 현상학적 측면에서 볼 때 철학도 지식의 내용이 존재하는 어떤 것이라는 점에서는 과학적 지식의 구조와 다를 바가 없다. 존재하는 것과 그 존재하는 무엇으로 의식되는 것과의 사이에는 근본적인 구별이 선다. 백두산의 금덩어리는 누가 그것을 의식하든 말든 그대로 있고, 화성에서 일어나는 여러 가지 물리적 현상도 누가 의식하든 말든 그대로 존재한다. 존재와 의식과의 위와 같은 관계를 우리는 존재차원과 의미차원이란 말로 구별할 수 있을 것이다. 여기서 차원이란 말을 붙인 까닭은 의식 이전의 백두산과 의식 이후의 백두산은 순전히 관점의 문제, 즉 백두산을 생각할 수 있는 차원의 문제이기 때문이다. 현상학적 사고를 존재차원에서 이루어지는 것이라고 말할 수 있다면 분석철학에서 주장하는 사고는 의미차원에서 이루어진다. 바꿔 말하자면 현상학적 측면에서 볼 때 철학은 아무래도 어떤 존재를 인식하는 데 그 근본적인 기능이 있다고 보아야 하는 데 반해서, 분석철학의 측면에서 볼 때 철학은 존재와는 아무런 직접적인 관계없이 존재에 대한 이야기, 서술을 대상으로 한다. 구체적으로 말해서 철학은 그것이 서술할 존재의 대상을 갖고 있지 않고, 오직 어떤 존재를 서술한 언어만을 갖고 있다. 그러나 철학이 언어를 사고의 대상으로 삼는다고 말은 하지만, 사실상 철학은 언어학과 다르다. (나) 그래서 언어학은 한 언어의 기원이라든지, 한 언어가 왜 그러한 특정한 기호나 발음 혹은 문법을 갖게 되었는가, 또는 그것들이 각기 어떻게 체계화되는가 등을 알려고 한다. (다) 이에 반해서 분석철학은 언어를 대상으로 하되, 그 언어의 구체적인 면에는 근본적인 관심을 두지 않고 그와 같은 구체적인 언어가 가진 의미를 밝히고자 한다. 여기서 철학의 기능은 한 언어가 가진 개념을 해명하고 이해하는 데 있다. 바꿔 말해서, 철학의 기능은 언어가 서술하는 어떤 존재를 인식하는 데 있지 않고, 그와는 관계없이 한 언어가 무엇인가를 서술하는 경우, 무엇인가의 느낌을 표현하는 경우 또는 그 밖의 경우에 그 언어가 정확히 어떻게 의미가 있는가를 이해하는 데 있다. (라) 개념은 어떤 존재하는 대상을 표상(表象)하는 경우도 많으므로, 존재와 그것을 의미하는 개념과는 어떤 인과적 관계가 있는 듯하다. (마)

보기

㉠ 과학에서 말하는 현상과 현상학에서 말하는 현상은 다른 내용을 가지고 있지만, 그것들은 다 같이 어떤 존재, 즉 우주 안에서 일어나는 사건을 가리킨다.
㉡ 언어학은 과학의 한 분야로서 그 연구의 대상을 하나의 구체적 사물로 취급한다.

	㉠	㉡
①	(가)	(나)
②	(가)	(다)
③	(나)	(다)
④	(나)	(라)
⑤	(다)	(마)

07 다음 글의 주제로 가장 적절한 것은?

우리 사회는 타의 추종을 불허할 정도로 빠르게 변화하고 있다. 가족정책도 4인 가족 중심에서 1~2인 가구 중심으로 변해야 하며, 청년실업율과 비정규직화, 독거노인의 증가를 더 이상 개인의 문제가 아닌 사회문제로 다뤄야 하는 시기이다. 여러 유형의 가구와 생애주기 변화, 다양해지는 수요에 맞춘 공동체 주택이야말로 최고의 주거복지사업이다. 공동체 주택은 공동의 목표와 가치를 가진 사람들이 커뮤니티를 이뤄 사회문제에 공동으로 대처해 나가도록 돕고, 나아가 지역사회와도 연결시키는 작업을 진행하고 있다.
임대료 부담으로 작품활동이나 생계에 어려움을 겪는 예술인을 위한 공동주택, 1인 창업과 취업을 위해 골몰하는 청년을 위한 주택, 지속적인 의료서비스가 필요한 환자나 고령자를 위한 의료안심주택은 모두 시민의 삶의 질을 높이고 선별적 복지가 아닌 복지사회를 이루기 위한 노력의 일환이다. 혼자가 아닌 함께 가는 길에 더 나은 삶이 있기 때문에 오늘도 수요자 맞춤형 공공주택은 수요자에 맞게 진화하고 있다.

① 주거난에 대비하는 주거복지 정책
② 4차 산업혁명과 주거복지
③ 선별적 복지 정책의 긍정적 결과
④ 수요자 중심의 대출규제 완화
⑤ 다양성을 수용하는 주거복지 정책

08 다음 글의 제목으로 가장 적절한 것은?

'100세 시대' 노인의 큰 고민거리 중 하나가 바로 주변의 도움 없이도 긴 세월을 잘 버텨낼 주거 공간이다. 이미 많은 언론에서 보도되었듯이 우리나라는 '노인이 살기 불편한 나라'인 것이 사실이다. 일본이 고령화 시대의 도시 모델로 의(醫)·직(職)·주(住) 일체형 주거 단지를 도입하고 있는 데 비해 우리나라는 아직 노인을 위한 공용 주택도 변변한 게 없는 실정이다.
일본은 우리보다 30년 빠르게 고령화 사회에 당면했다. 일본 정부는 개인 주택을 노인 친화적 구조로 개조하도록 전문 컨설턴트를 붙이고 보조금까지 주고 있다. 또한 사회 전반에는 장애 없는 '유니버설 디자인'을 보편화하도록 노력해 왔다. 그 결과 실내에 휠체어 작동 공간이 확보되고, 바닥에는 턱이 없으며, 손잡이와 미끄럼 방지 장치도 기본적으로 설치되었다. 이 같은 준비는 노쇠해 거동이 불편해져도 익숙한 집, 익숙한 마을에서 끝까지 살고 싶다는 노인들의 바람을 존중했기 때문이다. 그러나 이 정책의 이면에는 기하급수적으로 증가하는 사회 복지 비용을 절감하자는 목적도 있었다. 고령자 입주시설을 설치하고 운영하는 비용이 재가 복지 비용보다 몇 배나 더 들기 때문이다.
우리나라의 경우 공동 주택인 아파트를 잘 활용하면 의외로 문제를 쉽게 풀 수 있을 것이다. 대규모 주거 단지의 일부를 고령 친화형으로 설계해서 노인 공유 동(棟)을 의무적으로 공급하는 것이다. 그곳에 식당, 욕실, 스포츠센터, 독서실, 오락실, 세탁실, 요양실, 게스트하우스, 육아 시설 등 노인들이 선호하는 시설을 넣으면 된다. 이러한 공유 공간은 가구당 전용 면적을 줄이고 공유 면적을 넓히면 해결된다. 이런 공유 경제가 확산되면 모든 공동 주택이 작은 공동체로 바뀌어갈 것이다. 공유 공간에서의 삶은 노인들만 모여 사는 실버타운과 달리 전체적인 활력도 높아질 것이다.

① 더욱더 빨라지는 고령화 속도를 줄이는 방법
② '유니버설 디자인'의 노인 친화적 주택
③ 노인 주거 문제, 소유에서 공유로 바꿔 해결하자.
④ 증가하는 사회 복지 비용, 그 해결 방안은?
⑤ 일본과 한국의 노인 주거 정책 비교

09 다음 글에서 ㉠~㉤의 수정 방안으로 적절하지 않은 것은?

> 학생들이 과제물이나 보고서를 작성할 때 무심코 타인의 글을 따오는 경우가 흔하다. '시간이 부족하니까', '남들도 다 하니까', '좋은 점수를 받고 싶어서' 등의 핑계를 대면서 추호의 죄책감도 없이 표절을 한다. 한층 더 심각한 것은 자신의 행위가 범죄에 해당한다는 사실조차 모른다는 점이다. 한 전문가의 조사에 의하면, 우리나라 학생들의 상당수가 실제로 표절을 해 본 경험을 가지고 있다고 한다. 또한 인터넷이 보편화되면서 학습과 관련된 표절 행위가 급증했을 뿐만 아니라, 학생들이 자주 범하는 표절의 유형도 더욱 다양해진 것으로 조사되었다. ㉠ <u>우리나라 학생들의 표절 실태는 매우 심각한 수준이다</u>.
>
> 1990년대에 들어서면서부터 선진국에서는 학생들의 표절 행위에 대해 무관용 정책을 펼치고 있다. ㉡ <u>우연한 실수이든 의도적 행위이든</u> 표절 의혹이 제기된 경우에는 학교 차원에서 엄격하게 조사를 실시하고, 만약 표절로 밝혀질 경우에는 반드시 처벌하도록 규정을 ㉢ <u>완화</u>했다. 최근 들어 우리나라의 일부 학교에서도 학생들의 표절 행위를 근절하기 위한 교육을 실시하는 등 표절 방지를 위한 작지만 큰 변화의 움직임이 일어나고 있다.
>
> 이러한 시대적 추세에 ㉣ <u>발 맞추어</u> 모든 학교에서 표절 방지 운동을 전개할 필요가 있다. 우리에게 실질적으로 도움이 되고, 우리가 실천할 수 있는 작은 일부터 시작해야 한다. 우선 표절 방지 캠페인을 펼쳐 표절에 대한 우리의 잘못된 인식을 ㉤ <u>바뀌어야</u> 한다. 표절은 범법 행위에 해당한다는 사실을 깨닫고, 표절을 하지 않겠다는 마음을 갖는 것이 필요하다. 또한 표절 예방 교육을 실시하여 학생들이 자주 범하는 표절의 유형을 알려 주고, 다른 사람의 글을 올바르게 인용하는 방법을 가르쳐 준다면 과제를 작성하면서 표절을 하지 않도록 스스로 주의하게 될 것이다.

① ㉠ : 문장을 자연스럽게 연결하기 위해 문장 앞에 '이처럼'을 추가한다.

② ㉡ : 맞춤법에 어긋나므로 '우연한 실수이던 의도적 행위이던'으로 수정한다.

③ ㉢ : 문맥의 흐름을 고려하여 '강화'로 고친다.

④ ㉣ : 띄어쓰기가 올바르지 않으므로 '발맞추어'로 수정한다.

⑤ ㉤ : 목적어와 서술어의 호응 관계를 고려하여 '바꾸어야'로 수정한다.

10 A부장은 신입사원을 대상으로 OJT를 진행하고 있다. 이번 주에는 문서 종류에 따른 작성법에 대해 교육하려고 자료를 준비하였다. 다음 중 수정해야 할 내용은 무엇인가?

구분	작성법
공문서	• 회사 외부로 전달되는 문서이기 때문에 누가, 언제, 어디서, 무엇을, 어떻게(혹은 왜)가 드러나도록 작성함 • 날짜는 연도와 월일을 반드시 함께 기입함 • <u>한 장에 담아내는 것이 원칙</u> … ① • 마지막엔 반드시 '끝.'자로 마무리함 • 내용이 복잡할 경우 '–다음–' 또는 '–아래–'와 같은 항목을 만들어 구분함 • 장기간 보관되므로 정확하게 기술함
설명서	• 명령문보다 평서형으로 작성함 • 상품이나 제품에 대해 설명하는 글이므로 정확하게 기술함 • <u>정확한 내용 전달을 위해 간결하게 작성함</u> … ② • <u>전문용어는 이해하기 어렵기 때문에 가급적 사용하지 않음</u> … ③ • 복잡한 내용은 도표를 통해 시각화함 • <u>동일한 문장 반복을 피하고 다양한 표현을 이용함</u> … ④
기획서	• 기획서의 목적을 달성할 수 있는 핵심 사항이 정확하게 기입되었는지 확인함 • 상대가 채택하게끔 설득력을 갖춰야 하므로, 상대가 요구하는 것이 무엇인지 고려하여 작성함 • 내용이 한눈에 파악되도록 체계적으로 목차를 구성함 • 핵심 내용의 표현에 신경을 써야 함 • 효과적인 내용 전달을 위해 내용에 적합한 표나 그래프를 활용하여 시각화함 • 충분히 검토를 한 후 제출함 • 인용한 자료의 출처가 정확한지 확인함
보고서	• 업무 진행 과정에서 쓰는 보고서인 경우, 진행 과정에 대한 핵심 내용을 구체적으로 제시함 • 내용의 중복을 피하고, 핵심 사항만을 산뜻하고 간결하게 작성함 • 복잡한 내용일 때는 도표나 그림을 활용함 • 개인의 능력을 평가하는 기본 요소이므로 제출하기 전에 반드시 최종 점검함 • 참고자료는 정확하게 제시함 • <u>마지막엔 반드시 '끝.'자로 마무리함</u> … ⑤ • 내용에 대한 예상 질문을 사전에 추출해 보고 그에 대한 답을 미리 준비함

11 다음 기사를 읽고 이해한 내용으로 적절하지 않은 것은?

> LH는 지난 8월 서울시와 체결한 일자리카페 설치에 관한 업무협약의 후속조치로 9월부터 LH 강남권 마이홈센터에 일자리카페를 시범 운영한다고 8일 밝혔다.
> LH 강남권 마이홈센터 일자리카페를 통해 청년층에게 취업을 위한 카페, 세미나실, 상담실 등 복리시설을 제공하고, 맞춤형 주거지원, 일자리, 건강 등 다양한 분야의 복지연계 서비스를 무상으로 제공하게 된다. 지하철 2호선 선릉역 8번 출구에서 도보 2분 거리에 있어 대중교통이용이 편리하며, 카페 내부에는 노트북 작업을 할 수 있는 공간부터 정보 검색을 위한 PC룸, 스터디룸, 세미나룸 등 다양한 시설을 갖추고 있다. 이용시간은 평일 오전 9시부터 오후 6시까지이며, 요일에 따라 공공임대주택 등 주거지원, 주택도시기금 대출, 법률, 일자리, 금융복지, 건강 상담을 별도의 예약 없이 받아 볼 수 있다.
> 다만, 취업특강 프로그램과 스터디룸 대여는 서울일자리포털을 통한 회원가입 및 사전예약을 통해 이용이 가능하며, 마이홈 카페 공간은 자유롭게 이용할 수 있고 스터디룸(1, 2)은 매주 금요일, 세미나와 특강을 위한 공간인 나눔터는 매주 화요일에 사전 예약 후 이용할 수 있다.
> 또한, 9월 18일에는 공기업 취업전략을 주제로 특강을 실시할 예정이다. 참여를 희망하는 취업준비생은 서울시 일자리카페 홈페이지를 통해 신청하면 되며, 선착순으로 총 30명의 참석 대상자를 선정할 계획이다.
> LH 서울지역본부장은 "취업난과 주거난으로 힘들어하는 청년층의 취업을 지원하기 위해 서울시와 공동으로 일자리카페 사업을 추진하게 됐다."라며 "앞으로도 LH는 다양한 기관과의 상호협력을 통해 청년 취업난 해소를 위한 복지서비스를 지속적으로 제공하겠다."라고 말했다.

① LH는 서울시와 업무협약을 체결해 선릉역 인근에 일자리카페를 시범 운영한다.

② 일자리카페는 카페와 더불어 각종 복리 시설을 제공한다.

③ 법률, 주거지원, 일자리 등의 상담 서비스를 매주 화요일 사전 예약 후 받아볼 수 있다.

④ 공기업 취업에 대한 특강도 이루어질 예정이다.

⑤ 스터디룸과 나눔터는 각각 금요일, 화요일에 사전 예약 후 이용 가능하다.

12 다음은 건축법 시행령에 의한 용도에 따른 주택의 구분을 설명하는 글이다. 이를 이해한 내용으로 가장 적절한 것은?

○ **단독주택**

[단독주택의 형태를 갖춘 가정어린이집・공동생활가정・지역아동센터 및 노인복지시설(노인복지주택 제외) 포함]

- 단독주택
- 다중주택
  ① 학생 또는 직장인 등 여러 사람이 장기간 거주할 수 있는 구조로 되어 있는 것
  ② 독립된 주거의 형태를 갖추지 아니한 것(실별로 욕실은 설치할 수 있으나, 취사시설은 설치하지 아니한 것)
  ③ 연면적이 330m^2 이하이고 층수가 3층 이하인 것
- 다가구주택
  ① 주택으로 쓰는 층수(지하층은 제외)가 3개 층 이하일 것. 다만, 1층 바닥면적의 2분의 1 이상을 필로티 구조로 하여 주차장으로 사용하고 나머지 부분을 주택 외의 용도로 쓰는 경우에는 해당 층을 주택의 층수에서 제외
  ② 1개 동의 주택으로 쓰는 바닥면적(부설 주차장 면적 제외)의 합계가 660m^2 이하일 것
  ③ 19세대 이하가 거주할 수 있을 것

○ **공동주택**

[공동주택형태를 갖춘 가정어린이집・공동생활가정・지역아동센터・노인복지시설(노인복지주택 제외) 및 주택법 시행령 제10조 제1항의 원룸형 주택 포함]

- 아파트 : 주택으로 쓰는 층수가 5개 층 이상인 주택
- 연립주택 : 주택으로 쓰는 1개 동의 바닥면적 합계가 660m^{2}를 초과하고 층수가 4개 층 이하인 주택(2개 이상의 동을 지하주차장으로 연결하는 경우에는 각각의 동으로 봄)
- 다세대주택 : 주택으로 쓰는 1개 동의 바닥면적 합계가 660m^2 이하이고 층수가 4개 층 이하인 주택(2개 이상의 동을 지하주차장으로 연결하는 경우에는 각각의 동으로 봄)
- 기숙사 : 학교 또는 공장 등의 학생 또는 종업원 등을 위하여 쓰는 것으로 공동취사 등을 할 수 있는 구조이되 독립된 주거의 형태를 갖추지 아니한 것(교육기본법 제27조 제2항에 따른 학생복지주택을 포함)

※ 층수 산정에 있어 아파트와 연립주택의 경우 1층 전부를 필로티 구조로 하여 주차장으로 사용하는 경우에는 필로티 부분을 층수에서 제외하고, 다세대주택의 경우 1층 바닥면적의 2분의 1 이상을 필로티 구조로 하여 주차장으로 사용하고 나머지 부분을 주택 외의 용도로 사용하는 경우에는 해당 층수를 주택의 층수에서 제외

① 노인복지주택은 공동주택에 포함된다.
② 모든 단독주택은 3층 이하이다.
③ 연립주택과 다세대주택을 구분하는 기준은 1개 동의 바닥면적의 차이이다.
④ 1층의 층수 산정 제외 기준은 다세대주택이 아파트보다 더 엄격하다.
⑤ 1개 동의 주택용도 바닥면적이 600m^{2}이며 주차장이 100m^{2}인 경우 다가구주택에 해당되지 않는 사유가 된다.

PART 3

13 다음 문단을 논리적 순서대로 바르게 나열한 것은?

(가) 초연결사회란 사람, 사물, 공간 등 모든 것들이 인터넷으로 서로 연결되어 모든 것에 대한 정보가 생성 및 수집되고 공유·활용되는 것을 말한다. 즉, 모든 사물과 공간에 새로운 생명이 부여되고 이들의 소통으로 새로운 사회가 열리고 있는 것이다.

(나) 최근 '초연결사회(Hyper Connected Society)'란 말을 주위에서 심심치 않게 들을 수 있다. 인터넷을 통해 사람 간의 연결은 물론 사람과 사물, 심지어 사물 간의 연결 등 말 그대로 '연결의 영역 초월'이 이뤄지고 있다.

(다) 나아가 초연결사회는 단지 기존의 인터넷과 모바일 발전의 맥락이 아닌 우리가 살아가는 방식 전체, 즉 사회의 관점에서 미래사회의 새로운 패러다임으로 큰 변화를 가져올 전망이다.

(라) 초연결사회에서는 인간 대 인간은 물론, 기기와 사물 같은 무생물 객체끼리도 네트워크를 바탕으로 상호 유기적인 소통이 가능해진다. 컴퓨터, 스마트폰으로 소통하던 과거와 달리 초연결 네트워크로 긴밀히 연결되어 오프라인과 온라인이 융합되고, 이를 통해 새로운 성장과 가치 창출의 기회가 증가할 것이다.

① (가) – (나) – (다) – (라)
② (가) – (나) – (라) – (다)
③ (나) – (가) – (다) – (라)
④ (나) – (가) – (라) – (다)
⑤ (다) – (나) – (가) – (라)

14 다음 중 빈칸에 들어갈 내용으로 가장 적절한 것은?

서울의 청계광장에는 〈스프링(Spring)〉이라는 다슬기 형상의 대형 조형물이 설치되어 있다. 이것을 기획한 올덴버그는 공공장소에 작품을 설치하여 대중과 미술의 소통을 이끌어내려 했다. 이와 같이 대중과 미술의 소통을 위해 공공장소에 설치된 미술 작품 또는 공공영역에서 이루어지는 예술 행위 및 활동을 공공미술이라 한다.

1960년대 후반부터 1980년까지의 공공미술은 대중과 미술의 소통을 위해 작품이 설치되는 장소를 점차 확장하는 쪽으로 전개되었기 때문에 장소 중심의 공공미술이라 할 수 있다. 초기의 공공미술은 이전까지는 미술관에만 전시되던 작품을 사람들이 자주 드나드는 공공건물에 설치하기 시작했다. 하지만 이렇게 공공건물에 설치된 작품들은 건물의 장식으로 인식되어 대중과의 소통에 한계가 있었기 때문에, 작품이 설치되는 공간은 공원이나 광장 같은 공공장소로 확장되었다. 그러나 공공장소에 놓이게 된 작품들이 주변 공간과 어울리지 않거나, 미술가의 미학적 입장이 대중에게 수용되지 못하는 일들이 벌어졌다. 이는 소통에 대한 미술가의 반성으로 이어졌고, 시간이 지남에 따라 공공미술은 점차 주변의 삶과 조화를 이루는 방향으로 발전하였다.

1990년대 이후의 공공미술은 참된 소통이 무엇인가에 대해 진지하게 성찰하며, 대중을 작품 창작 과정에 참여시키는 쪽으로 전개되었기 때문에 참여 중심의 공공미술이라 할 수 있다. 이때의 공공미술은 대중들이 작품 제작에 직접 참여하게 하거나, 작품을 보고 만지며 체험하는 활동 속에서 작품의 의미를 완성할 수 있도록 하여 미술가와 대중, 작품과 대중 사이의 소통을 강화하였다. 즉, 장소 중심의 공공미술이 이미 완성된 작품을 어디에 놓느냐에 주목하던 '결과 중심'의 수동적 미술이라면, 참여 중심의 공공미술은 '과정 중심'의 능동적 미술이라고 볼 수 있다.

그런데 공공미술에서는 대중과의 소통을 위해 누구나 쉽게 다가가 감상할 수 있는 작품을 만들어야 하므로, 미술가는 자신의 미학적 입장을 어느 정도 포기해야 한다고 우려할 수도 있다. 그러나 이러한 우려는 대중의 미적 감상 능력을 무시하는 편협한 시각이다. 왜냐하면 추상적이고 난해한 작품이라도 대중과의 소통의 가능성은 늘 존재하기 때문이다. 따라서 ______________________
공공미술가는 예술의 자율성과 소통의 가능성을 높이기 위해 대중의 예술적 감성이 어떠한지, 대중이 어떠한 작품을 기대하는지 면밀히 분석하여 작품을 창작해야 한다.

① 공공미술은 대중과의 소통에 한계가 있으므로 대립되기 마련이다.
② 공공영역에서 이루어지는 예술은 대중과의 소통을 위한 작품이기 때문에 수동적 미술이어야 한다.
③ 공공미술에서 예술의 자율성은 소통의 가능성과 대립하지 않는다.
④ 장소 중심의 공공미술은 결과 중심의 미술이기 때문에 소통의 가능성과 단절되어 있다.
⑤ 공공미술은 예술의 자율성이 보장되어야 하므로 대중의 뜻이 미술작품에 반드시 반영되어야 한다.

15 어머니와 아버지를 포함한 6명의 가족이 원형 식탁에 둘러앉아 식사를 할 때, 어머니와 아버지가 서로 마주 보고 앉는 경우의 수는?

① 21가지
② 22가지
③ 23가지
④ 24가지
⑤ 25가지

16 세 공 A ~ C를 포함하여 공 7개가 들어 있는 주머니에서 공 3개를 동시에 꺼내려고 한다. 꺼낸 공 중에 A를 포함하는 모든 경우의 수를 a, B를 포함하지 않으면서 C를 포함하는 모든 경우의 수를 b라고 할 때, $a+b$의 값은?

① 5
② 10
③ 15
④ 20
⑤ 25

17 두 비커 A, B에는 각각 농도가 6%, 8%인 소금물 300g씩 들어 있다. A비커에서 소금물 100g을 퍼서 B비커에 옮겨 담고, 다시 B비커에서 소금물 80g을 퍼서 A비커에 옮겨 담았다. 이때, A비커에 들어 있는 소금물의 농도는?(단, 소수점 둘째 자리에서 반올림한다)

① 5.2%
② 5.6%
③ 6.1%
④ 6.4%
⑤ 7.2%

18 다음은 L시 마을의 상호 간 태양광 생산 잉여전력 판매량에 대한 자료이다. 이에 대한 설명으로 옳지 않은 것은?(단, L시 마을은 제시된 4개 마을이 전부이며, 모든 마을의 전력 판매가는 같다고 가정한다)

〈마을별 태양광 생산 잉여전력 판매량〉

(단위 : kW)

판매량 \ 구매량	갑 마을	을 마을	병 마을	정 마을
갑 마을	–	180	230	160
을 마을	250	–	200	190
병 마을	150	130	–	230
정 마을	210	220	140	–

※ (거래수지)=(판매량)−(구매량)

① 총거래량이 같은 마을은 없다.
② 갑 마을이 을 마을에 40kW를 더 판매했다면, 을 마을의 구매량은 병 마을보다 많게 된다.
③ 태양광 전력 거래 수지가 흑자인 마을은 을 마을뿐이다.
④ 전력을 가장 많이 판매한 마을과 가장 많이 구매한 마을은 각각 을 마을과 갑 마을이다.
⑤ 구매량이 거래량의 40% 이하인 마을은 없다.

19 다음 중 A, B음식점에 대한 만족도를 5개 부문으로 나누어 한 평가로 옳지 않은 것은?

〈음식점에 대한 만족도〉

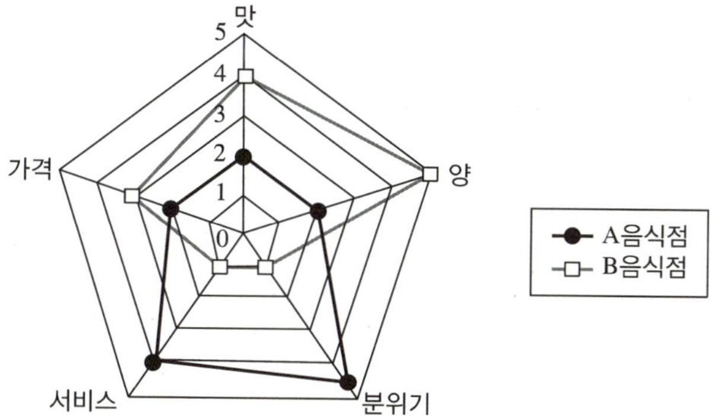

① A음식점은 2개 부문에서 B음식점을 능가한다.
② 맛 부문에서 만족도가 더 높은 음식점은 B음식점이다.
③ A와 B음식점 간 가장 큰 차이를 보이는 부문은 서비스이다.
④ B음식점은 가격보다 맛과 양 부문에서 상대적 만족도가 더 높다.
⑤ B음식점은 3개 부문에서 A음식점을 능가한다.

20 다음은 2024년 1분기와 2분기의 산업별 대출금에 대한 자료이다. 이에 대한 설명으로 옳지 않은 것을 〈보기〉에서 모두 고르면?

〈국내 산업별 대출금 현황〉

(단위 : 억 원)

산업구분	1분기	2분기
농업, 임업 및 어업	21,480.7	21,776.9
광업	909.0	905.0
제조업	315,631.7	319,134.5
전기, 가스, 증기 및 공기조절 공급업	11,094.0	11,365.6
수도·하수 및 폐기물 처리, 원료재생업	6,183.4	6,218.0
건설업	27,582.8	27,877.2
도매 및 소매업	110,526.2	113,056.5
운수 및 창고업	25,199.3	25,332.4
숙박 및 요식업	37,500.0	38,224.6
정보통신업, 예술, 스포츠, 여가 관련	24,541.3	25,285.9
금융 및 보험업	32,136.9	33,612.3
부동산업	173,886.5	179,398.1
전문, 과학 및 기술 서비스업	11,725.2	12,385.7
사업시설관리, 사업지원 및 임대서비스업	8,219.4	8,502.1
교육 서비스업	7,210.8	7,292.3
보건 및 사회복지서비스업	24,610.0	25,301.1
공공행정 등 기타서비스	26,816.8	25,714.6
합계	865,254.0	881,382.8

보기

ㄱ. 전체 대출금 합계에서 광업이 차지하는 비중은 2024년 2분기에 전분기 대비 감소하였다.
ㄴ. 2024년 2분기 전문, 과학 및 기술 서비스업 대출금의 1분기 대비 증가율은 10% 미만이다.
ㄷ. 2024년 1분기 전체 대출금 합계에서 도매 및 소매업 대출금이 차지하는 비중은 15% 이상이다.
ㄹ. 2024년 2분기에 대출금이 전분기 대비 감소한 산업 수는 증가한 산업 수의 20% 이상이다.

① ㄴ
② ㄱ, ㄴ
③ ㄷ, ㄹ
④ ㄱ, ㄷ, ㄹ
⑤ ㄴ, ㄷ, ㄹ

※ 다음은 산업별 취업자 수에 대한 자료이다. 이어지는 질문에 답하시오. **[21~22]**

〈산업별 취업자 수〉

(단위 : 천 명)

연도	총계	농·임·어업		광공업		사회간접자본 및 기타·서비스업				
		합계	농·임업	합계	제조업	합계	건설업	도소매·음식·숙박업	전기·운수·통신·금융업	사업·개인·공공 서비스 및 기타
2016년	21,156	2,243	2,162	4,311	4,294	14,602	1,583	5,966	2,074	4,979
2017년	21,572	2,148	2,065	4,285	4,267	15,139	1,585	5,874	2,140	5,540
2018년	22,169	2,069	1,999	4,259	4,241	15,841	1,746	5,998	2,157	5,940
2019년	22,139	1,950	1,877	4,222	4,205	15,967	1,816	5,852	2,160	6,139
2020년	22,558	1,825	1,749	4,306	4,290	16,427	1,820	5,862	2,187	6,558
2021년	22,855	1,815	1,747	4,251	4,234	16,789	1,814	5,806	2,246	6,923
2022년	23,151	1,785	1,721	4,185	4,167	17,181	1,835	5,762	2,333	7,251
2023년	23,432	1,726	1,670	4,137	4,119	17,569	1,850	5,726	7,600	2,393
2024년	23,577	1,686	–	3,985	3,963	17,906	1,812	5,675	2,786	7,633

21 다음 중 자료에 대한 설명으로 옳지 않은 것은?

① 2016년 도소매·음식·숙박업 분야에 종사하는 사람의 수는 총 취업자 수의 30% 미만이다.
② 2016~2024년 농·임·어업 분야의 취업자 수는 꾸준히 감소하고 있다.
③ 2024년 취업자 수가 2016년 대비 가장 많이 증가한 분야는 사업·개인·공공서비스 및 기타이다.
④ 2023년 취업자 수의 2016년 대비 증감률이 50% 이상인 분야는 2곳이다.
⑤ 2016~2024년 건설업 분야의 취업자 수는 꾸준히 증가하고 있다.

22 다음 〈보기〉 중 자료에 대한 설명으로 옳은 것을 모두 고르면?

보기
ㄱ. 2019년 어업 분야의 취업자 수는 73천 명이다.
ㄴ. 2023년 취업자 수가 가장 많은 분야는 전기·운수·통신·금융업이다.
ㄷ. 2024년 이후 농·임업 분야의 종사자는 계속 줄어들 것이지만, 어업 분야의 종사자는 현상을 유지하거나 늘어난다고 볼 수 있다.

① ㄱ
② ㄴ
③ ㄱ, ㄴ
④ ㄱ, ㄷ
⑤ ㄱ, ㄴ, ㄷ

23

다음은 L사진관이 올해 찍은 사진의 용량 및 개수를 나타낸 자료이다. 올해 찍은 사진을 모두 모아서 한 개의 USB에 저장하려고 할 때, 최소 몇 GB의 USB가 필요한가?[단, 1MB=1,000KB, 1GB=1,000MB이며, 합계 파일 용량(GB)은 소수점 첫째 자리에서 버림한다]

〈올해 사진 자료〉

구분	크기(cm)	용량	개수
반명함	3×4	150KB	8,000개
신분증	3.5×4.5	180KB	6,000개
여권	5×5	200KB	7,500개
단체사진	10×10	250KB	5,000개

① 3.0GB
② 3.5GB
③ 4.0GB
④ 4.5GB
⑤ 5.0GB

24

다음은 2024년 L시 5개 구 주민의 돼지고기 소비량에 대한 자료이다. 〈조건〉을 참고할 때 변동계수가 3번째로 큰 곳은?

〈5개 구 주민의 돼지고기 소비량 통계〉

(단위 : kg)

구분	평균(1인당 소비량)	표준편차
A	(　　)	5.0
B	(　　)	4.0
C	30	6.0
D	12	4.0
E	(　　)	8.0

※ $(\text{변동계수}) = \frac{(\text{표준편차})}{(\text{평균})} \times 100$

조건

- A구의 1인당 소비량과 B구의 1인당 소비량을 합하면 C구의 1인당 소비량과 같다.
- A구의 1인당 소비량과 D구의 1인당 소비량을 합하면 E구 1인당 소비량의 2배와 같다.
- E구의 1인당 소비량은 B구의 1인당 소비량보다 6.0kg 더 많다.

① A구
② B구
③ C구
④ D구
⑤ E구

25 다음은 대형마트 이용자를 대상으로 소비자 만족도를 조사한 결과이다. 이에 대한 설명으로 옳은 것은?(단, 소수점 셋째 자리에서 반올림한다)

〈대형마트 업체별 소비자 만족도〉

(단위 : 점/5점 만점)

업체명	종합 만족도	서비스 품질					서비스 쇼핑 체험
		쇼핑 체험 편리성	상품 경쟁력	매장환경 / 시설	고객접점 직원	고객관리	
A마트	3.72	3.97	3.83	3.94	3.70	3.64	3.48
B마트	3.53	3.84	3.54	3.72	3.57	3.58	3.37
C마트	3.64	3.96	3.73	3.87	3.63	3.66	3.45
D마트	3.56	3.77	3.75	3.44	3.61	3.42	3.33

〈대형마트 인터넷・모바일쇼핑 소비자 만족도〉

(단위 : %, 점/5점 만점)

분야별 이용 만족도	이용률	A마트	B마트	C마트	D마트
인터넷쇼핑	65.4	3.88	3.80	3.88	3.64
모바일쇼핑	34.6	3.95	3.83	3.91	3.69

① 인터넷쇼핑과 모바일쇼핑의 소비자 만족도가 가장 큰 차이를 보이는 곳은 D마트이다.

② 종합만족도는 5점 만점에 평균 3.61점이며, 업체별로는 A마트가 가장 높고, C마트, B마트, D마트 순서로 나타났다.

③ 서비스 품질 부문에 있어 대형마트는 평균적으로 쇼핑 체험 편리성에 대한 만족도가 상대적으로 가장 높게 평가되었으며, 반대로 고객접점직원 서비스가 가장 낮게 평가되었다.

④ 대형마트를 이용하면서 느낀 감정이나 기분을 반영한 서비스 쇼핑 체험 부문의 만족도는 평균 3.41점으로 서비스 품질 부문들보다 낮았다.

⑤ 대형마트 인터넷쇼핑 이용률이 65.4%로 모바일쇼핑에 비해 높으나, 만족도에서는 모바일쇼핑이 평균 0.1점 더 높게 평가되었다.

PART 3

※ 다음은 외국인 직접투자의 투자건수 비율과 투자금액 비율을 투자규모별로 나타낸 자료이다. 이어지는 질문에 답하시오. **[26~27]**

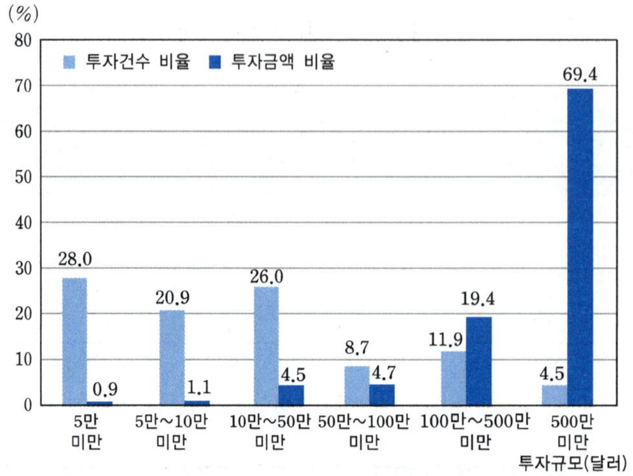

※ 투자규모는 외국인 직접투자의 건당 투자금액을 기준으로 구분함

※ $[\text{투자건수 비율(\%)}] = \frac{(\text{투자규모별 외국인 직접투자 건수})}{(\text{전체 외국인 직접투자 건수})} \times 100$

※ $[\text{투자금액 비율(\%)}] = \frac{(\text{투자규모별 외국인 직접투자 금액 합계})}{(\text{전체 외국인 직접투자 건수})} \times 100$

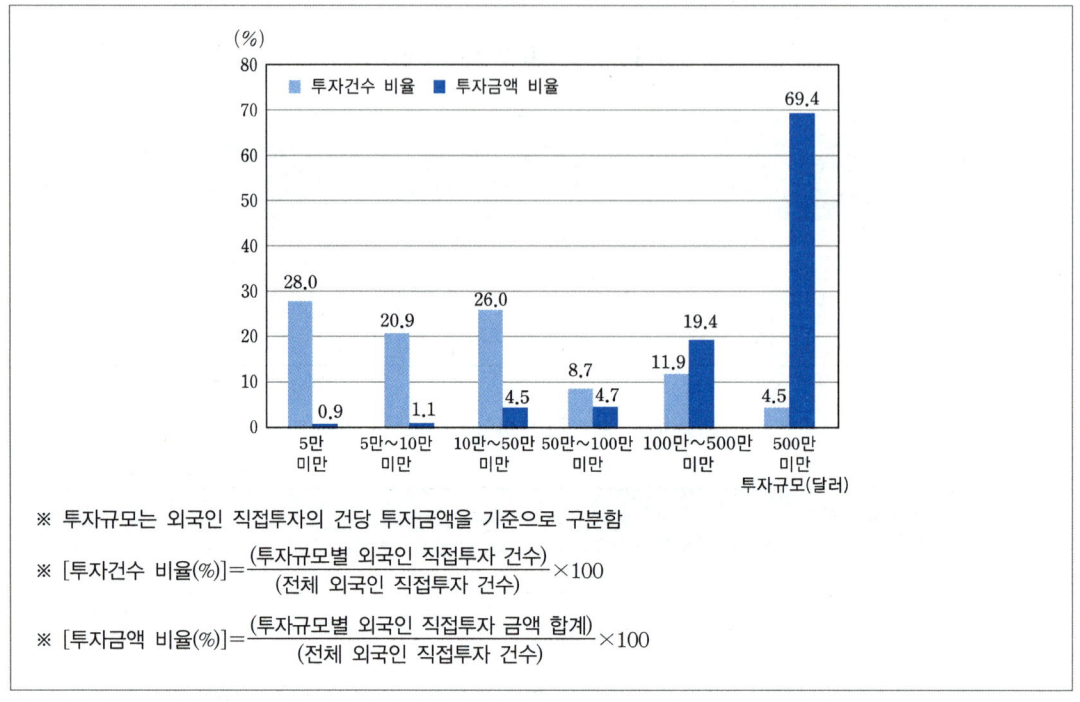

26 다음 중 투자규모가 50만 달러 미만인 투자건수 비율은?

① 55.3% ② 62.8%
③ 68.6% ④ 74.9%
⑤ 83.6%

27 다음 중 100만 달러 이상의 투자건수 비율은?

① 16.4% ② 19.6%
③ 23.5% ④ 26.1%
⑤ 30.7%

28 최근에 두바이에 있는 중요한 바이어가 본사에 방문하기를 원한다고 전해왔다. 9월 중에 총 6일간 머무르며 생산현장을 먼저 방문한 후 본사에서 주요 계약사항에 대해 논의할 예정이다. 바이어의 일정에 차질이 생기지 않도록 스케줄을 잡을 때, 가장 적절한 일정은?

〈9월 달력〉

일	월	화	수	목	금	토
				1	2	3
4	5	6	7	8	9	10
11	12	13	14	15 추석	16	17
18	19	20	21	22	23	24
25	26 창립기념일	27	28	29	30	

※ 휴무일 : 본사 – 일요일, 생산 – 토요일, 창립기념일, 추석

※ 9월 6일에서 9월 12일까지 생산현장 시설점검 및 보수가 예정되어 있다.

① 3 ~ 8일
② 12 ~ 17일
③ 17 ~ 22일
④ 19 ~ 24일
⑤ 22 ~ 27일

29 A ~ E 5명에게 지난 달 핸드폰 통화 요금이 가장 많이 나온 사람부터 1위에서 5위까지의 순위를 추측하라고 했더니 각자 예상하는 두 사람의 순위를 다음 〈보기〉와 같이 대답하였다. 각자 예상한 순위 중 하나는 참이고 다른 하나는 거짓일 때, 실제 핸드폰 통화 요금이 가장 많이 나온 사람은?

보기

A : D가 두 번째이고, 내가 세 번째이다.
B : 내가 가장 많이 나왔고, C가 두 번째로 많이 나왔다.
C : 내가 세 번째이고, B가 제일 적게 나왔다.
D : 내가 두 번째이고, E가 네 번째이다.
E : A가 가장 많이 나왔고, 내가 네 번째이다.

① A
② B
③ C
④ D
⑤ E

30 다음 글에 대한 분석으로 적절한 것을 〈보기〉에서 모두 고르면?

식탁을 만드는 데는 노동과 자본만 투입된다고 가정하자. 노동자 1명의 시간당 임금은 8,000원이고, 노동자는 1명이 투입되어 A기계 또는 B기계를 사용하여 식탁을 생산한다. A기계를 사용하면 10시간이 걸리고, B기계를 사용하면 7시간이 걸린다. 이때, 식탁 1개의 시장가격은 100,000원이고, 식탁 1개를 생산하는 데 드는 임대료는 A기계의 경우 10,000원, B기계의 경우 20,000원이다. 만약 A, B기계 중 어떤 것을 사용해도 생산된 식탁의 품질은 같다고 한다면, 기업은 어떤 기계를 사용할 것인가?(단, 작업 환경·물류비 등 다른 조건은 고려하지 않는다)

보기

ㄱ. 기업은 B기계보다는 A기계를 선택할 것이다.
ㄴ. '어떻게 생산할 것인가?'와 관련된 경제 문제이다.
ㄷ. 합리적인 선택을 했다면, 식탁 1개당 24,000원의 이윤을 기대할 수 있다.
ㄹ. A기계를 선택하는 경우 식탁 1개를 만드는 데 드는 비용은 70,000원이다.

① ㄱ, ㄴ
② ㄱ, ㄷ
③ ㄴ, ㄷ
④ ㄴ, ㄹ
⑤ ㄷ, ㄹ

31 컨설팅 회사에 근무 중인 A사원은 최근 컨설팅 의뢰를 받은 L사진관에 대해 SWOT 분석을 진행하였다. 다음 밑줄 친 ㉠~㉤ 중 적절하지 않은 것은?

〈L사진관의 SWOT 분석 결과〉

강점(Strength)	• ㉠ <u>넓은 촬영 공간(야외 촬영장 보유)</u> • 백화점 인근의 높은 접근성 • ㉡ <u>다양한 채널을 통한 홍보로 높은 인지도 확보</u>
약점(Weakness)	• ㉢ <u>직원들의 높은 이직률</u> • 회원 관리 능력 부족 • 내부 회계 능력 부족
기회(Opportunity)	• 사진 시장의 규모 확대 • 오프라인 사진 인화 시장의 성장 • ㉣ <u>전문가용 카메라의 일반화</u>
위협(Threat)	• 저가 전략 위주의 경쟁 업체 증가 • ㉤ <u>온라인 사진 저장 서비스에 대한 수요 증가</u>

① ㉠
② ㉡
③ ㉢
④ ㉣
⑤ ㉤

32 L공단은 우리나라 사람들의 해외취업을 돕기 위해 박람회를 열고자 한다. 다음 〈조건〉을 참고할 때, L공단이 박람회 장소로 선택할 나라는?

조건

1. L공단의 해외 EPS센터가 있는 나라여야 한다.
   – 해외 EPS센터(15개국) : 필리핀, 태국, 인도네시아, 베트남, 스리랑카, 몽골, 우즈베키스탄, 파키스탄, 캄보디아, 중국, 방글라데시, 키르기스스탄, 네팔, 미얀마, 동티모르
2. 100개 이상의 한국 기업이 진출해 있어야 한다.

〈국가별 상황〉

국가	경쟁력	비고
인도네시아	한국 기업이 100개 이상 진출해 있으며, 안정적인 정치 및 경제 구조를 가지고 있다.	두 번의 박람회를 열었으나 실제 취업까지 연결되는 성과가 미미하였다.
아랍에미리트	UAE 자유무역지역에 다양한 다국적 기업이 진출해 있다.	석유가스산업, 금융산업에는 외국 기업의 진출이 불가하다.
중국	한국 기업이 170개 이상 진출해 있으며, 현지 기업의 80% 이상이 우리나라 사람의 고용을 원한다.	중국 청년의 실업률이 높아 사회문제가 되고 있다.
미얀마	2022년 기준 약 2,500명의 한인이 거주 중이며, 한류 열풍이 거세게 불고 있다.	내전으로 우리나라 사람들의 치안이 보장되지 않는다.
베트남	여성의 사회진출이 높고 정치, 경제, 사회 각 분야에서 많은 여성이 활약 중이다.	한국 기업 진출을 위한 인프라 구축이 잘 되어 있다.

① 인도네시아
② 아랍에미리트
③ 중국
④ 미얀마
⑤ 베트남

PART 3

33 다음 글과 〈조건〉을 근거로 할 때 가장 적절한 것은?

환경오염 및 예방 대책의 추진(제○○조)

환경부장관 및 시장·군수·구청장 등은 국가산업단지의 주변지역에 대한 환경기초조사를 정기적으로 실시하여야 하며 이를 기초로 하여 환경오염 및 예방 대책을 수립·시행하여야 한다.

환경기초조사의 방법·시기 등(제□□조)

전조(前條)에 따른 환경기초조사의 방법과 시기 등은 다음 각 호와 같다.

1. 환경기초조사의 범위는 지하수 및 지표수의 수질, 대기, 토양 등에 대한 계획·조사 및 치유대책을 포함한다.
2. 환경기초조사는 당해 기초지방자치단체장이 1단계 조사를 하고 환경부장관이 2단계 조사를 한다. 다만 1단계 조사결과에 의하여 정상지역으로 판정된 때는 2단계 조사를 하지 아니한다.
3. 제2호에 따른 1단계 조사는 그 조사 시행일 기준으로 3년마다 실시하고, 2단계 조사는 1단계 조사 판정일 이후 1개월 이내에 실시하여야 한다.

조건

- L시에는 갑, 을, 병 세 곳의 국가산업단지가 있다.
- L시 시장은 다음과 같이 세 개 단지의 주변지역에 대한 1단계 환경기초조사를 하였다. 2025년 1월 1일에 기록되어 있는 시행일, 판정일 및 판정 결과는 다음과 같다.

구분	1단계 조사 시행일	1단계 조사 판정일	결과
갑단지 주변지역	2023년 7월 1일	2024년 11월 30일	오염 지역
을단지 주변지역	2022년 3월 1일	2022년 9월 1일	오염 지역
병단지 주변지역	2023년 10월 1일	2024년 7월 1일	정상 지역

① 갑단지 주변지역에 대하여 2025년에 환경부장관은 2단계 조사를 해야 한다.
② 을단지 주변지역에 대하여 2025년에 L시 시장은 1단계 조사를 해야 한다.
③ 을단지 주변지역에 대하여 L시 시장은 2022년 9월 중에 2단계 조사를 하였다.
④ 병단지 주변지역에 대하여 환경부장관은 2024년 7월 중에 2단계 조사를 하였다.
⑤ 갑단지 주변지역에 대한 1단계 조사는 환경부장관이 실시해야 한다.

34 L공사는 부대시설 건축을 위해 A건축회사와 계약을 맺었다. 다음 계약서를 보고 건축시설처의 S대리가 파악할 수 있는 내용으로 가장 적절한 것은?

〈공사도급계약서〉

상세시공도면 작성(제10조)

① '을'은 건축법 제24조 제4항에 따라 공사감리자로부터 상세시공도면의 작성을 요청받은 경우에는 상세시공도면을 작성하여 공사감리자의 확인을 받아야 하며, 이에 따라 공사를 하여야 한다.
② '갑'은 상세시공도면의 작성범위에 관한 사항을 설계자 및 공사감리자의 의견과 공사의 특성을 감안하여 계약서상의 시방에 명시하고, 상세시공도면의 작성비용을 공사비에 반영한다.

안전관리 및 재해보상(제11조)

① '을'은 산업재해를 예방하기 위하여 안전시설의 설치 및 보험의 가입 등 적정한 조치를 하여야 한다. 이때 '갑'은 계약금액의 안전관리비 및 보험료 상당액을 계상하여야 한다.
② 공사현장에서 발생한 산업재해에 대한 책임은 '을'에게 있다. 다만, 설계상의 하자 또는 '갑'의 요구에 의한 작업으로 인한 재해에 대하여는 그렇지 아니하다.

응급조치(제12조)

① '을'은 재해방지를 위하여 특히 필요하다고 인정될 때에는 미리 긴급조치를 취하고 즉시 이를 '갑'에게 통지하여야 한다.
② '갑'은 재해방지 및 기타 공사의 시공상 긴급·부득이하다고 인정할 때에는 '을'에게 긴급조치를 요구할 수 있다.
③ 제1항 및 제2항의 응급조치에 소요된 경비에 대하여는 제16조 제2항의 규정을 준용한다.

① 응급조치에 소요된 비용은 '갑'이 부담한다.
② 공사감리자는 '을'에게 상세시공도면 작성을 요청할 수 있고, 이에 대한 비용은 '을'이 책임진다.
③ '을'은 재해방지를 위하여 미리 긴급조치를 취할 수 있고, 이를 '갑'에게 알릴 의무는 없다.
④ 공사현장에서 발생한 모든 산업재해에 대한 책임은 '을'에게 있다.
⑤ '을'은 산업재해를 예방하기 위한 조치를 해야 하고, '갑'은 계약금액에 이와 관련한 금액을 책정해야 한다.

PART 3

※ L공사는 모든 임직원에게 다음과 같은 규칙으로 사원번호를 부여한다. 이어지는 질문에 답하시오. **[35~36]**

〈사원번호 부여 기준〉

성별	부서		입사연도		입사월		입사순서	
M	0	1	2	5	0	1	0	1

- 사원번호 부여 순서 : [성별] – [부서] – [입사연도] – [입사월] – [입사순서]
- 성별 구분

남성	여성
M	W

- 부서 구분

운영지원부	인사부	기획부	안전관리부	홍보부
01	02	03	04	05

- 입사연도 : 연도별 끝자리를 2자리 숫자로 기재(예 2025년 – 25)
- 입사월 : 2자리 숫자로 기재(예 5월 – 05)
- 입사순서 : 해당 월의 누적 입사순서(예 해당 월의 3번째 입사자 – 03)

※ L공사에 같은 날 입사자는 없다.

35 다음 중 사원번호가 'W05240401'인 사원에 대한 설명으로 적절하지 않은 것은?

① 2024년 홍보부서 최초의 여직원이다.
② 2024년에 입사하였다.
③ 4월에 입사한 여성이다.
④ 'M03240511' 사원보다 입사일이 빠르다.
⑤ 홍보부서로 입사하였다.

36 다음 L공사의 2023년 하반기 신입사원 명단을 참고할 때, 기획부에 입사한 여성은 모두 몇 명인가?

M01230903	W03231005	M05230912	W05230913	W01231001	W04231009
W02230901	M04231101	W01230905	W03230909	M02231002	W03231007
M03230907	M01230904	W02230902	M04231008	M05231107	M01231103
M03230908	M05230910	M02231003	M01230906	M05231106	M02231004
M04231101	M05230911	W03231006	W05231105	W03231104	M05231108

① 2명
② 3명
③ 4명
④ 5명
⑤ 6명

37 L기업에 근무하는 귀하는 부하직원 A ~ E를 대상으로 마케팅 전략에 대한 의견을 물었다. 이에 대해 직원 5명은 찬성과 반대 둘 중 하나의 의견을 제시했다. 다음 〈조건〉이 모두 참일 때 옳은 것은?

조건

- A 또는 D 둘 중 적어도 하나가 반대하면 C는 찬성하고 E는 반대한다.
- B가 반대하면 A는 찬성하고 D는 반대한다.
- D가 반대하면 C도 반대한다.
- E가 반대하면 B도 반대한다.
- 적어도 한 사람은 반대한다.

① A는 찬성하고 B는 반대한다.
② A는 찬성하고 E는 반대한다.
③ B와 D는 반대한다.
④ C는 반대하고 D는 찬성한다.
⑤ C와 E는 찬성한다.

38 어느 요리를 만들기 위해서는 준비된 7가지의 재료 가 ~ 사를 정해진 순서대로 넣어야 한다. 다음 〈조건〉을 토대로 마지막에 넣는 재료가 가일 때, 두 번째로 넣어야 할 재료는 무엇인가?

조건

- 모든 재료는 차례로 한 번씩만 넣는다.
- 가 바로 앞에 넣는 재료는 라이다.
- 사는 라보다는 먼저 넣지만, 나보다 늦게 넣는다.
- 마는 다와 나의 사이에 넣는 재료이다.
- 다는 마보다 먼저 들어간다.
- 바는 다보다 먼저 들어간다.

① 다 ② 라
③ 마 ④ 바
⑤ 사

39 L공사의 기획팀 B팀장은 C사원에게 L공사에 대한 마케팅 전략 보고서를 요청하였다. C사원이 B팀장에게 제출한 SWOT 분석 결과가 다음과 같을 때, 밑줄 친 ㉠~㉤ 중 적절하지 않은 것은?

〈L공사의 SWOT 분석 결과〉

강점(Strength)	• 새롭고 혁신적인 서비스 • ㉠ 직원들에게 가치를 더하는 L공사의 다양한 측면 • 특화된 마케팅 전문 지식
약점(Weakness)	• 낮은 품질의 서비스 • ㉡ 경쟁자의 시장 철수로 인한 새로운 시장 진입 가능성
기회(Opportunity)	• ㉢ 합작회사를 통한 전략적 협력 구축 가능성 • 글로벌 시장으로의 접근성 향상
위협(Threat)	• ㉣ 주력 시장에 나타난 신규 경쟁자 • ㉤ 경쟁 기업의 혁신적 서비스 개발 • 경쟁 기업과의 가격 전쟁

① ㉠
② ㉡
③ ㉢
④ ㉣
⑤ ㉤

40 다음은 L기업에 대한 SWOT 분석 결과이다. 〈보기〉 중 각 전략에 따른 대응으로 적절한 것을 모두 고르면?

〈L기업의 SWOT 분석 결과〉

강점(Strength)	약점(Weakness)
• 높은 브랜드 이미지 · 평판 • 훌륭한 서비스와 판매 후 보증수리 • 확실한 거래망, 딜러와의 우호적인 관계 • 막대한 R&D 역량 • 자동화된 공장 • 대부분의 차량 부품 자체 생산	• 한 가지 차종에만 집중 • 고도의 기술력에 대한 과도한 집중 • 생산설비에 막대한 투자 → 차량모델 변경의 어려움 • 한 곳의 생산 공장만 보유 • 전통적인 가족형 기업 운영
기회(Opportunity)	**위협(Threat)**
• 소형 레저용 차량에 대한 수요 증대 • 새로운 해외시장의 출현 • 저가형 레저용 차량에 대한 선호 급증	• 휘발유의 부족 및 가격의 급등 • 레저용 차량 전반에 대한 수요 침체 • 다른 회사들과의 경쟁 심화 • 차량 안전 기준의 강화

보기

ㄱ. ST전략 : 기술개발을 통하여 연비를 개선한다.
ㄴ. SO전략 : 대형 레저용 차량을 생산한다.
ㄷ. WO전략 : 규제 강화에 대비하여 보다 안전한 레저용 차량을 생산한다.
ㄹ. WT전략 : 생산량 감축을 고려한다.
ㅁ. WO전략 : 국내 다른 지역이나 해외에 공장들을 분산 설립한다.
ㅂ. ST전략 : 경유용 레저 차량 생산을 고려한다.
ㅅ. SO전략 : 해외 시장 진출보다는 내수 확대에 집중한다.

① ㄱ, ㄴ, ㅁ, ㅂ
② ㄱ, ㄹ, ㅁ, ㅂ
③ ㄴ, ㄷ, ㅂ, ㅅ
④ ㄴ, ㄹ, ㅁ, ㅅ
⑤ ㄷ, ㅁ, ㅂ, ㅅ

| 행정 – 객관식 |

01 **다음 〈보기〉 중 역량평가제에 대한 설명으로 옳은 것을 모두 고르면?**

보기

ㄱ. 일종의 사전적 검증장치로 단순한 근무실적 수준을 넘어 공무원에게 요구되는 해당 업무 수행을 위한 충분한 능력을 보유하고 있는지에 대한 평가를 목적으로 한다.
ㄴ. 근무실적과 직무수행능력을 대상으로 정기적으로 이루어지며, 그 결과는 승진과 성과급 지급, 보직관리 등에 활용된다.
ㄷ. 조직 구성원으로 하여금 조직 내외의 모든 사람과 원활한 인간관계를 증진시키려는 강한 동기를 부여함으로써 업무 수행의 효율성을 제고할 수 있다.
ㄹ. 다양한 평가기법을 활용하여 실제 업무와 유사한 모의상황에서 나타나는 평가 대상자의 행동특성을 다수의 평가자가 평가하는 체계이다.
ㅁ. 미래 행동에 대한 잠재력을 측정하는 것이며 성과에 대한 외부변수를 통제함으로써 객관적 평가가 가능하다.

① ㄱ, ㄴ, ㄷ
② ㄱ, ㄹ, ㅁ
③ ㄴ, ㄷ, ㄹ
④ ㄷ, ㄹ, ㅁ
⑤ ㄴ, ㄷ, ㄹ, ㅁ

02 **다음 〈보기〉의 설명에 해당하는 공무원 평정제도를 바르게 짝지은 것은?**

보기

ㄱ. 고위공무원단제도의 도입에 따라 고위공무원으로서 요구되는 역량을 구비했는지를 사전에 검증하는 제도적 장치로 도입되었다.
ㄴ. 직무분석을 통해 도출된 성과책임을 바탕으로 성과 목표를 설정・관리・평가하고, 그 결과를 보수 혹은 처우 등에 적용하는 일련의 과정을 거친다.
ㄷ. 행정서비스에 관한 다방향적 의사전달을 촉진하며 충성심의 방향을 다원화하는 데 기여할 수 있다.
ㄹ. 공무원의 능력, 근무성적 및 태도 등을 평가해 교육훈련 수요를 파악하고, 승진 및 보수결정등의 인사관리 자료를 얻는 데 활용한다.

	ㄱ	ㄴ	ㄷ	ㄹ
①	역량평가제	직무성과관리제	다면평가제	근무성적평정제
②	다면평가제	역량평가제	근무성적평정제	직무성과관리제
③	역량평가제	근무성적평정제	다면평가제	직무성과관리제
④	다면평가제	직무성과관리제	역량평가제	근무성적평정제
⑤	역량평가제	다면평가제	근무성과관리제	근무성적평정제

03 **다음 중 시민들의 가치관 변화가 행정조직 문화에 미친 영향으로 옳지 않은 것은?**

① 시민들의 프로슈머(Prosumer) 경향화는 관료주의적 문화와 적절한 조화를 형성할 것이다.
② 개인의 욕구를 중시하는 개인주의적 태도는 공동체적 가치관과 갈등을 빚기 시작했다.
③ 시민들의 가치관과 태도의 다양화에도 불구하고 행정기관들은 아직도 행정조직 고유의 가치관과 행동양식을 강조하고 있다고 볼 수 있다.
④ 1990년대 이전까지는 경제성장과 국가안보라는 뚜렷한 국가 목표가 있었다고 볼 수 있다.
⑤ 공공서비스 공급에서 행정조직 간 경쟁, 민간화가 활성화되고 있다.

PART 3

04 **다음 중 공공서비스에 대한 설명으로 옳지 않은 것은?**

① 의료, 교육과 같은 가치재(Worthy goods)는 경합적이므로 시장을 통한 배급도 가능하지만, 정부가 개입할 수도 있다.
② 공유재(Common goods)는 정당한 대가를 지불하지 않는 사람들을 이용에서 배제하기 어렵다는 문제가 있다.
③ 노벨상을 수상한 오스트롬(E. Ostrom)은 정부의 규제에 의해 공유자원의 고갈을 방지할 수 있다는 보편적 이론을 제시하였다.
④ 공공재(Public goods) 성격을 가진 재화와 서비스는 시장에 맡겼을 때 바람직한 수준 이하로 공급될 가능성이 높다.
⑤ 어획자 수나 어획량에 대해서 아무런 제한이 없는 개방어장의 경우 공유의 딜레마 또는 공유의 비극이라는 문제가 발생한다.

05 **다음 중 국회의 승인이나 의결을 얻지 않아도 되는 것은?**

① 명시이월
② 예비비 사용
③ 예산의 이용
④ 계속비
⑤ 예산의 이체

06 다음 〈보기〉 중 옳은 것을 모두 고르면?

> **보기**
> ㄱ. 인간관계론에서 조직 참여자의 생산성은 육체적 능력보다 사회적 규범에 의해 좌우된다.
> ㄴ. 과학적 관리론은 과학적 분석을 통해 업무수행에 적용할 유일 최선의 방법을 발견할 수 있다고 전제한다.
> ㄷ. 체제론은 비계서적 관점을 중시한다.
> ㄹ. 발전행정론은 정치, 사회, 경제의 균형성장에 크게 기여하였다.

① ㄱ, ㄴ
② ㄱ, ㄹ
③ ㄴ, ㄷ
④ ㄴ, ㄹ
⑤ ㄷ, ㄹ

07 다음 중 탈신공공관리론(Post-NPM)에서 강조하는 행정개혁 전략으로 옳지 않은 것은?

① 분권화와 집권화의 조화
② 민간 – 공공부문 간 파트너십 강조
③ 규제 완화
④ 인사관리의 공공책임성 중시
⑤ 정치적 통제 강조

08 다음 글의 ㉠에 대한 설명으로 옳은 것은?

> ___㉠___(이)란 상대적으로 많이 가진 계층 또는 집단으로부터 적게 가진 계층 또는 집단으로 재산·소득·권리 등의 일부를 이전시키는 정책을 말한다. 이를테면 누진세 제도의 실시, 생활보호대상자에 대한 의료보호, 영세민에 대한 취로사업, 무주택자에 대한 아파트 우선적 분양, 저소득 근로자들에게 적용시키는 근로소득보전세제 등의 정책이 이에 속한다.

① 정책 과정에서 이해당사자들 상호 간 이익이 되는 방향으로 협력하는 로그롤링(Log Rolling) 현상이 나타난다.

② 계층 간 갈등이 심하고 저항이 발생할 수 있어 국민적 공감대를 형성할 때 정책의 변화를 가져오게 된다.

③ 체제 내부를 정비하는 정책으로 대외적 가치배분에는 큰 영향이 없으나, 대내적으로는 게임의 법칙이 발생한다.

④ 대체로 국민 다수에게 돌아가지만, 사회간접시설과 같이 특정지역에 보다 직접적인 편익이 돌아가는 경우도 많다.

⑤ 법령에서 제시하는 광범위한 기준을 근거로 국민들에게 강제적으로 특정한 부담을 지우는 것이다.

09 다음 중 옴부즈만 제도에 대한 설명으로 옳지 않은 것은?

① 1800년대 초반 스웨덴에서 처음으로 채택되었다.

② 옴부즈만은 입법기관에서 임명하는 옴부즈만이었으나, 국회의 제청에 의해 행정수반이 임명하는 옴부즈만도 등장하게 되었다.

③ 우리나라 지방자치단체는 시민고충처리위원회를 둘 수 있는데 이것은 지방자치단체의 옴부즈만이라고 할 수 있다.

④ 국무총리 소속으로 설치한 국민권익위원회는 행정체제 외의 독립통제기관이며, 대통령이 임명하는 옴부즈만의 일종이다.

⑤ 시정조치의 강제권이 없기 때문에 비행의 시정이 비행자의 재량에 달려 있는 경우가 많다.

10 **다음 빈칸에 공통으로 들어갈 용어로 옳은 것은?**

> • ______은/는 정부업무, 업무수행에 필요한 데이터, 업무를 지원하는 응용서비스 요소, 데이터와 응용시스템의 실행에 필요한 정보기술, 보안 등의 관계를 구조적으로 연계한 체계로서 정보자원 관리의 핵심수단이다.
> • ______은/는 정부의 정보시스템 간의 상호운용성 강화, 정보자원 중복투자 방지, 정보화 예산의 투자효율성 제고 등에 기여한다.

① 블록체인 네트워크
② 정보기술아키텍처
③ 제3의 플랫폼
④ 클라우드 – 클라이언트 아키텍처
⑤ 스마트워크센터

11 **다음 〈보기〉 중 신공공관리론에 대한 설명으로 옳은 것을 모두 고르면?**

> **보기**
> ㄱ. 기업경영의 논리와 기법을 정부에 도입・접목하려는 노력이다.
> ㄴ. 정부 내의 관리적 효율성에 초점을 맞추고, 규칙중심의 관리를 강조한다.
> ㄷ. 거래비용이론, 공공선택론, 주인 – 대리인이론 등을 이론적 기반으로 한다.
> ㄹ. 중앙정부의 감독과 통제의 강화를 통해 일선공무원의 책임성을 강화시킨다.
> ㅁ. 효율성을 지나치게 강조하는 과정에서 민주주의의 책임성이 결여될 수 있는 한계가 있다.

① ㄱ, ㄴ, ㄷ
② ㄱ, ㄷ, ㄹ
③ ㄱ, ㄷ, ㅁ
④ ㄴ, ㄷ, ㅁ
⑤ ㄴ, ㄹ, ㅁ

12 다음 중 예산제도에 대한 설명으로 옳지 않은 것은?

① 계획 예산제도(PPBS)는 기획, 사업구조화, 그리고 예산을 연계시킨 시스템적 예산제도이다.
② 계획 예산제도(PPBS)의 단점으로는 의사결정이 지나치게 집권화되고 전문화되어 외부통제가 어렵다는 점과 대중적인 이해가 쉽지 않아 정치적 실현가능성이 낮다는 점이 있다.
③ 품목별 예산제도(LIBS)는 정부의 지출을 체계적으로 구조화한 최초의 예산제도로서 지출대상별 통제를 용이하게 할 뿐 아니라 지출에 대한 근거를 요구하고 확인할 수 있다.
④ 성과 예산제도(PBS)는 사업별, 활동별로 예산을 편성하고, 성과평가를 통하여 행정통제를 합리화할 수 있다.
⑤ 품목별 예산제도(LIBS)는 왜 돈을 지출해야 하는지, 무슨 일을 하는지에 대하여 구체적인 정보를 제공하는 장점이 있다.

PART 3

13 다음 중 행정지도에 대한 설명으로 옳은 것은?

① 분쟁의 가능성이 낮다는 장점이 있다.
② 행정환경 변화에 대해 신속한 적용이 어렵다.
③ 행정지도는 강제력을 갖는 행위이다.
④ 행정지도를 통한 상대방의 행위에 대해 행정주체는 감독권한을 갖는다.
⑤ 행정지도는 상대방의 임의적 협력 또는 동의하에 일정 행정질서의 형성을 달성하기 위한 권력적 사실행위이다.

14 다음 〈보기〉 중 포스트모더니즘 행정이론에 대한 설명으로 옳은 것을 모두 고르면?

보기

ㄱ. 파머는 전통적 관료제의 탈피를 통한 유기적인 조직구조를 강조하였다.
ㄴ. 파머는 시민의 요구를 충족시키기 위해 정부의 권위 강화가 불가피함을 주장하였다.
ㄷ. 담론이론에서는 소수의 이해관계에 따른 의사결정보다 심의 민주주의를 강조한다.

① ㄱ
② ㄴ
③ ㄱ, ㄷ
④ ㄴ, ㄷ
⑤ ㄱ, ㄴ, ㄷ

15 다음 〈보기〉 중 예산총계주의에 대한 설명으로 옳은 것을 모두 고르면?

보기

ㄱ. 예산총계주의는 수입과 지출 내역, 용도를 명확히 하고 예산을 합리적으로 분류하여 명료하게 관리해야 한다는 원칙이다.
ㄴ. 한 회계연도의 모든 수입을 세입으로 하고, 모든 지출은 세출로 한다.
ㄷ. 지방자치단체가 현물로 출자하는 경우는 예외사항에 해당된다.

① ㄱ
② ㄴ
③ ㄱ, ㄷ
④ ㄴ, ㄷ
⑤ ㄱ, ㄴ, ㄷ

16 다음 행정이론들을 시기 순서대로 바르게 나열한 것은?

(가) 최소의 노동과 비용으로 최대의 능률을 올릴 수 있는 표준적 작업절차를 정하고 이에 따라 예정된 작업량을 달성하기 위한 가장 좋은 방법을 발견하려는 이론이다.
(나) 기존의 거시적인 제도나 구조가 아닌 개인의 표출된 행태를 객관적・실증적으로 분석하는 이론이다.
(다) 조직구성원들의 사회적・심리적 욕구와 조직 내 비공식집단 등을 중시하며, 조직의 목표와 조직구성원들의 목표 간의 균형 유지를 지향하는 민주적・참여적 관리 방식을 처방하는 이론이다.
(라) 시민적 담론과 공익에 기반을 두고 시민에게 봉사하는 정부의 역할을 강조하는 이론이다.

① (가) – (나) – (다) – (라)
② (가) – (다) – (나) – (라)
③ (가) – (다) – (라) – (나)
④ (나) – (다) – (가) – (라)
⑤ (나) – (라) – (다) – (가)

17 **다음 중 우리나라의 지방재정조정제도에 대한 설명으로 옳지 않은 것은?**

① 지방교부세의 재원은 내국세의 19.24%에 해당하는 금액과 종합부동산세 전액으로 구성된다.
② 중앙정부가 지방자치단체별로 지방교부세를 교부할 때 사용하는 기준지표는 지방재정자립도이다.
③ 지방교부세는 용도가 정해져 있지 않다는 점에서 국고보조금과 다르다.
④ 재정자립도를 산정할 때 지방교부세는 지방자치단체의 의존재원에 속한다.
⑤ 국고보조금은 행정서비스의 구역외 확산에 대처할 수 있지만, 지역 간 재정력 격차 및 불균형을 심화시키기도 한다.

18 **다음 중 개방형 인사관리에 대한 설명으로 옳지 않은 것은?**

① 충원된 전문가들이 관료집단에서 중요한 역할을 수행하게 한다.
② 개방형은 승진기회의 제약으로, 직무의 폐지는 대개 퇴직으로 이어진다.
③ 정치적 리더십의 요구에 따른 고위층의 조직 장악력 약화를 초래한다.
④ 공직의 침체, 무사안일주의 등 관료제의 병리를 억제한다.
⑤ 민간부문과의 인사교류로 적극적 인사행정이 가능하다.

19 **다음 중 롤스(J. Rawls)의 사회 정의의 원리와 거리가 먼 것은?**

① 원초상태(Original Position)에서 합의되는 일련의 법칙이 곧 사회정의의 원칙으로서 계약 당사자들의 사회협동체를 규제하게 된다.
② 정의의 제1원리는 기본적 자유의 평등원리로, 모든 사람은 다른 사람의 유사한 자유와 상충되지 않는 한도 내에서 최대한의 기본적 자유에의 평등한 권리를 인정하는 것이다.
③ 정의의 제2원리의 하나인 '차등의 원리(Difference Principle)'는 가장 불우한 사람들의 편익을 최대화해야 한다는 원리이다.
④ 정의의 제2원리의 하나인 '기회균등의 원리'는 사회・경제적 불평등은 그 모체가 되는 모든 직무와 지위에 대한 기회 균등이 공정하게 이루어진 조건에서 직무나 지위에 부수해 존재해야 한다는 원리이다.
⑤ 정의의 제1원리가 제2원리에 우선하고, 제2원리 중에서는 '차등의 원리'가 '기회균등의 원리'에 우선되어야 한다.

20 다음 가상 사례에 대한 설명으로 옳은 것은?

요즘 한 지방자치단체 공무원들 사이에는 민원 관련 허가를 미루려는 A국장의 기이한 행동이 입방아에 오르내리고 있다. A국장은 자기 손으로 승인여부에 대한 결정을 해야 하는 상황을 피하기 위해 자치단체장에 대한 업무보고도 과장을 시켜서 하는 등 단체장과 마주치지 않기 위해 피나는 노력을 하고 있다고 한다.
최근에는 해외일정을 핑계로 아예 장기간 자리를 뜨기도 했다. A국장이 승인여부에 대한 실무진의 의견을 제대로 올리지 않자 안달이 난 쪽은 다름 아닌 바로 단체장이다. 단체장이 모든 책임을 뒤집어써야 하는 상황이 될 수도 있기 때문이다. A국장과 단체장이 책임을 떠넘기려는 웃지 못할 해프닝이 일어나고 있는 것이다. 한 공무원은 "임기 말에 논란이 될 사안을 결정할 공무원이 누가 있겠느냐."고 말했다.
이런 현상은 중앙부처의 정책결정 과정이나 자치단체의 일선행정 현장에서 모두 나타나고 있다. 그 사이에 정부 정책의 신뢰는 저하되고, 신뢰를 잃은 정책은 표류할 수밖에 없다.

① 관료들이 위험회피적이고 변화저항적이며 책임회피적인 보신주의로 빠지는 행태를 말한다.
② 관료제의 구조적 특성인 권위의 계층적 구조에서 상사의 명령까지 절대적으로 추종하는 행태를 말한다.
③ 업무수행지침을 규정한 공식적인 법규정만을 너무 고집하고 상황에 따른 유연한 대응을 하지 않는 행태를 말한다.
④ 관료제에서 공식적인 규칙이나 절차가 본래의 목적을 상실하여 조직과 대상 국민에게 순응의 불편이나 비용을 초래하는 것을 말한다.
⑤ 기관에 대한 정서적 집착과 같은 귀속주의나 기관과 자신을 하나로 보는 심리적 동일시 현상을 말한다.

21 다음 중 행정의 가치에 대한 설명으로 옳지 않은 것은?

① 능률성(Efficiency)은 일반적으로 '투입에 대한 산출의 비율'로 정의된다.
② 대응성(Responsiveness)은 행정이 시민의 이익을 반영하고, 그에 반응하는 행정을 수행해야 한다는 것을 뜻한다.
③ 가외성의 특성 중 중첩성(Overlapping)은 동일한 기능을 여러 기관들이 독자적인 상태에서 수행하는 것을 뜻한다.
④ 사이먼(Simon)은 합리성을 목표와 행위를 연결하는 기술적·과정적 개념으로 이해하고, 내용적 합리성(Substantive Rationality)과 절차적 합리성(Procedural Rationality)으로 구분하였다.
⑤ 공익에 대한 과정설은 절차적 합리성을 강조하여 적법절차의 준수에 의해서 공익이 보장된다는 입장이다.

22 다음 중 예산성과금에 대한 설명으로 옳지 않은 것은?

① 각 중앙관서의 장은 예산낭비신고센터를 설치·운영하여야 한다.
② 예산낭비를 신고하거나 예산낭비 방지 방안을 제안한 일반 국민도 성과금을 받을 수 있다.
③ 각 중앙관서의 장은 직권으로 성과금을 지급하거나 절약된 예산을 다른 사업에 사용할 수 있다.
④ 예산낭비신고, 예산절감과 관련된 제안을 받은 중앙관서의 장 또는 기금관리주체는 그 처리결과를 신고 또는 제안을 한 자에게 통지하여야 한다.
⑤ 각 중앙관서의 장은 예산의 집행방법 또는 제도의 개선 등으로 인하여 수입이 증대되거나 지출이 절약된 때에는 이에 기여한 자에게 성과금을 지급할 수 있다.

23 다음 〈보기〉 중 행정각부와 그 소속 행정기관으로 옳은 것을 모두 고르면?

보기

ㄱ. 산업통상자원부 – 관세청
ㄴ. 행정안전부 – 경찰청
ㄷ. 중소벤처기업부 – 특허청
ㄹ. 환경부 – 산림청
ㅁ. 기획재정부 – 조달청
ㅂ. 해양수산부 – 해양경찰청

① ㄱ, ㄴ, ㅁ
② ㄱ, ㄷ, ㄹ
③ ㄱ, ㄹ, ㅁ
④ ㄴ, ㄷ, ㅁ
⑤ ㄴ, ㅁ, ㅂ

24 다음 〈보기〉의 근무성적평정의 오류 중 강제배분법으로 방지할 수 있는 것을 모두 고르면?

보기

ㄱ. 첫머리 효과
ㄴ. 집중화 경향
ㄷ. 엄격화 경향
ㄹ. 선입견에 의한 오류

① ㄱ, ㄴ
② ㄱ, ㄷ
③ ㄴ, ㄷ
④ ㄴ, ㄹ
⑤ ㄷ, ㄹ

25 다음 중 지방공기업에 대한 설명으로 옳지 않은 것은?

① 자동차운송사업은 지방직영기업 대상에 해당된다.
② 지방공사의 자본금은 지방자치단체가 전액 출자한다.
③ 지방공사는 법인으로 한다.
④ 행정안전부장관은 지방공기업에 대한 평가를 실시하고 그 결과에 따라 필요한 조치를 하여야 한다.
⑤ 지방공사는 지방자치단체 외의 자(법인 등)가 출자를 할 수 있지만, 지방공사 자본금의 3분의 1을 넘지 못한다.

26 다음 중 정부의 결산 순서를 바르게 나열한 것은?

㉠ 감사원의 결산 확인 ㉡ 중앙예산기관의 결산서 작성・보고 ㉢ 국회의 결산심의 ㉣ 국무회의 심의와 대통령의 승인 ㉤ 해당 행정기관의 출납 정리・보고

① ㉡－㉠－㉣－㉢－㉤
② ㉡－㉤－㉠－㉢－㉣
③ ㉤－㉡－㉠－㉣－㉢
④ ㉤－㉡－㉣－㉢－㉠
⑤ ㉤－㉣－㉠－㉢－㉡

27 다음 중 빈칸에 해당하는 내용으로 옳은 것은?

각 중앙관서의 장은 중기사업계획서를 매년 1월 31일까지 기획재정부장관에게 제출하여야 하며, 기획재정부장관은 국무회의의 심의를 거쳐 대통령의 승인을 얻은 다음 연도의 __________을/를 매년 3월 31일까지 각 중앙관서의 장에게 통보하여야 한다.

① 국가재정 운용계획
② 예산 및 기금운용계획 집행지침
③ 예산안편성지침
④ 총사업비 관리지침
⑤ 예산요구서

28 **다음 글에서 설명하는 이론으로 옳은 것은?**

> 경제학적인 분석도구를 관료 행태, 투표자 행태, 정당정치, 이익집단 등의 비시장적 분석에 적용함으로써 공공서비스의 효율적 공급을 위한 제도적 장치를 탐색한다.

① 과학적 관리론
② 공공선택론
③ 행태주의
④ 발전행정론
⑤ 현상학

PART 3

29 **다음 중 행정체제 내에서 조직의 임무수행에 필요한 행동규범이 예외적인 것으로 전락되고, 부패가 일상적으로 만연화되어 있는 상황을 지칭하는 부패의 유형은?**

① 일탈형 부패
② 제도화된 부패
③ 백색 부패
④ 생계형 부패
⑤ 회색 부패

30 **다음 중 사이어트(R. Cyert)와 마치(J. March)가 주장한 회사모형(Firm Model)의 내용이 아닌 것은?**

① 조직의 전체적 목표 달성의 극대화를 위하여 장기적 비전과 전략을 수립・집행한다.
② 조직 내 갈등의 완전한 해결은 불가능하며 타협적 준해결에 불과하다.
③ 정책결정능력의 한계로 인하여 관심이 가는 문제 중심으로 대안을 탐색한다.
④ 조직은 반복적인 의사결정의 경험을 통하여 결정의 수준이 개선되고 목표달성도가 높아진다.
⑤ 표준운영절차(SOP; Standard Operation Procedure)를 적극적으로 활용한다.

31 **다음 중 갈등에 대한 설명으로 옳지 않은 것은?**

① 집단 간 갈등의 해결은 구조적 분화와 전문화를 통해서 찾을 필요가 있다.
② 지위부조화는 행동주체 간의 교호작용을 예측 불가능하게 하여 갈등을 야기한다.
③ 갈등을 해결하기 위해서는 목표수준을 차별화할 필요가 있다.
④ 업무의 상호의존성이 갈등상황을 발생시키는 원인이 될 수 있다.
⑤ 행태주의적 관점은 조직 내 갈등은 필연적이고 완전한 제거가 불가능하기 때문에 갈등을 인정하고 받아들여야 한다는 입장이다.

32 **다음 중 대표관료제에 대한 설명으로 옳지 않은 것은?**

① 대표관료제는 정부관료제가 그 사회의 인적 구성을 반영하도록 구성함으로써 관료제 내에 민주적 가치를 반영시키려는 의도에서 발달하였다.
② 크란츠(Kranz)는 대표관료제의 개념을 비례대표로까지 확대하여 관료제 내의 출신 집단별 구성 비율이 총인구 구성 비율과 일치해야 할 뿐만 아니라 나아가 관료제 내의 모든 직무 분야와 계급의 구성 비율까지도 총인구 비율에 상응하게 분포되어 있어야 한다고 주장한다.
③ 대표관료제의 장점은 사회의 인구 구성적 특징을 반영하는 소극적 측면의 확보를 통해서 관료들이 출신 집단의 이익을 위해 적극적으로 행동하는 적극적인 측면을 자동적으로 확보하는 데 있다.
④ 대표관료제는 할당제를 강요하는 결과를 초래해 현대 인사행정의 기본 원칙인 실적주의를 훼손하고 행정능률을 저해할 수 있다는 비판을 받는다.
⑤ 우리나라의 양성평등채용목표제나 지역인재추천채용제는 관료제의 대표성을 제고하기 위해 도입된 제도로 볼 수 있다.

33 **다음 중 정부운영에서 예산이 가지는 특성에 대한 설명으로 옳지 않은 것은?**

① 예산 과정을 통해 정부정책의 산출을 평가하고 측정할 수 있다.
② 예산은 정부정책 중 보수적인 영역에 속한다.
③ 예산이 결정되는 과정에는 다양한 주체들의 상호작용이 끊임없이 발생한다.
④ 희소한 공공재원의 배분에서 기회비용이 우선 고려된다.
⑤ 정보를 제공하는 양식에 따라 예산제도는 품목별 예산 – 프로그램 예산 – 기획 예산 – 성과주의 예산 – 영기준 예산 등의 순으로 발전해 왔다.

PART 3

34 **다음 중 규제에 대한 설명으로 옳지 않은 것은?**

① 규제의 역설은 기업의 상품정보공개가 의무화될수록 소비자의 실질적 정보량은 줄어든다고 본다.
② 관리규제란 정부가 특정한 사회문제 해결에 대한 목표 달성 수준을 정하고 피규제자에게 이를 달성할 것을 요구하는 것이다.
③ 포획이론은 정부가 규제의 편익자에게 포획됨으로써 일반시민이 아닌 특정집단의 사익을 옹호하는 것을 지적한다.
④ 지대추구이론은 정부규제가 지대를 만들어내고 이해관계자집단으로 하여금 그 지대를 추구하도록 한다는 점을 설명한다.
⑤ 윌슨(J. Wilson)에 따르면 규제로부터 감지되는 비용과 편익의 분포에 따라 각기 다른 정치 경제적 상황이 발생된다.

35 **다음 중 정부 각 기관에 배정될 예산의 지출한도액은 중앙예산기관과 행정수반이 결정하고 각 기관의 장에게는 그러한 지출한도액의 범위 내에서 자율적으로 목표달성 방법을 결정하는 자율권을 부여하는 예산관리모형은?**

① 총액배분 자율편성예산제도
② 목표관리 예산제도
③ 성과주의 예산제도
④ 결과기준 예산제도
⑤ 기획예산제도

36 **다음 중 근무성적평정에 대한 설명으로 옳지 않은 것은?**

① 정부의 근무성적평정방법은 다원화되어 있으며, 상황에 따라 신축적인 운영이 가능하다.
② 원칙적으로 5급 이상 공무원을 대상으로 하며 평가대상 공무원과 평가자가 체결한 성과계약에 따른 성과목표 달성도 등을 평가한다.
③ 행태기준척도법은 평정의 임의성과 주관성을 배제하기 위하여 도표식평정척도법에 중요사건기록법을 가미한 방식이다.
④ 다면평가는 더 공정하고 객관적인 평정이 가능하게 하며, 평정결과에 대한 당사자들의 승복을 받아내기 쉽다.
⑤ 어느 하나의 평정요소에 대한 평정자의 판단이 다른 평정요소의 평정에 영향을 미치는 현상을 연쇄적 착오라 한다.

37 **다음 중 행정학의 접근방법에 대한 설명으로 옳은 것은?**

① 법률적·제도론적 접근방법은 공식적 제도나 법률에 기반을 두고 있기 때문에 제도 이면에 존재하는 행정의 동태적 측면을 체계적으로 파악할 수 있다.
② 행태론적 접근방법은 후진국의 행정현상을 설명하는 데 크게 기여했으며, 행정의 보편적 이론보다는 중범위이론의 구축에 자극을 주어 행정학의 과학화에 기여했다.
③ 신공공관리론은 기업경영의 원리와 기법을 그대로 정부에 이식하려고 한다는 비판을 받는다.
④ 합리적 선택 신제도주의는 방법론적 전체주의(Holism)에, 사회학적 신제도주의는 방법론적 개체주의(Individualism)에 기반을 두고 있다.
⑤ 신공공서비스론은 정부와 민간부문의 협력적 활동을 강조하며, 민영화와 민간위탁을 주장하였다.

38 **다음 중 시장실패 또는 정부실패를 야기하는 원인과 그에 대한 정부의 대응으로 옳은 것은?**

① 공공재 – 정부보조 삭감
② 정보의 비대칭성 – 정부규제
③ 자연독점 – 규제완화
④ 관료의 사적 목표의 설정 – 공적유도
⑤ 정부개입에 의한 파생적 외부효과 – 공적공급

39 **다음 중 예산분류 방식의 특징에 대한 설명으로 옳은 것은?**

① 기능별 분류는 시민을 위한 분류라고도 하며 행정수반의 사업계획 수립에 도움이 되지 않는다.
② 조직별 분류는 부처 예산의 전모를 파악할 수 있어 지출의 목적이나 예산의 성과 파악이 용이하다.
③ 품목별 분류는 사업의 지출 성과와 결과에 대한 측정이 어렵다.
④ 경제 성질별 분류는 국민소득, 자본형성 등에 관한 정부활동의 효과를 파악하는 데 한계가 있다.
⑤ 품목별 분류는 예산집행기관의 재량을 확대하는 데 유용하다.

40 **다음 중 현행 국가공무원법 제1조, 지방공무원법 제1조, 그리고 지방자치법 제1조에서 공통적으로 규정하고 있는 우리나라의 기본적 행정가치로 옳은 것은?**

① 합법성과 형평성
② 형평성과 공정성
③ 공정성과 민주성
④ 민주성과 능률성
⑤ 능률성과 합법성

41 **다음 중 부패의 접근방법에 대한 설명으로 옳지 않은 것은?**

① 권력문화적 접근법은 공직자들의 잘못된 의식구조를 공무원 부패의 원인으로 본다.

② 사회문화적 접근법은 특정한 지배적 관습이나 경험적 습성 등이 부패와 밀접한 관련이 있다고 본다.

③ 제도적 접근법은 행정통제 장치의 미비를 대표적인 부패의 원인으로 본다.

④ 체제론적 접근법은 문화적 특성, 제도상 결함, 구조상 모순, 행태 등 다양한 요인들에 의해 복합적으로 부패가 나타난다고 본다.

⑤ 도덕적 접근법은 개인의 성격 및 습성과 윤리문제가 부패와 밀접한 관련이 있다고 본다.

42 **다음 중 행정처분의 취소·철회에 대한 설명으로 옳지 않은 것은?(단, 다툼이 있는 경우 판례에 의한다)**

① 행정청은 당사자의 신뢰를 보호할 가치가 있는 등 정당한 사유가 있는 경우에는 장래를 향하여 위법 또는 부당한 처분의 전부나 일부를 취소할 수 있다.

② 당사자가 처분의 위법성을 알고 있었거나 중대한 과실로 알지 못한 경우에는 행정청이 당사자에게 권리나 이익을 부여하는 처분을 취소하는 경우에도 취소로 인하여 당사자가 입게 될 불이익을 취소로 달성되는 공익과 비교·형량하지 않아도 된다.

③ 행정청은 처분을 철회하려는 경우에는 철회로 인하여 당사자가 입게 될 불이익을 철회로 달성되는 공익과 비교·형량하여야 한다.

④ 수익적 행정처분에 대한 취소권 등의 행사는 기득권의 침해를 정당화할 만한 중대한 공익상의 필요 또는 제3자의 이익보호의 필요가 있는 때에 한하여 허용될 수 있다는 법리는 처분청이 수익적 행정처분을 직권으로 취소·철회하는 경우에 적용되는 법리일 뿐 쟁송취소의 경우에는 적용되지 않는다.

⑤ 처분청은 행정처분에 하자가 있는 경우라도 취소에 관한 별도의 법적 근거가 없으면 해당 행정처분을 스스로 취소할 수 없다.

43 **다음 중 강화일정(Schedules of Reinforcement)에 대한 설명으로 옳지 않은 것은?**

① 연속적 강화는 행동이 일어날 때마다 강화요인을 제공하는 것이다.
② 변동비율 강화는 불규칙한 횟수의 행동이 나타났을 때 강화요인을 제공하는 것이다.
③ 변동간격 강화는 일정한 간격을 두지 않고 변동적인 간격으로 강화요인을 제공하는 것이다.
④ 고정비율 강화는 성과급제와 같이 행동의 일정비율에 의해 강화요인을 제공하는 것이다.
⑤ 고정간격 강화는 부하의 행동이 발생하는 빈도에 따라 일정한 간격으로 강화요인을 제공하는 것이다.

PART 3

44 **다음 중 공직자윤리법에 근거하여 재산공개의무가 있는 공직자에 해당하지 않는 것은?**

① 소방감 이상의 소방공무원
② 중장 이상의 장관급 장교
③ 치안감 이상의 경찰공무원
④ 고등법원 부장판사급 이상의 법관
⑤ 국가정보원의 기획조정실장

45 **다음 중 연구조사방법론에서 사용하는 타당성(Validity)에 대한 설명으로 옳지 않은 것은?**

① 기준타당성(Criterion-related Validity)은 하나의 측정도구를 이용하여 측정한 결과와 다른 기준을 적용하여 측정한 결과를 비교했을 때 도출된 연관성의 정도이다.
② 구성타당성(Construct Validity)은 연구에서 이용된 이론적 구성개념과 이를 측정하는 측정수단 간에 일치하는 정도를 의미한다.
③ 내용타당성(Content Validity)은 측정도구를 구성하는 측정지표 간의 일관성이다.
④ 수렴적 타당성(Convergent Validity)은 동일한 개념을 다른 측정 방법으로 측정했을 때 측정된 값 간의 상관관계를 의미한다.
⑤ 차별적 타당성(Discriminant Validity)은 서로 다른 이론적 구성개념을 나타내는 측정지표 간의 관계를 의미하며, 서로 다른 구성개념을 측정하는 지표 간의 상관관계가 낮을수록 차별적 타당성이 높다.

46 다음 중 신공공관리론과 신공공서비스론의 특성에 대한 설명으로 옳지 않은 것은?

① 신공공관리론은 경제적 합리성에 기반하는 반면, 신공공서비스론은 전략적 합리성에 기반한다.
② 신공공관리론은 기업가 정신을 강조하는 반면, 신공공서비스론은 사회적 기여와 봉사를 강조한다.
③ 신공공관리론의 대상이 고객이라면 신공공서비스론의 대상은 시민이다.
④ 신공공서비스론이 신공공관리론보다 지역공동체 활성화에 더 적합한 이론이다.
⑤ 신공공관리론이 신공공서비스론보다 행정책임의 복잡성을 중시하며 행정재량권을 강조한다.

47 다음 중 우리나라의 총액인건비제도에 대한 설명으로 옳지 않은 것은?

① 성과관리와 관리유인체계를 제공하기 위한 신공공관리적 시각을 반영한다.
② 직급 인플레이션을 발생시킬 수도 있다.
③ 국 단위기구까지 자율성이 인정된다.
④ 계급에 따른 인력 운영 및 기구설치에 대한 재량권이 인건비 총액 한도 내에서 인정된다.
⑤ 성과상여금에 대한 지급액의 증감이 가능하다.

48 다음 중 공무원 평정방법에 대한 설명으로 옳지 않은 것은?

① 도표식 평정척도법은 전형적인 평정방법으로 직관과 선험에 근거하여 평가요소를 결정하기 때문에 작성이 빠르고 쉬우며, 경제적이라는 장점이 있다.
② 도표식 평정척도법은 평정요소와 등급의 추상성이 높기 때문에 평정자의 자의적 해석에 의한 평가가 이루어지기 쉽다는 단점이 있다.
③ 집중화, 관대화, 엄격화 경향이란 각각 평정척도상의 중간 등급에 집중적으로 몰리거나 실제 실적 수준보다 후하거나 엄한 경향으로, 강제배분법을 사용함으로써 발생하는 오류이다.
④ 목표관리제 평정법에서는 목표 설정과정에 개인의 능력 및 태도가 반영되지만, 실제 평가에서는 활동결과를 평가 대상으로 한다.
⑤ 다면평정법은 여러 사람을 평정자로 활용함으로써 소수평정자의 주관과 편견, 그리고 이들 간의 개인 편차를 줄여 공정성을 높일 수 있는 제도이다.

49 **다음 중 조직이론에 대한 설명으로 옳지 않은 것은?**

① 상황이론은 유일한 최선의 대안이 존재한다는 것을 부정한다.

② 조직군생태론은 횡단적 조직분석을 통하여 조직의 동형화(Isomorphism)를 주로 연구한다.

③ 거래비용이론의 조직가설에 따르면, 정보의 비대칭성과 기회주의에 의한 거래비용의 증가 때문에 계층제가 필요하다.

④ 자원의존이론은 조직이 주도적·능동적으로 환경에 대처하며 그 환경을 조직에 유리하도록 관리하려는 존재로 본다.

⑤ 전략적 선택이론은 조직구조의 변화가 외부환경 변수보다는 조직 내 정책결정자의 상황 판단과 전략에 의해 결정된다고 본다.

50 **다음 중 관료제의 병리와 역기능에 대한 설명으로 옳지 않은 것은?**

① 굴드너(W. Gouldner)는 관료들의 무사안일주의적 병리현상을 지적한다.

② 관료들은 상관의 권위에 무조건적으로 의존하는 경향이 있다.

③ 관료들은 보수적이며 변화와 혁신에 저항하는 경향이 있다.

④ 파킨슨의 법칙은 업무량과는 상관없이 기구와 인력을 팽창시키려는 역기능을 의미한다.

⑤ 셀즈닉(P. Selznik)에 따르면 최고관리자의 관료에 대한 지나친 통제가 조직의 경직성을 초래하여 관료제의 병리현상이 나타난다.

| 행정 - 주관식 |

51 〈보기〉 중 다음 설명에 해당하는 리더십의 유형으로 옳은 것은?

- 추종자의 성숙단계에 따라 효율적인 리더십 스타일이 달라진다.
- 리더십은 개인의 속성이나 행태뿐만 아니라 환경의 영향을 받는다.
- 가장 유리하거나 가장 불리한 조건에서는 과업 중심적 리더십이 효과적이다.

보기

ㄱ. 상황론적 리더십　　ㄴ. 셀프 리더십
ㄷ. 서번트 리더십　　ㄹ. 참여적 리더십

(　　　　　　　　　　)

52 다음 〈보기〉 중 근무평정상의 오류에서 '어떤 평정자가 다른 평정자들보다 언제나 좋은 점수 또는 나쁜 점수를 주게됨'으로써 나타나는 것은?

보기

ㄱ. 시간적 오류　　ㄴ. 규칙적 오류
ㄷ. 상동적 오류　　ㄹ. 연쇄효과

(　　　　　　　　　　)

53 다음 〈보기〉 중 비계량적 성격의 직무평가 방법을 모두 고르면?

보기

ㄱ. 점수법　　ㄴ. 서열법
ㄷ. 요소비교법　　ㄹ. 분류법

(　　　　　　　　　　)

54 다음 〈보기〉 중 근무평정상의 오류에서 사람에 대한 경직적 편견이나 고정 관념 때문에 발생하는 것은?

> 보기
>
> ㄱ. 상동적 오류
> ㄴ. 연속화 오류
> ㄷ. 관대화 오류
> ㄹ. 규칙적 오류
> ㅁ. 시간적 오류

(　　　　　　　　　　　　　　　　)

55 다음 〈보기〉 중 엽관주의와 실적주의에 대한 설명으로 옳은 것을 모두 고르면?

> 보기
>
> ㄱ. 엽관주의는 실적 이외의 요인을 고려하여 임용하는 방식으로 정치적 요인, 혈연, 지연 등이 포함된다.
> ㄴ. 엽관주의는 정실임용에 기초하고 있기 때문에 초기부터 민주주의의 실천원리와는 거리가 멀다.
> ㄷ. 엽관주의는 정치지도자의 국정지도력을 강화함으로써 공공정책의 실현을 용이하게 한다.
> ㄹ. 실적주의는 정치적 중립에 집착하여 인사행정을 소극화·형식화시킨다.
> ㅁ. 실적주의는 국민에 대한 관료의 대응성을 높일 수 있다는 장점이 있다.

(　　　　　　　　　　　　　　　　)

56 다음 〈보기〉 중 정부의 역할에 대한 입장으로 옳은 것을 모두 고르면?

보기

ㄱ. 진보주의 정부관에 따르면 정부에 대한 불신이 강하고 정부실패를 우려한다.
ㄴ. 공공선택론의 입장은 정부를 공공재의 생산자로 규정하고 대규모 관료제에 의한 행정의 효율성을 높이는 것이 중요하다고 본다.
ㄷ. 보수주의 정부관은 자유방임적 자본주의를 옹호한다.
ㄹ. 신공공서비스론 입장에 따르면 정부의 역할은 시민들로 하여금 공유된 가치를 창출하고 충족시킬 수 있도록 봉사하는 데 있다.
ㅁ. 행정국가 시대에는 '최대의 봉사가 최선의 정부'로 받아들여졌다.

(　　　　　　　　　　　　　)

57 다음 〈보기〉 중 중앙행정기관의 장과 지방자치단체의 장이 사무를 처리할 때 의견을 달리하는 경우 이를 협의·조정하기 위하여 설치하는 기구는?

보기

ㄱ. 행정협의조정위원회　　　　ㄴ. 행정복지위원회
ㄷ. 공공행정위원회　　　　ㄹ. 공정거래위원회

(　　　　　　　　　　　　　)

58 다음 〈보기〉 중 조직구성원들의 동기이론에 대한 설명으로 옳은 것을 모두 고르면?

보기

ㄱ. ERG 이론 : 앨더퍼(C. Alderfer)는 욕구를 존재욕구, 관계욕구, 성장욕구로 구분한 후 상위욕구와 하위욕구 간에 '좌절 – 퇴행'관계를 주장하였다.
ㄴ. X·Y이론 : 맥그리거(D. McGregor)의 X이론은 매슬로(A. Maslow)가 주장했던 욕구계층 중에서 주로 상위욕구를, Y이론은 주로 하위욕구를 중요시하였다.
ㄷ. 형평이론 : 애덤스(J. Adams)는 자기의 노력과 그 결과로 얻어지는 보상을 준거인물과 비교하여 공정하다고 인식할 때 동기가 유발된다고 주장하였다.
ㄹ. 기대이론 : 브룸(V. Vroom)은 보상에 대한 매력성, 결과에 따른 보상, 그리고 결과 발생에 대한 기대감에 의해 동기유발의 강도가 좌우된다고 보았다.

(　　　　　　　　　　　　　)

59 다음 〈보기〉 중 공무원 징계에 대한 설명으로 옳지 않은 것을 모두 고르면?

보기

ㄱ. 강임은 1계급 아래로 직급을 내리고, 공무원 신분은 보유하나 3개월간 직무에 종사하지 못하며 그 기간 중 보수의 2/3를 감하는 것이다.
ㄴ. 전직시험에서 3회 이상 불합격한 자로서 직무능력이 부족한 자는 직위해제 대상이다.
ㄷ. 금품수수나 공금횡령 및 유용 등으로 인한 징계의결요구의 소멸시효는 3년이다.
ㄹ. 징계에 대한 불복 시 소청심사위원회에 소청제기가 가능하나 근무성적평정결과나 승진탈락 등은 소청대상이 아니다.

(　　　　　　　　　　　　)

60 〈보기〉 중 다음 글에서 설명하는 행정심판 용어는?

청구사건에 대한 심리결과, 청구인의 심판청구가 이유 없다고 인정하여 청구를 배척하고 당초의 처분이 적법하고 타당함을 인정하는 재결이다.

보기

ㄱ. 각하재결　　　　ㄴ. 인용재결
ㄷ. 기각재결　　　　ㄹ. 사정재결

(　　　　　　　　　　　　)

01 **다음 중 투자가격결정모형(CAPM)의 가정으로 옳지 않은 것은?**

① 투자자들은 기대효용을 극대화하고자 하는 위험회피자이다.
② 투자자들의 투자기간은 단일기간이다.
③ 투자자들은 투자대상의 미래수익률 확률분포에 대하여 동질적으로 예측한다.
④ 세금과 거래비용이 존재한다.
⑤ 무위험자산이 존재하며, 모든 투자자는 무위험이자율로 제한 없이 차입과 대출이 가능하다.

02 **다음 중 자본시장선(CML)과 증권시장선(SML)에 대한 설명으로 옳은 것은?**

① 자본시장선을 이용하여 타인자본 비용을 산출할 수 있다.
② 자본시장선을 이용하여 비효율적 포트폴리오의 균형가격을 산출할 수 있다.
③ 자본시장선은 위험자산만을 고려할 경우의 효율적 투자기회선이다.
④ 증권시장선은 포트폴리오 기대수익률과 포트폴리오 표준편차 간의 선형관계를 나타낸다.
⑤ 증권시장선 위에 존재하는 주식은 주가가 과소평가된 주식이다.

03 **다음 중 마코위츠(Markowitz)가 제시한 포트폴리오 이론의 가정으로 옳은 것은?**

① 투자자들은 기대수익 극대화를 추구한다.
② 거래비용과 세금을 고려한다.
③ 투자자들은 포트폴리오 구성 시 무위험자산을 고려한다.
④ 완전자본시장이 고려된다.
⑤ 투자자들은 투자대상의 미래수익률 확률분포에 대하여 같은 예측을 한다.

04 다음 〈보기〉 중 조직설계에 대한 설명으로 옳은 것을 모두 고르면?

보기

가. 환경의 불확실성이 높을수록 조직 내 부서의 분화 정도는 높아진다.
나. 많은 수의 제품을 생산하는 기업은 사업부 조직(Divisional Structure)이 적절하다.
다. 기업의 조직구조는 전략에 영향을 미친다.
라. 대량생산 기술을 사용하는 기업은 효율성을 중시하는 유기적 조직으로 설계하는 것이 적절하다.
마. 조직내 부서 간 상호의존성이 증가할수록 수평적 의사소통의 필요성은 증가한다.

① 가, 나, 마
② 가, 다, 라
③ 가, 다, 마
④ 나, 다, 라
⑤ 나, 라, 마

05 다음 중 인간관계론의 내용에 대한 설명으로 옳은 것은?

① 과학적 관리법과 유사한 이론이다.
② 인간 없는 조직이란 비판을 들었다.
③ 심리요인과 사회요인은 생산성에 영향을 주지 않는다.
④ 비공식집단을 인식했으나 그 중요성을 낮게 평가했다.
⑤ 메이요(E. Mayo)와 뢰슬리스버거(F. Roethlisberger)를 중심으로 호손실험을 거쳐 정리되었다.

06 다음 중 OJT(On the Job Training)에 해당하는 것은?

① 세미나
② 사례연구
③ 도제식 훈련
④ 시뮬레이션
⑤ 역할연기법

07 **다음 중 전문가시스템(ES)의 구성요소에 해당되지 않는 것은?**

① 지식베이스
② 추론기제
③ 계획기관
④ 설명하부시스템
⑤ 사용자인터페이스

08 **다음 중 허시와 블랜차드(P. Hersey & K. H. Blanchard)의 상황적 리더십 이론에 대한 설명으로 옳은 것은?**

① 부하의 성과에 따른 리더의 보상에 초점을 맞춘다.
② 리더는 부하의 성숙도에 맞는 리더십을 행사함으로써 리더십 유효성을 높일 수 있다.
③ 리더가 부하를 섬기고 봉사함으로써 조직을 이끈다.
④ 리더십 유형은 지시형, 설득형, 거래형, 희생형의 4가지로 구분된다.
⑤ 리더십에 영향을 줄 수 있는 상황적 요소는 과업구조, 리더의 지위권력 등이다.

09 **다음 중 오하이오 주립대학의 리더십 유형구분은?**

① 구조주도형 리더 – 배려형 리더
② 직무 중심적 리더 – 종업원 중심적 리더
③ 독재적 리더 – 민주적 리더
④ 이상형 리더 – 과업지향형 리더
⑤ 무관심형 리더 – 인간관계형 리더

10 다음의 특징을 가진 생산운영관리시스템의 명칭은?

• 칸반(Kanban) 시스템	• 린(Lean) 시스템
• 무재고 생산 지향	• 생산의 평준화

① JIT
② MRP
③ MRP Ⅱ
④ CIM
⑤ FM

11 다음 중 인사고과에 대한 설명으로 옳지 않은 것은?

① 종업원의 능력과 업적을 평가하여 그가 보유하고 있는 현재적 및 잠재적 유용성을 조직적으로 파악하는 방법이다.
② 인사고과의 수용성은 종업원이 인사고과 결과가 정당하다고 느끼는 정도이다.
③ 인사고과의 타당성은 고과내용이 고과목적을 얼마나 잘 반영하고 있느냐에 관한 것이다.
④ 현혹효과(Halo Effect)는 피고과자의 어느 한 면을 기준으로 다른 것까지 함께 평가하는 경향을 말한다.
⑤ 대비오차(Contrast Errors)는 피고과자의 능력을 실제보다 높게 평가하는 경향을 말한다.

12 다음 중 총자산회전율의 산식은?

① (매출액) ÷ (매출채권)
② (매출액) ÷ (총자산)
③ (순이익) ÷ (자기자본)
④ (총자산) ÷ (매출액)
⑤ (자기자본) ÷ (순이익)

13 **다음 중 투자안의 순현가를 0으로 만드는 수익률(할인율)은?**

① 초과수익률
② 실질수익률
③ 경상수익률
④ 내부수익률
⑤ 만기수익률

14 **다음 중 원/달러 환율이 상승 추세이면 이익을 보는 경우는?**

① 달러 콜옵션 매입
② 달러 풋옵션 매입
③ 달러 콜옵션 매각
④ 달러 풋옵션 매각
⑤ 달러 선물환 매도 계약

15 **다음 글에서 설명하는 마케팅을 무엇이라고 하는가?**

> 과거를 회고하는 것으로 마케팅을 한다는 의미로, 과거의 향수를 불러일으킬 수 있는 아이템을 현대인 기준으로 기호화하고 필요에 맞게 재해석하여 마케팅에 활용한다는 의미이다. 해당 마케팅은 포근함과 안정감을 통해서 공감과 호응을 얻어내는 방법으로 볼 수 있다.

① 앰부시마케팅
② 넛지마케팅
③ 레트로마케팅
④ 바이럴마케팅
⑤ 그린마케팅

16 **다음 중 일정시점의 기업의 재무상태를 나타내는 재무제표는?**

① 재무상태표
② 포괄손익계산서
③ 자본변동표
④ 현금흐름표
⑤ 자금순환표

17 **다음 〈보기〉 중 적대적 인수합병(M&A) 시도에 대한 방어수단을 모두 고르면?**

보기

ㄱ. 그린메일
ㄴ. 황금낙하산
ㄷ. 곰의 포옹
ㄹ. 팩맨
ㅁ. 독약조항

① ㄱ, ㄴ, ㄷ
② ㄱ, ㄷ, ㅁ
③ ㄴ, ㄹ, ㅁ
④ ㄱ, ㄴ, ㄷ, ㅁ
⑤ ㄴ, ㄷ, ㄹ, ㅁ

18 **다음 중 3C 분석에 대한 설명으로 옳지 않은 것은?**

① 3C는 Company, Cooperation, Competitor로 구성되어 있다.
② 3C는 자사, 고객, 경쟁사로 기준을 나누어 현 상황을 파악하는 분석방법이다.
③ 3C는 기업들이 마케팅이나 서비스를 진행할 때 가장 먼저 실행하는 분석 중 하나이다.
④ 3C의 Company 영역은 외부요인이 아닌 내부 자원에 관한 역량 파악이다.
⑤ 3C는 SWOT 분석과 PEST 분석에 밀접한 관련이 있다.

19 다음은 마이클포터(Michael E. Porter)의 산업구조분석모델(5F; Five Force Model)이다. 빈칸 (A)에 들어갈 용어로 옳은 것은?

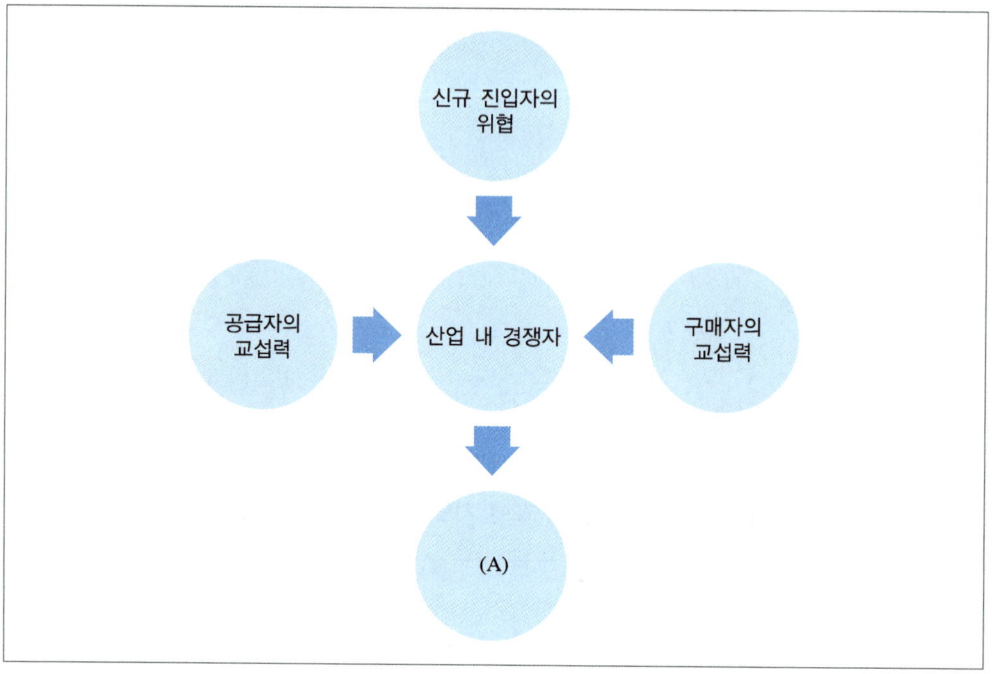

① 정부의 규제 완화
② 고객 충성도
③ 공급업체 규모
④ 가격의 탄력성
⑤ 대체재의 위협

20 **다음 중 수요예측기법(Demand Forecasting Technique)에 대한 설명으로 옳은 것은?**

① 지수평활법은 평활상수가 클수록 최근 자료에 더 높은 가중치를 부여한다.
② 시계열 분석법으로는 이동평균법과 회귀분석법이 있다.
③ 수요예측과정에서 발생하는 예측오차들의 합이 영(Zero)에 수렴하는 것은 옳지 않다.
④ 이동평균법은 이동평균의 계산에 사용되는 과거자료의 개수가 많을수록 수요예측의 정확도가 높아진다.
⑤ 회귀분석법은 실제치와 예측치의 오차를 자승한 값의 총계가 최대가 되도록 회귀계수를 추정한다.

21 **다음은 L공사의 상반기 매출액 실적치이다. 지수 평활 계수 α가 0.1일 때, 단순 지수평활법으로 6월 매출액 예측치를 바르게 구한 것은?(단, 1월의 예측치는 220만 원이며, 모든 예측치는 소수점 둘째 자리에서 반올림한다)**

(단위 : 만 원)

1월	2월	3월	4월	5월
240	250	230	220	210

① 222.4만 원
② 223.3만 원
③ 224.7만 원
④ 224.8만 원
⑤ 225.3만 원

22 경영 전략의 수준에 따라 전략을 구분할 때, 다음 중 해당 전략과 그에 해당하는 예시가 옳지 않은 것은?

	전략 수준	예시
①	기업 전략(Corporate Strategy)	성장 전략
②	기업 전략(Corporate Strategy)	방어 전략
③	기능별 전략(Functional Strategy)	차별화 전략
④	사업 전략(Business Strategy)	집중화 전략
⑤	사업 전략(Business Strategy)	원가우위 전략

23 다음 〈조건〉을 참고하여 L국가의 부가가치 노동생산성을 바르게 구한 것은?(단, 단위는 시간당이며, USD를 기준으로 한다)

> **조건**
>
> • L국가의 2024년도 1분기 GDP는 USD 기준 약 3,200억 원이다(분기 공시이며, 연산 환산값 4이다).
> • L국가의 2024년도 1분기 노동인구수는 5천만 명이다.
> • L국가의 2024년도 1분기 평균노동시간은 40시간이다.

① 100달러
② 120달러
③ 130달러
④ 140달러
⑤ 160달러

24 다음 중 마일즈 & 스노우 전략(Miles & Snow Strategy)에서 방어형에 대한 설명으로 옳은 것은?

① 기존 제품을 활용하여 기존 시장을 공략하는 전략이다.
② Fast Follower 전략으로 리스크가 낮다는 장점이 있다.
③ 시장상황에 맞추어 반응하는 아무런 전략을 취하지 않는 무전략 상태이다.
④ 새로운 기술에 관심도가 높으며 열린 마인드 그리고 혁신적 마인드가 중요하다.
⑤ 새로운 시도에 적극적이며 업계의 기술・제품・시장 트렌드를 선도하는 업체들이 주로 사용하는 전략이다.

25 다음은 커크패트릭(Kirkpatrick)의 4단계 평가모형이다. 빈칸에 들어갈 단계별 평가가 바르게 연결된 것은?

〈커크패트릭의 4단계 평가모형〉

평가단계		4 Levels	정보가치	중점대상	사용빈도	분석 난이도
1단계	(　　)	Reaction	적음 ↕ 많음	참여자 ↕ 관리자	높음 ↕ 낮음	쉬움 ↕ 어려움
2단계	(　　)	Learning				
3단계	(　　)	Behavior				
4단계	(　　)	Results				

	1단계	2단계	3단계	4단계
①	반응도 평가	적용도 평가	기여도 평가	성취도 평가
②	성취도 평가	기여도 평가	적용도 평가	반응도 평가
③	기여도 평가	적용도 평가	성취도 평가	반응도 평가
④	반응도 평가	성취도 평가	적용도 평가	기여도 평가
⑤	적용도 평가	반응도 평가	기여도 평가	성취도 평가

26 다음 중 마케팅의 푸시(Push) 전략에 대한 설명으로 옳지 않은 것은?

① 채널 파트너에게 마케팅 노력의 방향을 포함하는 전략이다.
② 고객에게 제품이나 브랜드에 대해 알릴 수 있다.
③ 영업 인력이나 중간상 판촉 등을 활용하여 수행한다.
④ 최종 소비자에게 마케팅 노력을 홍보하는 전략이다.
⑤ 브랜드 충성도가 낮은 경우에 적합한 전략이다.

27 **다음 중 테일러(Taylor)의 과학적 관리법(Scientific Management)에 대한 설명으로 옳지 않은 것은?**

① 이론의 핵심 목표는 경제적 효율성, 특히 노동생산성 증진에 있다.

② 테일러리즘(Taylorism)이라고도 불리며, 20세기 초부터 주목받은 과업수행의 분석과 혼합에 대한 관리 이론이다.

③ 이론의 목적은 모든 관계자에게 과학적인 경영 활동의 조직적 협력에 의한 생산성을 높여 높은 임금을 실현할 수 있다는 인식을 갖게 하는 데 있다.

④ 과학적 관리와 공평한 이익 배분을 통해 생산성과 효율성을 향상하는 것이 기업과 노동자 모두가 성장할 수 있는 길이라는 테일러의 사상은 현대 경영학의 기초가 되었다.

⑤ 테일러의 과학적 관리법은 전문적인 지식과 역량이 요구되는 일에 적합하며, 노동자들의 자율성과 창의성을 고려하며 생산성을 높인다는 장점이 있다.

28 **인사평가제도는 평가목적을 어디에 두느냐에 따라 상대평가와 절대평가로 구분된다. 다음 중 상대평가에 해당하는 기법은?**

① 평정척도법
② 체크리스트법
③ 중요사건기술법
④ 연공형 승진제도
⑤ 강제할당법

29 다음 기사 속 해당 기업이 제시하는 전략으로 옳은 것은?

> 라면산업은 신제품을 꾸준히 출시하고 있다. 이는 소비자의 눈길을 잡기 위해서, 그리고 정통 라면에 대적할 만한 새로운 제품을 만들어 내기 위해서이다. 각 라면브랜드에서는 까르보불닭, 양념치킨라면, 미역국라면 등 소비자의 호기심을 불러일으킬 수 있는 이색 라면을 지속적으로 출시하고 있다. 당연 성공했다고 말할 수 있는 제품은 가장 많은 소비자의 마음을 사로잡은 불닭시리즈이다. 이는 다른 라면과 차별화하여 볶음면 그리고 극강의 매운맛으로 매운맛을 좋아하는 마니아 층을 타깃으로 잡은 것이다. 그 후로도 기존에 불닭 소스(컨셉)를 기준으로 까르보, 짜장, 핵불닭 등을 지속적으로 신제품으로 출시하고 있으며, 유튜브 채널 '영국남자'를 통해 전 세계적으로 불닭볶음면의 존재를 알리게 되어 중국, 태국 등으로 해외수출에 박차를 가하고 있다고 한다.

① 대의명분 마케팅(Cause Related Marketing)
② 카테고리 확장(Category Extension)
③ 구전 마케팅(Word of Mouth Marketing)
④ 귀족 마케팅(Noblesse Marketing)
⑤ 라인 확장(Line Extension)

PART 3

30 다음 중 피쉬바인(Fishbein)의 다속성태도모형에 대한 설명으로 옳지 않은 것은?

① 속성에 대한 신념이란 소비자가 제품 속성에 대하여 가지고 있는 정보와 의견 등을 의미한다.
② 다속성태도모형은 소비자의 태도와 행동을 동일시한다.
③ 다속성태도모형은 신념의 강도와 제품속성에 대한 평가로 표현된다.
④ 다속성태도모형은 구매대안 평가방식 중 비보완적방식에 해당한다.
⑤ 속성에 대한 평가란 각 속성이 소비자들의 욕구 충족에 얼마나 기여하는가를 나타내는 것으로, 전체 태도 형성에 있어서 속성의 중요도(가중치)의 역할을 한다.

31 L제약회사가 신약개발 R&D에 투자하려고 하는데, 담당 임원은 200만 달러를 특정 연구에 투자할 지 말지를 결정해야 한다. 상황이 다음과 같을 때, 귀하가 의사결정자라면 어떻게 할 것인가?(단, 기대수익으로 가장 적절한 것을 결정한다)

〈상황〉

이 연구개발프로젝트의 성공 여부는 확실하지 않으며, 의사의 결정자는 특허를 받는 기회를 70%로 보고 있다. 만일 특허를 받는다면 이 회사는 2,500만 달러의 기술료를 받아 다른 회사에 넘기거나, 1,000만 달러를 더 투자해 개발품을 직접 판매할 수 있다. 만일 직접 판매할 경우 수요가 몰릴 확률은 25%, 수요가 중간인 경우는 55%, 수요가 낮을 경우는 20%이다. 수요가 높으면 5,500만 달러를 판매 수입으로 벌 것으로 보이며, 수요가 중간인 경우는 3,300만 달러, 수요가 없는 경우에도 1,500만 달러를 벌 것으로 예상된다.

① 개발을 그만둔다.
② 개발한 다음 기술료를 받고, 특허를 외부에 판다.
③ 개발한 다음 직접 판매한다.
④ 개발이 된다 하더라도 특허를 받지 않는다.
⑤ 시장의 변화를 좀 더 지켜보고 결정한다.

32 다음 상황을 참고하여 브룸(Vroom)의 기대이론에 따른 A대리의 동기유발력의 값을 구하면?(단, 유인성은 ±10점으로 구성된다)

〈상황〉

L주식회사는 분기마다 인재개발 프로그램을 실시하고 있다. A대리는 프로그램 참여를 고민하고 있는 상태이다. A대리가 생각하기에 자신이 프로그램에 참여하면 성과를 거둘 수 있을 것이라는 주관적 확률이 70%, 그렇지 않을 확률은 30%, 만약 훈련성과가 좋을 경우 승진에 대한 가능성은 80%, 그 반대의 가능성은 20%라고 생각한다. 그리고 A대리는 승진에 대해 극히 좋게 평가하며 10점을 부여하였다.

- 기대치(E) : 인재개발 프로그램에 참여하여 성과를 거둘 수 있는가?
- 수단성(I) : 훈련성과가 좋으면 승진할 수 있을 것인가?
- 유인성(V) : 승진에 대한 선호도는 어느 정도인가?

① 1.0　　② 2.3
③ 3.4　　④ 4.8
⑤ 5.6

33 다음 〈보기〉에서 맥그리거(McGregor)의 XY이론 중 X이론적 인간관과 동기부여 전략에 해당하는 것을 모두 고르면?

보기

ㄱ. 천성적 나태	ㄴ. 변화지향적
ㄷ. 자율적 활동	ㄹ. 민주적 관리
ㅁ. 어리석은 존재	ㅂ. 타율적 관리
ㅅ. 변화에 저항적	ㅇ. 높은 책임감

① ㄱ, ㄴ, ㄷ, ㄹ
② ㄱ, ㄴ, ㄹ, ㅁ
③ ㄱ, ㅁ, ㅂ, ㅅ
④ ㄴ, ㄷ, ㄹ, ㅇ
⑤ ㄴ, ㅁ, ㅂ, ㅅ

34 L회사는 철물과 관련한 사업을 하는 중소기업이다. 이 회사는 수요가 어느 정도 안정된 소모품을 다양한 거래처에 납품하고 있으며, 내부적으로는 부서별 효율성을 추구하고 있다. 이러한 회사의 조직구조로 적합한 유형은?

① 기능별 조직
② 사업부제 조직
③ 프로젝트 조직
④ 다국적 조직
⑤ 매트릭스 조직

35 다음 중 작업성과의 고저에 따라 임금을 적용하는 단순 복률 성과급 방식과 달리 예정된 성과를 올리지 못하여도 미숙련 근로자들에게 최저 생활을 보장하는 방식은?

① 테일러식 복률성과급
② 맨체스터 플랜
③ 메리크식 복률성과급
④ 할증성과급
⑤ 표준시간급

36 다음 〈보기〉 중 가격책정 방법에 대한 설명으로 옳은 것을 모두 고르면?

보기

㉠ 준거가격이란 구매자가 어떤 상품에 대해 지불할 용의가 있는 최고가격을 의미한다.
㉡ 명성가격이란 가격 – 품질 연상관계를 이용한 가격책정 방법이다.
㉢ 단수가격이란 판매 가격을 단수로 표시하여 가격이 저렴한 인상을 소비자에게 심어주어 판매를 증대시키는 방법이다.
㉣ 최저수용가격이란 심리적으로 적당하다고 생각하는 가격 수준을 의미한다.

① ㉠, ㉡
② ㉠, ㉢
③ ㉡, ㉢
④ ㉡, ㉣
⑤ ㉢, ㉣

37 다음 〈보기〉 중 비유동부채에 해당하는 것은 모두 몇 개인가?

보기

ㄱ. 매입채무
ㄴ. 예수금
ㄷ. 미지급금
ㄹ. 장기차입금
ㅁ. 임대보증금
ㅂ. 선수수익
ㅅ. 단기차입금
ㅇ. 선수금
ㅈ. 장기미지급금
ㅊ. 유동성장기부채

① 1개
② 3개
③ 5개
④ 7개
⑤ 9개

38 **다음 중 토빈의 Q－비율에 대한 설명으로 옳지 않은 것은?(단, 다른 조건이 일정하다고 가정한다)**

① 특정 기업이 주식 시장에서 어떤 평가를 받고 있는지 판단할 때 종종 토빈의 Q－비율을 활용한다.
② 한 기업의 Q－비율이 1보다 높을 경우 투자를 증가하는 것이 바람직하다.
③ 한 기업의 Q－비율이 1보다 낮을 경우 투자를 감소하는 것이 바람직하다.
④ 이자율이 상승하면 Q－비율은 하락한다.
⑤ 토빈의 Q－비율은 실물자본의 대체비용을 주식시장에서 평가된 기업의 시장가치로 나눠서 구한다.

PART 3

39 **다음 중 대리비용 이론에 대한 설명으로 옳지 않은 것은?**

① 위임자와 대리인 간의 정보비대칭 상황을 전제한다.
② 대리비용의 발생원천에 따라 자기자본 대리비용과 부채 대리비용으로 구분된다.
③ 자기자본 대리비용은 외부주주의 지분율이 높을수록 커진다.
④ 부채 대리비용은 부채비율이 낮을수록 커진다.
⑤ 대리비용이 최소화되는 지점에서 최적 자본구조가 결정된다.

40 **L주식회사의 2024년도 총매출액과 이에 대한 총변동원가는 각각 ₩200,000과 ₩150,000이다. L주식회사의 손익분기점 매출액이 ₩120,000일 때, 총고정원가는 얼마인가?**

① ₩15,000
② ₩20,000
③ ₩25,000
④ ₩30,000
⑤ ₩35,000

41 다음 중 인간의 감각이 느끼지 못할 정도의 자극을 주어 잠재의식에 호소하는 광고는?

① 애드버커시 광고
② 서브리미널 광고
③ 리스폰스 광고
④ 키치 광고
⑤ 티저 광고

42 다음 〈보기〉 중 확률 표본추출법에 해당하는 것을 모두 고르면?

보기

ㄱ. 단순무작위 표본추출법
ㄴ. 체계적 표본추출법
ㄷ. 편의 표본추출법
ㄹ. 판단 표본추출법
ㅁ. 할당 표본추출법
ㅂ. 층화 표본추출법
ㅅ. 군집 표본추출법
ㅇ. 눈덩이 표본추출법

① ㄱ, ㄴ, ㅂ, ㅅ
② ㄱ, ㄴ, ㅅ, ㅇ
③ ㄷ, ㄹ, ㅁ, ㅂ
④ ㄷ, ㄹ, ㅁ, ㅇ
⑤ ㅁ, ㅂ, ㅅ, ㅇ

43 다음은 L기업의 균형성과 평가제도를 적용한 평가기준표이다. 빈칸 (A) ~ (D)에 들어갈 용어를 바르게 짝지은 것은?

구분	전략목표	주요 성공요인	주요 평가지표	목표	실행계획
(A) 관점	매출 확대	경쟁사 대비 가격 및 납기우위	평균 분기별 총매출, 전년 대비 총매출	평균 분기 10억 원 이상, 전년 대비 20% 이상	영업 인원 증원
(B) 관점	부담 없는 가격, 충실한 A/S	생산성 향상, 높은 서비스품질	전년 대비 재구매 비율, 고객 만족도	전년 대비 10포인트 향상, 만족도 80% 이상	작업 순서 준수, 서비스 품질 향상
(C) 관점	작업 순서 표준화 개선 제안 및 실행	매뉴얼 작성 및 준수	매뉴얼 체크 회수 개선 제안 수 및 실행횟수	1일 1회 연 100개 이상	매뉴얼 교육 강좌개선, 보고회의 실시
(D) 관점	경험이 부족한 사원 교육	실천적 교육 커리큘럼 충실	사내 스터디 실시 횟수, 스터디 참여율	연 30회, 80% 이상	스터디 모임의 중요성 및 참여 촉진

	(A)	(B)	(C)	(D)
①	고객	업무 프로세스	학습 및 성장	재무
②	업무 프로세스	재무	고객	학습 및 성장
③	재무	고객	업무 프로세스	학습 및 성장
④	재무	업무 프로세스	학습 및 성장	고객
⑤	학습 및 성장	고객	재무	업무 프로세스

PART 3

44 다음은 완전경쟁시장에서 어느 기업의 단기비용곡선이다. 제품의 시장 가격이 90원으로 주어졌을 때, 이 기업의 생산 결정에 대한 설명으로 옳은 것은?

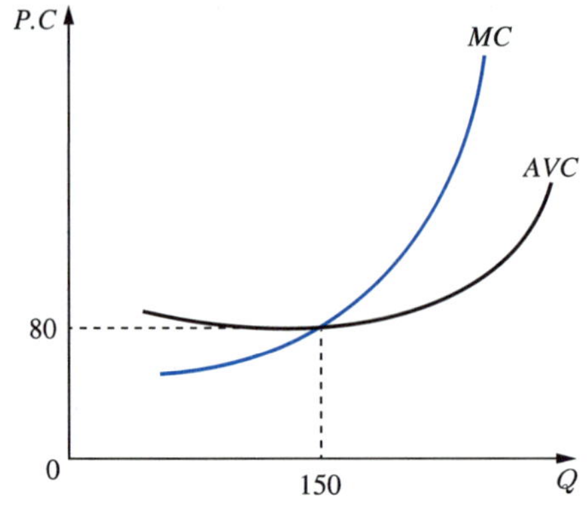

① 이 기업은 생산을 중단한다.
② 이 기업은 생산을 함으로써 초과 이윤을 얻을 수 있다.
③ 균형점에서 이 기업의 한계비용은 90원보다 작다.
④ 균형점에서 이 기업의 한계수입은 90원보다 크다.
⑤ 이 기업은 150개보다 많은 양을 생산한다.

45 다음 〈보기〉 중 케인스의 유동성 선호설에 대한 설명으로 옳은 것을 모두 고르면?

보기

㉠ 케인스의 유동성 선호설에 따르면 자산은 화폐와 채권 두 가지만 존재한다.
㉡ 케인스에 따르면 화폐공급곡선이 수평인 구간을 유동성함정이라고 한다.
㉢ 유동성함정구간에서는 화폐수요의 이자율탄력성은 무한대(∞)이다.
㉣ 케인스의 유동성 선호설에 따른 투기적 동기의 화폐수요(hr)는 화폐수요함수$\left(\frac{M^d}{P}\right)$와 비례관계에 있다.

① ㉠, ㉡
② ㉠, ㉢
③ ㉡, ㉢
④ ㉡, ㉣
⑤ ㉢, ㉣

※ 다음 기사를 읽고 이어지는 질문에 답하시오. [46~47]

기획재정부 차관이 공적 마스크 80%를 제외한 민간 공급 물량 20%에 대해 시장 교란 행위가 발생하면 지체 없이 최고 가격을 지정하겠다고 밝혔다. 정부서울청사에서 '제3차 혁신성장 전략 점검회의 및 정책 점검회의'를 주재한 김차관은 "마스크 전체 생산량 중 80%를 공적 배분하고, 나머지 20%는 업무상 마스크 사용이 필수인 수요자들을 위해 최소한의 시장 기능을 열어뒀다."며 이같이 말했다. 차관은 "축소된 시장 기능을 악용해 사익을 추구하려는 부류도 있을 수 있고, 가격이 폭등할 것을 예상하고 사재기와 매점매석으로 의도적인 재고를 쌓아 둘 수도 있다."며 "정부는 이런 시장 교란 행위를 절대 좌시하지 않겠다."고 경고했다.

〈민간 공급 마스크의 수요곡선과 공급곡선〉

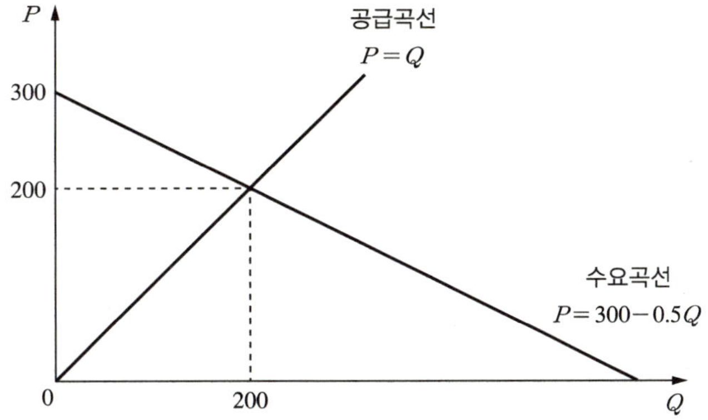

46 정부가 민간 공급 마스크의 최고가격을 170으로 지정하였다. 최고가격제 도입 후 소비자잉여는 어떻게 변하는가?

① 2,775 감소
② 3,675 감소
③ 4,875 증가
④ 6,900 증가
⑤ 불변

47 다음 중 최고가격제의 특징에 대한 설명으로 옳지 않은 것은?

① 최고가격제 실시 후 암시장에서 형성되는 가격은 설정된 최고가격보다 높다.
② 공급곡선의 기울기가 가파를수록 최고가격제의 소비자 보호 효과는 크다.
③ 최고가격은 반드시 시장의 균형가격보다 낮게 설정해야 한다.
④ 최고가격제를 실시하면 초과수요가 발생한다.
⑤ 최고가격제를 실시해도 사회후생은 발생하지 않는다.

48 **다음 중 실업에 대한 주장으로 옳은 것은?**

① 정부는 경기적 실업을 줄이기 위하여 기업의 설비투자를 억제시켜야 한다.
② 취업자가 존재하는 상황에서 구직포기자의 증가는 실업률을 감소시킨다.
③ 전업주부가 직장을 가지면 경제활동참가율과 실업률은 모두 낮아진다.
④ 실업급여의 확대는 탐색적 실업을 감소시킨다.
⑤ 정부는 구조적 실업을 줄이기 위하여 취업정보의 제공을 축소해야 한다.

49 **다음 중 고정환율제도에 대한 설명으로 옳지 않은 것은?(단, 자본의 이동은 완전히 자유롭다)**

① 환율이 안정적이므로 국제무역과 투자가 활발히 일어나는 장점이 있다.
② 고정환율제도에서 확대금융정책을 실시할 경우, 최종적으로 이자율은 변하지 않는다.
③ 고정환율제도에서 확대금융정책의 경우, 중앙은행의 외환매입으로 통화량이 증가한다.
④ 고정환율제도에서 확대재정정책를 실시할 경우, 통화량이 증가하여 국민소득이 증가한다.
⑤ 정부가 환율을 일정수준으로 정하여 지속적인 외환시장 개입을 통해 정해진 환율을 유지하는 제도이다.

50 **L국의 통화량은 현금통화 150, 예금통화 450이며, 지급준비금은 90이라고 할 때, 통화승수는? (단, 현금통화비율과 지급준비율은 일정하다)**

① 2.5
② 3
③ 3.5
④ 4
⑤ 4.5

| 경영 - 주관식 |

51 다음 〈보기〉 중 광고 대상자에게 직접 반응을 얻고자 신문이나 잡지에 끼워 넣는 광고는?

> **보기**
> ㄱ. 리스폰스 광고　　ㄴ. 서브리미널 광고
> ㄷ. 키치 광고　　ㄹ. 티저 광고

(　　　　　　　　　　　　)

52 다음 〈보기〉 중 피들러(Fiedler)의 리더십 상황이론에 대한 설명으로 옳지 않은 것을 모두 고르면?

> **보기**
> ㄱ. 과업지향적 리더십과 관계지향적 리더십을 모두 갖춘 리더가 가장 높은 성과를 달성한다.
> ㄴ. 리더의 특성을 LPC 설문에 의해 측정하였다.
> ㄷ. 상황변수로서 리더 – 구성원 관계, 과업구조, 부하의 성숙도를 고려하였다.
> ㄹ. 리더가 처한 상황이 호의적인 경우, 관계지향적 리더십이 적합하다.
> ㅁ. 리더가 처한 상황이 비호의적인 경우, 과업지향적 리더십이 적합하다.

(　　　　　　　　　　　　)

53 다음 〈보기〉 중 미리 규정된 등급 또는 어떠한 부류에 대해 평가하려는 직무를 배정함으로써 직무를 평가하는 방법은?

> **보기**
> ㄱ. 서열법　　ㄴ. 점수법
> ㄷ. 분류법　　ㄹ. 요소비교법

(　　　　　　　　　　　　)

54 다음 〈보기〉의 수요예측기법의 종류 중 시스템을 활용한 수요예측기법으로 옳은 것을 모두 고르면?

보기

ㄱ. 컨조인트 분석	ㄴ. 정보 예측 시장
ㄷ. 시스템 다이나믹스	ㄹ. 시계열 분석
ㅁ. 회귀 분석	ㅂ. 확산 모형
ㅅ. 인덱스 분석	ㅇ. 인공 신경망

( )

55 〈보기〉 중 다음 설명에 해당하는 용어로 옳은 것은?

- 기업이 영업 활동을 통해 창출한 순가치의 증가분이다.
- 영업이익에서 법인세와 자본비용을 차감한 이익을 말한다.

보기

ㄱ. ROIC	ㄴ. ROI
ㄷ. WACC	ㄹ. EVA

( )

56 〈보기〉 중 다음 설명에 해당하는 판매기법으로 옳은 것은?

- 푸시 마케팅(Push Marketing)과 상반된 개념이다.
- 광고·홍보 활동에 고객들을 직접 주인공으로 참여시켜 벌이는 판매기법을 의미한다.

보기

ㄱ. 제휴마케팅	ㄴ. 풀(Pull) 마케팅
ㄷ. 바이럴마케팅	ㄹ. 디마케팅

( )

57 다음 〈보기〉 중 2013년 코스닥시장 상장 요건을 충족시키지 못하는 벤처기업과 중소기업이 상장할 수 있도록 개설된 중소기업 전용 주식시장은?

보기

ㄱ. 코넥스	ㄴ. 코스닥
ㄷ. 프리보드	ㄹ. 나스닥

(   )

58 다음 〈보기〉 중 기업의 안정성 측정을 위하여 사용되는 지표로, 고정자산(비유동자산)을 자기자본으로 나눈 값의 백분율로 계산하여 자본의 유동성을 나타내는 것은?

보기

ㄱ. 고정자산비율(Fixed Assets Ratio)
ㄴ. 활동성비율(Activity Ratio)
ㄷ. 자본회전율(Turnover Ratio of Capital)
ㄹ. 유동비율(Current Ratio)
ㅁ. 부채비율(Debt Ratio)

(   )

59 다음 〈보기〉 중 재무제표의 표시와 작성에 대한 설명으로 옳은 것을 모두 고르면?

보기

ㄱ. 재무상태표에 표시되는 자산과 부채는 반드시 유동자산과 비유동자산, 유동부채와 비유동부채로 구분하여 표시한다.
ㄴ. 영업활동을 위한 자산의 취득시점부터 그 자산이 현금이나 현금성자산으로 실현되는 시점까지 소요되는 기간이 영업주기이다.
ㄷ. 비용의 기능에 대한 정보가 미래현금흐름을 예측하는 데 유용하기 때문에 비용을 성격별로 분류하는 경우에는 비용의 기능에 대한 추가 정보를 공시하는 것이 필요하다.
ㄹ. 자본의 구성요소인 기타포괄손익누계액과 자본잉여금은 포괄손익계산서와 재무상태표를 연결시키는 역할을 한다.
ㅁ. 현금흐름표는 기업의 활동을 영업활동, 투자활동, 재무활동으로 구분한다.

(   )

60 다음은 재무위험에 대한 설명이다. 〈보기〉 중 빈칸에 공통으로 들어갈 용어는?

재무위험은 기업이 자금조달 시 ________을 이용함으로써 발생하는 위험으로, ________에 대한 의존도가 높을수록 고정자본비용이 커지기 때문에 재무위험도 증가하게 된다.

보기

ㄱ. 자기자본　　ㄴ. 유동자산
ㄷ. 총자본　　ㄹ. 타인자본

(   )

| 경제 - 객관식 |

01 시장에서 어떤 상품의 가격이 상승하면서 동시에 거래량이 증가하였다. 다음 중 이러한 변화를 가져올 수 있는 요인은?(단, 이 재화는 정상재이다)

① 이 상품의 생산과 관련된 기술의 진보
② 이 상품과 보완관계에 있는 상품의 가격 하락
③ 이 상품과 대체관계에 있는 상품의 가격 하락
④ 이 상품을 주로 구매하는 소비자들의 소득 감소
⑤ 이 상품의 생산에 투입되는 노동자들의 임금 하락

PART 3

02 두 개의 지역 A와 B로 나누어진 L시는 도심공원을 건설할 계획이다. 두 지역에 거주하는 지역주민의 공원에 대한 수요곡선과 공원 건설의 한계비용곡선이 다음과 같을 때, 사회적으로 최적인(Socially Optimal) 도심공원의 면적은?(단, P_A는 A지역 주민이 지불하고자 하는 가격, P_B는 B지역 주민이 지불하고자 하는 가격, Q는 공원면적, MC는 한계비용이다)

- A지역 주민의 수요곡선 : $P_A=10-Q$
- B지역 주민의 수요곡선 : $P_B=10-\frac{1}{2}Q$
- 한계비용곡선 : $MC=5$

① 4
② 5
③ 6
④ 10
⑤ 15

03 밀턴 프리드만은 "공짜 점심은 없다(There is no such thing as a free lunch)."라는 말을 즐겨했다고 한다. 다음 중 이 말을 설명할 수 있는 경제 원리는?

① 규모의 경제
② 긍정적 외부성
③ 기회비용
④ 수요공급의 원리
⑤ 한계효용 체감의 법칙

04 다음 중 한국은행의 기준금리 인상이 경제에 미치는 영향으로 옳지 않은 것은?

① 경기가 과열되거나 인플레이션 압력이 높을 때 금리 인상을 단행한다.
② 투자, 소비 활동이 상대적으로 줄어들면서 물가가 하락한다.
③ 장기시장금리보다 단기시장금리가 먼저 상승한다.
④ 예금금리, 대출금리 모두 상승한다.
⑤ 수출증가 및 수입감소 현상이 나타난다.

05 원자재가격 상승으로 물가수준이 상승하여 중앙은행이 기준금리를 인상하기로 결정하였다. 다음 〈보기〉 중 원자재가격 상승과 기준금리 인상의 경제적 효과를 단기 총수요 – 총공급 모형을 이용하여 분석한 내용으로 옳은 것을 모두 고르면?

보기

가. 총수요곡선은 왼쪽으로 이동한다.
나. 총공급곡선은 왼쪽으로 이동한다.
다. 실질 GDP는 크게 감소한다.
라. 물가는 크게 감소한다.

① 가, 나
② 나, 다
③ 가, 나, 다
④ 나, 다, 라
⑤ 가, 나, 다, 라

06 다음 중 실업 및 우리나라의 실업조사에 대한 설명으로 옳은 것은?

① 경제가 완전고용 상태일 때 실업률은 0이다.
② 경기적 실업이나 구조적 실업은 자발적 실업이다.
③ 실업률은 실업자 수를 생산가능인구로 나누고 100을 곱한 수치이다.
④ 지난 4주간 구직활동을 하지 않았더라도 취업의사가 있는 한 경제활동인구로 분류된다.
⑤ 실업률 조사 대상 주간에 수입을 목적으로 1시간 이상 일한 경우 취업자로 분류된다.

07 다음 중 리카도 대등정리(Ricardian Equivalence Theorem)에 대한 설명으로 옳은 것은?

① 국채 발행이 증가하면 이자율이 하락한다.
② 소비이론 중 절대소득가설에 기초를 두고 있다.
③ 국채 발행을 통해 재원이 조달된 조세삭감은 소비에 영향을 미치지 않는다.
④ 소비자들이 유동성제약에 직면해 있는 경우 이 이론의 설명력이 더 커진다.
⑤ 경기침체 시에는 조세 대신 국채 발행을 통한 확대재정정책이 더 효과적이다.

08 다음 〈보기〉 중 도덕적 해이(Moral Hazard)를 해결하는 방안에 해당하는 것을 모두 고르면?

보기

가. 스톡옵션(Stock Option)
나. 은행담보대출
다. 자격증 취득
라. 전자제품 다년간 무상수리
마. 사고 건수에 따른 보험료 할증

① 가, 나
② 가, 라
③ 다, 마
④ 가, 나, 마
⑤ 나, 라, 마

09 **다음은 비합리적 소비에 대한 설명이다. 빈칸 ㉠, ㉡에 들어갈 효과를 바르게 연결한 것은?**

> • ___㉠___ 효과는 유행에 따라 상품을 구입하는 소비현상으로, 특정 상품에 대한 어떤 사람의 수요가 다른 사람들의 수요에 의해 영향을 받는다.
> • ___㉡___ 효과는 다른 보통사람과 자신을 차별하고 싶은 욕망으로 나타나는데, 가격이 아닌 다른 사람의 소비에 직접 영향을 받는다.

	㉠	㉡
①	외부불경제	베블런(Veblen)
②	외부불경제	밴드왜건(Bandwagon)
③	베블런(Veblen)	외부불경제
④	밴드왜건(Bandwagon)	외부불경제
⑤	밴드왜건(Bandwagon)	베블런(Veblen)

10 **다음 중 거시경제의 총수요와 총공급에 대한 설명으로 옳은 것은?**

① 명목임금 경직성에서 물가수준이 하락하면 기업이윤이 줄어들어서 기업들의 재화와 서비스 공급이 감소하므로 단기총공급곡선은 왼쪽으로 이동한다.

② 폐쇄경제에서 확장적 재정정책의 구축효과는 변동환율제도에서 동일한 정책의 구축효과보다 더 크게 나타날 수 있다.

③ 케인스(Keynes)의 유동성선호이론에 의하면 경제가 유동성함정에 빠지는 경우 추가적 화폐공급이 투자적 화폐 수요로 모두 흡수된다.

④ 장기균형 상태에 있던 경제에 원유가격이 일시적으로 상승하면 장기적으로 물가는 상승하고 국민소득은 감소한다.

⑤ 단기 경기변동에서 소비와 투자가 모두 경기순응적이며, 소비의 변동성은 투자의 변동성보다 크다.

11 다음 빈칸에 들어갈 용어를 순서대로 바르게 나열한 것은?

> 기업들에 대한 투자세액공제가 확대되면 대부자금에 대한 수요가 _____한다. 이렇게 되면 실질이자율이 _____하고 저축이 늘어난다. 그 결과, 대부자금의 균형거래량은 _____한다(단, 실질이자율에 대하여 대부자금 수요곡선은 우하향하고, 대부자금 공급곡선은 우상향한다).

① 증가, 상승, 증가
② 증가, 하락, 증가
③ 증가, 상승, 감소
④ 감소, 하락, 증가
⑤ 감소, 하락, 감소

PART 3

12 다음 중 정부지출 증가의 효과가 가장 크게 나타나게 되는 상황은 언제인가?

① 한계저축성향이 낮은 경우
② 한계소비성향이 낮은 경우
③ 정부지출의 증가로 물가가 상승한 경우
④ 정부지출의 증가로 이자율이 상승한 경우
⑤ 정부지출의 증가로 인해 구축효과가 나타난 경우

13 다음 〈보기〉 중 정부실패(Government Failure)의 원인이 되는 것을 모두 고르면?

> **보기**
> 가. 이익집단의 개입
> 나. 정책당국의 제한된 정보
> 다. 정책당국의 인지시차 존재
> 라. 민간부문의 통제 불가능성
> 마. 정책 실행 시차의 부재

① 가, 나, 라
② 나, 다, 마
③ 가, 나, 다, 라
④ 가, 나, 라, 마
⑤ 가, 나, 다, 라, 마

14 다음 〈보기〉 중 GDP가 증가하는 경우는 모두 몇 개인가?

보기

ㄱ. 대한민국 공무원 연봉이 전반적으로 인상되었다.
ㄴ. 중국인 관광객들 사이에서 한국의 명동에서 쇼핑하는 것이 유행하고 있다.
ㄷ. 대한민국 수도권 신도시에 거주하는 A씨의 주택가격이 전년도 대비 20% 상승하였다.
ㄹ. 한국에서 생산된 중간재가 미국에 수출되었다.

① 1개
② 2개
③ 3개
④ 4개
⑤ 없음

15 다음 중 칼도어(N.Kaldor)의 정형화된 사실(Stylized Facts)에 대한 내용으로 옳지 않은 것은?

① 자본수익률은 지속적으로 증가한다.
② 1인당 산출량(Y/L)이 지속적으로 증가한다.
③ 산출량 – 자본비율(Y/K)은 대체로 일정한 지속성(Steady)을 보인다.
④ 총소득에서 자본에 대한 분배와 노동에 대한 분배 간의 비율은 일정하다.
⑤ 생산성 증가율은 국가 간의 상당한 차이가 있다.

16 다음 〈보기〉는 우리나라의 경기종합지수를 나타낸 것이다. 각각의 지수를 바르게 구분한 것은?

보기

㉠ 비농림어업취업자수
㉡ 재고순환지표
㉢ 건설수주액
㉣ 코스피
㉤ 광공업생산지수
㉥ 소매판매액지수
㉦ 취업자수

	선행종합지수	동행종합지수	후행종합지수
①	㉠, ㉡	㉢, ㉣, ㉤	㉥, ㉦
②	㉥, ㉦	㉠, ㉡, ㉢	㉣, ㉤
③	㉢, ㉣, ㉤	㉥, ㉦	㉠, ㉡
④	㉡, ㉢, ㉣	㉠, ㉤, ㉥	㉦
⑤	㉢, ㉣, ㉤	㉥, ㉦	㉠, ㉡

PART 3

17 다음 〈보기〉 중 외부효과에 대한 설명으로 옳은 것을 모두 고르면?

보기

ㄱ. 외부효과가 존재할 경우 시장은 자원을 비효율적으로 배분한다.
ㄴ. 부정적 외부효과가 존재할 경우 사회적비용은 사적비용보다 작다.
ㄷ. 부정적 외부효과를 시정하기 위해 고안된 세금을 피구세(Pigouvian Tax)라고 한다.
ㄹ. 긍정적 외부효과가 존재할 경우 시장생산량은 사회적으로 바람직한 생산량보다 많다.

① ㄱ, ㄴ
② ㄱ, ㄷ
③ ㄴ, ㄹ
④ ㄷ, ㄹ
⑤ ㄱ, ㄷ, ㄹ

18 **다음 중 공공재와 관련된 시장실패에 대한 설명으로 옳지 않은 것은?**

① 순수공공재는 소비의 비배제성과 비경합성을 동시에 가지고 있다.
② 소비의 비배제성으로 인한 무임승차의 문제가 발생한다.
③ 긍정적 외부성이 존재하는 공공재의 생산을 민간에 맡길 때, 사회적 최적수준에 비해 과소생산된다.
④ 공공재의 경우에는 개인의 한계편익곡선을 수평으로 합하여 사회적 한계편익곡선을 도출한다.
⑤ 공공재의 최적생산을 위해서는 경제주체들의 공공재 편익을 사실대로 파악하여야 한다.

19 **다음 중 노동수요의 임금탄력성에 대한 설명으로 옳지 않은 것은?**

① 노동수요의 임금탄력성은 단기보다 장기에서 더 크다.
② 노동수요의 임금탄력성은 총생산비 중 노동비용이 차지하는 비중에 의해 영향을 받는다.
③ 노동을 대체할 수 있는 다른 생산요소로의 대체가능성이 클수록 동일한 임금상승에 대하여 고용감소는 적어진다.
④ 노동수요는 노동을 생산요소로 사용하는 최종생산물 수요의 가격탄력성에 영향을 받는다.
⑤ 노동수요의 임금탄력성은 노동수요량의 변화율을 임금변화율로 나눈 것이다.

20 **다음 중 노동시장에 대한 설명으로 옳지 않은 것은?**

① 교육과 현장훈련을 받는 행위를 인적투자라고 한다.
② 선별가설(Screen Hypothesis)은 교육이 노동수익을 높이는 원인이라는 인적자본이론을 비판한다.
③ 상응가치(Comparable Worth) 원칙은 똑같은 일에 종사하는 사람에게는 똑같은 임금이 지급되어야 한다는 원칙이다.
④ 이중노동시장이론에 의하면 내부노동시장은 하나의 기업 내에서 이루어지는 노동시장을 말한다.
⑤ 이중노동시장이론에서 저임금 및 열악한 근로조건의 특징을 가지고 있는 노동시장을 2차 노동시장(Secondary Labor Market)이라고 한다.

21 다음 중 수요의 탄력성에 대한 설명으로 옳은 것은?

① 재화가 기펜재라면 수요의 소득탄력성은 양(+)의 값을 갖는다.
② 두 재화가 서로 대체재의 관계에 있다면 수요의 교차탄력성은 음(−)의 값을 갖는다.
③ 우하향하는 직선의 수요곡선에 위치한 두 점에서 수요의 가격탄력성은 동일하다.
④ 수요의 가격탄력성이 1이면 가격변화에 따른 판매총액은 증가한다.
⑤ 수요곡선이 수직선일 때 모든 점에서 수요의 가격탄력성은 0이다.

PART 3

22 다음 〈보기〉 중 화폐발행이득(Seigniorage)에 대한 설명으로 옳은 것을 모두 고르면?

보기

ㄱ. 정부가 화폐공급량 증가를 통해 얻게 되는 추가적 재정수입을 가리킨다.
ㄴ. 화폐라는 세원에 대해 부과하는 조세와 같다는 뜻에서 인플레이션 조세라 부른다.
ㄷ. 화폐공급량 증가로 인해 생긴 인플레이션이 민간이 보유하는 화폐자산의 실질가치를 떨어뜨리는 데서 나온다.

① ㄱ
② ㄴ
③ ㄱ, ㄷ
④ ㄴ, ㄷ
⑤ ㄱ, ㄴ, ㄷ

23 다음 중 경기변동에 대한 설명으로 옳지 않은 것은?

① 투자는 소비에 비해 GDP 대비 변동성이 크므로 경기변동의 주요 원인이 된다.
② 기간 간 고른 소비가 어려운 저소득계층이 늘어나면, 이전에 비해 경기변동이 심해진다.
③ 실물적 경기변동은 경기변동을 자연실업률 자체가 변화하여 일어난다고 생각한다.
④ 총공급－총수요 모형에서 총수요의 변동이 경기변동의 요인이라고 본다면 물가는 경기와 반대로 움직인다.
⑤ 실질임금과 고용량은 단기적으로 양의 상관관계를 가지나 장기적으로는 서로 관계가 없다.

24 다음 〈보기〉 중 디플레이션(Deflation)에 대한 설명으로 옳은 것을 모두 고르면?

보기

가. 명목금리가 마이너스(−)로 떨어져 투자수요와 생산 감소를 유발할 수 있다.
나. 명목임금의 하방경직성이 있는 경우 실질임금의 하락을 초래한다.
다. 기업 명목부채의 실질상환 부담을 증가시킨다.
라. 기업의 채무불이행 증가로 금융기관 부실화가 초래될 수 있다.

① 가, 나
② 가, 다
③ 나, 다
④ 나, 라
⑤ 다, 라

25 다음 중 보상적 임금격차에 대한 설명으로 옳지 않은 것은?

① 근무조건이 좋지 않은 곳으로 전출되면 임금이 상승한다.
② 물가가 높은 곳에서 근무하면 임금이 상승한다.
③ 비금전적 측면에서 매력적인 일자리는 임금이 상대적으로 낮다.
④ 성별 임금격차도 일종의 보상적 임금격차이다.
⑤ 더 비싼 훈련이 요구되는 직종의 임금이 상대적으로 높다.

26 경제변수는 크게 일정 기간에 측정되는 유량(Flow) 변수와 일정 시점에서 측정되는 저량(Stock) 변수로 구분된다. 다음 중 유량 변수에 해당하지 않는 것은?

① 소비
② 투자
③ 통화량
④ 국제수지
⑤ 국민소득

27 **경제지표를 산출할 때 시점 간 상대적 위치에 따라 실제 경제 상황보다 위축되거나 부풀려지는 현상을 가리키는 효과는?**

① 피셔 효과(Fisher Effect)
② 기저 효과(Based Effect)
③ 베블런 효과(Veblen Effect)
④ 부메랑 효과(Boomerang Effect)
⑤ 승수 효과(Multiplier Effect)

PART 3

28 **다음 경제지표 중 경기에 선행하는 지표로 보기 어려운 것은?**

① 내수출하지수
② 구인구직비율
③ 건설수주액
④ 수출입물가지수
⑤ 재고순환지표

29 **다음 글의 상황을 의미하는 경제 용어로 옳은 것은?**

> 일본의 장기불황과 미국의 금융위기 사례에서와 같이 금리를 충분히 낮추는 확장적 통화정책을 실시해도 가계와 기업이 시중에 돈을 풀어놓지 않는 상황을 말한다. 특히 일본의 경우 1990년대 제로금리를 고수했음에도 불구하고 소위 '잃어버린 10년'이라고 불리는 장기 불황을 겪었다. 불황 탈출을 위해 확장적 통화정책을 실시했지만 경제성장률은 계속 낮았다. 이후 경기 비관론이 팽배해지고 디플레이션이 심화되면서 모든 경제 주체가 투자보다는 현금을 보유하려는 유동성 선호경향이 강해졌다.

① 유동성 함정(Liquidity Trap)
② 공개시장조작
③ 용의자의 딜레마
④ 동태적 비일관성
⑤ 구축 효과(Crowding-out Effect)

30 **다음 중 어떤 산업이 자연독점화되는 이유로 옳은 것은?**

① 고정비용의 크기가 작은 경우
② 최소효율규모의 수준이 매우 큰 경우
③ 다른 산업에 비해 규모의 경제가 작게 나타나는 경우
④ 생산량이 증가함에 따라 평균비용이 계속 늘어나는 경우
⑤ 기업 수가 증가할수록 산업의 평균 생산비용이 감소하는 경우

31 **X재와 Y재에 대한 효용함수가 $U=min(X,\ Y)$인 소비자가 있다. 소득이 100이고 Y재의 가격(P_Y)이 10일 때, 이 소비자가 효용극대화를 추구한다면 X재의 수요함수는?(단, P_X는 X재의 가격이다)**

① $X=\dfrac{10+100}{P_X}$
② $X=\dfrac{100}{P_X+10}$
③ $X=\dfrac{100}{P_X}$
④ $X=\dfrac{50}{P_X+10}$
⑤ $X=\dfrac{10}{P_X}$

32 **다음 사례를 볼 때, 각 기업의 총수익 변화로 옳은 것은?(단, 다른 조건을 일정하다)**

- 사례1 : 수요의 가격탄력성이 0.5인 X재를 생산하고 있는 A기업은 최근 X재의 가격을 1,000원에서 2,000원으로 인상하였다.
- 사례2 : 수요의 가격탄력성이 2인 Y재를 생산하고 있는 B기업은 최근 Y재의 가격을 3,000원에서 5,500원으로 인상하였다.

	A기업	B기업
①	증가	감소
②	증가	일정
③	일정	일정
④	감소	증가
⑤	감소	감소

33 L국의 이동통신 시장이 하나의 기업만이 존재하는 완전독점시장일 경우, 이 기업의 총비용함수와 시장수요가 다음과 같을 때, 이 기업이 이부가격(Two－part Tariff) 설정을 통해 이윤을 극대화하고자 한다면, 고정요금(가입비)은 얼마인가?

> • $TC=40+4Q$(총비용함수)
> • $P=20-Q$(시장수요)

① 16
② 32
③ 48
④ 64
⑤ 128

34 다음 중 환율이론에 대한 설명으로 옳지 않은 것은?

① 구매력평가설은 환율이 양국통화의 구매력에 의하여 결정된다는 이론이다.
② 구매력평가설이 성립되기 위해서는 일물일가의 법칙이 전제되어야 한다.
③ 구매력평가설에 따르면 양국의 물가상승률 차이만큼 환율변화가 이루어진다.
④ 이자율평가설은 양국 간의 명목이자율 차이와 환율의 기대변동률과의 관계를 설명하는 이론이다.
⑤ 이자율평가설이 성립하기 위해서는 국가 간 자본이동이 제한되어야 하며, 거래비용과 조세가 존재하지 않아야 한다.

35 상품시장과 생산요소시장이 완전경쟁시장이고 기업은 이윤극대화를 추구할 때, 다음 〈보기〉 중 단기 노동수요에 대한 설명으로 옳은 것을 모두 고르면?

> **보기**
> ㄱ. 노동의 한계생산물가치(VMP_L)와 한계수입생산물(MRP_L)은 일치한다.
> ㄴ. 상품의 가격이 상승하면 노동수요곡선이 좌측으로 이동한다.
> ㄷ. 기술진보로 노동의 한계생산물이 증가하면 노동수요곡선이 우측으로 이동한다.

① ㄱ
② ㄱ, ㄴ
③ ㄱ, ㄷ
④ ㄴ, ㄷ
⑤ ㄱ, ㄴ, ㄷ

36 화폐수량설과 피셔방정식(Fisher Equation)이 성립하고 화폐유통속도가 일정한 경제에서 실질경제성장률이 3%, 통화증가율이 6%, 명목이자율이 10%라면 실질이자율은?

① 3%
② 5%
③ 7%
④ 9%
⑤ 11%

37 다음은 L국의 중앙은행이 준수하는 테일러 법칙(Taylor's Rule)이다. 실제 인플레이션율은 4%이고 실제 GDP와 잠재 GDP의 차이가 1%일 때, L국의 통화정책에 대한 설명으로 옳지 않은 것은?

> $$r = 0.03 + \frac{1}{4}(\pi - 0.02) - \frac{1}{4} \times \frac{Y^* - Y}{Y^*}$$
>
> ※ r은 중앙은행의 목표 이자율, π는 실제 인플레이션율, Y^*는 잠재 GDP, Y는 실제 GDP이다.

① 목표 이자율은 균형 이자율보다 낮다.
② 목표 인플레이션율은 2%이다.
③ 균형 이자율은 3%이다.
④ 다른 조건이 일정할 때, 인플레이션 갭 1%p 증가에 대해 목표 이자율은 0.25%p 증가한다.
⑤ 다른 조건이 일정할 때, GDP 갭 1%p 증가에 대해 목표 이자율은 0.25%p 감소한다.

38 다음 중 실업에 대한 주장으로 옳은 것은?

① 정부는 경기적 실업을 줄이기 위하여 기업의 설비투자를 억제시켜야 한다.
② 취업자가 존재하는 상황에서 구직포기자의 증가는 실업률을 감소시킨다.
③ 전업주부가 직장을 가지면 경제활동참가율과 실업률은 모두 낮아진다.
④ 실업급여의 확대는 탐색적 실업을 감소시킨다.
⑤ 정부는 구조적 실업을 줄이기 위하여 취업정보의 제공을 축소해야 한다.

39 다음 〈보기〉 중 인플레이션에 대한 설명으로 옳지 않은 것을 모두 고르면?

> **보기**
>
> 가. 인플레이션이 예상되지 못한 경우, 채무자에게서 채권자에게로 부가 재분배된다.
> 나. 인플레이션이 예상된 경우, 메뉴비용이 발생하지 않는다.
> 다. 인플레이션이 발생하면 현금 보유의 기회비용이 증가한다.
> 라. 인플레이션이 발생하면 수출이 감소하고 경상수지가 악화된다.

① 가, 나
② 가, 다
③ 나, 다
④ 나, 라
⑤ 다, 라

40 다음 그래프를 참고하여 빈칸 A ~ C에 들어갈 말로 옳은 것은?

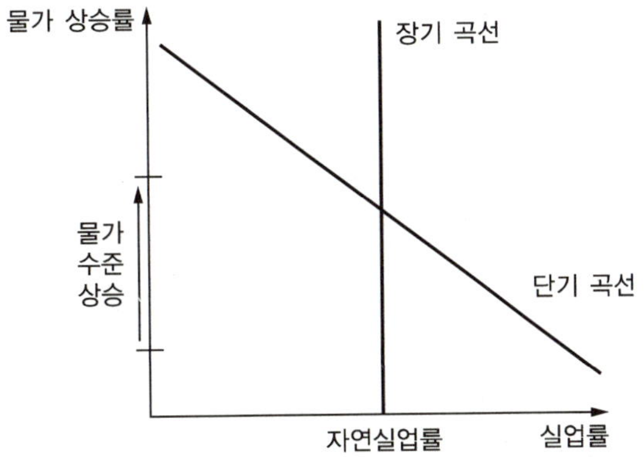

> 실업과 인플레이션 사이에는 __A__ 상충 관계가 존재하지 않는다. 그래서 해당 그래프는 __B__ 수준에서 수직선이 된다. 실업과 인플레이션 사이의 상충 관계는 __C__에만 존재해 총수요가 증가하면 실업률이 하락한다.

	A	B	C
①	단기적으로	물가상승률	장기
②	단기적으로	자연실업률	장기
③	단기적으로	통화증가율	장기
④	장기적으로	자연실업률	단기
⑤	장기적으로	물가상승률	단기

41 다음 중 이윤극대화를 추구하는 독점기업의 가격차별에 대한 설명으로 옳지 않은 것은?

① 동일한 수요자를 대상으로 구입 수량에 따라 가격을 차별할 수 있다.
② 분리된 시장간 상품의 재판매가 불가능할 때 가격차별이 효과적이다.
③ 분리된 두 시장에서 각각의 한계수입과 기업의 한계비용이 같아야 한다.
④ 완전가격차별은 사회후생을 감소시킨다.
⑤ 수요의 가격탄력성이 큰 시장의 가격을 탄력성이 작은 시장의 가격보다 낮게 설정한다.

42 화폐수량방정식은 $M \times V = P \times Y$이다. 甲국의 화폐유통속도가 乙국의 화폐유통속도보다 크고 양국의 중앙은행이 각각 통화량을 5% 증가시켰다. 이때 화폐수량설에 따른 추론으로 옳은 것은?(단, 甲국과 乙국에서 화폐수량설이 독립적으로 성립하며, M은 통화량, V는 화폐유통속도, P는 산출물의 가격, Y는 산출량이고, 화폐유통속도는 일정하다)

① 물가상승률은 甲국이 乙국보다 높다.
② 물가상승률은 乙국이 甲국보다 높다.
③ 산출량증가율은 甲국이 乙국보다 높다.
④ 산출량증가율은 乙국이 甲국보다 높다.
⑤ 甲국과 乙국의 명목산출량은 각각 5% 증가한다.

43 수직의 수요곡선과 우상향하는 일반적인 공급곡선을 가지는 재화 Y가 있다. 다음 중 생산자에게 조세(종량세)가 부과될 경우 나타나는 변화로 옳은 것은?

① 생산자 잉여가 증가한다.
② 부과된 조세가 소비자와 생산자에게 절반씩 귀착된다.
③ 공급곡선이 하방이동 한다.
④ 시장 거래량이 감소한다.
⑤ 부과된 조세만큼 시장가격이 상승한다.

44 다음 중 무차별곡선에 대한 설명으로 옳지 않은 것은?

① 무차별곡선은 서수적 효용개념에 기초하여 소비자의 선택을 분석한다.
② 무차별곡선이 원점에서 멀어질수록 더 높은 효용 수준을 나타낸다.
③ 서로 다른 무차별곡선은 교차하지 않는다.
④ 재화(Goods)와 비재화(Bads)의 선택모형에서 무차별곡선은 우하향한다.
⑤ 완전보완관계인 두 재화간의 선택모형에서 무차별곡선은 L자 형태이다.

PART 3

45 다음 중 재정정책 및 금융정책의 효과에 대한 설명으로 옳지 않은 것은?

① 투자의 이자율탄력성이 클수록 IS곡선의 기울기는 가팔라지고, 재정정책의 효과는 작아진다.
② 화폐수요의 이자율탄력성이 클수록 LM곡선의 기울기가 완만해지고, 금융정책의 효과는 작아진다.
③ 한계소비성향이 클수록 승수가 커지므로 재정정책의 효과는 커진다.
④ 한계소비성향이 클수록 IS곡선의 기울기는 완만해지고, 금융정책의 효과는 커진다.
⑤ 화폐수요의 소득탄력성이 클수록 LM곡선의 기울기는 가팔라지고, 재정정책의 효과는 작아진다.

46 다음 중 국민경제 전체의 물가압력을 측정하는 지수로 사용되며, 통화량 목표설정에 있어서도 기준 물가상승률로 사용되는 것은?

① 소비자물가지수(CPI)
② 생산자물가지수(PPI)
③ 기업경기실사지수(BSI)
④ GDP 디플레이터
⑤ 구매력평가지수(Purchasing Power Parities)

47 **다음 중 변동환율제도에서 환율(원/달러 환율)을 하락시키는 요인이 아닌 것은?**

① 미국 달러 자본의 국내 투자 확대
② 미국산 제품의 국내 수입 증가
③ 미국 달러 자본의 국내 부동산 매입
④ 국내산 제품의 수출 증가
⑤ 미국 달러 자본의 국내 주식 매입

48 **다음 글에서 설명하는 경제 개념으로 옳은 것은?**

> 세수와 세율 사이의 역설적 관계를 나타내는 곡선이다. 이에 따르면 세율이 일정 수준을 넘으면 근로의욕이 감소하므로 세수가 줄어드는 현상이 나타난다. 즉, 세율이 $t(X)$보다 낮은 상태에서는 세율을 올리면 세수가 늘어나고, 반대로 세율이 $t(X)$보다 높은 상태에서는 세율을 낮춤으로써 세수를 증대시킬 수 있다. 이 곡선은 1980년대 미국 레이건 행정부의 조세인하정책의 이론적 근거가 되었으며, 이로 인해 미국 정부의 거대한 재정적자 증가를 초래하는 결과를 가져왔다.

① 래퍼 곡선(Laffer Curve)
② 로렌츠 곡선(Lorenz Curve)
③ 디맨드 곡선(Demand Curve)
④ 필립스 곡선(Philips Curve)
⑤ 쿠즈네츠 곡선(Kuznets Curve)

49 **수요의 가격탄력성이 공급의 가격탄력성에 비해 상대적으로 작은 와인에 대해서 종량세를 올린다고 할 경우 세금 부담은 어떻게 전가되는가?**

① 판매자가 모두 부담
② 소비자가 모두 부담
③ 판매자가 소비자에 비해 많이 부담
④ 소비자가 판매자에 비해 많이 부담
⑤ 판매자와 소비자가 균등하게 부담

50 다음 글의 빈칸에 들어갈 개념으로 옳은 것은?

> • 사회구성원 개인의 선호를 종합하여 하나의 사회전체의 선호로 종합시켜 주는 법칙이 갖추어야 할 최소한의 조건 5가지(완전성과 이행성, 비제한성, 파레토 원칙, 무관한 선택대상으로부터의 독립성, 비독재성)를 제시하고, 이를 모두 충족하는 법칙은 존재하지 않음을 증명하였는데, 이를 __㉮__(이)라고 한다.
> • 하나 이상의 효율성 조건이 이미 파괴되어 있다면 만족하는 효율성 조건의 수가 많아진다고 해서 사회적 후생이 더 증가한다는 보장이 없음을 보였는데, 이를 __㉯__(이)라고 한다.

	㉮	㉯
①	불가능성 정리	차선의 이론
②	차선의 이론	불가능성 정리
③	차선의 이론	코즈의 정리
④	불가능성 정리	후생경제학 1정리
⑤	불가능성 정리	후생경제학 2정리

PART 3

| 경제 - 주관식 |

51 다음 〈보기〉 중 경기가 불황임에도 불구하고 물가가 상승하는 현상을 뜻하는 것은?

> **보기**
> ㄱ. 인플레이션　　　　ㄴ. 스태그플레이션
> ㄷ. 디플레이션　　　　ㄹ. 슬럼프플레이션
> ㅁ. 애그플레이션

(　　　　　　　　　　)

52 다음 〈보기〉 중 임금 상승률과 실업률과의 사이에 있는 역의 상관관계를 나타낸 곡선은?

> **보기**
> ㄱ. 래퍼 곡선　　　　ㄴ. 로렌츠 곡선
> ㄷ. 오퍼 곡선　　　　ㄹ. 필립스 곡선

(　　　　　　　　　　)

53 다음 〈보기〉 중 금리를 인하해도 경기가 부양되지 않아 정책효과가 나타나지 않은 현상을 가리키는 것은?

> **보기**
> ㄱ. 유동성 함정　　　　ㄴ. 구축효과
> ㄷ. 피셔효과　　　　ㄹ. 명목금리
> ㅁ. 퍼펙트 스톰

(　　　　　　　　　　)

54 어떤 산업에서 노동과 자본 투입량을 2배로 늘리면 산출량은 4배로 늘어난다고 한다. 다음 〈보기〉 중 이 산업에 해당하는 것을 모두 고르면?

보기

ㄱ. 규모의 경제가 존재한다.
ㄴ. 범위의 경제가 존재한다.
ㄷ. 자연독점이 존재한다.
ㄹ. 외부효과가 존재한다.

( )

55 다음 〈보기〉 중 시장경제의 특징에 해당하지 않는 것을 모두 고르면?

보기

ㄱ. 자유로운 경쟁
ㄴ. 정부의 직접적인 서비스 공급
ㄷ. 가격기구 작동을 통한 신호 전달
ㄹ. 1인 1표
ㅁ. 계약의 자유와 자기 책임의 원칙

( )

56 다음 〈보기〉 중 '돼지고기 값 급등'이라는 제목의 신문 기사 속에 포함되어 있을 것으로 추정되는 타당한 요인을 모두 고르면?

보기

ㄱ. 돼지 사육두수의 감소 추세
ㄴ. 수입 돼지고기의 관세 인하
ㄷ. 소고기나 닭고기 소비의 급증
ㄹ. 정부의 예상보다 강한 경기 회복세

( )

PART 3

57 다음 〈보기〉 중 완전경쟁시장에서의 단기 생산에서 다양한 비용함수를 그래프로 그렸을 때, 이들 사이의 관계를 설명한 내용으로 옳지 않은 것은?

보기

ㄱ. 평균총비용이 감소하면 한계비용 < 평균총비용
ㄴ. 평균총비용이 감소하면 한계비용 < 평균가변비용
ㄷ. 평균가변비용이 감소하면 한계비용 < 평균총비용
ㄹ. 평균가변비용이 감소하면 한계비용 > 평균가변비용
ㅁ. 평균가변비용이 상승하고 평균총비용이 하락하는 구간이면 한계비용 상승

(   )

58 다음 〈보기〉 중 자료 1과 자료 2의 상황에 가장 어울리는 경제 용어는?

[자료 1]
평소 대형 SUV 차량에 관심이 많았던 형진은 신차 구매에 앞서 현대자동차의 팰리세이드와 기아자동차의 모하비 등 비슷한 크기의 다양한 차종들 사이에서 망설이고 있었다. 그러던 어느 날, 군대 동기 우성이 출시와 동시에 구매한 2020년식 팰리세이드를 출고 받아 현재 상당히 만족해하고 있다는 소식을 들었다. 우성의 소식을 들은 형진은 팰리세이드를 구매하기로 마음먹었다.

[자료 2]
자동차 업계에 따르면 지난달 현대자동차는 국내 시장에서 지난해 같은 기간보다 6.4% 증가한 5만 3,406대를 팔았다. 반면, 기아자동차는 판매량이 10.2% 줄어든 3만 2,222대를 기록했다. 현대자동차의 판매량을 이끈 것은 그랜저(7,720대)와 싼타페(7,023대)에 새로 출시된 대형 SUV 팰리세이드(5,769대)가 더해졌기 때문이다. 이 세 모델만 해도 전체 판매량의 38%에 달한다.

보기

ㄱ. 피그 효과
ㄴ. 기러기 효과
ㄷ. 에어 효과
ㄹ. 펭귄 효과
ㅁ. 클라우드 효과

(   )

59 다음 기사를 참고하여 〈보기〉 중 채소 값이 폭등하는 이유로 옳은 것을 모두 고르면?

> **채소 값 폭등**
>
> 가뭄의 영향에서 벗어났는데도 채소 값이 좀처럼 떨어지지 않고 있다. 특히 고기와 보완관계에 있는 상추(50.6%), 파(73.5%), 양파(57.3%), 마늘(33.9%) 등의 채소 값이 많이 뛰었다.

보기

ㄱ. 고기의 가격이 하락했다.
ㄴ. 채소의 유익성에 대한 논문의 내용이 9시 뉴스에 나왔다.
ㄷ. 다른 유기농 채소 출하가 본격화되었다.
ㄹ. 샐러리, 파프리카 등의 채소가 새롭게 인기를 얻게 되었다.

(   )

60 다음 〈보기〉 중 디지털 카메라의 등장으로 기존의 필름산업이 쇠퇴하여 필름산업 종사자들이 일자리를 잃을 때 발생하는 실업은?

보기

ㄱ. 마찰적 실업　　ㄴ. 계절적 실업
ㄷ. 경기적 실업　　ㄹ. 만성적 실업
ㅁ. 구조적 실업

(   )

| 토목 - 객관식 |

01 **다음 중 아치(Arch)의 특성으로 옳지 않은 것은?**

① 부재 단면은 주로 축방향력을 받는 구조이다.
② 아치는 통상 수평반력이 생긴다.
③ 휨모멘트나 압축에는 저항이 불가능하며 오직 장력에만 견딘다.
④ 수평반력은 각 단면에서의 휨모멘트를 감소시킨다.
⑤ 굽힘 응력을 적게 하기 위해 하중이 작용하는 방향을 볼록 곡선형으로 만든 구조이다.

02 **다음 중 폭이 b이고 높이가 h인 직사각형의 도심에 대한 단면 2차 모멘트는?**

① $\frac{bh}{3}(b^2+h^2)$
② $\frac{\sqrt{bh}}{3}(b^3+h^3)$
③ $\frac{\sqrt{bh}}{12}(b^3+h^3)$
④ $\frac{bh}{12}(b^2+h^2)$
⑤ $\frac{bh}{6}(b^2+h^2)$

03 **하천의 유속측정 결과, 수면으로부터 깊이의 $\frac{2}{10}$, $\frac{4}{10}$, $\frac{6}{10}$, $\frac{8}{10}$이 되는 곳의 유속(m/s)이 각각 0.662, 0.552, 0.442, 0.332였다면 3점법에 의한 평균유속은?**

① 0.4603m/s
② 0.4695m/s
③ 0.5245m/s
④ 0.5337m/s
⑤ 0.5463m/s

04 **다음 중 흐름에 대한 설명으로 옳지 않은 것은?**

① 흐름이 층류일 때는 뉴턴의 점성 법칙을 적용할 수 있다.
② 등류란 모든 점에서의 흐름의 특성이 공간에 따라 변하지 않는 흐름이다.
③ 유관이란 개개의 유체입자가 흐르는 경로를 말한다.
④ 유선이란 각 점에서 속도벡터에 접하는 곡선을 연결한 선이다.
⑤ 정류는 어느 점에서도 시간에 따라 압력, 밀도, 속도 등의 상태가 변하지 않는 흐름이다.

05 다음 중 강우자료의 변화요소가 발생한 과거의 기록치를 보정하기 위하여 전반적인 자료의 일관성을 조사하려고 할 때, 사용할 수 있는 방법으로 옳은 것은?

① 정상연강수량비율법

② Thiessen의 가중법

③ 이중누가우량분석

④ DAD분석

⑤ 등우선법

06 다음 중 세장비에 대한 설명으로 옳은 것은?

① $\dfrac{(\text{기둥의 길이})}{(\text{최소 회전 반경})}$

② $\dfrac{(\text{최소 단면계수})}{(\text{기둥의 길이})}$

③ $\dfrac{(\text{기둥의 길이})}{(\text{최소 지점 반지름})}$

④ $\dfrac{(\text{최소 단면계수})}{(\text{기둥의 길이})}$

⑤ $\dfrac{(\text{최소 단면계수})}{(\text{최소 지점 반지름})}$

07 다음 중 GNSS 상대측위 방법에 대한 설명으로 옳은 것은?

① 수신기 1대만을 사용하여 측위를 실시한다.

② 위성과 수신기 간의 거리는 전파의 파장 개수를 이용하여 계산할 수 있다.

③ 위상차의 계산은 단순차, 이중차, 삼중차와 같은 차분기법으로는 해결하기 어렵다.

④ 전파의 위상차를 관측하는 방식이나 절대측위 방법보다 정확도가 낮다.

⑤ 미지점을 제외한 두 각 및 그 사이 변의 길이를 측량하는 것이다.

08 어떤 굳은 점토층을 깊이 7m까지 연직절토하였다. 이 점토층의 일축압축강도가 $1.4\text{kg}_f/\text{cm}^2$, 흙의 단위중량이 2t/m^3라 할 때, 파괴에 대한 안전율은?(단, 내부마찰각은 30°이다)

① 0.5

② 1.0

③ 1.5

④ 2.0

⑤ 2.5

09 **다음 중 최소 전단 철근을 배치하지 않아도 되는 경우로 옳지 않은 것은?(단, $\frac{1}{2}\phi V_c < V_u$인 경우에 한한다)**

① 슬래브나 확대기초의 경우

② 전단 철근이 없어도 계수휨모멘트와 계수전단력에 저항할 수 있다는 것을 실험에 의해 확인할 수 있는 경우

③ T형보에서 그 깊이가 플랜지 두께의 2.5배 또는 복부폭의 $\frac{1}{2}$ 중 큰 값 이하인 보

④ 전체 깊이가 450mm 이하인 보

⑤ 콘크리트 장선 구조

10 **단철근 직사각형보의 자중이 18kN이고 활하중이 26kN일 때, 계수휨모멘트는 얼마인가?(단, 보의 경간은 10m이다)**

① 630kN·m
② 670kN·m
③ 710kN·m
④ 750kN·m
⑤ 790kN·m

11 **금속의 탄성계수 E=230,000MPa이고, 전단탄성계수 G=60,000MPa일 때, 이 금속의 푸아송비(ν)는?**

① 약 0.917
② 약 0.824
③ 약 0.766
④ 약 0.621
⑤ 약 0.486

12 **다음 캔틸레버보 선단 B의 처짐각(Slope, 요각)은?(단, EI는 일정하다)**

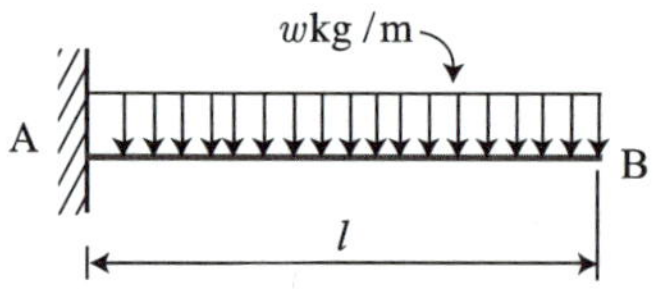

① $\frac{wl^3}{3EI}$
② $\frac{wl^3}{6EI}$
③ $\frac{wl^3}{8EI}$
④ $\frac{2wl^3}{3EI}$
⑤ $\frac{2wl^3}{6EI}$

13 60m당 0.04m가 짧은 줄자를 사용하여 정사각형 토지의 한 변을 측정한 결과가 240m일 때, 면적에 대한 오차는 얼마인가?

① 42.3m^2　② 50.2m^2
③ 65.7m^2　④ 76.8m^2
⑤ 81.3m^2

14 다음 중 상수도관에 대한 설명으로 옳은 것은?

① 흄관은 내압력이 크고, 현장에서 시공성이 낮다.
② PVC관은 내식성이 작고, 자외선에 강하다.
③ 강관은 절단가공이 쉽고, 관내면이 매끄럽다.
④ 주철관은 충격에 강하고, 이형관의 제작이 힘들다.
⑤ 덕타일 주철관은 강도가 작고, 시공성이 높다.

15 2.0kg$_f$/cm^{2}의 구속응력을 가하여 시료를 완전하게 압밀시킨 다음, 축차응력을 가해 비배수 상태로 전단시켜 파괴 시 간극수압계수 A는?[단, 간극수압계수(B)는 1.0으로 하며, 축변형률 ϵ_f = 15%, 축차응력 $\Delta\sigma_f$ = 2.6kg$_f$/cm^2, 간극수압 Δu_f = 1.5kg$_f$/cm^{2}이다]

① 약 0.42　② 약 0.58
③ 약 0.63　④ 약 0.79
⑤ 약 0.81

16 다음 중 입경이 균일한 포화된 사질지반에 지진이나 진동 등 동적하중이 작용할 때, 지반에서는 일시적으로 전단강도를 상실하게 되는 현상은?

① 분사(Quick Sand) 현상　② 틱소트로피(Thixotropy) 현상
③ 히빙(Heaving) 현상　④ 파이핑(Piping) 현상
⑤ 액상화(Liquefaction) 현상

17 다음 중 강판형 복부 두께의 제한이 규정되어 있는 이유로 옳은 것은?

① 시공상의 난이
② 공비의 절약
③ 자중의 경감
④ 좌굴의 방지
⑤ 시공 공간 확보

18 폭이 b, 높이가 h인 구형 단면에서 중립축의 단면 2차 모멘트를 I_A, 밑면의 단면 2차 모멘트를 I_B라 할 때 $\frac{I_A}{I_B}$는?

① 1
② $\frac{1}{2}$
③ $\frac{1}{3}$
④ $\frac{1}{4}$
⑤ $\frac{1}{5}$

19 다음 그림과 같은 단면적 1cm^2, 길이 1m인 철근 AB부재가 있다. 이 철근이 최대 $\delta = 1.0\text{cm}$ 늘어날 때 이 철근의 허용하중 P[kN]는?[단, 철근의 탄성계수(E)는 $2.1 \times 10^4 \text{kN/cm}^2$로 한다]

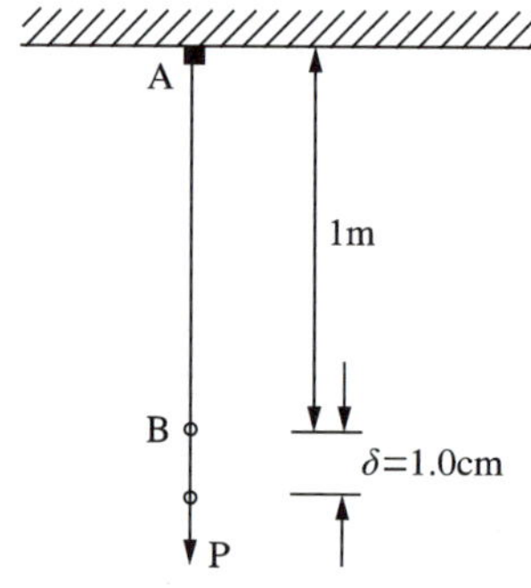

① 160KN
② 180KN
③ 210KN
④ 240KN
⑤ 270KN

20 다음 중 지형측량의 과정을 순서대로 바르게 나열한 것은?

① 측량계획 – 골조측량 – 측량원도작성 – 세부측량
② 측량계획 – 세부측량 – 측량원도작성 – 골조측량
③ 측량계획 – 측량원도작성 – 골조측량 – 세부측량
④ 측량계획 – 골조측량 – 세부측량 – 측량원도작성
⑤ 측량계획 – 측량원도작성 – 세부측량 – 골조측량

21 저수지의 측벽에 폭 20cm, 높이 5cm의 직사각형 오리피스를 설치하여 유량 200L/s를 유출시키려고 할 때, 수면으로부터의 오피리스 설치 위치는?(단, 유량계수 $C=0.62$이다)

① 약 33m ② 약 43m
③ 약 53m ④ 약 63m
⑤ 약 73m

22 안지름 2m의 관내를 20℃의 물이 흐를 때 동점성계수가 $0.0101\text{cm}^2/\text{s}$이고 속도가 50cm/s이라면 레이놀즈수는 얼마인가?

① 960,000
② 970,000
③ 980,000
④ 990,000
⑤ 1,000,000

23 지름이 15cm, 길이가 50m인 주철관으로 유량 $0.03\text{m}^3/\text{s}$의 물을 50m 양수하려고 한다. 양수 시 발생되는 총손실수두가 5m였을 때, 이 펌프의 소요 축동력은?(단, 여유율은 0이며, 펌프의 효율은 80%이고, 소수점 둘째 자리에서 반올림한다)

① 20.2kW ② 30.5kW
③ 33.5kW ④ 37.2kW
⑤ 42.8kW

24 **다음 중 하수슬러지 소화공정에서 혐기성 소화법과 비교할 때 호기성 소화법의 장점으로 옳지 않은 것은?**

① 유효 부산물 생성
② 상징수 수질 양호
③ 악취발생 감소
④ 운전 용이
⑤ 저렴한 최초 시공비

25 **흙의 비중 2.60, 함수비 30%, 간극비는 0.80일 때, 포화도는 얼마인가?**

① 24.0%
② 62.4%
③ 78.0%
④ 82.5%
⑤ 97.5%

26 **다음 중 표준관입시험에 대한 설명으로 옳지 않은 것은?**

① 질량이 (63.5±0.5)kg인 해머를 사용한다.
② 해머의 낙하높이는 (760±10)mm이다.
③ 고정 Piston 샘플러를 사용한다.
④ 샘플러를 지반에 300mm 박아 넣는 데 필요한 타격횟수를 N값이라고 한다.
⑤ 사질토의 경우에는 N값에서 전단 강도나 모래의 압축성 등을 판정할 수 있다.

27 **다음 중 철근의 겹침이음 등급에서 A급 이음의 조건으로 옳은 것은?**

① 배치된 철근량이 이음부 전체 구간에서 해석결과 요구되는 소요 철근량의 3배 이상이고, 소요 겹침이음길이 내 겹침이음된 철근량이 전체 철근량의 1/3 이상인 경우
② 배치된 철근량이 이음부 전체 구간에서 해석결과 요구되는 소요 철근량의 3배 이상이고, 소요 겹침이음길이 내 겹침이음된 철근량이 전체 철근량의 1/2 이하인 경우
③ 배치된 철근량이 이음부 전체 구간에서 해석결과 요구되는 소요 철근량의 2배 이상이고, 소요 겹침이음길이 내 겹침이음된 철근량이 전체 철근량의 1/4 이상인 경우
④ 배치된 철근량이 이음부 전체 구간에서 해석결과 요구되는 소요 철근량의 2배 이상이고, 소요 겹침이음길이 내 겹침이음된 철근량이 전체 철근량의 1/3 이상인 경우
⑤ 배치된 철근량이 이음부 전체 구간에서 해석결과 요구되는 소요 철근량의 2배 이상이고, 소요 겹침이음길이 내 겹침이음된 철근량이 전체 철근량의 1/2 이하인 경우

28 양단이 고정된 기둥에 축방향력에 의한 좌굴하중 P_{cr}을 구하면?(단, E는 탄성계수, I는 단면 2차모멘트, L은 기둥의 길이다)

① $P_{cr} = \frac{\pi^2 EI}{L^2}$
② $P_{cr} = \frac{\pi^2 EI}{2L^2}$
③ $P_{cr} = \frac{\pi^2 EI}{4L^2}$
④ $P_{cr} = \frac{4\pi^2 EI}{L^2}$
⑤ $P_{cr} = \frac{4\pi^2 EI}{2L^2}$

29 다음과 같이 집중호우가 자기기록지에 기록되었다. 지속기간 20분 동안의 최대강우강도는?

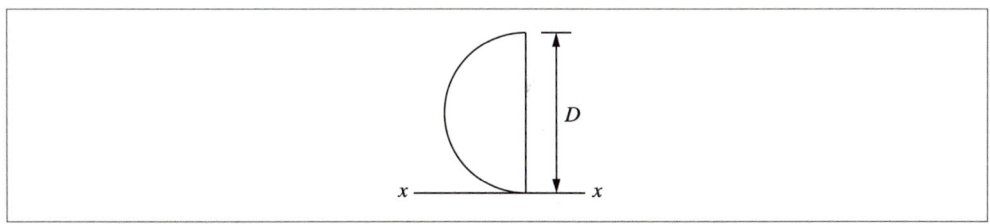

시간	5분	10분	15분	20분	25분	30분	35분	40분
누가우량	2mm	5mm	10mm	20mm	35mm	40mm	43mm	45mm

① 95mm/h
② 105mm/h
③ 115mm/h
④ 135mm/h
⑤ 155mm/h

30 다음 그림과 같은 지름 D인 반원 도형의 x축에 대한 단면 2차 모멘트는?

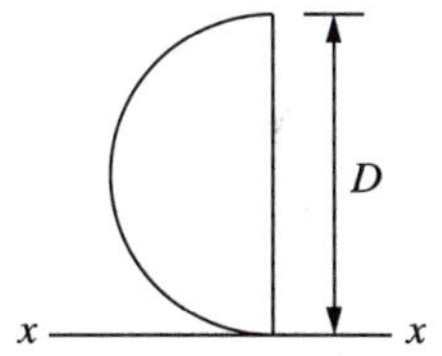

① $\frac{\pi D^4}{128}$
② $\frac{3\pi}{128}D^4$
③ $\frac{5\pi}{128}D^4$
④ $\frac{7\pi}{128}D^4$
⑤ $\frac{9\pi}{128}D^4$

31 다음 중 서로 평행한 여러 개의 평면력을 가장 쉽게 합성할 수 있는 방법은?

① 힘의 삼각형법 이용
② 힘의 평행사변형법 이용
③ 힘의 삼각형법과 평행사변형법 이용
④ 연력도 이용
⑤ 시력도 이용

32 다음 중 전단응력 $\tau = 510\text{kg}_f/\text{cm}^2$일 때 전단변형의 값은?(단, $G = 850{,}000\text{kg}_f/\text{cm}^2$이다)

① 0.0002
② 0.0006
③ 0.1235
④ 0.2805
⑤ 0.3415

33 다음 중 삼각측량을 위한 삼각망에서 유심다각망에 대한 설명으로 옳지 않은 것은?

① 농지측량에 많이 사용된다.
② 방대한 지역의 측량에 적합하다.
③ 삼각망 중에서 정확도가 가장 높다.
④ 동일측점 수에 비하여 포함면적이 가장 넓다.
⑤ 각조건, 방향각조건, 측점조건, 변조건에 의한 조정을 해준다.

34 다음 〈보기〉 중 레일 작업용 기계에 해당하는 것을 모두 고르면?

> **보기**
> ㉠ 레일 가열기　　㉡ 레일 절단기
> ㉢ 레일 교환기　　㉣ 호퍼카
> ㉤ 동적궤도안정기

① ㉠, ㉡, ㉢　② ㉠, ㉡, ㉣
③ ㉡, ㉢, ㉣　④ ㉡, ㉣, ㉤
⑤ ㉢, ㉣, ㉤

35 다음 중 노선측량의 일반적인 작업 순서대로 바르게 나열한 것은?

> ㄱ. 종・횡단 측량　　ㄴ. 중심선 측량
> ㄷ. 공사 측량　　ㄹ. 답사

① ㄱ－ㄴ－ㄹ－ㄷ　② ㄱ－ㄷ－ㄹ－ㄴ
③ ㄷ－ㄱ－ㄹ－ㄴ　④ ㄹ－ㄴ－ㄱ－ㄷ
⑤ ㄹ－ㄷ－ㄱ－ㄴ

36 다음 중 완화곡선에 대한 설명으로 옳지 않은 것은?

① 완화곡선이 직선과 접속되는 경우 완화곡선 시점의 곡선반지름은 무한대이다.
② 완화곡선의 접선은 시점에서는 원호에 접하고, 종점에서는 직선에 접한다.
③ 완화곡선의 반지름은 그 시점에서는 무한대이고, 종점에서는 원곡선의 반지름과 같다.
④ 완화곡선에 연한 곡선반지름의 감소율은 캔트(Cant)의 증가율과 같다.
⑤ 모든 클로소이드(Clothoid)는 닮음꼴이며, 클로소이드 요소는 길이의 단위를 가진 것과 단위가 없는 것이 있다.

37 축척 1 : 600인 지도상의 면적을 축척 1 : 500으로 계산하여 38.675m^{2}를 얻었을 때, 실제 면적으로 옳은 것은?

① 26.858m^2
② 32.229m^2
③ 46.410m^2
④ 55.692m^2
⑤ 61.346m^2

38 T형 PSC보에 설계하중을 작용시킨 결과 보의 처짐은 0이었으며, 프리스트레스 도입단계부터 부착된 계측장치로부터 상부 탄성변형률 $\epsilon = 3.5 \times 10^{-4}$을 얻었다. 콘크리트 탄성계수 $E_c = 26,000$MPa, T형 보의 단면적 $A_g = 150,000$mm^2, 유효율 $R = 0.85$일 때, 강재의 초기 긴장력 P_i는?

① 약 1,606kN
② 약 1,665kN
③ 약 1,860kN
④ 약 2,269kN
⑤ 약 2,456kN

39 레벨을 이용하여 표고가 53.85m인 A점에 세운 표척을 시준하여 1.34m를 얻었다. 표고 50m의 등고선을 측정하려 할 때, 시준해야 할 표척의 높이는?

① 3.51m
② 4.11m
③ 5.19m
④ 6.25m
⑤ 7.33m

40 직사각형의 가로, 세로의 길이가 다음과 같을 때, 면적 A를 표현한 식으로 옳은 것은?

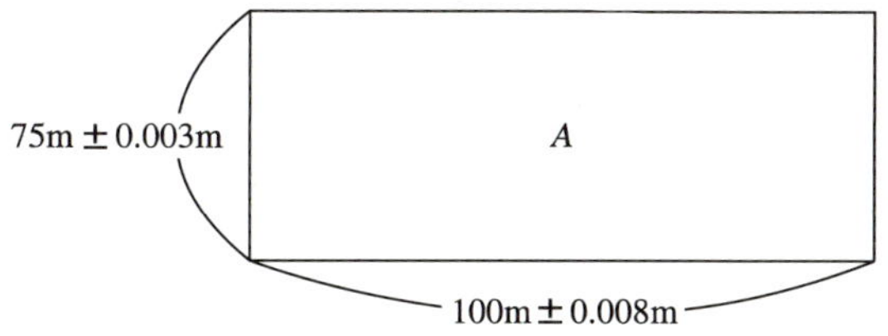

① 7,500±0.67
② 7,500±0.81
③ 7,500.9±0.67
④ 7,500.9±0.81
⑤ 7,500.9±0.95

41 노건조한 흙 시료의 부피가 1,000cm^3, 무게가 1,700g, 비중이 2.65일 때, 간극비는 얼마인가?

① 약 0.82
② 약 0.71
③ 약 0.65
④ 약 0.56
⑤ 약 0.43

42 폭이 40cm, 유효깊이가 70cm인 직사각형 보의 위험단면에 계수전단력 0.1MN이 작용했다면, 공칭전단강도 V_u는 얼마 이상이어야 하는가?

① 0.025MN
② 0.133MN
③ 0.324MN
④ 0.355MN
⑤ 0.386MN

43 다음 중 나선철근으로 둘러싸인 압축부재의 축방향 주철근의 최소 개수는?

① 3개
② 4개
③ 5개
④ 6개
⑤ 8개

44 다음 중 1방향 슬래브에 대한 설명으로 옳지 않은 것은?

① 1방향 슬래브의 두께는 최소 80mm 이상으로 해야 한다.
② 4변에 의해 지지되는 2방향 슬래브 중에서 단변에 대한 장변의 비가 2배를 넘으면 1방향 슬래브로 해석한다.
③ 슬래브의 정모멘트 철근 및 부모멘트 철근의 중심간격은 위험단면에서는 슬래브 두께의 2배 이하여야 하고, 300mm 이하로 해야 한다.
④ 슬래브의 정모멘트 철근 및 부모멘트 철근의 중심간격은 위험단면을 제외한 단면에서는 슬래브 두께의 3배 이하여야 하고, 450mm 이하로 해야 한다.
⑤ 1방향 슬래브에서는 정모멘트 철근 및 부모멘트 철근에 직각 방향으로 수축, 온도철근을 배치해야 한다.

45 다음 중 부마찰력이 발생할 수 있는 경우가 아닌 것은?

① 매립된 생활쓰레기 중에 시공된 관측정
② 붕적토에 시공된 말뚝 기초
③ 성토한 연약점토지반에 시공된 말뚝 기초
④ 배수로 인한 지하수위의 저하
⑤ 다짐된 사질지반에 시공된 말뚝 기초

46 **다음 중 깊은 기초의 지지력 평가에 대한 설명으로 옳지 않은 것은?**

① 현장 타설 콘크리트 말뚝 기초는 동역학적 방법으로 지지력을 추정한다.
② 말뚝 항타분석기(PDA)는 말뚝의 응력분포, 경시효과 및 해머 효율을 파악할 수 있다.
③ 지하연속벽 공법은 다른 흙막이벽에 비해 차수효과가 높고, 주변지반에 대한 영향이 적다.
④ 동역학적 방법은 항타장비, 말뚝과 지반조건이 고려된 방법으로, 해머 효율의 측정이 필요하다.
⑤ 정역학적 지지력 추정방법은 논리적으로 타당하나, 강도정수를 추정하는 데 한계성을 내포하고 있다.

47 **다음 중 투수계수를 좌우하는 요인이 아닌 것은?**

① 토립자의 비중
② 토립자의 크기
③ 포화도
④ 간극의 형상과 배열
⑤ 유체의 점성

48 **다음 중 복철근 보에서의 압축철근에 대한 효과로 옳지 않은 것은?**

① 단면 저항 모멘트를 크게 증대시킨다.
② 지속하중에 의한 처짐을 감소시킨다.
③ 파괴 시 압축응력의 깊이를 감소시켜 연성을 증대시킨다.
④ 철근의 조립을 쉽게 한다.
⑤ 취성파괴를 억제시킨다.

PART 3

49 다음 그림과 같은 구조물에서 P_1으로 인한 B점의 처짐 δ_1과 P_2로 인한 B점의 처짐 δ_2가 있다. P_1이 작용한 후 P_2가 작용할 때, P_1이 하는 일은?

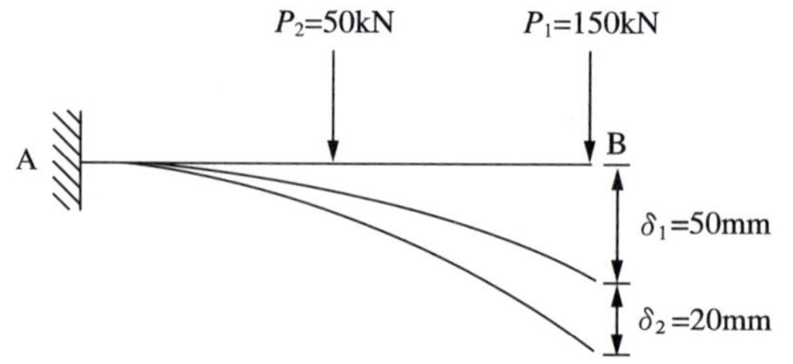

① 6,500kN·mm
② 6,750kN·mm
③ 7,000kN·mm
④ 7,250kN·mm
⑤ 8,150kN·mm

50 다음 중 보의 응력에 대한 설명으로 옳지 않은 것은?

① 전단중심에서는 비틀림이 발생하지 않으며, 전단응력이 최대가 된다.
② 휨모멘트에 의해 부재의 단면에 인장과 압축을 동시에 생기게 하는 응력을 휨응력이라 한다.
③ 등분포하중을 받는 단순보의 지간 중앙에서는 보의 중립축에서 전단응력이 존재하지 않는다.
④ 전단응력은 보의 복부에서 가장 크며, 구형단면의 경우 최대전단응력이 평균전단응력보다 2배 더 크다.
⑤ 보 단면의 위치에 따라 발생하는 최대응력도가 큰 부분에 많은 단면적이 배치될수록 해당 응력에 대해 유리한 단면이 된다.

| 토목 - 주관식 |

51 지름 5cm, 길이 2.5m의 강봉을 15mm 인장시킬 때 필요한 힘의 크기는 akN이다. 이때 a의 값은?(단, $E=2.4\times10^4$N/mm^2, $\pi=3$이고, 소수점 첫째 자리에서 반올림한다)

(   )

52 다음 도형의 빗금 친 영역의 $X-X'$축에 대한 단면 1차 모멘트는 $s$cm^{3}이다. 이때 s의 값은?

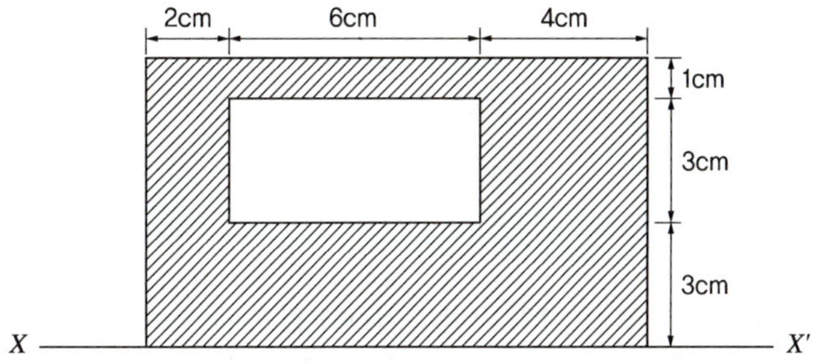

(   )

53 다음 〈보기〉 중 하천 측량 순서에서 네 번째에 오는 단계는?

보기

ㄱ. 현지조사 ㄴ. 도상조사
ㄷ. 유량관측 ㄹ. 자료조사
ㅁ. 수준측량 ㅂ. 평면측량
ㅅ. 기타측량

( )

54 대한민국에서 1등 삼각망의 폐합오차의 허용범위는 $\pm x''$이다. 이때 x의 값은?

( )

55 다음 〈보기〉 중 DAD해석에 관계되는 요소를 모두 고르면?

보기

ㄱ. 강우량 ㄴ. 유역면적
ㄷ. 하천단면적 ㄹ. 홍수기간
ㅁ. 강우깊이 ㅂ. 분포면적
ㅅ. 강우기간 ㅇ. 수심

( )

56 하수도 계획에서 시설의 내용연수 및 건설기간이 길고 관거 하수량 증가에 따라 단면을 증가시키기 곤란하기 때문에 장기적 관리계획을 수립할 필요가 있다. 하수도 계획의 목표연도는 몇 년인가?

( )

57 입자가 둥글고 입도가 양호한 모래지반에서 N치를 측정한 결과 $N=19$일 때, Dunham의 공식으로 추정한 모래의 내부마찰각(ϕ)은 $\theta°$이다. 이때 θ의 값은?(단, 소수점 첫째 자리에서 반올림한다)

(   )

58 다음 〈보기〉 중 강재에 비례한도보다 큰 응력을 가한 후 응력을 제거하면 장시간 방치하여도 얼마간의 변형이 남게 되는 변형은?

보기	
ㄱ. 탄성변형	ㄴ. 피로변형
ㄷ. 취성변형	ㄹ. 소성변형

(   )

59 고정하중 30kN/m, 활하중 20kN/m를 지지하는 지간 8m의 단순보에서 계수모멘트는 M kN·m이다. 이때 M의 값은?(단, 하중계수와 하중조합을 고려한다)

(   )

60 다음 〈보기〉 중 강도설계법에서 사용하는 자재별 강도감소계수(ϕ)의 값이 옳지 않은 것을 모두 고르면?

보기

ㄱ. 무근콘크리트의 휨모멘트 : $\phi=0.55$
ㄴ. 전단력과 비틀림모멘트 : $\phi=0.75$
ㄷ. 흙의 단위체적중량 : $\phi=0.70$
ㄹ. 인장지배단면 : $\phi=0.85$
ㅁ. 무근콘크리트의 전단력 : 0.80

(   )

| 건축 - 객관식 |

01 **다음 중 와이어로프로 매단 비계 권상기에 의해 상하로 이동시킬 수 있는 공사용 비계는?**

① 시스템비계
② 틀비계
③ 달비계
④ 쌍줄비계
⑤ 말비계

02 **다음 중 조적조에 발생하는 백화현상을 방지하기 위하여 취하는 조치로 옳지 않은 것은?**

① 줄눈부분을 방수처리하여 빗물을 막는다.
② 잘 구워진 벽돌을 사용한다.
③ 줄눈 모르타르에 방수제를 넣는다.
④ 석회를 혼합하여 줄눈 모르타르를 바른다.
⑤ 차양 등의 비막이를 설치하여 벽에 직접 비가 맞지 않도록 한다.

03 **다음 병원 건축의 형식 중 분관식에 대한 설명으로 옳지 않은 것은?**

① 동선이 길어진다.
② 채광 및 통풍이 좋다.
③ 대지면적에 제약이 있는 경우에 주로 적용된다.
④ 환자는 주로 경사로를 이용한 보행 또는 들것으로 운반된다.
⑤ 각 동들은 저층 건물 위주로 계획한다.

04 다음 그림과 같은 부정정 라멘에서 CD기둥의 전단력 값은?

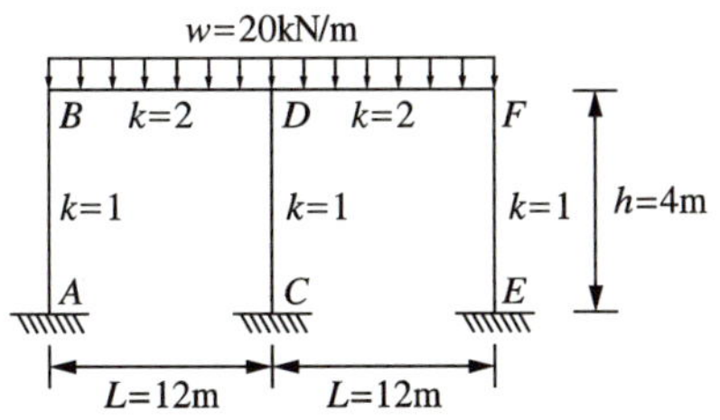

① 0kN

② 10kN

③ 20kN

④ 30kN

⑤ 40kN

05 다음 중 H형강의 플랜지에 커버플레이트를 붙이는 주목적으로 옳은 것은?

① 수평부재 간 접합 시 틈새를 메우기 위하여

② 슬래브와의 전단접합을 위하여

③ 웨브플레이트의 전단내력 보강을 위하여

④ 휨내력의 보강을 위하여

⑤ 강판 사이의 각도를 유지하는 강도를 높이기 위하여

06 다음 중 지역난방 방식에 대한 설명으로 옳지 않은 것은?

① 열원설비의 집중화로 관리가 용이하다.

② 설비의 고도화로 대기오염 등 공해를 방지할 수 있다.

③ 각 건물의 이용 시간차를 이용하면 보일러의 용량을 줄일 수 있다.

④ 고온수난방을 채용할 경우 감압장치가 필요하며 응축수 트랩이나 환수관이 복잡해진다.

⑤ 배관의 길이가 길어서 열손실이 많다.

07 다음 중 통합품질관리의 도구와 거리가 먼 것은?

① 기능계통도
② 산점도
③ 히스토그램
④ 특성요인도
⑤ 체크시트

08 다음 글이 설명하는 공법으로 옳은 것은?

미리 공장 생산한 기둥이나 보, 바닥판, 외벽, 내벽 등을 한 층씩 쌓아 올라가는 조립식으로 구체를 구축하고 이어서 마감 및 설비공사까지 포함하여 차례로 한 층씩 완성해 가는 공법이다.

① 하프 PC합성바닥판공법
② 역타공법
③ 적층공법
④ 지하연속벽공법
⑤ 어스앵커공법

09 다음 중 현장감을 가장 실감나게 표현하는 방법으로 하나의 사실 또는 주제의 시간 상황을 고정시켜 연출하는 것으로, 현장에 임한 느낌을 주는 특수전시기법은?

① 디오라마 전시
② 파노라마 전시
③ 하모니카 전시
④ 아일랜드 전시
⑤ 영상 전시

10 다음 중 용접작업 시 용착금속 단면에 생기는 작은 은색의 점은 무엇인가?

① 피시아이(Fish Eye)
② 블로홀(Blow Hole)
③ 슬래그 함입(Slag Inclusion)
④ 크레이터(Crater)
⑤ 피트(Pit)

11 동일 단면, 동일 재료를 사용한 캔틸레버보 끝단에 집중하중이 작용하였다. P_1이 작용한 부재의 최대처짐량이 P_2가 작용한 부재의 최대처짐량의 2배일 경우 $P_1 : P_2$는?

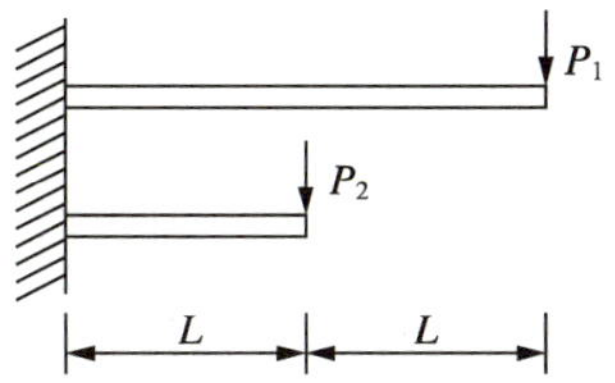

① 1 : 4
② 1 : 8
③ 4 : 1
④ 8 : 1
⑤ 10 : 1

12 다음 중 도시가스 배관의 시공에 대한 설명으로 옳지 않은 것은?

① 건물 내에서는 반드시 은폐배관으로 한다.
② 배관 도중에 신축 흡수를 위한 이음을 한다.
③ 건물의 주요구조부를 관통하지 않도록 한다.
④ 건물의 규모가 크고 배관 연장이 긴 경우에는 계통을 나누어 배대한다.
⑤ 가스사용시설의 지상배관은 황색으로 도색한다.

13 건축물을 신축하면서 옥상에 조경을 150m^2 시공했다. 이때 대지의 조경면적은 최소 얼마 이상으로 하여야 하는가?(단, 대지면적은 1,500m^{2}이고, 조경설치 기준은 대지면적의 10%이다)

① 25m^2
② 50m^2
③ 75m^2
④ 100m^2
⑤ 120m^2

14 다음 중 도막방수 시공 시 유의사항으로 옳지 않은 것은?

① 도막방수재는 혼합에 따라 재료 물성이 크게 달라지므로 반드시 혼합비를 준수한다.
② 용제형의 프라이머를 사용할 경우에는 화기에 주의하고, 특히 실내 작업의 경우 환기장치를 사용하여 인화나 유기용제 중독을 미연에 예방하여야 한다.
③ 코너부위, 드레인 주변은 보강이 필요하다.
④ 도막방수 공사는 바탕면 시공과 관통공사가 종결되지 않더라도 할 수 있다.
⑤ 5℃ 이하의 기온에서는 시공하지 않는다.

15 다음 중 최대수용전력이 500kW, 수용률이 80%일 때, 부하설비용량은?

① 400kW
② 625kW
③ 800kW
④ 1,250kW
⑤ 1,450kW

16 다음 중 사무소 건축의 엘리베이터 설치 계획에 대한 설명으로 옳지 않은 것은?

① 군 관리운전의 경우 동일 군내의 서비스 층은 같게 한다.
② 승객의 층별 대기시간은 평균 운전간격 이상이 되게 한다.
③ 서비스를 균일하게 할 수 있도록 건축물 중심부에 설치하는 것이 좋다.
④ 건축물의 출입층이 2개 층이 되는 경우는 각각의 교통 수요량 이상이 되도록 한다.
⑤ 5대 이하는 직선 배치하고 6대 이상은 앨코브 또는 대면 배치한다.

17 인장을 받는 이형철근의 직경이 D16(직경 15.9mm)이고, 콘크리트 강도가 30MPa인 표준갈고리의 기본정착길이는?(단, $f_y=400\text{MPa}$이고, $\beta=1.0$이고, $m_c=2{,}300\text{kg/m}^3$이며, 소수점 첫째 자리에서 반올림한다)

① 238mm
② 258mm
③ 279mm
④ 312mm
⑤ 328mm

18 다음 중 조적벽 40m^2를 쌓는 데 필요한 벽돌량은 몇 장인가?(단, 표준형벽돌 0.5B 쌓기이며, 할증은 고려하지 않는다)

① 2,850장
② 3,000장
③ 3,150장
④ 3,500장
⑤ 3,650장

19 다음 중 도서관의 출납 시스템 유형 중 이용자가 자유롭게 도서를 꺼낼 수 있으나 열람석으로 가기 전에 관원의 검열을 받는 형식은?

① 폐가식
② 반개가식
③ 자유개가식
④ 안전개가식
⑤ 개가식

20 다음은 대지와 도로의 관계에 대한 기준 내용이다. 빈칸 ㉠, ㉡에 들어갈 숫자가 바르게 짝지어진 것은?(단, 축사, 작물 재배사, 그 밖에 이와 비슷한 건축물로서 건축조례로 정하는 규모의 건축물은 제외한다)

> 연면적의 합계가 2,000m^2(공장인 경우에는 3,000m^2) 이상인 건축물의 대지는 너비 ___㉠___ 이상의 도로에 ___㉡___ 이상 접하여야 한다.

	㉠	㉡		㉠	㉡
①	2m	4m	②	4m	2m
③	4m	6m	④	6m	4m
⑤	6m	6m			

21 다음 중 볼류트 펌프의 토출구를 지나는 유체의 유속이 2.5m/s이고 유량이 1m^3/min일 때, 토출구의 구경은?

① 75.14mm
② 82mm
③ 92.26mm
④ 105mm
⑤ 107.52mm

22 다음 중 금속관 배선공사에 대한 설명으로 옳지 않은 것은?

① 고조파의 영향이 없다.
② 저압, 고압, 통신설비 등에 널리 사용된다.
③ 사용 목적과 상관없이 접지를 할 필요가 없다.
④ 사용장소로는 은폐장소, 노출장소, 옥측, 옥외 등 광범위하게 사용할 수 있다.
⑤ 과열에 의한 화재의 우려가 없다.

23 다음 중 강구조 용접에서 용접결함에 속하지 않는 것은?

① 오버랩(Overlap)
② 크랙(Crack)
③ 가우징(Gouging)
④ 언더컷(Under Cut)
⑤ 스펠트

24 다음은 지하층과 피난층 사이의 개방공간 설치에 대한 기준 내용이다. 빈칸에 들어갈 숫자로 옳은 것은?

> 바닥면적의 합계가 ________ 이상인 공연장·집회장·관람장 또는 전시장을 지하층에 설치하는 경우에는 각 실에 있는 자가 지하층 각 층에서 건축물 밖으로 피난하여 옥외 계단 또는 경사로 등을 이용하여 피난층으로 대피할 수 있도록 천장이 개방된 외부 공간을 설치하여야 한다.

① 1,000m^2
② 2,000m^2
③ 3,000m^2
④ 4,000m^2
⑤ 5,000m^2

25 압력탱크식 급수설비에서 탱크 내의 최고압력이 350kPa, 흡입양정이 5m인 경우, 압력탱크에 급수하기 위해 사용되는 급수펌프의 양정은?

① 약 3.5m
② 약 8.5m
③ 약 35m
④ 약 40m
⑤ 약 45m

26 다음 중 피난안전구역(건축물의 피난·안전을 위하여 건축물 중간층에 설치하는 대피공간)의 구조 및 설비에 대한 기준 내용으로 옳지 않은 것은?

① 피난안전구역의 높이는 2.1m 이상일 것
② 비상용 승강기는 피난안전구역에서 승하차할 수 있는 구조로 설치할 것
③ 건축물의 내부에서 피난안전구역으로 통하는 계단은 피난계단의 구조로 설치할 것
④ 피난안전구역에는 식수공급을 위한 급수전을 1개소 이상 설치하고 예비전원에 의한 조명설비를 설치할 것
⑤ 내부마감재료는 불연재료로 설치할 것

27 다음 중 간접가열식 급탕법에 대한 설명으로 옳지 않은 것은?

① 대규모 급탕설비에 적합하다.
② 보일러 내부에 스케일의 부착 가능성이 높다.
③ 가열코일에 순환하는 증기는 저압으로도 된다.
④ 난방용 증기를 사용하면 별도의 보일러가 필요 없다.
⑤ 열효율이 직접가열식에 비해 낮다.

28 다음 중 경량골재콘크리트와 관련된 기준으로 옳지 않은 것은?

① 단위시멘트량의 최솟값 : $400kg/m^3$
② 물 – 결합재비의 최댓값 : 60%
③ 기건단위질량(경량골재 콘크리트 1종) : $1,700 \sim 2,000kg/m^3$
④ 굵은골재의 최대치수 : 20mm
⑤ 슬럼프 값 : 180mm 이하

29 강도설계법에 의해서 전단보강 철근을 사용하지 않고 계수하중에 의한 전단력 $V_u = 50kN$을 지지하기 위한 직사각형 단면보의 최소 유효깊이 d는?(단, 보통중량콘크리트 사용, $f_{ck} = 28MPa$, $b_w = 300mm$이다)

① 약 405mm
② 약 444mm
③ 약 504mm
④ 약 605mm
⑤ 약 648mm

30 다음 그림과 같은 옹벽에 토압 10kN이 가해지는 경우, 이 옹벽이 전도되지 않기 위해서는 어느 정도의 자중을 필요로 하는가?

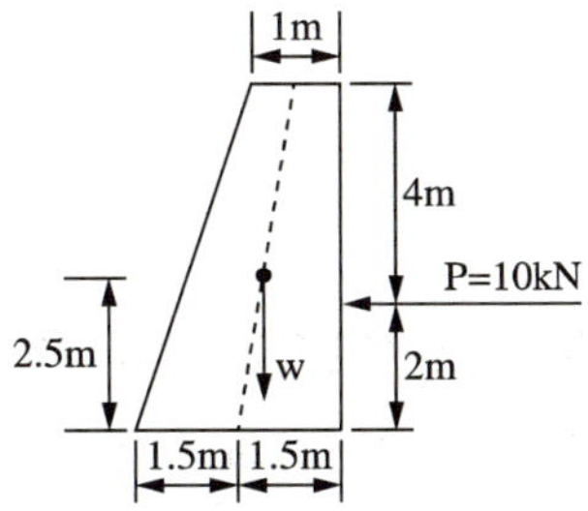

① 12.71kN
② 11.71kN
③ 10.44kN
④ 9.71kN
⑤ 8.44kN

31 **다음 중 다포식 건축물이 아닌 것은?**

① 내소사 대웅전
② 경복궁 근정전
③ 전등사 대웅전
④ 무위사 극락전
⑤ 화암사 극락전

32 **다음 중 종합병원의 건축 계획에 대한 설명으로 옳지 않은 것은?**

① 부속진료부는 외래환자 및 입원환자 모두가 이용하는 곳이다.
② 간호사 대기소는 각 간호단위 또는 각층 및 동별로 설치한다.
③ 집중식 병원건축에서 부속진료부와 외래부는 주로 건물의 저층부에 구성된다.
④ 외래진료부의 운영방식에 있어서 미국은 대개 클로즈드 시스템인 반면, 우리나라는 오픈 시스템이다.
⑤ 병실 천장은 조도가 낮고 반사율이 낮은 마감재료를 사용한다.

33 **다음 중 은행의 건축 계획에 대한 설명으로 옳지 않은 것은?**

① 은행원과 고객의 출입구는 별도로 설치하는 것이 좋다.
② 영업실의 면적은 은행원 1인당 $1.2m^2$를 기준으로 한다.
③ 대규모의 은행일 경우 고객의 출입구는 되도록 1개소로 하는 것이 좋다.
④ 주출입구에 이중문을 설치할 경우, 바깥문은 바깥여닫이 또는 자재문으로 할 수 있다.
⑤ 영업장의 면적은 은행건축의 규모를 결정한다.

34 콘크리트 블록벽체 $2m^2$를 쌓는 데 소요되는 콘크리트 블록 매수로 옳은 것은?(단, 블록은 기본형이며, 할증은 고려하지 않는다)

① 26매
② 30매
③ 34매
④ 38매
⑤ 40매

PART 3

35 다음 중 도장공사에서 뿜칠에 대한 설명으로 옳지 않은 것은?

① 큰 면적을 균등하게 도장할 수 있다.
② 스프레이건과 뿜칠면 사이의 거리는 30cm를 표준으로 한다.
③ 뿜칠은 도막두께를 일정하게 유지하기 위해 겹치지 않게 순차적으로 이행한다.
④ 뿜칠 공기압은 $2 \sim 4kg/cm^2$를 표준으로 한다.
⑤ 뿜칠의 각도는 칠바탕에 직각으로 한다.

36 다음 중 무기질 단열재료가 아닌 것은?

① 셀룰로오스 섬유판
② 세라믹 섬유
③ 펄라이트 판
④ ALC 패널
⑤ 규산 칼슘판

37 다음 중 공사 착공시점의 인허가 항목이 아닌 것은?

① 비산먼지 발생사업 신고
② 오수처리시설 설치신고
③ 특정공사 사전신고
④ 가설건축물 축조신고
⑤ 사업장폐기물배출자 신고

38 기본공정표와 상세공정표에 표시된 대로 공사를 진행시키기 위해 재료, 노력, 원척도 등이 필요한 기일까지 반입, 동원될 수 있도록 작성한 공정표는?

① 횡선식 공정표
② 열기식 공정표
③ 사선식 공정표
④ 일순식 공정표
⑤ 네트워크 공정표

39 다음 트러스 구조물에서 부재력이 '0'이 되는 부재의 개수는?

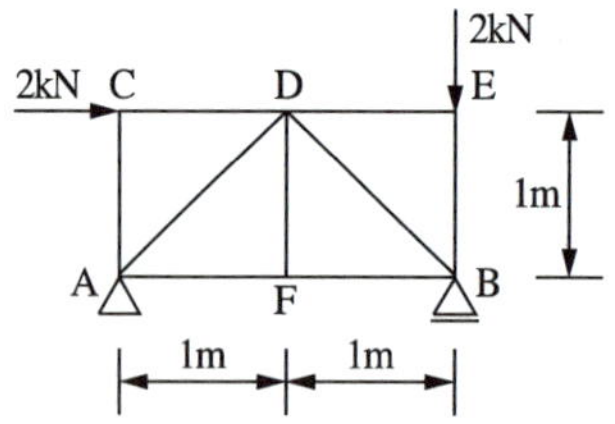

① 1개
② 2개
③ 3개
④ 4개
⑤ 5개

40 한 변의 길이가 각각 50mm(A), 100mm(B)인 두 개의 정사각형 단면에 동일한 압축하중 P가 작용할 때 압축응력도의 비(A : B)는?

① 2 : 1
② 4 : 1
③ 8 : 1
④ 16 : 1
⑤ 32 : 1

41 다음 중 직류 엘리베이터에 대한 설명으로 옳지 않은 것은?

① 임의의 기동 토크를 얻을 수 있다.
② 고속 엘리베이터용으로 사용이 가능하다.
③ 원활한 가감속이 가능하여 승차감이 좋다.
④ 교류 엘리베이터에 비해 가격이 저렴하다.
⑤ 종류로는 직류 기어드, 기어레스 등이 있다.

42 다음은 옥내소화전설비에서 전동기에 따른 펌프를 이용하는 가압송수장치에 대한 설명이다. 빈칸 ㉠, ㉡에 들어갈 내용으로 옳은 것은?

> 특정소방대상물의 해당 층의 옥내소화전(5개 이상 설치된 경우에는 5개의 옥내소화전)을 동시에 사용할 경우 각 소화전의 노즐선단에서의 방수압력이 ___㉠___ 이상이고, 방수량이 ___㉡___ 이상이 되도록 한다.

	㉠	㉡
①	0.17MPa	130L/min
②	0.17MPa	250L/min
③	0.34MPa	130L/min
④	0.34MPa	250L/min
⑤	0.4MPa	300L/min

43 900명을 수용하고 있는 극장에서 실내 CO_2 농도를 0.1%로 유지하기 위해 필요한 환기량은?(단, 외기 CO_2 농도는 0.04%, 1인당 CO_2 배출량은 18L/h이다)

① 27,000m^3/h
② 30,000m^3/h
③ 60,000m^3/h
④ 66,000m^3/h
⑤ 72,000m^3/h

44 다음 중 약전설비(소세력 전기설비)에 속하지 않는 것은?

① 조명설비
② 전기음향설비
③ 감시제어설비
④ 주차관제설비
⑤ 정보통신설비

45 다음 중 이동식 보도에 대한 설명으로 옳지 않은 것은?

① 속도는 60 ~ 70m/min이다.
② 주로 역이나 공항 등에 이용된다.
③ 승객을 수평으로 수송하는 데 사용된다.
④ 수평으로부터 10° 이내의 경사로 되어 있다.
⑤ 시간당 최대 1,500명 정도 수송할 수 있다.

46 다음 중 증기난방에 대한 설명으로 옳지 않은 것은?

① 온수난방에 비해 예열시간이 짧다.
② 운전 중 증기해머로 인한 소음발생의 우려가 있다.
③ 온수난방에 비해 한랭지에서 동결의 우려가 적다.
④ 온수난방에 비해 부하변동에 따른 실내방열량의 제어가 용이하다.
⑤ 증기 순환이 빠르고 열의 운반능력이 크다.

47 다음 공기조화 방식 중 전공기 방식에 속하지 않는 것은?

① 단일덕트
② 이중덕트
③ 멀티존유닛
④ 팬코일유닛
⑤ 각층유닛

48 다음 축전지의 충전 방식 중 필요할 때마다 표준시간율로 소정의 충전을 하는 방식은?

① 급속충전
② 보통충전
③ 부동충전
④ 세류충전
⑤ 균등충전

49 에스컬레이터의 경사도는 최대 얼마 이하로 하여야 하는가?(단, 공칭속도가 0.5m/s를 초과하는 경우이며 기타 조건은 무시한다)

① 25°
② 30°
③ 35°
④ 40°
⑤ 50°

50 다음 중 층수가 12층이고 6층 이상의 거실면적의 합계가 12,000m^2인 교육연구시설에 설치하여야 하는 8인승 승용승강기의 최소 대수는?

① 2대
② 3대
③ 4대
④ 5대
⑤ 6대

| 건축 - 주관식 |

51 다음 〈보기〉 중 연약지반에 기초구조를 적용할 때 부동침하를 감소시키기 위한 상부구조의 대책으로 옳지 않은 것을 모두 고르면?

보기
ㄱ. 건물의 평면상 길이를 길게 할 것
ㄴ. 건물을 경량화할 것
ㄷ. 강성을 크게 할 것
ㄹ. 인접 건물과의 거리를 이격할 것
ㅁ. 부분 증축을 통해 강도를 보강할 것
ㅂ. 신축이음을 설치할 것

(　　　　　　　　　　)

52 다음과 같은 단순보에서의 최대처짐이 δmm일 때, δ값은?(단, 보의 단면은 $b=200$m, $h=300$mm이고, $E=200,000$MPa이며, 소수점 첫째 자리에서 반올림한다)

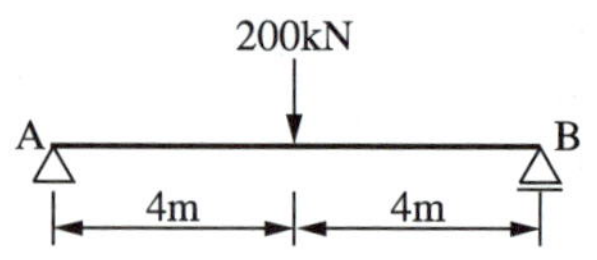

(　　　　　　　　　　)

53 다음은 타일의 접착력 시험에 대한 표준시방서이다. 빈칸에 들어갈 수는?

- 타일의 접착력 시험은 일반 건축물의 경우 타일 면적 _____m^2 당, 공동주택은 10호당 1호에 한 장씩 시험한다. 시험 위치는 담당원의 지시에 따른다.
- 시험할 타일은 먼저 줄눈 부분을 콘크리트 면까지 절단하여 주위의 타일과 분리시킨다.
- 시험할 타일은 시험비 부속장치의 크기로 하되, 그 이상은 180mm×60mm 크기로 타일이 시공된 바탕면까지 절단한다. 다만, 40mm 미만의 타일은 4배를 1개조로 하여 부속장치를 붙여 시험한다.
- 시험은 타일 시공 후 4주 이상일 때 실시한다.
- 시험결과의 판정은 타일 인장 부착강도가 0.39N/mm^2 이상이어야 한다.

(   )

54 다음 〈보기〉 중 쇼핑센터의 공간구성에서 고객을 각 상점에 유도하는 주요 보행자 동선인 동시에 고객의 휴식처로서의 기능을 갖고 있는 곳은?

보기

ㄱ. 몰
ㄴ. 허브
ㄷ. 코트
ㄹ. 핵상점
ㅁ. 패닉 룸

(   )

55 다음은 급수배관의 기울기에 대한 글이다. 빈칸에 들어갈 수는?

급수배관의 모든 기울기는 _____분의 1을 표준으로 하며, 상향 급수배관은 상향구배로, 하향 급수배관은 하향구배로 시공하여야 한다.

(   )

56 다음은 에스컬레이터의 경사도에 대한 글이다. 빈칸에 들어갈 수는?

> 에스컬레이터의 경사도는 30° 이하로 한다. 단, 높이 6m 이하, 공칭속도 0.5m/s 이하인 경우에는 __________°까지 증가시킬 수 있다.

( )

57 다음 〈보기〉 중 건축 계획상 미의 특성에서 변화 및 다양성을 얻는 방식으로 옳지 않은 것은?

보기

ㄱ. 억양
ㄴ. 대비
ㄷ. 황금비
ㄹ. 대칭
ㅁ. 비례

( )

58 다음 〈보기〉 중 건축물의 용도 분류상 문화 및 집회시설에 속하는 것은?

보기

ㄱ. 야외극장
ㄴ. 산업전시장
ㄷ. 어린이회관
ㄹ. 청소년 수련원
ㅁ. 유스호스텔

( )

59 다음은 건축법 시행령에서 옥상광장 등의 설치에 대한 내용이다. 빈칸에 들어갈 수는?

> 옥상광장 또는 2층 이상인 층에 있는 노대등의 주위에는 높이 _____cm 이상의 난간을 설치하여야 한다. 다만, 그 노대등에 출입할 수 없는 구조인 경우에는 그러하지 아니하다.

(   )

60 다음 〈보기〉 중 축조 시 신고 대상인 공작물을 모두 고르면?

> **보기**
>
> ㄱ. 높이가 4.5m인 굴뚝
> ㄴ. 높이가 10m인 장식탑
> ㄷ. 높이가 5m인 광고판
> ㄹ. 높이가 1.5m인 옹벽
> ㅁ. 외벽이 없고 높이가 6m인 기계식 주차장
> ㅂ. 높이가 10m인 고가수조

(   )

우리가 해야 할 일은 끊임없이 호기심을 갖고
새로운 생각을 시험해 보고 새로운 인상을 받는 것이다.

– 월터 페이터 –

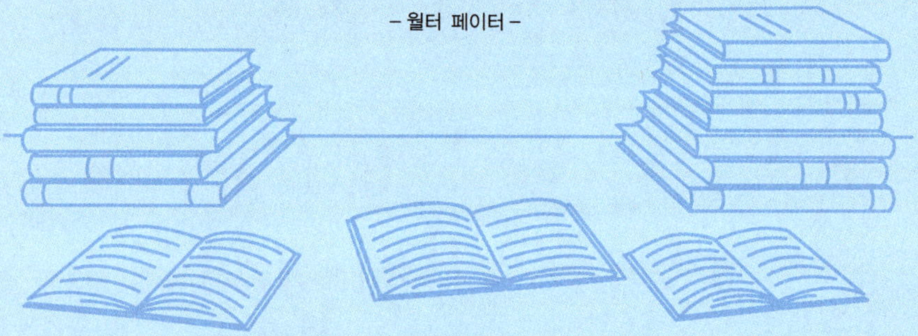

PART 4

채용 가이드

CHAPTER 01 블라인드 채용 소개

CHAPTER 02 서류전형 가이드

CHAPTER 03 인성검사 소개 및 모의테스트

CHAPTER 04 면접전형 가이드

CHAPTER 05 LH 한국토지주택공사 면접 기출질문

CHAPTER

01 블라인드 채용 소개

1. 블라인드 채용이란?

채용 과정에서 편견이 개입되어 불합리한 차별을 야기할 수 있는 출신지, 가족관계, 학력, 외모 등의 편견요인은 제외하고, 직무능력만을 평가하여 인재를 채용하는 방식입니다.

2. 블라인드 채용의 필요성

- 채용의 공정성에 대한 사회적 요구
  - 누구에게나 직무능력만으로 경쟁할 수 있는 균등한 고용기회를 제공해야 하나, 아직도 채용의 공정성에 대한 불신이 존재
  - 채용상 차별금지에 대한 법적 요건이 권고적 성격에서 처벌을 동반한 의무적 성격으로 강화되는 추세
  - 시민의식과 지원자의 권리의식 성숙으로 차별에 대한 법적 대응 가능성 증가
- 우수인재 채용을 통한 기업의 경쟁력 강화 필요
  - 직무능력과 무관한 학벌, 외모 위주의 선발로 우수인재 선발기회 상실 및 기업경쟁력 약화
  - 채용 과정에서 차별 없이 직무능력중심으로 선발한 우수인재 확보 필요
- 공정한 채용을 통한 사회적 비용 감소 필요
  - 편견에 의한 차별적 채용은 우수인재 선발을 저해하고 외모·학벌 지상주의 등의 심화로 불필요한 사회적 비용 증가
  - 채용에서의 공정성을 높여 사회의 신뢰수준 제고

3. 블라인드 채용의 특징

편견요인을 요구하지 않는 대신 직무능력을 평가합니다.

※ 직무능력중심 채용이란?
기업의 역량기반 채용, NCS기반 능력중심 채용과 같이 직무수행에 필요한 능력과 역량을 평가하여 선발하는 채용방식을 통칭합니다.

4. 블라인드 채용의 평가요소

직무수행에 필요한 지식, 기술, 태도 등을 과학적인 선발기법을 통해 평가합니다.

평가기준 = 직무수행에 필요한 직무능력

※ 과학적 선발기법이란?
직무분석을 통해 도출된 평가요소를 서류, 필기, 면접 등을 통해 체계적으로 평가하는 방법으로 입사지원서, 자기소개서, 직무수행능력평가, 구조화 면접 등이 해당됩니다.

5. 블라인드 채용 주요 도입 내용

- 입사지원서에 인적사항 요구 금지
  - 인적사항에는 출신지역, 가족관계, 결혼여부, 재산, 취미 및 특기, 종교, 생년월일(연령), 성별, 신장 및 체중, 사진, 전공, 학교명, 학점, 외국어 점수, 추천인 등이 해당
  - 채용 직무를 수행하는 데 있어 반드시 필요하다고 인정될 경우는 제외

    예 특수경비직 채용 시 : 시력, 건강한 신체 요구
    연구직 채용 시 : 논문, 학위 요구 등
- 블라인드 면접 실시
  - 면접관에게 응시자의 출신지역, 가족관계, 학교명 등 인적사항 정보 제공 금지
  - 면접관은 응시자의 인적사항에 대한 질문 금지

6. 블라인드 채용 도입의 효과성

- 구성원의 다양성과 창의성이 높아져 기업 경쟁력 강화
  - 편견을 없애고 직무능력 중심으로 선발하므로 다양한 직원 구성 가능
  - 다양한 생각과 의견을 통하여 기업의 창의성이 높아져 기업경쟁력 강화
- 직무에 적합한 인재선발을 통한 이직률 감소 및 만족도 제고
  - 사전에 지원자들에게 구체적이고 상세한 직무요건을 제시함으로써 허수 지원이 낮아지고, 직무에 적합한 지원자 모집 가능
  - 직무에 적합한 인재가 선발되어 직무이해도가 높아져 업무효율 증대 및 만족도 제고
- 채용의 공정성과 기업이미지 제고
  - 블라인드 채용은 사회적 편견을 줄인 선발 방법으로 기업에 대한 사회적 인식 제고
  - 채용과정에서 불합리한 차별을 받지 않고 실력에 의해 공정하게 평가를 받을 것이라는 믿음을 제공하고, 지원자들은 평등한 기회와 공정한 선발과정 경험

CHAPTER

02 서류전형 가이드

01 채용공고문

1. 채용공고문의 변화

기존 채용공고문	변화된 채용공고문
• 취업준비생에게 불충분하고 불친절한 측면 존재 • 모집분야에 대한 명확한 직무관련 정보 및 평가기준 부재 • 해당분야에 지원하기 위한 취업준비생의 무분별한 스펙 쌓기 현상 발생	• NCS 직무분석에 기반한 채용공고를 토대로 채용전형 진행 • 지원자가 입사 후 수행하게 될 업무에 대한 자세한 정보 공지 • 직무수행내용, 직무수행 시 필요한 능력, 관련된 자격, 직업기초능력 제시 • 지원자가 해당 직무에 필요한 스펙만을 준비할 수 있도록 안내
• 모집부문 및 응시자격 • 지원서 접수 • 전형절차 • 채용조건 및 처우 • 기타사항	• 채용절차 • 채용유형별 선발분야 및 예정인원 • 전형방법 • 선발분야별 직무기술서 • 우대사항

2. 지원 유의사항 및 지원요건 확인

채용 직무에 따른 세부사항을 공고문에 명시하여 지원자에게 적격한 지원 기회를 부여함과 동시에 채용과정에서의 공정성과 신뢰성을 확보합니다.

구성	내용	확인사항
모집분야 및 규모	고용형태(인턴 계약직 등), 모집분야, 인원, 근무지역 등	채용직무가 여러 개일 경우 본인이 해당되는 직무의 채용규모 확인
응시자격	기본 자격사항, 지원조건	지원을 위한 최소자격요건을 확인하여 불필요한 지원을 예방
우대조건	법정·특별·자격증 가점	본인의 가점 여부를 검토하여 가점 획득을 위한 사항을 사실대로 기재
근무조건 및 보수	고용형태 및 고용기간, 보수, 근무지	본인이 생각하는 기대수준에 부합하는지 확인하여 불필요한 지원을 예방
시험방법	서류·필기·면접전형 등의 활용방안	전형방법 및 세부 평가기법 등을 확인하여 지원전략 준비
전형일정	접수기간, 각 전형 단계별 심사 및 합격자 발표일 등	본인의 지원 스케줄을 검토하여 차질이 없도록 준비
제출서류	입사지원서(경력·경험기술서 등), 각종 증명서 및 자격증 사본 등	지원요건 부합 여부 및 자격 증빙서류 사전에 준비
유의사항	임용취소 등의 규정	임용취소 관련 법적 또는 기관 내부 규정을 검토하여 해당여부 확인

02 직무기술서

직무기술서란 직무수행의 내용과 필요한 능력, 관련 자격, 직업기초능력 등을 상세히 기재한 것으로 입사 후 수행하게 될 업무에 대한 정보가 수록되어 있는 자료입니다.

1. 채용분야

설명

NCS 직무분류 체계에 따라 직무에 대한 「대분류 – 중분류 – 소분류 – 세분류」 체계를 확인할 수 있습니다. 채용 직무에 대한 모든 직무기술서를 첨부하게 되며 실제 수행 업무를 기준으로 세부적인 분류정보를 제공합니다.

채용분야	분류체계			
사무행정	대분류	중분류	소분류	세분류
분류코드	02. 경영·회계·사무	03. 재무·회계	01. 재무	01. 예산
				02. 자금
			02. 회계	01. 회계감사
				02. 세무

2. 능력단위

설명

직무분류 체계의 세분류 하위능력단위 중 실질적으로 수행할 업무의 능력만 구체적으로 파악할 수 있습니다.

능력단위	(예산)	03. 연간종합예산수립 05. 확정예산 운영	04. 추정재무제표 작성 06. 예산실적 관리
	(자금)	04. 자금운용	
	(회계감사)	02. 자금관리 05. 회계정보시스템 운용 07. 회계감사	04. 결산관리 06. 재무분석
	(세무)	02. 결산관리 07. 법인세 신고	05. 부가가치세 신고

3. 직무수행내용

설명

세분류 영역의 기본정의를 통해 직무수행내용을 확인할 수 있습니다. 입사 후 수행할 직무내용을 구체적으로 확인할 수 있으며, 이를 통해 입사서류 작성부터 면접까지 직무에 대한 명확한 이해를 바탕으로 자신의 희망직무인지 아닌지, 해당 직무가 자신이 알고 있던 직무가 맞는지 확인할 수 있습니다.

직무수행내용	(예산) 일정기간 예상되는 수익과 비용을 편성, 집행하며 통제하는 일
	(자금) 자금의 계획 수립, 조달, 운용을 하고 발생 가능한 위험 관리 및 성과평가
	(회계감사) 기업 및 조직 내·외부에 있는 의사결정자들이 효율적인 의사결정을 할 수 있도록 유용한 정보를 제공, 제공된 회계정보의 적정성을 파악하는 일
	(세무) 세무는 기업의 활동을 위하여 주어진 세법범위 내에서 조세부담을 최소화시키는 조세전략을 포함하고 정확한 과세소득과 과세표준 및 세액을 산출하여 과세당국에 신고·납부하는 일

4. 직무기술서 예시

태도	(예산) 정확성, 분석적 태도, 논리적 태도, 타 부서와의 협조적 태도, 설득력
	(자금) 분석적 사고력
	(회계 감사) 합리적 태도, 전략적 사고, 정확성, 적극적 협업 태도, 법률준수 태도, 분석적 태도, 신속성, 책임감, 정확한 판단력
	(세무) 규정 준수 의지, 수리적 정확성, 주의 깊은 태도
우대 자격증	공인회계사, 세무사, 컴퓨터활용능력, 변호사, 워드프로세서, 전산회계운용사, 사회조사분석사, 재경관리사, 회계관리 등
직업기초능력	의사소통능력, 문제해결능력, 자원관리능력, 대인관계능력, 정보능력, 조직이해능력

5. 직무기술서 내용별 확인사항

항목	확인사항
모집부문	해당 채용에서 선발하는 부문(분야)명 확인 예 사무행정, 전산, 전기
분류체계	지원하려는 분야의 세부직무군 확인
주요기능 및 역할	지원하려는 기업의 전사적인 기능과 역할, 산업군 확인
능력단위	지원분야의 직무수행에 관련되는 세부업무사항 확인
직무수행내용	지원분야의 직무군에 대한 상세사항 확인
전형방법	지원하려는 기업의 신입사원 선발전형 절차 확인
일반요건	교육사항을 제외한 지원 요건 확인(자격요건, 특수한 경우 연령)
교육요건	교육사항에 대한 지원요건 확인(대졸 / 초대졸 / 고졸 / 전공 요건)
필요지식	지원분야의 업무수행을 위해 요구되는 지식 관련 세부항목 확인
필요기술	지원분야의 업무수행을 위해 요구되는 기술 관련 세부항목 확인
직무수행태도	지원분야의 업무수행을 위해 요구되는 태도 관련 세부항목 확인
직업기초능력	지원분야 또는 지원기업의 조직원으로서 근무하기 위해 필요한 일반적인 능력사항 확인

03 입사지원서

1. 입사지원서의 변화

기존지원서		능력중심 채용 입사지원서
직무와 관련 없는 학점, 개인신상, 어학점수, 자격, 수상경력 등을 나열하도록 구성	VS	해당 직무수행에 꼭 필요한 정보들을 제시할 수 있도록 구성

기존지원서		능력중심 채용 입사지원서	
직무기술서	→	인적사항	성명, 연락처, 지원분야 등 작성 (평가 미반영)
직무수행내용		교육사항	직무지식과 관련된 학교교육 및 직업교육 작성
요구지식 / 기술		자격사항	직무관련 국가공인 또는 민간자격 작성
관련 자격증		경력 및 경험사항	조직에 소속되어 일정한 임금을 받거나(경력) 임금 없이(경험) 직무와 관련된 활동 내용 작성
사전직무경험			

2. 교육사항

- 지원분야 직무와 관련된 학교 교육이나 직업교육 혹은 기타교육 등 직무에 대한 지원자의 학습 여부를 평가하기 위한 항목입니다.
- 지원하고자 하는 직무의 학교 전공교육 이외에 직업교육, 기타교육 등을 기입할 수 있기 때문에 전공 제한 없이 직업교육과 기타교육을 이수하여 지원이 가능하도록 기회를 제공합니다.
  (기타교육 : 학교 이외의 기관에서 개인이 이수한 교육과정 중 지원직무와 관련이 있다고 생각되는 교육내용)

구분	교육과정(과목)명	교육내용	과업(능력단위)

3. 자격사항

• 채용공고 및 직무기술서에 제시되어 있는 자격 현황을 토대로 지원자가 해당 직무를 수행하는 데 필요한 능력을 가지고 있는지를 평가하기 위한 항목입니다.
• 채용공고 및 직무기술서에 기재된 직무관련 필수 또는 우대자격 항목을 확인하여 본인이 보유하고 있는 자격사항을 기재합니다.

자격유형	자격증명	발급기관	취득일자	자격증번호

4. 경력 및 경험사항

• 직무와 관련된 경력이나 경험 여부를 표현하도록 하여 직무와 관련한 능력을 갖추었는지를 평가하기 위한 항목입니다.
• 해당 기업에서 직무를 수행함에 있어 필요한 사항만을 기록하게 되어 있기 때문에 직무와 무관한 스펙을 갖추지 않아도 됩니다.
• 경력 : 금전적 보수를 받고 일정기간 동안 일했던 경우
• 경험 : 금전적 보수를 받지 않고 수행한 활동

※ 기업에 따라 경력 / 경험 관련 증빙자료 요구 가능

구분	조직명	직위 / 역할	활동기간(년 / 월)	주요과업 / 활동내용

Tip

입사지원서 작성 방법

○ 경력 및 경험사항 작성
  • 직무기술서에 제시된 지식, 기술, 태도와 지원자의 교육사항, 경력(경험)사항, 자격사항과 연계하여 개인의 직무역량에 대해 스스로 판단 가능

○ 인적사항 최소화
  • 개인의 인적사항, 학교명, 가족관계 등을 노출하지 않도록 유의

부적절한 입사지원서 작성 사례

• 학교 이메일을 기입하여 학교명 노출
• 거주지 주소에 학교 기숙사 주소를 기입하여 학교명 노출
• 자기소개서에 부모님이 재직 중인 기업명, 직위, 직업을 기입하여 가족관계 노출
• 자기소개서에 석·박사 과정에 대한 이야기를 언급하여 학력 노출
• 동아리 활동에 대한 내용을 학교명과 더불어 언급하여 학교명 노출

04 자기소개서

1. 자기소개서의 변화

- 기존의 자기소개서는 지원자의 일대기나 관심 분야, 성격의 장·단점 등 개괄적인 사항을 묻는 질문으로 구성되어 지원자가 자신의 직무능력을 제대로 표출하지 못합니다.
- 능력중심 채용의 자기소개서는 직무기술서에 제시된 직업기초능력(또는 직무수행능력)에 대한 지원자의 과거 경험을 기술하게 함으로써 평가 타당도의 확보가 가능합니다.

1. 우리 회사와 해당 지원 직무분야에 지원한 동기에 대해 기술해 주세요.

2. 자신이 경험한 다양한 사회활동에 대해 기술해 주세요.

3. 지원 직무에 대한 전문성을 키우기 위해 받은 교육과 경험 및 경력사항에 대해 기술해 주세요.

4. 인사업무 또는 팀 과제 수행 중 발생한 갈등을 원만하게 해결해 본 경험이 있습니까? 당시 상황에 대한 설명과 갈등의 대상이 되었던 상대방을 설득한 과정 및 방법을 기술해 주세요.

5. 과거에 있었던 일 중 가장 어려웠었던(힘들었었던) 상황을 고르고, 어떤 방법으로 그 상황을 해결했는지를 기술해 주세요.

Tip

자기소개서 작성 방법

① 자기소개서 문항이 묻고 있는 평가 역량 추측하기

> 예시
>
> • 팀 활동을 하면서 갈등 상황 시 상대방의 니즈나 의도를 명확히 파악하고 해결하여 목표 달성에 기여했던 경험에 대해서 작성해 주시기 바랍니다.
>
> • 다른 사람이 생각해내지 못했던 문제점을 찾고 이를 해결한 경험에 대해 작성해 주시기 바랍니다.

② 해당 역량을 보여줄 수 있는 소재 찾기(시간×역량 매트릭스)

예시

시간 (→)

평가역량 (↓)

	2021년	2022년	2023년	2024년
도전정신	*대학 발표수업*	*대학 발표수업*	~~*다이어트 (헬스)*~~	
대인관계	*대학 발표수업*	*대학 발표수업*		*경영 동아리*
의사소통	*편의점 아르바이트*	~~*군대 작업*~~	*봉사 동아리*	
직무역량			*경영 동아리*	*Book Study*
…				

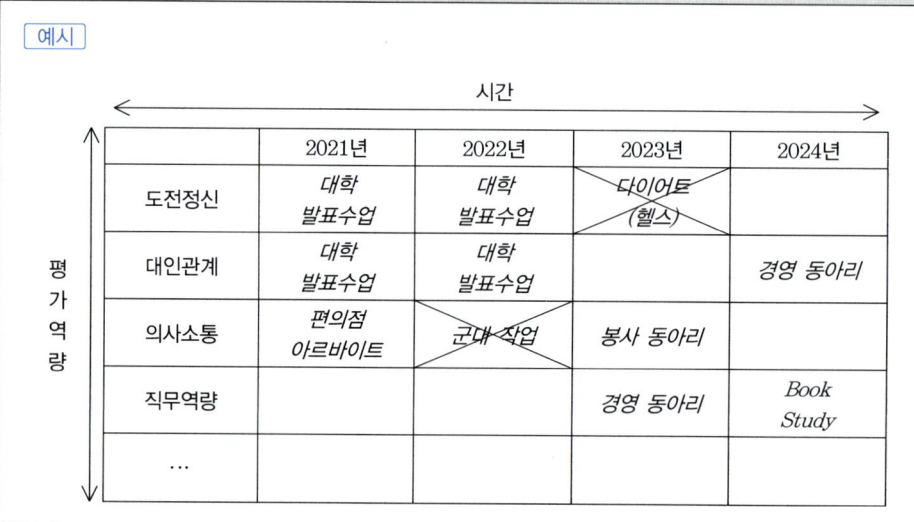

③ 자기소개서 작성 Skill 익히기

• 두괄식으로 작성하기

• 구체적 사례를 사용하기

• '나'를 중심으로 작성하기

• 직무역량 강조하기

• 경험 사례의 차별성 강조하기

CHAPTER

03 인성검사 소개 및 모의테스트

01 인성검사 유형

인성검사는 지원자의 성격특성을 객관적으로 파악하고 그것이 각 기업에서 필요로 하는 인재상과 가치에 부합하는가를 평가하기 위한 검사입니다. 인성검사는 KPDI(한국인재개발진흥원), K-SAD(한국사회적성개발원), KIRBS(한국행동과학연구소), SHR(에스에이치알) 등의 전문기관을 통해 각 기업의 특성에 맞는 검사를 선택하여 실시합니다. 대표적인 인성검사의 유형에는 크게 다음과 같은 세 가지가 있으며, 채용 대행업체에 따라 달라집니다.

PART 4

1. KPDI 검사

조직적응성과 직무적합성을 알아보기 위한 검사로 인성검사, 인성역량검사, 인적성검사, 직종별 인적성검사 등의 다양한 검사 도구를 구현합니다. KPDI는 성격을 파악하고 정신건강 상태 등을 측정하고, 직무검사는 해당 직무를 수행하기 위해 기본적으로 갖추어야 할 인지적 능력을 측정합니다. 역량검사는 특정 직무 역할을 효과적으로 수행하는 데 직접적으로 관련 있는 개인의 행동, 지식, 스킬, 가치관 등을 측정합니다.

2. KAD(Korea Aptitude Development) 검사

K-SAD(한국사회적성개발원)에서 실시하는 적성검사 프로그램입니다. 개인의 성향, 지적 능력, 기호, 관심, 흥미도를 종합적으로 분석하여 적성에 맞는 업무가 무엇인가 파악하고, 직무수행에 있어서 요구되는 기초능력과 실무능력을 분석합니다.

3. SHR 직무적성검사

직무수행에 필요한 종합적인 사고 능력을 다양한 적성검사(Paper and Pencil Test)로 평가합니다. SHR의 모든 직무능력검사는 표준화 검사입니다. 표준화 검사는 표본집단의 점수를 기초로 규준이 만들어진 검사이므로 개인의 점수를 규준에 맞추어 해석・비교하는 것이 가능합니다. S(Standardized Tests), H(Hundreds of Version), R(Reliable Norm Data)을 특징으로 하며, 직군・직급별 특성과 선발 수준에 맞추어 검사를 적용할 수 있습니다.

02 인성검사와 면접

인성검사는 특히 면접질문과 관련성이 높습니다. 면접관은 지원자의 인성검사 결과를 토대로 질문을 하기 때문입니다. 일관적이고 이상적인 답변을 하는 것이 가장 좋지만, 실제 시험은 매우 복잡하여 전문가라 해도 일정 성격을 유지하면서 답변을 하는 것이 힘듭니다. 또한, 인성검사에는 라이 스케일(Lie Scale) 설문이 전체 설문 속에 교묘하게 섞여 들어가 있으므로 겉치레적인 답을 하게 되면 회답태도의 허위성이 그대로 드러나게 됩니다. 예를 들어 '거짓말을 한 적이 한 번도 없다.'에 '예'로 답하고, '때로는 거짓말을 하기도 한다.'에 '예'라고 답하여 라이 스케일의 득점이 올라가게 되면 모든 회답의 신빙성이 사라지고 '자신을 돋보이게 하려는 사람'이라는 평가를 받을 수 있으므로 주의해야 합니다. 따라서 모의테스트를 통해 인성검사의 유형과 실제 시험 시 어떻게 문제를 풀어야 하는지 연습해 보고 체크한 부분 중 자신의 단점과 연결되는 부분은 면접에서 질문이 들어왔을 때 어떻게 대처해야 하는지 생각해 보는 것이 좋습니다.

03 유의사항

1. 기업의 인재상을 파악하라!

인성검사를 통해 개인의 성격 특성을 파악하고 그것이 기업의 인재상과 가치에 부합하는지를 평가하는 시험이기 때문에 해당 기업의 인재상을 먼저 파악하고 시험에 임하는 것이 좋습니다. 모의테스트에서 인재상에 맞는 가상의 인물을 설정하고 문제에 답해 보는 것도 많은 도움이 됩니다.

2. 일관성 있는 대답을 하라!

짧은 시간 안에 다양한 질문에 답을 해야 하는데, 그 안에는 중복되는 질문이 여러 번 나옵니다. 이때 앞서 자신이 체크했던 대답을 잘 기억해뒀다가 일관성 있는 답을 하는 것이 중요합니다.

3. 모든 문항에 대답하라!

많은 문제를 짧은 시간 안에 풀려다 보니 다 못 푸는 경우도 종종 생깁니다. 하지만 대답을 누락하거나 끝까지 다 못했을 경우 좋지 않은 결과를 가져올 수도 있으니 최대한 주어진 시간 안에 모든 문항에 답할 수 있도록 해야 합니다.

04 KPDI 모의테스트

※ 모의테스트는 질문 및 답변 유형 연습을 위한 것으로 실제 시험과 다를 수 있습니다.
※ 인성검사는 정답이 따로 없는 유형의 검사이므로 결과지를 제공하지 않습니다.

번호	내용	예	아니요
001	나는 솔직한 편이다.	☐	☐
002	나는 리드하는 것을 좋아한다.	☐	☐
003	법을 어겨서 말썽이 된 적이 한 번도 없다.	☐	☐
004	거짓말을 한 번도 한 적이 없다.	☐	☐
005	나는 눈치가 빠르다.	☐	☐
006	나는 일을 주도하기보다는 뒤에서 지원하는 것을 선호한다.	☐	☐
007	앞일은 알 수 없기 때문에 계획은 필요하지 않다.	☐	☐
008	거짓말도 때로는 방편이라고 생각한다.	☐	☐
009	사람이 많은 술자리를 좋아한다.	☐	☐
010	걱정이 지나치게 많다.	☐	☐
011	일을 시작하기 전 재고하는 경향이 있다.	☐	☐
012	불의를 참지 못한다.	☐	☐
013	처음 만나는 사람과도 이야기를 잘 한다.	☐	☐
014	때로는 변화가 두렵다.	☐	☐
015	나는 모든 사람에게 친절하다.	☐	☐
016	힘든 일이 있을 때 술은 위로가 되지 않는다.	☐	☐
017	결정을 빨리 내리지 못해 손해를 본 경험이 있다.	☐	☐
018	기회를 잡을 준비가 되어 있다.	☐	☐
019	때로는 내가 정말 쓸모없는 사람이라고 느낀다.	☐	☐
020	누군가 나를 챙겨주는 것이 좋다.	☐	☐
021	자주 가슴이 답답하다.	☐	☐
022	나는 내가 자랑스럽다.	☐	☐
023	경험이 중요하다고 생각한다.	☐	☐
024	전자기기를 분해하고 다시 조립하는 것을 좋아한다.	☐	☐

025	감시받고 있다는 느낌이 든다.	☐	☐
026	난처한 상황에 놓이면 그 순간을 피하고 싶다.	☐	☐
027	세상엔 믿을 사람이 없다.	☐	☐
028	잘못을 빨리 인정하는 편이다.	☐	☐
029	지도를 보고 길을 잘 찾아간다.	☐	☐
030	귓속말을 하는 사람을 보면 날 비난하고 있는 것 같다.	☐	☐
031	막무가내라는 말을 들을 때가 있다.	☐	☐
032	장래의 일을 생각하면 불안하다.	☐	☐
033	결과보다 과정이 중요하다고 생각한다.	☐	☐
034	운동은 그다지 할 필요가 없다고 생각한다.	☐	☐
035	새로운 일을 시작할 때 좀처럼 한 발을 떼지 못한다.	☐	☐
036	기분 상하는 일이 있더라도 참는 편이다.	☐	☐
037	업무능력은 성과로 평가받아야 한다고 생각한다.	☐	☐
038	머리가 맑지 못하고 무거운 느낌이 든다.	☐	☐
039	가끔 이상한 소리가 들린다.	☐	☐
040	타인이 내게 자주 고민상담을 하는 편이다.	☐	☐

05 SHR 모의테스트

※ 모의테스트는 질문 및 답변 유형 연습을 위한 것으로 실제 시험과 다를 수 있습니다.
※ 인성검사는 정답이 따로 없는 유형의 검사이므로 결과지를 제공하지 않습니다.

※ 이 성격검사의 각 문항에는 서로 다른 행동을 나타내는 네 개의 문장이 제시되어 있습니다. 이 문장들을 비교하여, 자신의 평소 행동과 가장 가까운 문장을 'ㄱ' 열에 표기하고, 가장 먼 문장을 'ㅁ' 열에 표기하십시오.

01 나는 ______________________

	ㄱ	ㅁ
A. 실용적인 해결책을 찾는다.	☐	☐
B. 다른 사람을 돕는 것을 좋아한다.	☐	☐
C. 세부 사항을 잘 챙긴다.	☐	☐
D. 상대의 주장에서 허점을 잘 찾는다.	☐	☐

02 나는 ______________________

	ㄱ	ㅁ
A. 매사에 적극적으로 임한다.	☐	☐
B. 즉흥적인 편이다.	☐	☐
C. 관찰력이 있다.	☐	☐
D. 임기응변에 강하다.	☐	☐

03 나는 ______________________

	ㄱ	ㅁ
A. 무서운 영화를 잘 본다.	☐	☐
B. 조용한 곳이 좋다.	☐	☐
C. 가끔 울고 싶다.	☐	☐
D. 집중력이 좋다.	☐	☐

04 나는 ______________________

	ㄱ	ㅁ
A. 기계를 조립하는 것을 좋아한다.	☐	☐
B. 집단에서 리드하는 역할을 맡는다.	☐	☐
C. 호기심이 많다.	☐	☐
D. 음악을 듣는 것을 좋아한다.	☐	☐

05 나는 ______________________

ㄱ	ㅁ
☐	☐
☐	☐
☐	☐
☐	☐

A. 타인을 늘 배려한다.
B. 감수성이 예민하다.
C. 즐겨하는 운동이 있다.
D. 일을 시작하기 전에 계획을 세운다.

06 나는 ______________________

ㄱ	ㅁ
☐	☐
☐	☐
☐	☐
☐	☐

A. 타인에게 설명하는 것을 좋아한다.
B. 여행을 좋아한다.
C. 정적인 것이 좋다.
D. 남을 돕는 것에 보람을 느낀다.

07 나는 ______________________

ㄱ	ㅁ
☐	☐
☐	☐
☐	☐
☐	☐

A. 기계를 능숙하게 다룬다.
B. 밤에 잠이 잘 오지 않는다.
C. 한 번 간 길을 잘 기억한다.
D. 불의를 보면 참을 수 없다.

08 나는 ______________________

ㄱ	ㅁ
☐	☐
☐	☐
☐	☐
☐	☐

A. 종일 말을 하지 않을 때가 있다.
B. 사람이 많은 곳을 좋아한다.
C. 술을 좋아한다.
D. 휴양지에서 편하게 쉬고 싶다.

09 나는 ________________

	ㄱ	ㅁ
A. 뉴스보다는 드라마를 좋아한다.	☐	☐
B. 길을 잘 찾는다.	☐	☐
C. 주말엔 집에서 쉬는 것이 좋다.	☐	☐
D. 아침에 일어나는 것이 힘들다.	☐	☐

10 나는 ________________

	ㄱ	ㅁ
A. 이성적이다.	☐	☐
B. 할 일을 종종 미룬다.	☐	☐
C. 어른을 대하는 게 힘들다.	☐	☐
D. 불을 보면 매혹을 느낀다.	☐	☐

PART 4

11 나는 ________________

	ㄱ	ㅁ
A. 상상력이 풍부하다.	☐	☐
B. 예의 바르다는 소리를 자주 듣는다.	☐	☐
C. 사람들 앞에 서면 긴장한다.	☐	☐
D. 친구를 자주 만난다.	☐	☐

12 나는 ________________

	ㄱ	ㅁ
A. 나만의 스트레스 해소 방법이 있다.	☐	☐
B. 친구가 많다.	☐	☐
C. 책을 자주 읽는다.	☐	☐
D. 활동적이다.	☐	☐

CHAPTER

04 면접전형 가이드

01 면접유형 파악

1. 면접전형의 변화

기존 면접전형에서는 일상적이고 단편적인 대화나 지원자의 첫인상 및 면접관의 주관적인 판단 등에 의해서 입사 결정 여부를 판단하는 경우가 많았습니다. 이러한 면접전형은 면접 내용의 일관성이 결여되거나 직무 관련 타당성이 부족하였고, 면접에 대한 신뢰도에 영향을 주었습니다.

기존 면접(전통적 면접)		능력중심 채용 면접(구조화 면접)
• 일상적이고 단편적인 대화 • 인상, 외모 등 외부 요소의 영향 • 주관적인 판단에 의존한 총점 부여 ⇩ • 면접 내용의 일관성 결여 • 직무관련 타당성 부족 • 주관적인 채점으로 신뢰도 저하	VS	• 일관성 – 직무관련 역량에 초점을 둔 구체적 질문 목록 – 지원자별 동일 질문 적용 • 구조화 – 면접 진행 및 평가 절차를 일정한 체계에 의해 구성 • 표준화 – 평가 타당도 제고를 위한 평가 Matrix 구성 – 척도에 따라 항목별 채점, 개인 간 비교 • 신뢰성 – 면접진행 매뉴얼에 따라 면접위원 교육 및 실습

2. 능력중심 채용의 면접 유형

① 경험 면접

• 목적 : 선발하고자 하는 직무 능력이 필요한 과거 경험을 질문합니다.

• 평가요소 : 직업기초능력과 인성 및 태도적 요소를 평가합니다.

② 상황 면접

• 목적 : 특정 상황을 제시하고 지원자의 행동을 관찰함으로써 실제 상황의 행동을 예상합니다.

• 평가요소 : 직업기초능력과 인성 및 태도적 요소를 평가합니다.

③ 발표 면접

• 목적 : 특정 주제와 관련된 지원자의 발표와 질의응답을 통해 지원자 역량을 평가합니다.

• 평가요소 : 직무수행능력과 인지적 역량(문제해결능력)을 평가합니다.

④ 토론 면접

• 목적 : 토의과제에 대한 의견수렴 과정에서 지원자의 역량과 상호작용능력을 평가합니다.

• 평가요소 : 직무수행능력과 팀워크를 평가합니다.

02 면접유형별 준비 방법

1. 경험 면접

① 경험 면접의 특징

- 주로 직업기초능력에 관련된 지원자의 과거 경험을 심층 질문하여 검증하는 면접입니다.
- 직무능력과 관련된 과거 경험을 평가하기 위해 심층 질문을 하며, 이 질문은 지원자의 답변에 대하여 '꼬리에 꼬리를 무는 형식'으로 진행됩니다.

> - 능력요소, 정의, 심사 기준
>   - 평가하고자 하는 능력요소, 정의, 심사기준을 확인하여 면접위원이 해당 능력요소 관련 질문을 제시합니다.
> - Opening Question
>   - 능력요소에 관련된 과거 경험을 유도하기 위한 시작 질문을 합니다.
> - Follow-up Question
>   - 지원자의 경험 수준을 구체적으로 검증하기 위한 질문입니다.
>   - 경험 수준 검증을 위한 상황(Situation), 임무(Task), 역할 및 노력(Action), 결과(Result) 등으로 질문을 구분합니다.

경험 면접의 형태

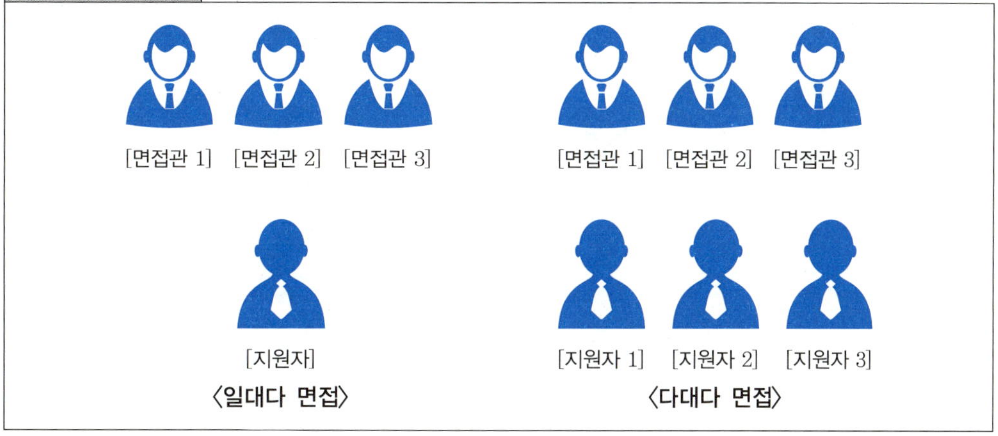

② 경험 면접의 구조

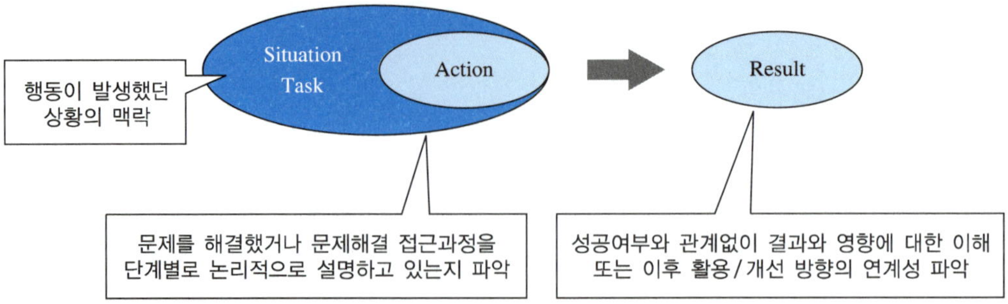

S(Situation)	귀하가 처해 있던 상황에 대해 말해 보시오.
T(Task)	귀하가 수행한 과제 / 과업은 무엇인가?
A(Action)	어떻게 행동(대응)했는가?
R(Result)	그 행동의 결과는 어땠는가?

( )에 관한 과거 경험에 대하여 말해 보시오.

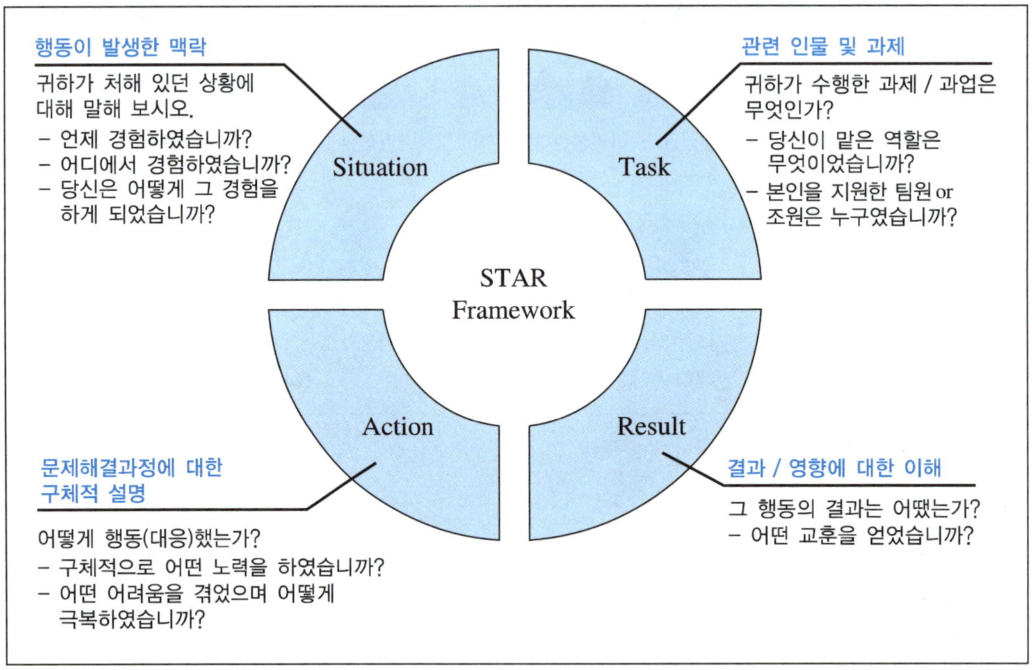

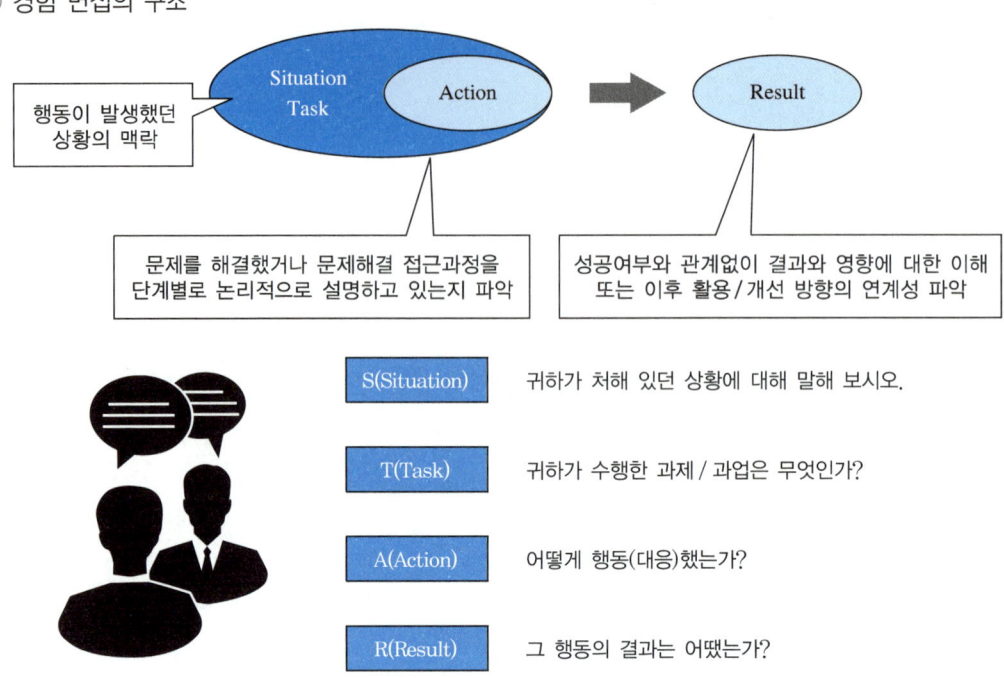

③ 경험 면접 질문 예시(직업윤리)

시작 질문	
1	남들이 신경 쓰지 않는 부분까지 고려하여 절차대로 업무(연구)를 수행하여 성과를 낸 경험을 구체적으로 말해 보시오.
2	조직의 원칙과 절차를 철저히 준수하며 업무(연구)를 수행한 것 중 성과를 향상시킨 경험에 대해 구체적으로 말해 보시오.
3	세부적인 절차와 규칙에 주의를 기울여 실수 없이 업무(연구)를 마무리한 경험을 구체적으로 말해 보시오.
4	조직의 규칙이나 원칙을 고려하여 성실하게 일했던 경험을 구체적으로 말해 보시오.
5	타인의 실수를 바로잡고 원칙과 절차대로 수행하여 성공적으로 업무를 마무리하였던 경험에 대해 말해 보시오.

후속 질문		
상황 (Situation)	상황	구체적으로 언제, 어디에서 경험한 일인가?
		어떤 상황이었는가?
	조직	어떤 조직에 속해 있었는가?
		그 조직의 특성은 무엇이었는가?
		몇 명으로 구성된 조직이었는가?
	기간	해당 조직에서 얼마나 일했는가?
		해당 업무는 몇 개월 동안 지속되었는가?
	조직규칙	조직의 원칙이나 규칙은 무엇이었는가?
임무 (Task)	과제	과제의 목표는 무엇이었는가?
		과제에 적용되는 조직의 원칙은 무엇이었는가?
		그 규칙을 지켜야 하는 이유는 무엇이었는가?
	역할	당신이 조직에서 맡은 역할은 무엇이었는가?
		과제에서 맡은 역할은 무엇이었는가?
	문제의식	규칙을 지키지 않을 경우 생기는 문제점 / 불편함은 무엇인가?
		해당 규칙이 왜 중요하다고 생각하였는가?
역할 및 노력 (Action)	행동	업무 과정의 어떤 장면에서 규칙을 철저히 준수하였는가?
		어떻게 규정을 적용시켜 업무를 수행하였는가?
		규정은 준수하는 데 어려움은 없었는가?
	노력	그 규칙을 지키기 위해 스스로 어떤 노력을 기울였는가?
		본인의 생각이나 태도에 어떤 변화가 있었는가?
		다른 사람들은 어떤 노력을 기울였는가?
	동료관계	동료들은 규칙을 철저히 준수하고 있었는가?
		팀원들은 해당 규칙에 대해 어떻게 반응하였는가?
		규칙에 대한 태도를 개선하기 위해 어떤 노력을 하였는가?
		팀원들의 태도는 당신에게 어떤 자극을 주었는가?
	업무추진	주어진 업무를 추진하는 데 규칙이 방해되진 않았는가?
		업무수행 과정에서 규정을 어떻게 적용하였는가?
		업무 시 규정을 준수해야 한다고 생각한 이유는 무엇인가?

결과 (Result)	평가	규칙을 어느 정도나 준수하였는가?
		그렇게 준수할 수 있었던 이유는 무엇이었는가?
		업무의 성과는 어느 정도였는가?
		성과에 만족하였는가?
		비슷한 상황이 온다면 어떻게 할 것인가?
	피드백	주변 사람들로부터 어떤 평가를 받았는가?
		그러한 평가에 만족하는가?
		다른 사람에게 본인의 행동이 영향을 주었다고 생각하는가?
	교훈	업무수행 과정에서 중요한 점은 무엇이라고 생각하는가?
		이 경험을 통해 느낀 바는 무엇인가?

2. 상황 면접

① 상황 면접의 특징

직무 관련 상황을 가정하여 제시하고 이에 대한 대응능력을 직무관련성 측면에서 평가하는 면접입니다.

- 상황 면접 과제의 구성은 크게 2가지로 구분
  - 상황 제시(Description) / 문제 제시(Question or Problem)
- 현장의 실제 업무 상황을 반영하여 과제를 제시하므로 직무분석이나 직무전문가 워크숍 등을 거쳐 현장성을 높임
- 문제는 상황에 대한 기본적인 이해능력(이론적 지식)과 함께 실질적 대응이나 변수 고려능력(실천적 능력) 등을 고르게 질문해야 함

상황 면접의 형태

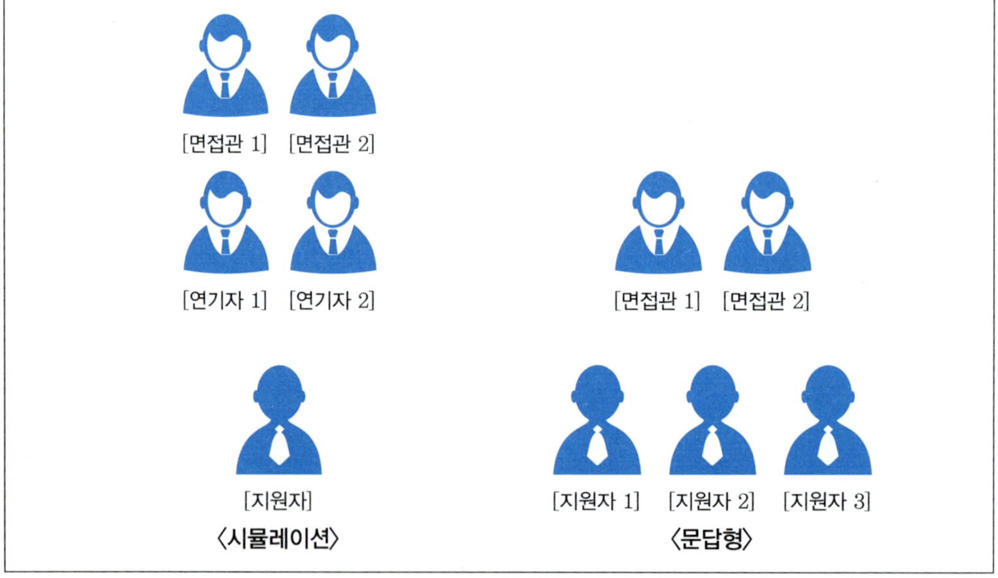

② 상황 면접 예시

상황 제시	인천공항 여객터미널 내에는 다양한 용도의 시설(사무실, 통신실, 식당, 전산실, 창고 면세점 등)이 설치되어 있습니다.	실제 업무 상황에 기반함
	금년에 소방배관의 누수가 잦아 메인 배관을 교체하는 공사를 추진하고 있으며, 당신은 이번 공사의 담당자입니다.	배경 정보
	주간에는 공항 운영이 이루어져 주로 야간에만 배관 교체 공사를 수행하던 중, 시공하는 기능공의 실수로 배관 연결 부위를 잘못 건드려 고압배관의 소화수가 누출되는 사고가 발생하였으며, 이로 인해 인근 시설물에 누수에 의한 피해가 발생하였습니다.	구체적인 문제 상황
문제 제시	일반적인 소방배관의 배관연결(이음)방식과 배관의 이탈(누수)이 발생하는 원인에 대해 설명해 보시오.	문제 상황 해결을 위한 기본 지식 문항
	담당자로서 본 사고를 현장에서 긴급히 처리하는 프로세스를 제시하고, 보수완료 후 사후적 조치가 필요한 부분 및 재발방지 방안에 대해 설명해 보시오.	문제 상황 해결을 위한 추가 대응 문항

3. 발표 면접

① 발표 면접의 특징

- 직무관련 주제에 대한 지원자의 생각을 정리하여 의견을 제시하고, 발표 및 질의응답을 통해 지원자의 직무능력을 평가하는 면접입니다.
- 발표 주제는 직무와 관련된 자료로 제공되며, 일정 시간 후 지원자가 보유한 지식 및 방안에 대한 발표 및 후속 질문을 통해 직무적합성을 평가합니다.

> • 주요 평가요소
> – 설득적 말하기 / 발표능력 / 문제해결능력 / 직무관련 전문성
> • 이미 언론을 통해 공론화된 시사 이슈보다는 해당 직무분야에 관련된 주제가 발표면접의 과제로 선정되는 경우가 최근 들어 늘어나고 있음
> • 짧은 시간 동안 주어진 과제를 빠른 속도로 분석하여 발표문을 작성하고 제한된 시간 안에 면접관에게 효과적인 발표를 진행하는 것이 핵심

발표 면접의 형태

〈개별 과제 발표〉 〈팀 과제 발표〉

※ 면접관에게 시각적 효과를 사용하여 메시지를 전달하는 쌍방향 커뮤니케이션 방식
※ 심층면접을 보완하기 위한 방안으로 최근 많은 기업에서 적극 도입하는 추세

② 발표 면접 예시

1. 지시문

당신은 현재 A사에서 직원들의 성과평가를 담당하고 있는 팀원이다. 인사팀은 지난주부터 사내 조직문화관련 인터뷰를 하던 도중 성과평가제도에 관련된 개선 니즈가 제일 많다는 것을 알게 되었다. 이에 팀장님은 인터뷰 결과를 종합하려 성과평가제도 개선 아이디어를 A4용지에 정리하여 신속 보고할 것을 지시하셨다. 당신에게 남은 시간은 1시간이다. 자료를 준비하는 대로 당신은 팀원들이 모인 회의실에서 5분 간 발표할 것이며, 이후 질의응답을 진행할 것이다.

2. 배경자료

〈성과평가제도 개선에 대한 인터뷰〉

최근 A사는 회사 사세의 급성장으로 인해 작년보다 매출이 두 배 성장하였고, 직원 수 또한 두 배로 증가하였다. 회사의 성장은 임금, 복지에 대한 상승 등 긍정적인 영향을 주었으나 업무의 불균형 및 성과보상의 불평등 문제가 발생하였다. 또한 수시로 입사하는 신입직원과 경력직원, 퇴사하는 직원들까지 인원들의 잦은 변동으로 인해 평가해야 할 대상이 변경되어 현재의 성과평가제도로는 공정한 평가가 어려운 상황이다.

[생산부서 김상호]
우리 팀은 지난 1년 동안 생산량이 급증했기 때문에 수십 명의 신규인력이 급하게 채용되었습니다. 이 때문에 저희 팀장님은 신규 입사자들의 이름조차 기억 못할 때가 많이 있습니다. 성과평가를 제대로 하고 있는지 의문이 듭니다.

[마케팅 부서 김흥민]
개인의 성과평가의 취지는 충분히 이해합니다. 그러나 현재 평가는 실적기반이나 정성적인 평가가 많이 포함되어 있어 객관성과 공정성에는 의문이 드는 것이 사실입니다. 이러한 상황에서 평가제도를 재수립하지 않고, 인센티브에 계속 반영한다면, 평가제도에 대한 반감이 커질 것이 분명합니다.

[교육부서 홍경민]
현재 교육부서는 인사팀과 밀접하게 일하고 있습니다. 그럼에도 인사팀에서 실시하는 성과평가제도에 대한 이해가 부족한 것 같습니다.

[기획부서 김경호 차장]
저는 저의 평가자 중 하나가 연구부서의 팀장님인데, 일 년에 몇 번 같이 일하지 않는데 어떻게 저를 평가할 수 있을까요? 특히 연구팀은 저희가 예산을 배정하는데, 저에게는 좋지만….

4. 토론 면접

① 토론 면접의 특징

- 다수의 지원자가 조를 편성해 과제에 대한 토론(토의)을 통해 결론을 도출해가는 면접입니다.
- 의사소통능력, 팀워크, 종합인성 등의 평가에 용이합니다.

> • 주요 평가요소
>   – 설득적 말하기, 경청능력, 팀워크, 종합인성
> • 의견 대립이 명확한 주제 또는 채용분야의 직무 관련 주요 현안을 주제로 과제 구성
> • 제한된 시간 내 토론을 진행해야 하므로 적극적으로 자신 있게 토론에 임하고 본인의 의견을 개진할 수 있어야 함

토론 면접의 형태

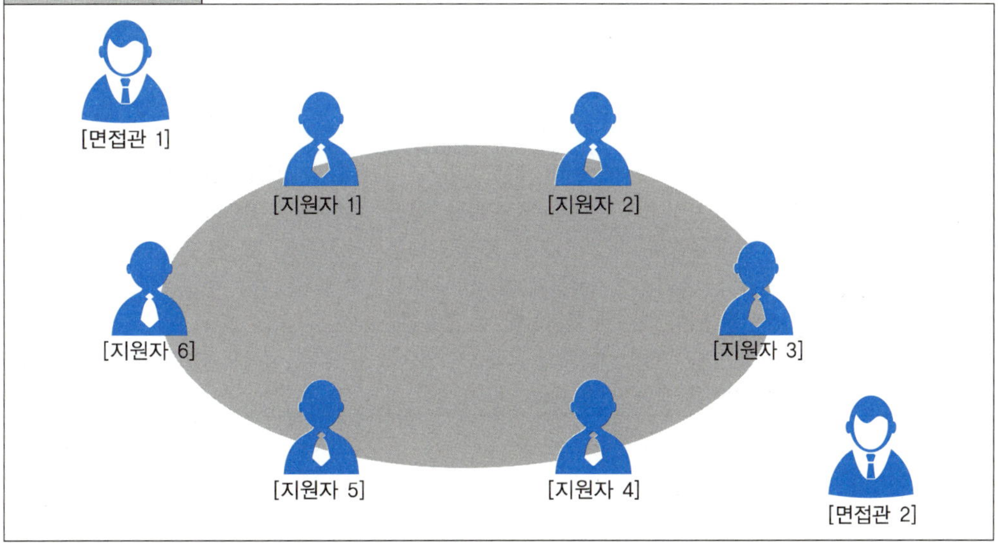

② 토론 면접 예시

고객 불만 고충처리
1. 들어가며
최근 우리 상품에 대한 고객 불만의 증가로 고객고충처리 TF가 만들어졌고 당신은 여기에 지원해 배치받았다. 당신의 업무는 불만을 가진 고객을 만나서 애로사항을 듣고 처리해 주는 일이다. 주된 업무로는 고객의 니즈를 파악해 방향성을 제시해 주고 그 해결책을 마련하는 일이다. 하지만 경우에 따라서 고객의 주관적인 의견으로 인해 제대로 된 방향으로 의사결정을 하지 못할 때가 있다. 이럴 경우 설득이나 논쟁을 해서라도 의견을 관철시키는 것이 좋을지 아니면 고객의 의견대로 진행하는 것이 좋을지 결정해야 할 때가 있다. 만약 당신이라면 이러한 상황에서 어떤 결정을 내릴 것인지 여부를 자유롭게 토론해 보시오.
2. 1분 자유 발언 시 준비사항
• 당신은 의견을 자유롭게 개진할 수 있으며 이에 따른 불이익은 없습니다. • 토론의 방향성을 이해하고, 내용의 장점과 단점이 무엇인지 문제를 명확히 말해야 합니다. • 합리적인 근거에 기초하여 개선방안을 명확히 제시해야 합니다. • 제시한 방안을 실행 시 예상되는 긍정적·부정적 영향요인도 동시에 고려할 필요가 있습니다.
3. 토론 시 유의사항
• 토론 주제문과 제공해드린 메모지, 볼펜만 가지고 토론장에 입장할 수 있습니다. • 사회자의 지정 또는 발표자가 손을 들어 발언권을 획득할 수 있으며, 사회자의 통제에 따릅니다. • 토론회가 시작되면, 팀의 의견과 논거를 정리하여 1분간의 자유발언을 할 수 있습니다. 순서는 사회자가 지정합니다. 이후에는 자유롭게 상대방에게 질문하거나 답변을 하실 수 있습니다. • 핸드폰, 서적 등 외부 매체는 사용하실 수 없습니다. • 논제에 벗어나는 발언이나 지나치게 공격적인 발언을 할 경우, 위에서 제시한 유의사항을 지키지 않을 경우 불이익을 받을 수 있습니다.

03 면접 Role Play

1. 면접 Role Play 편성

- 교육생끼리 조를 편성하여 면접관과 지원자 역할을 교대로 진행합니다.
- 지원자 입장과 면접관 입장을 모두 경험해 보면서 면접에 대한 적응력을 높일 수 있습니다.

경험면접

STEP 1.
지원자 그룹 경험기술서 작성(30분)

STEP 2.
경험기반 인터뷰 실시(1인당 15분)

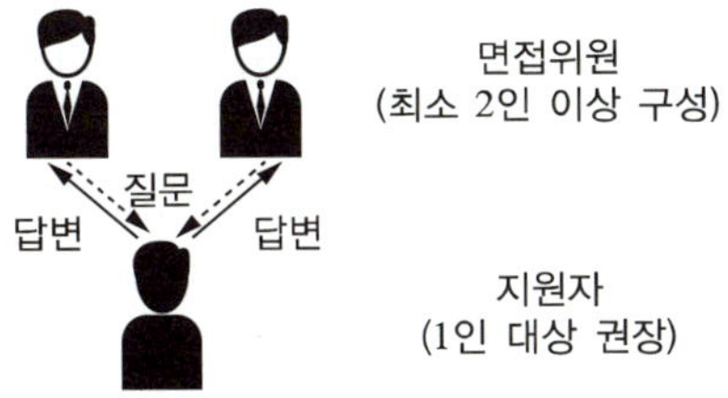

STEP 3.
피드백 진행(1인당 5분)

발표면접

STEP 1.
지원자 그룹 발표 내용 작성(30분)

STEP 2.
발표 5분+추가질의 5분(1인당 10분)

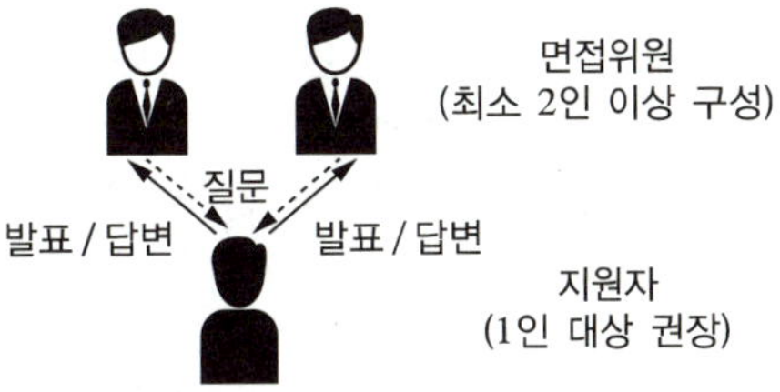

STEP 3.
피드백 진행(1인당 5분)

Tip

면접 준비하기

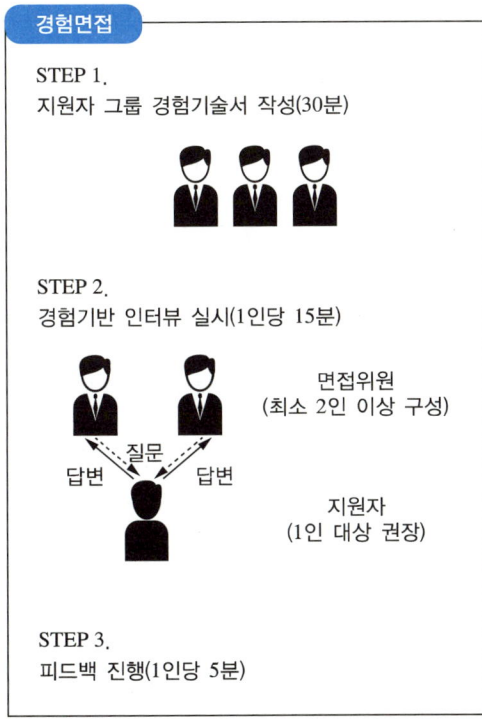

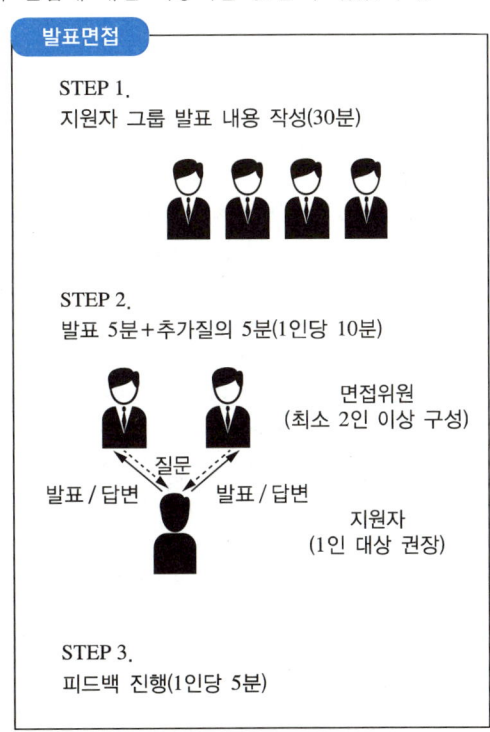

1. 면접 유형 확인 필수
   - 기업마다 면접 유형이 상이하기 때문에 해당 기업의 면접 유형을 확인하는 것이 좋음
   - 일반적으로 실무진 면접, 임원면접 2차례에 거쳐 면접을 실시하는 기업이 많고 실무진 면접과 임원 면접에서 평가요소가 다르기 때문에 유형에 맞는 준비방법이 필요
2. 후속 질문에 대한 사전 점검
   - 블라인드 채용 면접에서는 주요 질문과 함께 후속 질문을 통해 지원자의 직무능력을 판단
     → STAR 기법을 통한 후속 질문에 미리 대비하는 것이 필요

CHAPTER

05 LH 한국토지주택공사 면접 기출질문

1. 직무면접

- 본인이 거주하는 지역에서 기억나는 도시재생을 말해 보시오.
- 한국토지주택공사에서 진행하는 사업을 아는 대로 말해 보시오.
- 한국토지주택공사에서 진행하는 사업 중 개선했으면 하는 것은 무엇인가?
- 토지 계획, 주택 등 한국토지주택공사 현안에 대해 아는 대로 말해 보시오.
- 한국토지주택공사의 브랜드 이미지 개선 방법을 제시해 보시오.
- 한국토지주택공사의 부채가 계속해서 늘어나면 어떻게 해야 할지 말해 보시오.
- 한국토지주택공사가 건설한 아파트에 부실공사로 인하여 문제가 생겨 민원전화를 받은 상황을 가정할 때, 주민들이 역정을 내고 화를 내면 본인은 어떻게 대처할 것인가?
- 건축물의 에너지 절감을 실현할 수 있는 방안을 말해 보시오.
- 본인이 원하는 부서와 다른 부서에 배치를 받았을 경우 어떻게 적응할 것인지 말해 보시오.
- 인상 깊었던 토목구조물을 선정하고 그 이유에 대해 말해 보시오.
- 국내 토목구조물 설치가 필요한 지역과 구체적 구조물을 선정하고 그에 따른 사회적, 경제적 가치창출과 검토방안을 수립해 보시오.
- 최근 크고 작은 싱크홀 발생이 증가하면서 국민이 불안해하고 있다. 전체 싱크홀의 80% 이상이 서울에서 발생하는 등 도심지에서의 싱크홀 발생문제가 대두되고 있는데, 이러한 싱크홀 예방 대책에 대해 발표해 보시오.
- 한국토지주택공사에서 일하게 되면 토목, 도시 계획, 건축 등 다양한 분야와 다양한 부서의 사람들과 만나게 되고, 다른 시공사 사람들과도 만나게 될 텐데 그때 어떤 방법으로 빠르고 정확하게 소통할 것인지 본인의 사례 중심으로 효율적인 소통 방법을 구상해 보시오.
- 잦은 기후 변화로 인해 제주도에서 한국으로 오는 비행기 운항에 차질이 생겨 이용자들이 불편을 겪고 있다. 이를 완화하기 위해 제주도와 육지를 잇는 해저터널을 구상 중에 있는데 첨단 IoT기술을 도입하여 해저터널 시공방안에 대해 설명해 보시오.
- 최근 한국토지주택공사에 하도급 인부들의 민원이 끊이질 않고 있다. 인부들은 정당히 일했기 때문에 그에 대한 임금을 받아야 하는데, 하도급사가 제때 임금을 주지 않아 계속 임금이 체불되는 상황이다. 하도급사에 항의만으로는 임금을 받을 수 없었기에 인부들이 한국토지주택공사에 문제를 해결해 달라고 민원을 넣고 있는 것이다. 이러한 상황을 해결하기 위한 방안을 설명해 보시오.
- 4차 산업혁명과 조경을 어떻게 적용할 수 있는지 설명해 보시오.
- 기후변화에 조경이 대처하는 방안에는 어떤 것들이 있을지 설명해 보시오.

- A사는 최근 트렌드를 반영한 주택공급 방안을 모색 중에 최근 '1인 가구 증가'라는 시장 트렌드를 반영하기로 하였다. 1인 가구 증가는 간편하게 조리할 수 있는 간편 가정식뿐만 아니라 2장 식빵, 1조각 생선 등 소포장 판매상품 및 혼자 식사할 수 있는 1인 식당 증가와 같은 유통, 식품 업계에 반영되고 있다. 뿐만 아니라 1인 가구 및 인테리어 등 다양한 업계에서 반영되고 있는 추세이다. 주택공급에 있어서도 아파트, 다세대 주택 등 다인 가구를 위한 주택공급에서 1인 가구를 위한 주택공급으로 변화할 것으로 보인다. 이러한 상황을 반영하여 1인 가구를 위한 주택공급 방안을 수립해 보시오.
- 평당 800만 원의 분양가를 가지고 있는 500세대 아파트 단지가 계획 중에 있다. 단지 바로 옆에 간선도로가 지나고 있어 입주예정자들의 소음민원이 예상된다. 방음벽 설치를 계획하고자 했으나 시공사는 수익성이 나지 않아 한국토지주택공사에 방음벽 설치를 요구하고 있다. 소음을 최소화하기 위한 아파트 배치방안 및 소음민원 해결 방안에 대해 발표해 보시오.
- K사는 70 ~ 80년대 대량생산업으로 시작해서 현재는 IT산업 및 바이오산업을 하고 있는 회사이다. 산업구조의 변화로 대량생산업을 정리하고 새로운 산업을 하게 된 K사는 창고 및 공장으로 사용하던 사옥에서 새 사옥으로 이전하였다. K사는 오래전에 지어진 낙후된 창고 및 공장을 시민을 위한 공간으로 활용하여 기업 이미지를 제고하고자 한다. 건물은 개화기에 창고용으로 지어져 예쁘지는 않지만 근대화의 시대상을 반영하고 있으며 매우 넓은 공간을 확보하고 있다. 총 8개의 단층으로 이루어진 이 단지는 지하철 및 버스 이용이 용이하며 주변에 먹자골목으로 유명한 거리가 근접해 있다. 이를 활용하여 낙후된 건물 활용 방안을 기획해 보시오.
- X사는 최근 동종업계 Y사와의 합병을 진행하였다. 회사의 합병에 따라 각 부서 및 팀이 새롭게 구성되었으며, 이로부터 각 직원은 새로운 리더 혹은 새로운 상사, 동료 부하들과 팀을 꾸려 업무를 진행하게 되었다. 직원들은 각각 본래 자기 회사의 업무 스타일에 익숙해져 있어, 원래 다른 회사였던 조직원들과 협업 시에 사소한 것부터 갈등을 빚고 있다. 이를 타개하기 위해 회사에서는 전 직원을 대상으로 하는 팀워크 향상 프로그램을 기획 중에 있으며, 해당 프로그램 내에 직원들이 직접 참여할 수 있는 액티비티를 반드시 포함시키려고 한다. 이를 활용하여 팀워크 향상 프로그램을 기획해 보시오.

2. 인성면접

- 평소에 계획을 어떻게 세우는 편인가? [2024년]
- 본인이 경험했던 것 중 가장 자랑스러운 일을 말해 보시오. [2024년]
- 뉴딜 정책에 대해 어떻게 생각하는가? [2024년]
- 조별과제를 했던 경험을 말해 보시오. [2024년]
- 본인의 약점을 극복하기 위해 했던 노력을 말해 보시오. [2024년]
- 본인 주변에서 리더십을 배울 만한 인물이 누구이며 그 이유는 무엇인지 말해 보시오. [2024년]
- 1분 동안 자기소개를 해 보시오. [2024년]
- 한국토지주택공사에서 얻어가고 싶은 요소 한 가지를 뽑고 그 이유를 말해 보시오.
- 인간관계에서 가장 중요하다고 생각하는 것을 말해 보시오.
- 어떤 부서에서 일하고 싶은가?
- 자기관리 비법을 말해 보시오.
- 선임이 비리를 저지른 사실을 알게 되었을 때 어떻게 대처할 것인가?

- 본인보다 어린 선임이 있을 텐데 괜찮은가?
- 효율적인 업무를 위해 중요한 요소라고 생각하는 것을 말해 보시오.
- 민원인이 친구와 함께 임대주택을 신청했다. 친구는 도심지역에 배정되고, 민원인은 외곽지역에 배정되었다는 이유로 항의 전화를 할 때 어떻게 대처하겠는가?
- 자기계발을 위해 했던 경험 중 기억에 남는 것을 말해 보시오.
- 전문성을 함양하기 위해 노력한 경험을 말해 보시오.
- 성과를 냈던 경험에 대해 말해 보시오.
- 본인에 대한 주변 사람들의 평가가 어떠한지 말해 보시오.
- 공동체에 적응하기 위한 본인만의 방법을 말해 보시오.
- 민원 전화를 받았을 때 어떻게 대응할 것인지 말해 보시오.
- 무리한 요구를 하는 민원인을 어떻게 대처할 것인지 말해 보시오.
- 관련 직무를 수행하는 데 있어 필요한 역량은 무엇인지 말해 보시오.
- 의사소통 과정에서 오해할 만한 행동은 무엇인지 말해 보시오.
- 회사나 집단에서 성공한 사람들의 특징은 무엇이라고 생각하는가?
- 지난 일 년간 어떤 자기계발을 하였는가?
- 가장 최근에 실패한 경험과 이를 어떻게 극복하였는지 말해 보시오.
- 입사 후 어떻게 적응해 나갈 것인가?
- 주거취약계층을 위한 제도에 대하여 생각해 본 적이 있는가?
- 국토부에서 보유세를 높인다는 것에 대한 본인의 견해를 말해 보시오.
- 조직공동체 생활에서 가장 중요한 것은 무엇이라고 생각하는가?
- 본인이 얼마나 창의적인 사람이라고 생각하는지 점수를 매기고 그 이유를 설명해 보시오.
- 타인의 성격을 보고 부러워한 적이 있다면 왜 그런 생각을 하였는가?
- 한국토지주택공사에 들어오기 위해 어떠한 노력을 하였는가?
- 인생에서 가장 치열하게 살았던 경험에 대해 말해 보시오.
- 현재 한국토지주택공사의 단점에 대해 말해 보시오.
- 본인의 평소 별명이 무엇인가?
- 공기업을 택한 이유가 무엇인가?
- 다른 회사와 협업해 본 경험이 있는가?
- 소통을 잘할 수 있는 방법이 무엇이라고 생각하는가?
- 스마트시티와 관련하여 한국토지주택공사의 역할은 무엇인가?
- 살면서 실패했던 사례를 말해 보시오.
- 봉사활동을 한 경험이 있는가?
- 한국토지주택공사에서 일하게 된다면 어느 부분에 기여할 수 있겠는가?
- 팀 내에서 아이디어를 내서 개선했던 경험을 말해 보시오.
- 인간관계가 좁고 깊은 편인가, 넓고 얕은 편인가? 사람을 어떻게 사귀는가?
- 20 ~ 25년 뒤에 어떠한 리더가 되어 있을 것 같은가?
- 입사해서 팀 분위기나 업무를 향상시킬 만한 새로운 아이디어를 내고 싶다면 어떤 아이디어를 내겠는가?
- 자기소개서를 보니 실무경험이 없는데 동아리나 단체 경험은 있는가?
- 본인이 경험하지 못했거나 본인의 지식을 뛰어넘는 일을 맡게 되었을 때 어떻게 하겠는가?
- 단독주택과 아파트의 차이를 설명해 보시오.
- 본인의 솔직한 마음을 남들에게 표현할 때 어떤 방법을 쓰는가?
- 상사한테 혼났을 때 극복방법을 말해 보시오.

- 낯선 조직에서 본인이 적응하는 방법을 말해 보시오.
- 나이가 많은 상사랑 일을 할 때 어려움을 극복하는 방법을 말해 보시오.
- 새로운 것에 도전한 사례를 말해 보시오.
- 본인 성격의 장단점을 말해 보시오.
- 사회취약계층을 위한 주거를 기획할 때 설계에서 어떻게 반영할 수 있겠는가?
- 조직 내에서 프로세스가 없는 업무를 처리한 적이 있는가? 그 결과는 어떠했는가?
- 도전적으로 무언가를 했던 경험을 말해 보시오.
- 대인관계에서 마찰이 있었을 때 어떤 식으로 해결하는가?
- 공기업이 편해서 이직하려고 하는 것인가?
- 창의력을 발휘했던 경험을 말해 보시오.
- 함께 일하는 동기가 본인보다 어린 경우도 있을 텐데 그 차이를 어떻게 극복할 것인가?
- 이것만큼은 본인이 한국토지주택공사에서 잘할 수 있다 하는 것이 있다면 무엇인가?
- 살아오면서 가장 잘한 일이라 생각하는 경험과 그 이유를 말해 보시오.
- 인적자원과 물적자원 중 더 중요하다고 생각하는 것은 무엇이며 그중 본인이 더 잘 관리할 수 있는 것은 무엇인가?
- 어떤 타입의 리더가 좋다고 생각하는가?
- 타임머신을 타고 가고 싶은 시대나 만나고 싶은 사람이 있다면?
- 배웠던 이론이 실제 현장이나 회사에서 잘 활용되었던 경험을 말해 보시오.
- 본인을 형용사로 표현해 보시오.
- 호모사피엔스의 미래에 대해서 어떻게 생각하는가?
- 4차 산업혁명 시대를 한 키워드로 표현한다면?
- 한국토지주택공사가 4차 산업혁명 시대에 대비해서 하는 일이 무엇인가?
- 한국토지주택공사에 대해 아는 대로 말해 보시오.
- 자신이 한국토지주택공사의 CEO라고 생각하고 개선점에 대해 말해 보시오.
- 존경하는 인물과 그 이유를 말해 보시오.
- 전공이 법학이 아닌데, 직무수행 중 법학 지식이 필요하다면 어떻게 대처할 것인가?
- 집단 내 갈등을 해결한 경험이 있는가?
- 조직에서 어떤 역할을 할 수 있는가?
- 행복주택에 대해 말해 보시오.
- 청년 전세 정책을 이용해 본 적이 있는가?
- 갑은 회사와 고객 중 누구라고 생각하는가?
- 감정노동자는 을인데 어떻게 개선할 수 있다고 생각하는가?
- 직장인과 학생의 차이점에 대해 말해 보시오.
- 10년 후 무엇을 하고 있을 것이라고 생각하는가?
- 본인이 하고 싶었으나 돈 문제로 포기해야 했던 일과 그 일의 예산을 말해 보시오.
- 치열한 취업경쟁을 헤쳐 나가기 위해 본인이 발전시켜야 한다고 생각하는 것은 무엇인가?

배우기만 하고 생각하지 않으면 얻는 것이 없고,

생각만 하고 배우지 않으면 위태롭다.

– 공자 –

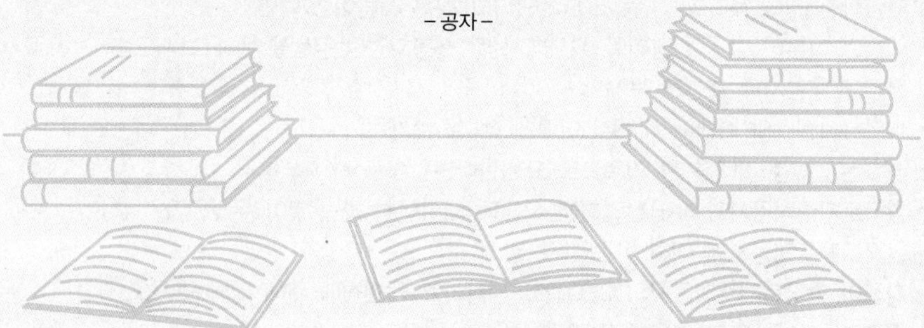

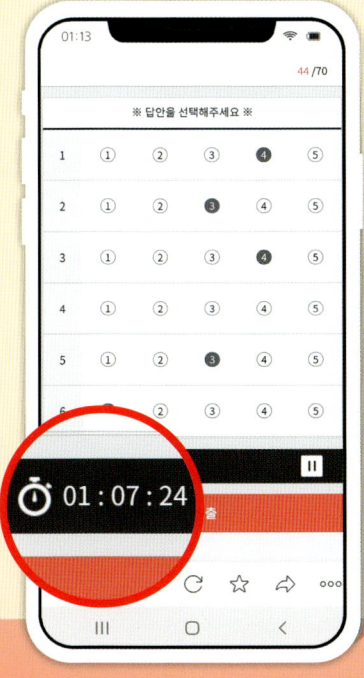

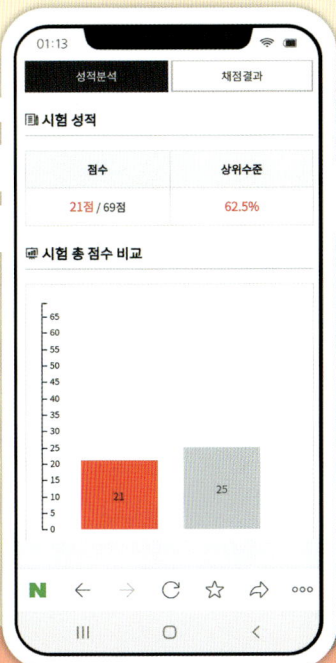

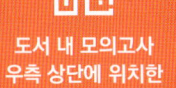

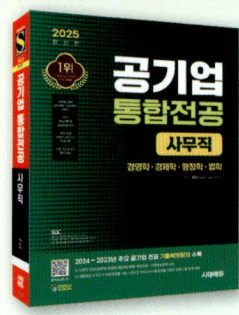

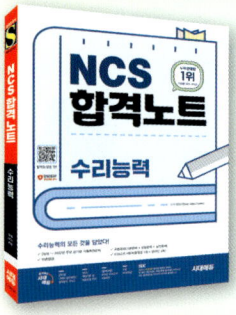

2025
최신판

LH 한국토지주택공사

정답 및 해설

NCS + 전공 + 모의고사 3회

편저 | SDC(Sidae Data Center)

누적 판매량
1위
기업별 NCS 시리즈

기출복원문제부터
대표기출유형 및
모의고사까지

한 권으로 마무리!

SDC

SDC는 시대에듀 데이터 센터의 약자로 약 30만 개의 NCS · 적성 문제 데이터를 바탕으로 최신 출제경향을 반영하여 문제를 출제합니다.

시대에듀

Add+

특별부록

CHAPTER 01 2024년 하반기 주요 공기업 NCS 기출복원문제

CHAPTER 02 2024 ~ 2023년 주요 공기업 전공 기출복원문제

CHAPTER

01 2024년 하반기 주요 공기업 NCS 기출복원문제

01	02	03	04	05	06	07	08	09	10	11	12	13	14	15	16	17	18	19	20
④	③	⑤	③	③	③	④	④	③	⑤	③	④	②	①	③	④	⑤	④	③	④
21	22	23	24	25	26	27	28	29	30	31	32	33	34	35	36	37	38	39	40
⑤	③	②	⑤	⑤	③	③	③	①	①	③	①	②	①	④	③	④	④	④	③
41	42	43	44	45	46	47	48	49	50										
②	③	⑤	③	①	④	④	⑤	②	②										

01

정답 ④

쉼이란 대화 도중에 잠시 침묵하는 것을 말한다. 쉼을 사용하는 대표적인 경우는 다음과 같다.

- 이야기의 전이 시(흐름을 바꾸거나 다른 주제로 넘어갈 때)
- 양해, 동조, 반문의 경우
- 생략, 암시, 반성의 경우
- 여운을 남길 때

위와 같은 목적으로 쉼을 활용함으로써 논리성, 감정 제고, 동질감 등을 확보할 수 있다.

반면, 연단공포증은 면접이나 발표 등 청중 앞에서 이야기할 때 가슴이 두근거리고, 입술이 타고, 식은땀이 나고, 얼굴이 달아오르는 생리적인 현상으로, 쉼과는 관련이 없다. 연단공포증은 90% 이상의 사람들이 호소하는 불안이므로 극복하기 위해서는 연단공포증에 대한 걱정을 떨쳐내고 이러한 심리현상을 잘 통제하여 의사 표현하는 것을 연습해야 한다.

02

정답 ③

미국의 심리학자인 도널드 키슬러는 대인관계 의사소통 방식을 체크리스트로 평가하여 8가지 유형으로 구분하였다. 이 중 친화형은 따뜻하고 배려심이 깊으며, 타인과의 관계를 중시하는 유형이다. 또한 협동적이고 조화로운 성격으로, 자기희생적인 경향이 강하다.

키슬러의 대인관계 의사소통 유형

- 지배형 : 자신감이 있고 지도력이 있으나 논쟁적이고 독단이 강하여 대인 갈등을 겪을 수 있으므로 타인의 의견을 경청하고 수용하는 자세가 필요하다.
- 실리형 : 이해관계에 예민하고 성취 지향적으로 경쟁적인 데다 자기중심적이어서 타인의 입장을 배려하고 관심을 갖는 자세가 필요하다.
- 냉담형 : 이성적인 의지력이 강하고 타인의 감정에 무관심하며 피상적인 대인관계를 유지하므로 타인의 감정 상태에 관심을 가지고 긍정적인 감정을 표현하는 것이 필요하다.
- 고립형 : 혼자 있는 것을 선호하고 사회적 상황을 회피하며 지나치게 자신의 감정을 억제하므로 대인관계의 중요성을 인식하고 타인에 대한 비현실적인 두려움의 근원을 성찰하는 것이 필요하다.
- 복종형 : 수동적이고 의존적이며 자신감이 없으므로 적극적인 자기표현과 주장이 필요하다.
- 순박형 : 단순하고 솔직하며 자기주관이 부족하므로 자기주장을 하는 노력이 필요하다.
- 친화형 : 따뜻하고 인정이 많고 자기희생적이나 타인의 요구를 거절하지 못하므로 타인과의 정서적인 거리를 유지하는 노력이 필요하다.
- 사교형 : 외향적이고 인정하는 욕구가 강하며, 타인에 대한 관심이 많아서 간섭하는 경향이 있고 흥분을 잘 하므로 심리적 안정과 지나친 인정욕구에 대한 성찰이 필요하다.

03

정답 ⑤

철도사고는 달리는 도중에도 발생할 수 있으므로 먼저 인터폰을 통해 승무원에게 사고를 알리고, 열차가 멈춘 후에 안내방송에 따라 비상핸들이나 비상콕크를 돌려 문을 열고 탈출해야 한다. 만일 화재가 발생했을 경우에는 승무원에게 사고를 알리고 곧바로 119에도 신고를 해야 한다.

오답분석

① 침착함을 잃고 패닉에 빠지게 되면, 적절한 행동요령에 따라 대피하기 어렵다. 따라서 사고현장에서 대피할 때는 승무원의 안내에 따라 질서 있게 대피해야 한다.
② 화재사고 발생 시 승객들은 여유가 있을 경우 전동차 양 끝에 비치된 소화기를 통해 초기 진화를 시도해야 한다.
③ 역이 아닌 곳에서 열차가 멈췄을 경우 감전의 위험이 있으므로 반드시 승무원의 안내에 따라 반대편 선로의 열차 진입에 유의하며 대피 유도등을 따라 침착하게 비상구로 대피해야 한다.
④ 전동차에서 대피할 때는 부상자, 노약자, 임산부 등 탈출이 어려운 사람부터 먼저 대피할 수 있도록 배려하고 도와주어야 한다.

04

정답 ③

하향식 읽기 모형은 독자의 배경지식을 바탕으로 글의 맥락을 먼저 파악하는 읽기 전략이다. ③의 경우 제품 설명서를 통해 세부 기능과 버튼별 용도를 파악하고 기계를 작동시켰으므로 상향식 읽기를 수행한 사례이다. 제품 설명서를 하향식으로 읽는다면 제품 설명서를 읽기 전 제품을 보고 배경지식을 바탕으로 어떤 기능이 있는지 예측하고, 해당 기능을 수행하는 세부 방법을 제품 설명서를 통해 찾아봐야 한다.

오답분석

① 회의의 주제에 대한 배경지식을 가지고 회의 안건을 예상한 후 회의 자료를 파악하였으므로 하향식 읽기 모형에 해당한다.
② 헤드라인을 먼저 읽어 배경지식을 바탕으로 전체적인 내용을 파악하고 상세 내용을 읽었으므로 하향식 읽기 모형에 해당한다.
④ 요리에 대한 경험과 지식을 바탕으로 요리 과정을 파악하였으므로 하향식 읽기 모형에 해당한다.
⑤ 해당 분야에 대한 기본적인 지식을 바탕으로 서문이나 목차를 통해 책의 전체적인 흐름을 파악하였으므로 하향식 읽기 모형에 해당한다.

05

정답 ③

농도가 15%인 소금물 200g의 소금의 양은 $200\times\frac{15}{100}=30$g이고, 농도가 20%인 소금물 300g의 소금의 양은 $300\times\frac{20}{100}=60$g이다. 따라서 두 소금물을 섞었을 때의 농도는 $\frac{30+60}{200+300}\times100=\frac{90}{500}\times100=18\%$이다.

06

정답 ③

여직원끼리 인접하지 않는 경우는 남직원과 여직원이 번갈아 앉는 경우뿐이다. 이때 여직원 D의 자리를 기준으로 남직원 B가 옆에 앉는 경우를 다음과 같이 나눌 수 있다.

- 첫 번째, 여섯 번째 자리에 여직원 D가 앉는 경우
  남직원 B가 여직원 D 옆에 앉는 경우는 1가지뿐으로, 남은 자리에 남직원, 여직원이 번갈아 앉아 경우의 수는 $2\times1\times2!\times2!=8$가지이다.
- 두 번째, 세 번째, 네 번째, 다섯 번째 자리에 여직원 D가 앉는 경우
  각 경우에 대하여 남직원 B가 여직원 D 옆에 앉는 경우는 2가지이다. 남은 자리에 남직원, 여직원이 번갈아 앉으므로 경우의 수는 $4\times2\times2!\times2!=32$가지이다.

따라서 구하고자 하는 경우의 수는 $8+32=40$가지이다.

07

정답 ④

제시된 수열은 홀수 항일 때 +12, +24, +48, …씩 증가하고, 짝수 항일 때 +20씩 증가하는 수열이다.
따라서 빈칸에 들어갈 수는 13+48=61이다.

08

정답 ④

2022년에 중학교에서 고등학교로 진학한 학생의 비율은 99.7%이고, 2023년 중학교에서 고등학교로 진학한 학생의 비율은 99.6%이다. 따라서 진학한 비율이 감소하였으므로 중학교에서 고등학교로 진학하지 않은 학생의 비율은 증가하였음을 알 수 있다.

오답분석

① 중학교의 취학률이 가장 낮은 해는 97.1%인 2020년이다. 이는 97% 이상이므로 중학교의 취학률은 매년 97% 이상이다.
② 매년 초등학교의 취학률이 가장 높다.
③ 고등교육기관의 취학률은 2020년 이후로 계속해서 70% 이상을 기록하였다.
⑤ 고등교육기관의 취학률이 가장 낮은 해는 2016년이고, 고등학교의 상급학교 진학률이 가장 낮은 해 또한 2016년이다.

09

정답 ③

오답분석

① B기업의 매출액이 가장 많은 때는 2024년 3월이지만, 그래프에서는 2024년 4월의 매출액이 가장 많은 것으로 나타났다.
② 2024년 2월에는 A기업의 매출이 더 많지만, 그래프에서는 B기업이 더 많은 것으로 나타났다.
④ A기업의 매출액이 가장 적은 때는 2024년 4월이지만, 그래프에서는 2024년 3월의 매출액이 가장 적은 것으로 나타났다.
⑤ A기업과 B기업의 매출액의 차이가 가장 큰 때는 2024년 1월이지만, 그래프에서는 2024년 5월과 6월의 매출액 차이가 더 큰 것으로 나타났다.

10

정답 ⑤

스마트 팜 관련 정부 사업 참여 경험은 K사의 강점 요인이다. 또한 정부의 적극적인 지원은 스마트 팜 시장 성장에 따른 기회 요인이다. 따라서 스마트 팜 관련 정부 사업 참여 경험을 바탕으로 정부의 적극적인 지원을 확보하는 것은 내부의 강점을 통해 외부의 기회 요인을 극대화하는 SO전략에 해당한다.

오답분석

①·②·③·④ 외부의 기회를 이용하여 내부의 약점을 보완하는 WO전략에 해당한다.

11

정답 ③

A~F 모두 문맥을 무시하고 일부 문구에만 집착하여 뜻을 해석하고 있으므로 '과대해석의 오류'를 범하고 있다. 과대해석의 오류는 전체적인 상황이나 맥락을 고려하지 않고 특정 단어나 문장에만 집착하여 의미를 해석하는 오류로, 글의 의미를 지나치게 확대하거나 축소하여 생각하고, 문자 그대로의 의미에만 너무 집착하여 다른 가능성이나 해석을 배제하게 되는 논리적 오류이다.

오답분석

① 무지의 오류 : '신은 존재하지 않는다가 증명되지 않았으므로 신은 존재한다.'처럼 증명되지 않았다고 해서 그 반대의 주장이 참이라고 생각하는 오류이다.
② 연역법의 오류 : '조류는 날 수 있다. 펭귄은 조류이다. 따라서 펭귄은 날 수 있다.'처럼 잘못된 삼단논법에 의해 발생하는 논리적 오류이다.
④ 허수아비 공격의 오류 : '저 사람은 과거에 거짓말을 한 적이 있으니 이번에 일어난 사기 사건의 범인이다.'처럼 개별적 인과관계를 입증하지 않고 전혀 상관없는 별개의 논리를 만들어 공격하는 논리적 오류이다.
⑤ 권위나 인신공격에 의존한 논증 : '제정신을 가진 사람이면 그런 주장을 할 수가 없다.'처럼 상대방의 주장 대신 인격을 공격하거나, '최고 권위자인 A교수도 이런 말을 했습니다.'처럼 자신의 논리적인 약점을 권위자를 통해 덮으려는 논리적 오류이다.

12

정답 ④

A～E열차의 운행시간 단위를 시간 단위로, 평균 속력의 단위를 시간당 운행거리로 통일하여 정리하면 다음과 같다.

구분	운행시간	평균 속력	운행거리
A열차	900분=15시간	50m/s=(50×60×60)m/h=180km/h	15×180=2,700km
B열차	10시간 30분=10.5시간	150km/h	10.5×150=1,575km
C열차	8시간	55m/s=(55×60×60)m/h=198km/h	8×198=1,584km
D열차	720분=12시간	2.5km/min=(2.5×60)km/h=150km/h	12×150=1,800km
E열차	10시간	2.7km/min=(2.7×60)m/h=162km/h	10×162=1,620km

따라서 C열차의 운행거리는 네 번째로 길다.

13

정답 ②

K대학교 기숙사 운영위원회는 단순히 '기숙사에 문제가 있다.'라는 큰 문제에서 벗어나 식사, 시설, 통신환경이라는 세 가지 주요 문제를 파악하고 문제별로 다시 세분화하여 더욱 구체적으로 인과관계 및 구조를 파악하여 분석하고 있다. 따라서 제시문에서 나타난 문제해결 절차는 '문제 도출'이다.

문제해결 절차 5단계

1. 문제 인식 : 해결해야 할 전체 문제를 파악하여 우선순위를 정하고 선정 문제에 대한 목표를 명확히 하는 단계
2. 문제 도출 : 선정된 문제를 분석하여 해결해야 할 것이 무엇인지를 명확히 하는 단계로, 현상에 대한 문제를 분해하여 인과관계 및 구조를 파악하는 단계
3. 원인 분석 : 파악된 핵심 문제에 대한 분석을 통해 근본 원인을 도출해 내는 단계
4. 해결안 개발 : 문제로부터 도출된 근본 원인을 효과적으로 해결할 수 있는 최적의 해결 방안을 수립하는 단계
5. 실행 및 평가 : 해결안 개발을 통해 만들어진 실행 계획을 실제 상황에 적용하는 단계로, 해결안을 통해 문제의 원인들을 제거해 나가는 단계

14

정답 ①

공공사업을 위해 투입된 세금을 본래의 목적에 사용하지 않고 무단으로 다른 곳에 쓴 상황이므로 '예정되어 있는 곳에 쓰지 아니하고 다른 데로 돌려서 씀'을 의미하는 '전용(轉用)'이 가장 적절한 단어이다.

오답분석

② 남용(濫用) : 일정한 기준이나 한도를 넘어서 함부로 씀
③ 적용(適用) : 알맞게 이용하거나 맞추어 씀
④ 활용(活用) : 도구나 물건 따위를 충분히 잘 이용함
⑤ 준용(遵用) : 그대로 좇아서 씀

15

정답 ③

시조새는 비대칭형 깃털을 가진 최초의 동물로, 현대의 날 수 있는 조류처럼 바람을 맞는 곳의 깃털은 짧고, 뒤쪽은 긴 형태로 이루어졌으며, 이와 같은 비대칭형 깃털이 양력을 제공하여 짧은 거리의 활강을 가능하게 하였다. 따라서 비행을 하기 위한 시조새의 신체 조건은 날개의 깃털이 비대칭 구조로 형성되어 있는 것이다.

오답분석

① 제시문에서 언급하지 않은 내용이다.
②·④ 세 개의 갈고리 발톱과 척추뼈가 꼬리까지 이어지는 구조는 공룡의 특징을 보여주는 신체 조건이다.
⑤ 시조새는 현대 조류처럼 가슴뼈가 비행에 최적화된 형태로 발달되지 않았다고 언급하고 있다.

16

정답 ④

제시문은 서양의학에 중요한 영향을 준 히포크라테스와 갈레노스에 대해 소개하고 있다. 히포크라테스는 자연적 관찰을 통해 의사를 과학적인 기반 위의 직업으로 만들었으며, 히포크라테스 선서와 같이 전문직업으로써의 윤리적 기준을 마련한 서양의학의 상징이라고 소개하고 있으며, 갈레노스는 실제 해부와 임상 실험을 통해 의학 이론을 증명하고 방대한 저술을 남겨 후대 의학 발전에 큰 영향을 주었음을 설명하고 있다. 따라서 '히포크라테스와 갈레노스가 서양의학에 끼친 영향과 중요성'이 제시문의 주제이다.

오답분석

① 갈레노스의 의사로서의 이력은 언급하고 있지만, 생애에 대해 구체적으로 밝히는 글은 아니다.
② 갈레노스가 해부와 실험을 통해 의학 이론을 증명하였음을 설명할 뿐이며, 해부학의 발전 과정에 대해 설명하는 글은 아니다.
③ 히포크라테스 선서는 히포크라테스가 서양의학에 남긴 중요한 윤리적 기준이지만, 이를 중심으로 설명하는 글은 아니다.
⑤ 히포크라테스와 갈레노스 모두 4체액설과 같은 부분에서는 현대 의학과는 거리가 있었음을 밝히고 있다.

17

정답 ⑤

'비상구'는 '화재나 지진 따위의 갑작스러운 사고가 일어날 때에 급히 대피할 수 있도록 특별히 마련한 출입구'이다. 따라서 이와 가장 비슷한 단어는 '갇힌 곳에서 빠져나가거나 도망하여 나갈 수 있는 출구'를 의미하는 '탈출구'이다.

오답분석

① 진입로 : 들어가는 길
② 출입구 : 나갔다가 들어왔다가 하는 어귀나 문
③ 돌파구 : 가로막은 것을 쳐서 깨뜨려 통과할 수 있도록 뚫은 통로나 목
④ 여울목 : 여울물(강이나 바다 따위의 바닥이 얕거나 폭이 좁아 물살이 세게 흐르는 곳의 물)이 턱진 곳

18

정답 ④

A열차의 속력을 V_a, B열차의 속력을 V_b라 하고, 터널의 길이를 l, 열차의 전체 길이를 x라 하자.

A열차가 터널을 진입하고 빠져나오는 데 걸린 시간은 $\frac{l+x}{V_a}=14$초이다. B열차가 A열차보다 5초 늦게 진입하고 5초 빠르게 빠져나왔으므로 터널을 진입하고 빠져나오는 데 걸린 시간은 $14-5-5=4$초이다. 그러므로 $\frac{l+x}{V_b}=4$초이다.

따라서 $V_a=14(l+x)$, $V_b=4(l+x)$이므로 $\frac{V_a}{V_b}=\frac{14(l+x)}{4(l+x)}=3.5$배이다.

19

정답 ③

A팀은 5일마다, B팀은 4일마다 회의실을 사용하므로 두 팀이 회의실을 사용하고자 하는 날은 20일마다 겹친다. 첫 번째 겹친 날에 A팀이 먼저 사용했으므로 20일 동안 A팀이 회의실을 사용한 횟수는 4회이다. 두 번째 겹친 날에는 B팀이 사용하므로 40일 동안 A팀이 회의실을 사용한 횟수는 7회이고, 세 번째로 겹친 날에는 A팀이 회의실을 사용하므로 60일 동안 A팀은 회의실을 11회 사용하였다. 이를 표로 정리하면 다음과 같다.

겹친 횟수	첫 번째	두 번째	세 번째	네 번째	다섯 번째	…	$(n-1)$번째	n번째
회의실 사용 팀	A팀	B팀	A팀	B팀	A팀	…	A팀	B팀
A팀의 회의실 사용 횟수	4회	7회	11회	14회	18회	…		

겹친 날을 기준으로 A팀은 9회, B팀은 8회를 사용하였으므로 다음으로는 B팀이 회의실을 사용할 순서이다. 이때, B팀이 m번째로 회의실을 사용할 순서라면 A팀이 이때까지 회의실을 사용한 횟수는 $7m$회이다. 따라서 B팀이 겹친 날을 기준으로 회의실을 8회까지 사용하였고, 9번째로 사용할 순서이므로 이때까지 A팀이 회의실을 사용한 횟수는 최대 $7\times9=63$회이다.

20

정답 ④

마지막 조건에 따라 광물 B는 인회석이고, 광물 B로 광물 C를 긁었을 때 긁힘 자국이 생기므로 광물 C는 인회석보다 무른 광물이다. 한편, 광물 A로 광물 C를 긁었을 때 긁힘 자국이 생기므로 광물 A는 광물 C보다 단단하고, 광물 A로 광물 B를 긁었을 때 긁힘 자국이 생기지 않으므로 광물 A는 광물 B보다는 무른 광물이다. 따라서 가장 단단한 광물은 B이며, 그다음으로 A, C 순으로 단단하다.

오답분석

① 광물 C는 인회석보다 무른 광물이므로 석영이 아니다.
② 광물 A는 인회석보다 무른 광물이지만, 방해석인지는 확인할 수 없다.
③ 가장 무른 광물은 C이다.
⑤ 광물 B는 인회석이므로 모스 굳기 단계는 5단계이다.

21

정답 ⑤

J공사의 지점 근무 인원이 71명이므로 가용 인원수가 부족한 B오피스는 제외된다. 또한, 시설 조건에서 스튜디오와 회의실이 필요하다고 했으므로 스튜디오가 없는 D오피스도 제외된다. 나머지 A, C, E오피스는 모두 교통 조건을 충족하므로 임대비용만 비교하면 된다. A, C, E오피스의 5년 임대비용은 다음과 같다.

- A오피스 : 600만×71×5=213,000만 원 → 21억 3천만 원
- C오피스 : 3,600만×12×5=216,000만 원 → 21억 6천만 원
- E오피스 : (3,800만×12×0.9)×5=205,200만 원 → 20억 5천 2백만 원

따라서 사무실 이전 조건을 바탕으로 가장 저렴한 공유 오피스인 E오피스로 이전한다.

22

정답 ③

에너지바우처를 신청하기 위해서는 소득기준과 세대원 특성기준을 모두 충족해야 한다. C는 생계급여 수급자으므로 소득기준을 충족하고, 65세 이상이므로 세대원 특성기준도 충족한다. 그러나 C의 경우 보장시설인 양로시설에 거주하는 보장시설 수급자이므로 지원 제외 대상이다. 따라서 C는 에너지바우처를 신청할 수 없다.

오답분석

① A의 경우 의료급여 수급자이므로 소득기준을 충족하고, 7세 이하의 영유아가 있으므로 세대원 특성기준도 충족한다. 따라서 에너지바우처를 신청할 수 있다.
② B의 경우 교육급여 수급자이므로 소득기준을 충족하고, 한부모가족이므로 세대원 특성기준도 충족한다. 또한 4인 이상 세대에 해당하므로 바우처 지원금액은 716,300원으로 70만 원 이상이다.
④ 동절기 에너지바우처 지원방법은 요금차감과 실물카드 2가지 방법이 있다. 이 중 D의 경우 연탄보일러를 이용하고 있으므로 실물카드를 받아 연탄을 직접 결제하는 방식으로 지원받아야 한다.
⑤ E의 경우 생계급여 수급자이므로 소득기준을 충족하고, 희귀질환을 앓고 있는 어머니가 세대원으로 있으므로 세대원 특성기준도 충족한다. 또한 2인 세대에 해당하므로 하절기 바우처 지원금액인 73,800원이 지원된다. 이때, 하절기는 전기요금 고지서에서 요금을 자동으로 차감해 주므로 전기비에서 73,800원이 차감될 것이다.

23

정답 ②

A가족과 B가족 모두 소득기준과 세대원 특성기준이 에너지바우처 신청기준을 충족한다. A가족의 경우 5명이므로 총 716,300원을 지원받을 수 있다. 그러나 이미 연탄쿠폰을 발급받았으므로 동절기 에너지바우처는 지원받을 수 없다. 따라서 하절기 지원금액인 117,000원을 지원받는다. B가족의 경우 2명이므로 총 422,500원을 지원받을 수 있으며, 지역난방을 이용 중이므로 하절기와 동절기 모두 요금차감의 방식으로 지원받는다. 따라서 두 가족의 에너지바우처 지원 금액은 117,000+422,500=539,500원이다.

24

정답 ⑤

제시된 프로그램은 'result'의 초기 값을 0으로 정의한 후 'result' 값이 2를 초과할 때까지 하위 명령을 실행하는 프로그램이다. 이때 'result' 값을 1 증가시킨 후 그 값을 출력하고, 다시 1을 빼므로 0 → 1 → 1 출력 → 0 → 1 → 1 출력 → 0 → 1 → 1 출력 → … 과정을 무한히 반복하게 된다. 따라서 1이 무한히 출력된다.

25

정답 ⑤

ROUND 함수는 인수를 지정한 자릿수로 반올림한 값을 구하는 함수로, 「=ROUND(인수,자릿수)」로 표현한다. 이때 자릿수는 다음과 같이 나타낸다.

만의 자리	천의 자리	백의 자리	십의 자리	일의 자리	소수점 첫째 자리	소수점 둘째 자리	소수점 셋째 자리
−4	−3	−2	−1	0	1	2	3

따라서 「=ROUND(D2,−1)」는 [D2] 셀에 입력된 117.3365의 값을 십의 자리로 반올림하여 나타내므로, 출력되는 값은 120이다.

26

정답 ③

제시문은 ADHD의 원인과 치료 방법에 대한 글이다. 첫 번째 문단에서는 ADHD가 유전적 원인에 의해 발생한다고 설명하고, 두 번째 문단에서는 환경적 원인에 의해 발생한다고 설명하고 있다. 이를 종합하면 ADHD가 다양한 원인이 복합적으로 작용하는 질환임을 알 수 있다. 또한 빈칸 뒤에서도 다양한 원인에 부합하는 맞춤형 치료와 환경 조성이 필요하다고 하였으므로 빈칸에 들어갈 내용으로 가장 적절한 것은 ③이다.

27

정답 ③

~율/률의 앞 글자가 'ㄱ' 받침을 가지고 있으므로 '출석률'이 옳은 표기이다.

~율과 ~률의 구별

- ~율 : 앞 글자의 받침이 없거나 받침이 'ㄴ'인 경우 → 비율, 환율, 백분율
- ~률 : 앞 글자의 받침이 있는 경우(단, 'ㄴ' 받침 제외) → 능률, 출석률, 이직률, 합격률

28

정답 ③

남성 합격자 수와 여성 합격자 수의 비율이 2 : 3이므로 여성 합격자는 48명이다.
남성 불합격자 수와 여성 불합격자 수가 모두 a명이라 하면 다음과 같이 정리할 수 있다.

(단위 : 명)

구분	합격자	불합격자	전체 지원자
남성	$2b=32$	a	$a+2b$
여성	$3b=48$	a	$a+3b$

남성 전체 지원자 수는 $(a+32)$명이고, 여성 전체 지원자 수는 $(a+48)$명이다.

$(a+32):(a+48)=6:7$

→ $6\times(a+48)=7\times(a+32)$

→ $a=(48\times6)-(32\times7)$

$\therefore\ a=64$

따라서 전체 지원자 수는 $2a+5b=(64\times2)+(16\times5)=128+80=208$명이다.

29

정답 ①

A씨는 2023년에는 9개월 동안 K공사에 근무하였다. (건강보험료)=(보수월액)×(건강보험료율)이고, 2023년 1월 1일 이후 (장기요양보험료)=(건강보험료)×$\frac{(\text{장기요양보험료율})}{(\text{건강보험료율})}$이므로 (장기요양보험료)=(보수월액)×(건강보험료율)×$\frac{(\text{장기요양보험료율})}{(\text{건강보험료율})}$이다.

그러므로 (보수월액)=$\frac{(\text{장기요양보험료})}{(\text{장기요양보험료율})}$이다.

따라서 A씨의 2023년 장기요양보험료는 35,120원이므로 보수월액은 $\frac{35,120}{0.9082\%}=\frac{35,120}{0.9082}\times 100 \fallingdotseq 3,866,990$원이다.

30

정답 ①

'가명처리'란 개인정보의 일부를 삭제하거나 일부 또는 전부를 대체하는 등의 방법으로 추가 정보가 없이는 특정 개인을 알아볼 수 없도록 처리하는 것을 말한다(개인정보보호법 제2조 제1의2호).

오답분석

② 개인정보보호법 제2조 제3호
③ 개인정보보호법 제2조 제1호 가목
④ 개인정보보호법 제2조 제2호

31

정답 ③

「=COUNTIF(범위,조건)」 함수는 조건을 만족하는 범위 내 인수의 개수를 셈하는 함수이다. 이때, 열 전체에 적용하려면 해당 범위에서 숫자를 제외하면 된다. 따라서 B열에서 값이 100 이하인 셀의 개수를 구하는 함수는 「=COUNTIF(B:B,"<=100")」이다.

32

정답 ①

- 초등학생의 한 달 용돈의 합계는 B열부터 E행까지 같은 열에 있는 금액의 합이다. 따라서 (A)에 들어갈 함수는 「=SUM(B2:E2)」이다.
- 한 달 용돈이 150,000원 이상인 학생 수는 [F2] 셀부터 [F7] 셀까지 금액이 150,000원 이상인 셀의 개수로 구할 수 있다. 따라서 (B)에 들어갈 함수는 「=COUNTIF(F2:F7,">=150,000」이다.

33

정답 ②

빅데이터 분석을 기획하고자 할 때는 먼저 범위를 설정한 다음 프로젝트를 정의해야 한다. 그 후에 수행 계획을 수립하고 위험 계획을 수립해야 한다.

34

정답 ①

㉠ 짜깁기 : 기존의 글이나 영화 따위를 편집하여 하나의 완성품으로 만드는 일
㉡ 뒤처지다 : 어떤 수준이나 대열에 들지 못하고 뒤로 처지거나 남게 되다.

오답분석

- 짜집기 : 짜깁기의 비표준어형
- 뒤쳐지다 : 물건이 뒤집혀서 젖혀지다.

35

정답 ④

공문서에서 날짜를 작성할 때 날짜 다음에 괄호를 사용할 경우에는 마침표를 찍지 않아야 한다.

공문서 작성 시 유의사항
- 한 장에 담아내는 것이 원칙이다.
- 마지막엔 반드시 '끝'자로 마무리한다.
- 날짜 다음에 괄호를 사용할 경우에는 마침표를 찍지 않는다.
- 복잡한 내용은 항목별로 구분한다('-다음-', 또는 '-아래-').
- 대외문서이며 장기간 보관되는 문서이므로 정확하게 기술한다.

36

정답 ③

영서가 1시간 동안 빚을 수 있는 만두의 수를 x개, 어머니가 1시간 동안 만두를 빚을 수 있는 만두의 수를 y개라 할 때 다음 식이 성립한다.

$\frac{2}{3}(x+y)=60 \cdots$ ㉠

$y=x+10 \cdots$ ㉡

㉠$\times\frac{3}{2}$에 ㉡을 대입하면

$x+(x+10)=90$

$\rightarrow 2x=80$

$\therefore\ x=40$

따라서 영서는 혼자서 1시간 동안 40개의 만두를 빚을 수 있다.

37

정답 ④

- 1,000 이상 10,000 미만
  맨 앞과 맨 뒤의 수가 같은 경우는 1 ~ 9의 수가 올 수 있으므로 9가지이고, 각각의 경우에 따라 두 번째 수와 네 번째 수로 0 ~ 9의 수가 올 수 있으므로 경우의 수는 10가지이다. 그러므로 모든 네 자리 대칭수의 개수는 $9\times10=90$개이다.
- 10,000 이상 50,000 미만
  맨 앞과 맨 뒤의 수가 같은 경우는 1, 2, 3, 4의 수가 올 수 있으므로 4가지이고, 각각의 경우에 따라 두 번째 수와 네 번째 수로 0 ~ 9의 수가 올 수 있으므로 경우의 수는 10가지, 그 각각의 경우에 따라 세 번째에 올 수 있는 수 또한 0 ~ 9의 수가 올 수 있으므로 경우의 수는 10가지이다. 그러므로 10,000 ~ 50,000 사이의 대칭수의 개수는 $4\times10\times10=400$개이다.

따라서 1,000 이상 50,000 미만의 모든 대칭수의 개수는 $90+400=490$개이다.

38

정답 ④

어떤 자연수의 모든 자릿수의 합이 3의 배수일 때, 그 자연수는 3의 배수이다. 그러므로 2+5+□의 값이 3의 배수일 때, 25□는 3의 배수이다. 2+5=7이므로, 7+□의 값이 3의 배수가 되도록 하는 □의 값은 2, 5, 8이다. 따라서 가능한 모든 수의 합은 2+5+8=15이다.

39

정답 ④

바이올린(V), 호른(H), 오보에(O), 플루트(F) 중 첫 번째 조건에 따라 호른과 바이올린을 묶었을 때 가능한 경우는 $3!=6$가지로 다음과 같다.

- (HV) – O – F
- (HV) – F – O
- F – (HV) – O
- O – (HV) – F
- F – O – (HV)
- O – F – (HV)

이때 두 번째 조건에 따라 오보에는 플루트 왼쪽에 위치하지 않으므로 (HV) – O – F, O – F – (HV) 2가지는 제외된다.
따라서 왼쪽에서 두 번째 칸에는 바이올린, 호른, 오보에만 위치할 수 있으므로 플루트는 배치할 수 없다.

40

정답 ③

사회적 기업은 수익 창출을 통해 자립적인 운영을 추구하고, 사회적 문제 해결과 경제적 성장을 동시에 달성하려는 특징을 가진 기업 모델로, 영리 조직에 해당한다.

영리 조직과 비영리 조직
- 영리 조직 : 이윤 추구를 주된 목적으로 하는 집단으로, 일반적인 사기업이 해당된다.
- 비영리 조직 : 사회적 가치 실현을 위해 공익을 추구하는 집단으로 자선단체, 의료기관, 교육기관, 비정부기구(NGO) 등이 해당된다.

41

정답 ②

$(\text{영업이익률})=\frac{(\text{영업이익})}{(\text{매출액})}\times 100$이고, 영업이익을 구하기 위해서는 매출총이익을 먼저 계산해야 한다. 따라서 2022년 4분기의 매출총이익은 $60-80=-20$십억 원이고, 영업이익은 $-20-7=-27$십 억 원이므로 영업이익률은 $-\frac{27}{60}\times 100=-45\%$이다.

42

정답 ③

1시간은 3,600초이므로 36초는 $36\text{초}\times\frac{1\text{시간}}{3{,}600\text{초}}=0.01$시간이다. 그러므로 무빙워크의 전체 길이는 $5\times 0.01=0.05$km이다.

따라서 무빙워크와 같은 방향으로 4km/h의 속력으로 걸을 때의 속력은 $5+4=9$km/h이므로 걸리는 시간은 $\frac{0.05}{9}=\frac{5}{900}=\frac{5}{900}\times\frac{3{,}600\text{초}}{1\text{시간}}=20$초이다.

43

정답 ⑤

제시된 순서도는 result 값이 6을 초과할 때까지 2씩 증가하고, result 값이 6을 초과하면 그 값을 출력하는 순서도이다.
따라서 result 값이 5일 때 2를 더하여 $5+2=7$이 되어 6을 초과하므로 출력되는 값은 7이다.

44

정답 ③

방문 사유 → 파손 관련(NO) → 침수 관련(NO) → 데이터 복구 관련(YES) → ◎ 출력 → STOP
따라서 출력되는 도형은 ◎이다.

45

정답 ①

상품코드의 맨 앞 자릿수가 '9'이므로 2 ~ 7번째 자릿수의 이진코드 변환 규칙은 'ABBABA'를 따른다. 이를 변환하면 다음과 같다.

3	8	7	6	5	5
A	B	B	A	B	A
0111101	0001001	0010001	0101111	0111001	0110001

따라서 주어진 수를 이진코드로 바르게 변환한 것은 ①이다.

46

정답 ④

안전 스위치를 누르는 동안에만 스팀이 나온다고 하였으므로 안전 스위치를 누르는 등의 외부 입력이 없다면 스팀은 발생하지 않는다.

오답분석

① 기본형 청소구로 카펫를 청소하면 청소 효율이 떨어질 뿐이며, 카펫 청소는 가능하다고 언급되어 있다.
② 스팀 청소 완료 후 충분히 식지 않은 상태에서 통을 분리하면 뜨거운 물이 새어 나와 화상의 위험이 있다고 언급되어 있다.
③ 기본형 청소구의 돌출부를 누른 상태에서 잡아당기면 좁은 흡입구를 꺼낼 수 있다고 언급되어 있다.
⑤ 스팀 청소구의 물통에 물을 채우는 작업, 걸레판에 걸레를 부착하는 작업 모두 반드시 전원을 분리한 상태에서 진행해야 한다고 언급되어 있다.

47

정답 ④

바닥에 물이 남는다면 스팀 청소구를 좌우로 자주 기울이지 않도록 주의하거나 젖은 걸레를 교체해야 한다.

48

정답 ⑤

팀 목표를 달성하도록 팀원을 격려하는 환경을 조성하기 위해서는 동료의 피드백이 필요하다. 긍정이든 부정이든 피드백이 없다면 팀원들은 개선을 이루거나 탁월한 성과를 내고자 하는 노력을 게을리하게 된다.

동료의 피드백을 장려하는 4단계

1. 간단하고 분명한 목표와 우선순위를 설정하라.
2. 행동과 수행을 관찰하라.
3. 즉각적인 피드백을 제공하라.
4. 뛰어난 수행성과에 대해 인정하라.

49

정답 ②

업무적으로 내적 동기를 유발하기 위해서는 업무 관련 교육을 꾸준히 하여야 한다.

내적 동기를 유발하는 방법
- 긍정적 강화법 활용하기
- 새로운 도전의 기회 부여하기
- 창의적인 문제해결법 찾기
- 자신의 역할과 행동에 책임감 갖기
- 팀원들을 지도 및 격려하기
- 변화를 두려워하지 않기
- 지속적인 교육 실시하기

50

정답 ②

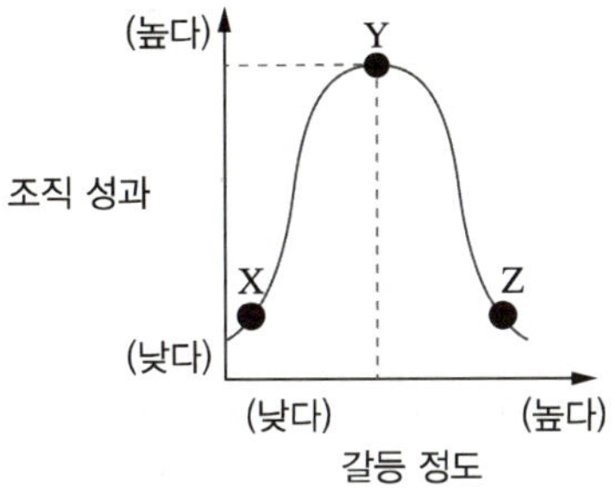

갈등 정도와 조직 성과에 대한 그래프에서 갈등이 X점 수준일 때에는 조직 내부의 의욕이 상실되고 환경의 변화에 대한 적응력도 떨어져 조직 성과가 낮아진다. 갈등이 Y점 수준일 때에는 갈등의 순기능이 작용하여 조직 내부에 생동감이 넘치고 변화 지향적이며 문제해결능력이 발휘되어 조직 성과가 높아진다. 반면, 갈등이 Z점 수준일 때에는 오히려 갈등의 역기능이 작용하여 조직 내부에 혼란과 분열이 발생하고 조직 구성원들이 비협조적이 되어 조직 성과는 낮아지게 된다.

CHAPTER

02 2024 ~ 2023년 주요 공기업 전공 기출복원문제

01 행정

01	02	03	04	05	06	07	08	09	10	11	12	13	14	15					
③	④	③	②	④	②	②	④	①	②	②	②	②	①	②					

01

정답 ③

현대에는 민주주의의 심화 및 분야별 전문 민간기관의 성장에 따라 정부 등 공식적 참여자보다 비공식적 참여자의 중요도가 높아지고 있다.

오답분석

① 의회와 지방자치단체는 정부, 사법부 등과 함께 대표적인 공식적 참여자에 해당된다.
② 정당과 NGO, 언론 등은 비공식적 참여자에 해당된다.
④ 사회적 의사결정에서 정부의 역할이 줄어들면 비공식적 참여자가 해당 역할을 대체하므로 중요도가 높아진다.

02

정답 ④

효율 증대에 따른 이윤 추구라는 경제적 결정이 중심인 기업경영의 의사결정에 비해, 정책문제는 사회효율 등 수단적 가치뿐만 아니라 형평성, 공정성 등 목적적 가치들도 고려가 필요하므로 고려사항이 더 많고 복잡하다는 특성을 갖는다.

03

정답 ③

회사모형은 사이어트와 마치가 주장한 의사결정 모형으로, 준독립적이고 느슨하게 연결되어 있는 조직들의 상호 타협을 통해 의사결정이 이루어진다고 설명한다.

오답분석

① 드로어는 최적모형에 따른 의사결정 모형을 제시했다.
② 합리적 결정과 점증적 결정이 누적 및 혼합되어 의사결정이 이루어진다고 본 것은 혼합탐사모형이다.
④ 정책결정 단계를 초정책결정 단계, 정책결정 단계, 후정책결정 단계로 구분하여 설명한 것은 최적모형이다.

04

정답 ②

ㄱ. 호혜조직의 1차적 수혜자는 조직 구성원이 맞으나, 은행, 유통업체는 사업조직에 해당되며, 노동조합, 전문가단체, 정당, 사교클럽, 종교단체 등이 호혜조직에 해당된다.
ㄷ. 봉사조직의 1차적 수혜자는 이들과 접촉하는 일반적인 대중이다.

05

정답 ④

특수한 경우를 제외하고 일반적으로 해당 구성원 간 동일한 인사 및 보수 체계를 적용받는 구분은 직급이다.

06

정답 ②

실적주의에서는 개인의 역량, 자격에 따라 인사행정이 이루어지기 때문에 정치적 중립성 확보가 강조되지만, 엽관주의에서는 정치적 충성심 및 기여도에 따라 인사행정이 이루어지기 때문에 조직 수반에 대한 정치적 정합성이 더 강조된다.

오답분석

③ 공공조직에서 엽관주의적 인사가 이루어지는 경우 정치적 충성심에 따라 구성원이 변경되므로, 정치적 사건마다 조직 구성원들의 신분유지 여부에 변동성이 생겨 불안정해진다.

07

정답 ②

발생주의 회계는 거래가 발생한 기간에 기록하는 원칙으로, 영업활동 관련 기록과 현금 유출입이 일치하지 않지만, 수익 및 비용을 합리적으로 일치시킬 수 있다는 장점이 있다.

오답분석

①·③·④·⑤ 모두 현금흐름 회계에 대한 설명이다.

08

정답 ④

ㄴ. X이론에서는 부정적인 인간관을 토대로 보상과 처벌, 권위적이고 강압적인 지도성을 경영전략으로 강조한다.

ㄹ. Y이론의 적용을 위한 대안으로 권한의 위임 및 분권화, 직무 확대, 업무수행능력의 자율적 평가, 목표 관리전략 활용, 참여적 관리 등을 제시하였다.

오답분석

ㄷ. Y이론에 따르면 인간은 긍정적이고 적극적인 존재이므로, 직접적 통제보다는 자율적 통제가 더 바람직한 경영전략이라고 보았다.

09

정답 ①

독립합의형 중앙인사기관의 위원들은 임기를 보장받으며, 각 정당의 추천인사나 초당적 인사로 구성되는 등 중립성을 유지하기 유리하다는 장점을 지닌다. 이로 인해 행정부 수반에 의하여 임명된 기관장 중심의 비독립단독형 인사기관에 비해 엽관주의 영향을 최소화하고, 실적 중심의 인사행정을 실현하기에 유리하다.

오답분석

② 비독립단독형 인사기관은 합의에 따른 의사결정 과정을 거치지 않으므로, 의견 불일치 시 조율을 하는 시간이 불필요하여 상대적으로 의사결정이 신속히 이루어진다.

③ 비독립단독형 인사기관은 기관장의 의사가 강하게 반영되는 만큼 책임소재가 분명한 데 비해, 독립합의형 인사기관은 다수의 합의에 따라 의사결정이 이루어지므로 책임소재가 불분명하다.

④ 독립합의형 인사기관의 개념에 대한 옳은 설명이다.

10

정답 ②

㉠ 정부가 시장에 대해 충분한 정보를 확보하는 데 실패함으로써 정보 비대칭에 따른 정부실패가 발생한다.

㉢ 정부행정은 단기적 이익을 중시하는 정치적 이해관계의 영향을 받아 사회에서 필요로 하는 바보다 단기적인 경향을 보인다. 이처럼 정치적 할인율이 사회적 할인율보다 높기 때문에 정부실패가 발생한다.

오답분석

㉡ 정부는 독점적인 역할을 수행하기 때문에 경쟁에 따른 개선효과가 미비하여 정부실패가 발생한다.

㉣ 정부의 공공재 공급은 사회적 무임승차를 유발하여 지속가능성을 저해하기 때문에 정부실패가 발생한다.

11

정답 ②

공익, 자유, 복지는 행정의 본질적 가치에 해당한다.

행정의 가치
- 본질적 가치(행정을 통해 실현하려는 궁극적인 가치) : 정의, 공익, 형평, 복지, 자유, 평등
- 수단적 가치(본질적 가치 달성을 위한 수단적인 가치) : 합법성, 능률성, 민주성, 합리성, 효과성, 가외성, 생산성, 신뢰성, 투명성

12

정답 ②

영국의 대처주의와 미국의 레이거노믹스는 경쟁과 개방, 위임의 원칙을 강조하는 신공공관리론에 입각한 정치기조이다.

오답분석

① 뉴거버넌스는 시민 및 기업의 참여를 통한 공동생산을 지향하며, 민영화와 민간위탁을 통한 서비스의 공급은 뉴거버넌스가 제시되기 이전 거버넌스의 내용이다.
③ 뉴거버넌스는 정부가 사회의 문제해결을 주도하는 것이 아니라, 민간 주체들이 논의를 주도할 수 있도록 조력자의 역할을 하는 것을 추구한다.
④ 신공공관리론은 정부실패의 대안으로 등장하였으며, 작고 효율적인 시장지향적 정부를 추구한다.

13

정답 ②

네트워크를 통한 기기 간의 연결을 활용하지 않으므로 사물인터넷을 사용한 것이 아니다.

오답분석

① 스마트 팜을 통해 각종 센서를 기반으로 온도와 습도, 토양 등에 대한 정보를 정확하게 확인하고 필요한 영양분(물, 비료, 농약 등)을 시스템이 알아서 제공해 주는 것은 사물인터넷을 활용한 경우에 해당된다.
③ 커넥티드 카는 사물인터넷 기술을 통해 통신망에 연결된 차량으로, 가속기, 브레이크, 속도계, 주행 거리계, 바퀴 등에서 운행 데이터를 수집하여 운전자 행동과 차량 상태를 모두 모니터링할 수 있다.

14

정답 ①

ㄱ. 강임 : 현재보다 낮은 직급으로 임명하는 것으로, 수직적 인사이동에 해당한다.
ㄴ. 승진 : 직위가 높아지는 것으로, 수직적 인사이동에 해당한다.

오답분석

ㄷ. 전보 : 동일 직급 내에서 다른 관직으로 이동하는 것으로, 수평적 인사이동에 해당한다.
ㄹ. 전직 : 직렬을 변경하는 것으로, 수평적 인사이동에 해당한다.

15

정답 ②

국립공원 입장료는 2007년에 폐지되었다.

오답분석

ㄱ. 2023년 5월에 문화재보호법이 개정되면서 국가지정문화재 보유자 및 기관에 대해 정부 및 지방자치단체가 해당 비용을 지원할 수 있게 되어, 많은 문화재에 대한 관람료가 면제되었다. 그러나 이는 요금제가 폐지된 것이 아니라 법규상 유인책에 따라 감면된 것에 해당된다. 원론적으로 국가지정문화재의 소유자가 관람자로부터 관람료를 징수할 수 있음은 유효하기도 했다. 2023년 8월 새로운 개정을 통해 해당 법에서 칭하던 '국가지정문화재'가 '국가지정문화유산'으로 확대되었다.

02 경영

01	02	03	04	05	06	07	08	09	10	11	12	13	14	15	16	17	18	19	20
③	⑤	⑤	③	④	③	②	③	①	①	③	④	④	①	②	①	③	④	④	②

01

정답 ③

테일러의 과학적 관리법은 하루 작업량을 과학적으로 설정하고 과업 수행에 따른 임금을 차별적으로 설정하는 차별적 성과급제를 시행한다.

오답분석

①·② 시간연구와 동작연구를 통해 표준 노동량을 정하고 해당 노동량에 따라 임금을 지급하여 생산성을 향상시킨다.
④ 각 과업을 전문화하여 관리한다.
⑤ 근로자가 노동을 하는 데 필요한 최적의 작업조건을 유지한다.

02

정답 ⑤

기능목록제도는 종업원별로 기능보유색인을 작성하여 데이터베이스에 저장하여 인적자원관리 및 경력개발에 활용하는 제도이며, 근로자의 직무능력 평가에 있어 필요한 정보를 파악하기 위해 개인능력평가표를 활용한다.

오답분석

① 자기신고제도 : 근로자에게 본인의 직무내용, 능력수준, 취득자격 등에 대한 정보를 직접 자기신고서에 작성하여 신고하게 하는 제도이다.
② 직능자격제도 : 직무능력을 자격에 따라 등급화하고 해당 자격을 취득하는 경우 직위를 부여하는 제도이다.
③ 평가센터제도 : 근로자의 직무능력을 객관적으로 발굴 및 육성하기 위한 제도이다.
④ 직무순환제도 : 담당직무를 주기적으로 교체함으로써 직무 전반에 대한 이해도를 높이는 제도이다.

03

정답 ⑤

데이터베이스 마케팅(DB 마케팅)은 고객별로 맞춤화된 서비스를 제공하기 위해 정보 기술을 이용하여 고객의 정보를 데이터베이스로 구축하여 관리하는 마케팅 전략이다. 이를 위해 고객의 성향, 이력 등 관련 정보가 필요하므로 기업과 고객 간 양방향 의사소통을 통해 1 : 1 관계를 구축하게 된다.

04

정답 ③

공정성 이론에 따르면 공정성 유형은 크게 절차적 공정성, 상호작용적 공정성, 분배적 공정성으로 나누어진다.
- 절차적 공정성 : 과정통제, 접근성, 반응속도, 유연성, 적정성
- 상호작용적 공정성 : 정직성, 노력, 감정이입
- 분배적 공정성 : 형평성, 공평성

05

정답 ④

e-비즈니스 기업은 비용절감 등을 통해 더 낮은 가격으로 우수한 품질의 상품 및 서비스를 제공할 수 있다는 장점이 있다.

06

정답 ③

조직시민행동은 조직 구성원의 내재적 만족으로 인해 촉발되므로 구성원에 대한 처우가 합리적일수록 자발적으로 일어난다.

07

정답 ②

협상을 통해 공동의 이익을 확대(Win – Win)하는 것은 통합적 협상에 대한 설명이다.

분배적 협상과 통합적 협상의 비교

- 분배적 협상
  - 고정된 자원을 대상으로 합리적인 분배를 위해 진행하는 협상이다.
  - 한정된 자원량으로 인해 제로섬 원칙이 적용되어 갈등이 발생할 가능성이 많다.
  - 당사자 간 이익 확보를 목적으로 하며, 협상 참여자 간 관계는 단기적인 성격을 나타낸다.
- 통합적 협상
  - 당사자 간 이해관계를 조율하여 더 큰 이익을 추구하기 위해 진행하는 협상이다.
  - 협상을 통해 확보할 수 있는 자원량이 변동될 수 있어 갈등보다는 문제해결을 위해 노력한다.
  - 협상 참여자의 이해관계, 우선순위 등이 달라 장기적인 관계를 가지고 통합적인 문제해결을 추구한다.

08

정답 ③

워크 샘플링법은 전체 작업과정에서 무작위로 많은 관찰을 실시하여 직무활동에 대한 정보를 얻는 방법으로, 여러 직무활동을 동시에 기록하기 때문에 전체 직무의 모습을 파악할 수 있다.

오답분석

① 관찰법 : 조사자가 직접 조사대상과 생활하면서 관찰을 통해 자료를 수집하는 방법이다.
② 면접법 : 조사자가 조사대상과 직접 대화를 통해 자료를 수집하는 방법이다.
④ 질문지법 : 설문지로 조사내용을 작성하고 자료를 수집하는 방법이다.
⑤ 연구법 : 기록물, 통계자료 등을 토대로 자료를 수집하는 방법이다.

09

정답 ①

가구, 가전제품 등은 선매품에 해당한다. 전문품에는 명품제품, 자동차, 아파트 등이 해당한다.

10

정답 ①

연속생산은 동일제품을 대량생산하기 때문에 규모의 경제가 적용되어 여러 가지 제품을 소량생산하는 단속생산에 비해 단위당 생산원가가 낮다.

오답분석

② 연속생산의 경우, 표준화된 상품을 대량으로 생산함에 따라 운반에 따른 자동화 비율이 매우 높고, 속도가 빨라 운반비용이 적게 소요된다.
③·④ 제품의 수요가 다양하거나 제품의 수명이 짧은 경우 단속생산 방식이 적합하다.
⑤ 연속생산은 작업자의 숙련도와 관계없이 작업에 참여가 가능하다.

11

정답 ③

- (당기순이익)=(총수익)−(총비용)=35억−20억=15억 원
- (기초자본)=(기말자본)−(당기순이익)=65억−15억=50억 원
- (기초부채)=(기초자산)−(기초자본)=100억−50억=50억 원

12

정답 ④

상위에 있는 욕구를 충족시키지 못하면 하위에 있는 욕구는 더욱 크게 증가하여, 하위욕구를 충족시키기 위해 훨씬 더 많은 노력이 필요하게 된다.

오답분석

① 심리학자 앨더퍼가 인간의 욕구에 대해 매슬로의 욕구 5단계설을 발전시켜 주장한 이론이다.
②·③ 존재욕구를 기본적 욕구로 정의하며, 관계욕구, 성장욕구로 계층화하였다.

13

정답 ④

사업 다각화는 무리하게 추진할 경우 수익성에 악영향을 줄 수 있다는 단점이 있다.

오답분석

① 지속적인 성장을 추구하여 미래 유망산업에 참여하고, 구성원에게 더 많은 기회를 줄 수 있다.
② 기업이 한 가지 사업만 영위하는 데 따르는 위험에 대비할 수 있다.
③ 보유자원 중 남는 자원을 활용하여 범위의 경제를 실현할 수 있다.

14

정답 ①

ELS는 주가연계증권으로, 사전에 정해진 조건에 따라 수익률이 결정되며 만기가 있다.

오답분석

② 주가연계파생결합사채(ELB)에 대한 설명이다.
③ 주가지수연동예금(ELD)에 대한 설명이다.
④ 주가연계신탁(ELT)에 대한 설명이다.
⑤ 주가연계펀드(ELF)에 대한 설명이다.

15

정답 ②

브룸은 동기 부여에 대해 기대이론을 적용하여 기대감, 수단성, 유의성을 통해 구성원의 직무에 대한 동기 부여를 결정한다고 주장하였다.

오답분석

① 로크의 목표설정이론에 대한 설명이다.
③ 매슬로의 욕구 5단계이론에 대한 설명이다.
④ 맥그리거의 XY이론에 대한 설명이다.
⑤ 허즈버그의 2요인이론에 대한 설명이다.

16

정답 ①

시장세분화 단계에서는 시장을 기준에 따라 세분화하고, 각 세분시장의 고객 프로필을 개발하여 차별화된 마케팅을 실행한다.

오답분석

②·③ 표적시장 선정 단계에서는 각 세분시장의 매력도를 평가하여 표적시장을 선정한다.
④ 포지셔닝 단계에서는 각각의 시장에 대응하는 포지셔닝을 개발하고 전달한다.
⑤ 재포지셔닝 단계에서는 자사와 경쟁사의 경쟁위치를 분석하여 포지셔닝을 조정한다.

17

정답 ③

종단분석은 시간과 비용의 제약으로 인해 표본 규모가 작을수록 좋으며, 횡단분석은 집단의 특성 또는 차이를 분석해야 하므로 표본이 일정 규모 이상일수록 정확하다.

18

정답 ④

채권이자율이 시장이자율보다 높아지면 채권가격은 액면가보다 높은 가격에 거래된다. 단, 만기에 가까워질수록 채권가격이 하락하여 가격위험에 노출된다.

오답분석

①·②·③ 모두 채권이자율이 시장이자율보다 낮은 할인채에 대한 설명이다.

19

정답 ④

물음표(Question Mark) 사업은 신규 사업 또는 현재 시장점유율은 낮으나, 향후 성장 가능성이 높은 사업이다. 기업 경영 결과에 따라 개(Dog) 사업 또는 스타(Star) 사업으로 바뀔 수 있다.

오답분석

① 스타(Star) 사업 : 성장 가능성과 시장점유율이 모두 높아서 계속 투자가 필요한 유망 사업이다.
② 현금젖소(Cash Cow) 사업 : 높은 시장점유율로 현금창출은 양호하나, 성장 가능성은 낮은 사업이다.
③ 개(Dog) 사업 : 성장 가능성과 시장점유율이 모두 낮아 철수가 필요한 사업이다.

20

정답 ②

테일러의 과학적 관리법에서는 작업에 사용하는 도구 등을 표준화하여 관리 비용을 낮추고 효율성을 높이는 것을 추구한다.

오답분석

① 과학적 관리법의 특징 중 표준화에 대한 설명이다.
③ 과학적 관리법의 특징 중 동기부여에 대한 설명이다.
④ 과학적 관리법의 특징 중 통제에 대한 설명이다.

03 경제

01	02	03	04	05	06	07	08	09	10	11	12	13	14	15					
⑤	②	①	④	⑤	①	④	③	③	④	④	③	①	③	④					

01

정답 ⑤

가격탄력성이 1보다 크면 탄력적이라고 할 수 있다.

오답분석

① · ② 수요의 가격탄력성은 가격의 변화에 따른 수요의 변화를 의미하는 것으로, 분모는 상품 가격의 변화량을 상품 가격으로 나눈 값이고, 분자는 수요량의 변화량을 수요량으로 나눈 값이다.

③ 대체재가 많을수록 해당 상품 가격 변동에 따른 수요의 변화는 더 크게 반응하게 된다.

02

정답 ②

GDP 디플레이터는 명목 GDP를 실질 GDP로 나누어 물가상승 수준을 예측할 수 있는 물가지수로, 국내에서 생산된 모든 재화와 서비스 가격을 반영한다. 따라서 GDP 디플레이터를 구하는 계산식은 (명목 GDP)÷(실질 GDP)×100이다.

03

정답 ①

한계소비성향은 소비의 증가분을 소득의 증가분으로 나눈 값으로, 소득이 1,000만 원 늘었을 때 현재 소비자들의 한계소비성향이 0.7이므로 소비는 700만 원이 늘었다고 할 수 있다. 따라서 소비의 변화폭은 700이다.

04

정답 ④

㉠ 환율이 상승하면 제품을 수입하기 위해 더 많은 원화를 필요로 하고, 이에 따라 수입이 감소하게 되므로 순수출이 증가한다.

㉡ 국내이자율이 높아지면 국내자산 투자수익률이 좋아져 해외로부터 자본유입이 확대되고, 이에 따라 환율은 하락한다.

㉢ 국내물가가 상승하면 상대적으로 가격이 저렴한 수입품에 대한 수요가 늘어나 환율은 상승한다.

05

정답 ⑤

독점적 경쟁시장은 광고, 서비스 등 비가격경쟁이 가격경쟁보다 더 활발히 진행된다.

06

정답 ①

케인스학파는 경기침체 시 정부가 적극적으로 개입하여 총수요의 증대를 이끌어야 한다고 주장하였다.

오답분석

② 고전학파의 거시경제론에 대한 설명이다.

③ 케인스학파의 거시경제론에 대한 설명이다.

④ 고전학파의 이분법에 대한 설명이다.

⑤ 케인스학파의 화폐중립성에 대한 설명이다.

07

정답 ④

오답분석

① 매몰비용의 오류 : 이미 투입한 비용과 노력 때문에 경제성이 없는 사업을 지속하여 손실을 키우는 것을 의미한다.
② 감각적 소비 : 제품을 구입할 때, 품질, 가격, 기능보다 디자인, 색상, 패션 등을 중시하는 소비 패턴을 의미한다.
③ 보이지 않는 손 : 개인의 사적 영리활동이 사회 전체의 공적 이익을 증진시키는 것을 의미한다.
⑤ 희소성 : 사람들의 욕망에 비해 그 욕망을 충족시켜 주는 재화나 서비스가 부족한 현상을 의미한다.

08

정답 ③

• (실업률)=(실업자)÷(경제활동인구)×100
• (경제활동인구)=(취업자)+(실업자)
∴ 5,000÷(20,000+5,000)×100=20%

09

정답 ③

(한계비용)=(총비용 변화분)÷(생산량 변화분)
• 생산량이 50일 때 총비용 : 16(평균비용)×50(생산량)=800
• 생산량이 100일 때 총비용 : 15(평균비용)×100(생산량)=1,500
따라서 한계비용은 700÷50=14이다.

10

정답 ④

A국은 노트북을 생산할 때 기회비용이 더 크기 때문에 TV 생산에 비교우위가 있고, B국은 TV를 생산할 때 기회비용이 더 크기 때문에 노트북 생산에 비교우위가 있다.

구분	노트북 1대	TV 1대
A국	TV 0.75	노트북 1.33
B국	TV 1.25	노트북 0.8

11

정답 ④

다이내믹 프라이싱의 단점은 소비자 후생이 감소해 소비자의 만족도가 낮아진다는 것이다. 이로 인해 기업이 소비자의 불만에 직면할 수 있다는 리스크가 발생한다.

12

정답 ③

ⓛ 빅맥 지수는 동질적으로 판매되는 상품의 가치는 동일하다는 가정하에 나라별 화폐로 해당 제품의 가격을 평가하여 구매력을 비교하는 것이다.
ⓒ 맥도날드의 대표적 햄버거인 빅맥 가격을 기준으로 한 이유는 전 세계에서 가장 동질적으로 판매되고 있기 때문이며, 이처럼 품질, 크기, 재료가 같은 물건이 세계 여러 나라에서 팔릴 때 나라별 물가를 비교하기 수월하다.

오답분석

㉠ 빅맥 지수는 영국 경제지인 이코노미스트에서 최초로 고안하였다.
㉣ 빅맥 지수에 사용하는 빅맥 가격은 제품 가격만 반영하고 서비스 가격은 포함하지 않기 때문에 나라별 환율에 대한 상대적 구매력 평가 외에 다른 목적으로 사용하기에는 측정값이 정확하지 않다.

13

정답 ①

확장적 통화정책은 국민소득을 증가시켜 이에 따른 보험료 인상 등 세수확대 요인으로 작용한다.

오답분석

② 이자율이 하락하고, 소비 및 투자가 증가한다.
③ · ④ 긴축적 통화정책이 미치는 영향이다.

14

정답 ③

토지, 설비 등이 부족하면 한계 생산가치가 떨어지기 때문에 노동자를 많이 고용하는 게 오히려 손해이다. 따라서 노동 수요곡선은 왼쪽으로 이동한다.

오답분석

① 노동 수요는 재화에 대한 수요가 아닌 재화를 생산하기 위해 파생되는 수요이다.
② 상품 가격이 상승하면 기업은 더 많은 제품을 생산하기 위해 노동자를 더 많이 고용한다.
④ 노동에 대한 인식이 긍정적으로 변화하면 노동시장에 더 많은 노동력이 공급된다.

15

정답 ④

S씨가 달리기를 선택할 경우 (기회비용)=1(순편익)+8(암묵적 기회비용)=9로 기회비용이 가장 작다.

오답분석

① 헬스를 선택할 경우
(기회비용)=2(순편익)+8(암묵적 기회비용)=10
② 수영을 선택할 경우
(기회비용)=5(순편익)+8(암묵적 기회비용)=13
③ 자전거를 선택할 경우
(기회비용)=3(순편익)+7(암묵적 기회비용)=10

교육은 우리 자신의 무지를 점차 발견해 가는 과정이다.

- 윌 듀란트 -

PART 1

직업기초능력

CHAPTER 01 의사소통능력

CHAPTER 02 수리능력

CHAPTER 03 문제해결능력

CHAPTER

01 의사소통능력

대표기출유형 01 기출응용문제

01

정답 ⑤

슈퍼문일 때는 지구와 달의 거리가 35만 7,000km 정도로 가까워지며, 이때 지구에서 보름달을 바라보는 시각도는 0.56도로 커지므로 0.49의 시각도보다 크다는 것은 적절하다.

오답분석

① 케플러의 행성운동 제1법칙에 따라 태양계의 모든 행성은 태양을 중심으로 타원 궤도로 돈다. 따라서 지구도 태양을 타원 궤도로 돌기 때문에 지구에서 태양까지의 거리는 항상 일정하지는 않을 것이다.
② 달이 지구에 가까워지면 달의 중력이 더 강하게 작용하여 달을 향한 쪽의 해수면이 평상시보다 더 높아진다. 즉, 지구와 달의 거리에 따라 해수면의 높이가 달라지므로 서로 관계가 있다.
③ 달이 지구에 가까워지면 평소 달이 지구를 당기는 힘보다 더 강하게 지구를 당긴다. 따라서 이와 반대로 달이 지구에서 멀어지면 지구를 당기는 달의 힘은 약해질 것이다.
④ 달의 중력 때문에 높아진 해수면이 지구의 자전을 방해하게 되고, 이 때문에 지구의 자전 속도가 느려져 100만 년에 17초 정도씩 길어진다고 하였으므로 지구의 자전 속도는 점점 느려지고 있다.

02

정답 ④

담수 동물은 육상 동물과 같이 몸 밖으로 수분을 내보내고 있지만, 육상 동물의 경우에는 수분 유지를 위한 것이 아니므로 수분 유지는 공통점이 아니다.

03

정답 ②

'전기사고를 방지하기 위한 안전장치가 필요한데 그중 하나가 '접지'이다.'를 통해 접지 이외에도 방법이 있음을 알 수 있다.

오답분석

① '위험성이 높을수록 이러한 안전장치의 필요성이 높아진다.'라고 언급은 되어 있지만 위험성이 낮다고 안정장치가 필요치 않다고는 볼 수 없다.
③ '전류는 전위차가 있을 때에만 흐르므로'라고 했으므로 전위차가 없으면 전류가 흐르지 않는다.
④ '정전기 발생을 사전에 예방하기 위해 접지를 해둬야 한다.'를 통해 접지를 하게 되면 정전기 발생을 막을 순 있지만, 접지를 하지 않는다고 정전기가 무조건 발생하는 것은 아님을 알 수 있다.
⑤ 저항 또는 임피던스의 크기가 작으면 통신선에 유도장애가 커지고, 크면 평상시 대지 전압이 높아지는 등의 결과가 나타나지만, 저항 크기와 임피던스의 크기에 대한 상관관계는 제시문에서 확인할 수 없다.

대표기출유형 02 기출응용문제

01

정답 ①

제시된 기사문은 홍역환자가 발생함에 따라 홍역 유행을 차단하기 위해 대응 체계를 구축했다는 내용이므로, 이를 모두 포함하는 ①이 제목으로 가장 적절하다.

02

정답 ⑤

제시문에서는 4단계로 나뉘는 감염병 위기경보 수준을 설명하며, 각 단계에 따라 달라지는 정부의 주요 대응 활동에 관해 이야기하고 있다. 따라서 제목으로 가장 적절한 것은 ⑤이다.

03

정답 ②

제시문은 행위별수가제에 대한 내용으로, 환자나 의사, 건강보험 재정 등 많은 곳에서 한계점이 있다고 설명하면서 건강보험 고갈을 막기 위해 다양한 지불방식을 도입하는 등 구조적인 개편이 필요함을 설명하고 있다. 따라서 제시문의 주제로 '행위별수가제의 한계점'이 가장 적절하다.

대표기출유형 03 기출응용문제

01

정답 ③

제시문은 풀기 어려운 문제에 둘러싸인 기업적·개인적 상황을 제시하고, 위기의 시대임을 언급하고 있다. 그리고 그 위기를 이겨내는 자가 성공하는 자가 될 수 있음을 말하며, 위기를 이겨내기 위해서 지혜가 필요하다는 것에 대해 설명하고 있다. 따라서 (나) 풀기 어려운 문제에 둘러싸인 현재의 상황 → (라) 위험과 기회라는 이중의미를 가지는 '위기' → (다) 위기를 이겨내는 것이 필요 → (가) 위기를 이겨내기 위한 지혜와 성공이라는 결과로 나열되어야 한다.

02

정답 ④

제시문은 효율적 제품 생산을 위한 한 방법인 제품별 배치 방법의 장단점에 대한 내용의 글이다. 따라서 (다) 효율적 제품 생산을 위해 필요한 생산 설비의 효율적 배치 → (라) 효율적 배치의 한 방법인 제품별 배치 방식 → (가) 제품별 배치 방식의 장점 → (나) 제품별 배치 방식의 단점의 순서대로 나열하는 것이 가장 적절하다.

03

정답 ⑤

제시문은 셰익스피어의 작품 『맥베스』에 나타난 비극의 요소를 설명하는 글이다. 제시된 단락의 마지막 문장을 통해 『맥베스』가 처음으로 언급되고 있으므로 이어질 내용은 『맥베스』라는 작품에 대한 설명이 오는 것이 적절하다. 따라서 (다) 『맥베스』의 기본적인 줄거리 → (나) 『맥베스』의 전개 특징 → (라) 『맥베스』가 인간의 내면 변화를 집중적으로 다루는 이유 → (가) 『맥베스』에 대한 일반적인 평가의 순서대로 나열되어야 한다.

04

정답 ③

제시문은 IC카드의 개발 및 원리에 대한 글이다. 제시된 단락의 경우 자석 접촉 시 데이터가 손상되는 마그네틱 카드의 단점과 이를 보완한 것이 IC카드라고 설명하였다. 따라서 (나) 데이터 손상의 방지 및 여러 기능의 추가가 가능한 IC카드 → (가) EEPROM이나 플래시 메모리를 내장한 IC카드 → (다) 메모리 외에 프로세서 기능이 추가된 IC카드의 순서대로 나열하는 것이 가장 적절하다.

대표기출유형 04 기출응용문제

01

정답 ④

합리주의적인 언어 습득의 이론에서 어린이가 언어를 습득하는 것은 거의 전적으로 타고난 특수한 언어 학습 능력과 일반 언어 구조에 대한 추상적인 선험적 지식에 의해서 이루어지는 것이다. 반면 경험주의 이론은 경험적인 훈련(후천적)이 핵심이다.

02

정답 ①

식사에 관한 상세한 설명이 주어지거나, 요리가 담긴 접시 색이 밝을 때 비만인 사람들의 식사량이 증가했다는 내용을 통해 비만인 사람들이 외부로부터의 자극에 의해 식습관에 영향을 받기 쉽다는 것을 추론할 수 있다.

03

정답 ③

감정선이 직선에 가까우면 솔직하고 감정 표현에 직설적이며, 곡선에 가까울수록 성격이 부드럽고 여성스럽다.

오답분석

① 월구가 발달하면 예술가의 기질이 많다고 한다.
② 두뇌선이 직선형이면 의사나 과학자 등 이공 계열과 맞다.
④ 수성구가 발달하면 사업적 기질이 풍부하다고 한다.
⑤ 금성구가 발달한 사람은 운동을 잘하며 정이 많다고 해석하고 있다.

04

정답 ③

편지 아래 적힌 연도와 편지 내용을 근거로 작품을 나열하면 「감자 먹는 사람들」(1885년) → 「장미와 해바라기가 있는 정물」(1886년) → 「아시니에르의 음식점」(1887년) → 「씨 뿌리는 사람」(1888년) → 「별이 빛나는 밤」(1888년 7월 ~ 1889년 초) → 「수확하는 사람」(1889년) 순이다. 따라서 가장 마지막에 완성된 작품은 ③이다.

대표기출유형 05 기출응용문제

01

정답 ①

첫 번째 빈칸에는 문장의 서술어가 '때문이다'로 되어 있으므로 빈칸에는 이와 호응하는 '왜냐하면'이 와야 한다. 다음으로 두 번째 빈칸에는 문장의 내용이 앞 문장과 상반되는 내용이 아닌, 앞 문장을 부연하는 내용이므로 병렬 기능의 접속 부사 '그리고'가 들어가야 한다. 마지막으로 세 번째 빈칸은 내용상 결론에 해당하므로 '그러므로'가 적절하다.

02

정답 ①

- 첫 번째 빈칸 : 공간 정보가 정보 통신 기술의 발전으로 시간에 따른 변화를 반영할 수 있게 되었다는 빈칸 뒤의 내용을 통해 빈칸에는 시간에 따른 공간의 변화를 포함한 공간 정보를 이용할 수 있게 되면서 '최적의 경로 탐색'이 가능해졌다는 내용의 ㉠이 적절함을 알 수 있다.
- 두 번째 빈칸 : ㉡은 빈칸 앞 문장의 '탑승할 버스 정류장의 위치, 다양한 버스 노선, 최단 시간 등을 분석하여 제공하는' 지리정보시스템이 '더 나아가' 제공하는 정보에 관해 이야기한다. 따라서 빈칸에는 ㉡이 적절하다.
- 세 번째 빈칸 : 빈칸 뒤의 내용에서는 공간 정보가 활용되고 있는 다양한 분야와 앞으로 활용될 수 있는 분야를 이야기하고 있으므로 빈칸에는 공간 정보의 활용 범위가 계속 확대되고 있다는 ㉢이 적절함을 알 수 있다.

03

정답 ①

갑돌이의 성품이 탁월하다고 볼 수 있는 것은 그의 성품이 곧고 자신감이 충만하며, 다수의 옳지 않은 행동에 대하여 비판의 목소리를 낼 것이고 그렇게 하는 데 별 어려움을 느끼지 않을 것이기 때문이다. 또한, 세 번째 문단에 따르면 탁월한 성품은 올바른 훈련을 통해 올바른 일을 바르고 즐겁게 그리고 어려워하지 않으며 처리할 수 있는 능력을 뜻한다. 따라서 아리스토텔레스의 입장에서는 '엄청난 의지를 발휘'하고 자신과의 '힘든 싸움'을 해야 했던 병식이보다는 잘못된 일에 '별 어려움' 없이 '비판의 목소리'를 내는 갑돌이의 성품을 탁월하다고 여길 것이다.

대표기출유형 06 기출응용문제

01

정답 ①

중요한 내용을 두괄식으로 작성함으로써 보고받은 자가 해당 문서를 신속하게 이해하고 의사결정을 하는 데 도움을 주는 것이 중요하다.

02

정답 ①

'황량하다'는 '황폐하여 거칠고 쓸쓸하다.'를 의미한다.

03

정답 ④

한글 맞춤법에 따르면 ㉣의 '지'는 어미 '-ㄹ지'의 일부이므로 붙여 써야 한다. 따라서 '할지라도'가 올바른 표기이다.

04

정답 ④

㉣의 앞쪽에 제시된 술탄 메흐메드 2세의 행적을 살펴보면 성소피아 대성당으로 가서 성당을 파괴하는 대신 이슬람 사원으로 개조하였고, 그리스 정교회 수사에게 총대주교직을 수여하였으며 '역대 비잔틴 황제들이 제정한 법을 그가 주도하고 있던 법제화의 모델로 이용하였던 것'을 보아 '단절을 추구하는 것'이 아니라 '연속성을 추구하는 것'으로 고치는 것이 적절하다.

CHAPTER

02 수리능력

대표기출유형 01 기출응용문제

01

정답 ②

초대장을 만드는 일의 양을 1이라고 가정하자. 혼자서 만들 때 걸리는 기간은 A대리는 6일, B사원은 12일이므로 각각 하루에 끝낼 수 있는 일의 양은 $\frac{1}{6}$, $\frac{1}{12}$이다. 두 사람이 함께 일할 경우 하루에 끝내는 양은 $\frac{1}{6}+\frac{1}{12}=\frac{3}{12}=\frac{1}{4}$이다. 따라서 A대리와 B사원이 함께 초대장을 만들 경우 하루에 할 수 있는 일의 양은 $\frac{1}{4}$이므로 완료하는 데 걸리는 시간은 4일이다.

02

정답 ②

천희의 수학시험 점수를 x점이라고 하면, 네 사람의 수학시험 점수 평균이 105점이므로 다음과 같다.

$\frac{101+105+108+x}{4}=105$

→ $x+314=420$

$\therefore x=106$

따라서 천희의 수학시험 점수는 106점이다.

03

정답 ③

- 9명의 신입사원을 3명씩 3조로 나누는 경우의 수 : ${}_9C_3\times{}_6C_3\times{}_3C_3\times\frac{1}{3!}=\frac{9\times8\times7}{3\times2\times1}\times\frac{6\times5\times4}{3\times2\times1}\times1\times\frac{1}{3\times2\times1}=280$가지
- A, B, C에 한 조씩 배정하는 경우의 수 : $3!=3\times2\times1=6$가지

따라서 가능한 모든 경우의 수는 $280\times6=1,680$가지이다.

04

정답 ④

제시된 그림의 운동장 둘레는 왼쪽과 오른쪽 반원을 합친 지름이 50m인 원의 원주[(지름)×(원주율)]와 위, 아래 직선거리 90m를 더하면 된다. 따라서 학생이 운동장 한 바퀴를 달린 거리는 (50×3)+(90×2)=330m이다.

05

정답 ①

9개의 숫자에서 4개의 숫자를 뽑아 나열할 수 있는 방법은 ${}_9P_4=9\times8\times7\times6=3,024$가지이다. 여기서 5와 6을 제외하고, 1과 8이 포함된 4자리 숫자를 만들 수 있는 방법은 9개의 숫자에서 제외할 숫자와 포함될 숫자를 빼고, 남은 숫자 중에서 2개의 숫자를 뽑아 1과 8을 포함한 4개 숫자를 나열하는 것이다.

${}_{(9-4)}C_2\times4!={}_5C_2\times4!=\frac{5\times4}{2}\times4\times3\times2\times1=240$가지

따라서 한별이가 5와 6을 제외하고 1과 8을 포함하여 비밀번호를 만들 확률은 $\frac{240}{3,024}=\frac{5}{63}$이다.

06

정답 ④

동전을 던져서 앞면이 나오는 횟수를 x회, 뒷면이 나오는 횟수를 y회라고 하면

$x+y=5$ ⋯ ㉠

0에서 출발하여 동전의 앞면이 나오면 +2만큼 이동하고, 뒷면이 나오면 −1만큼 이동하므로

$2x-y=4$ ⋯ ㉡

㉠과 ㉡을 연립하면 $x=3$, $y=2$

동전의 앞면이 나올 확률과 뒷면이 나올 확률은 각각 $\frac{1}{2}$이다.

따라서 동전을 던져 수직선 위의 A가 4로 이동할 확률은 ${}_5C_3\times\left(\frac{1}{2}\right)^3\times\left(\frac{1}{2}\right)^2=\frac{5}{16}$이다.

07

정답 ①

할인되지 않은 KTX 표의 가격을 x원이라 하자.

표를 40% 할인된 가격으로 구매하였으므로 구매 가격은 $(1-0.4)x=0.6x$원이다.

환불 규정에 따르면 하루 전에 표를 취소하는 경우 70%의 금액을 돌려받을 수 있으므로 다음과 같다.

$0.6x\times0.7=16,800$

→ $0.42x=16,800$

$\therefore x=40,000$

따라서 할인되지 않은 KTX 표의 가격은 40,000원이다.

대표기출유형 02 기출응용문제

01

정답 ⑤

2023년 관광 수입이 가장 많은 국가는 중국(44,400백만 달러)이며, 가장 적은 국가는 한국(17,300백만 달러)이다. 두 국가의 2024년 관광 지출 대비 관광 수입 비율을 계산하면 다음과 같다.

- 한국 : $\frac{13,400}{30,600}\times100≒43.8\%$
- 중국 : $\frac{32,600}{257,700}\times100≒12.7\%$

따라서 두 국가의 비율 차이는 $43.8-12.7=31.1\%$이다.

02

정답 ②

L통신회사의 기본요금을 x원이라 하면, 8월과 9월의 요금 계산식은 각각 다음과 같다.

$x+60a+30\times2a=21,600$ → $x+120a=21,600$ ⋯ ㉠

$x+20a=13,600$ ⋯ ㉡

㉠−㉡을 하면

$100a=8,000$

$\therefore a=80$

대표기출유형 03 기출응용문제

01

정답 ②

ㄱ. 석유와 천연가스, 원자력 소비량의 상위 3개 지역은 각각 석유의 상위 소비량 3개 지역 '인천 – 서울 – 경기', 천연가스의 상위 소비량 3개 지역 '서울 – 경기 – 인천', 원자력의 상위 소비량 3개 지역 '인천 – 서울 – 경기'이므로 상위 3개 지역은 모두 동일하다.

ㄷ. 석유의 소비량이 가장 많은 지역은 인천으로 그 소비량은 3,120만 토이고, 가장 적은 지역은 광주로 그 소비량은 725만 토이다. 따라서 인천의 소비량은 광주의 소비량의 3,120÷725≒4.3배로 4배 이상이다.

오답분석

ㄴ. 강원의 소비량 1위인 에너지원은 석탄 하나이므로 옳지 않다.

ㄹ. 수력・풍력의 소비량 상위 5개 지역은 제주, 강원, 부산, 인천, 충청 지역이다. 이들의 소비량의 합은 41+28+6+4+4=83만 톤으로 전체의 $\frac{83}{96}\times 100 \fallingdotseq 86.5\%$이므로 90% 미만이다.

02

정답 ⑤

- 석탄(제주) : $\frac{102}{13,520}\times 100 \fallingdotseq 0.75\%$
- 석유(광주) : $\frac{725}{20,867}\times 100 \fallingdotseq 3.47\%$
- 천연가스(광주) : $\frac{31}{3,313}\times 100 \fallingdotseq 0.94\%$
- 수력・풍력(대전) : $\frac{0.5}{96}\times 100 \fallingdotseq 0.52\%$
- 원자력(광주) : $\frac{40}{2,668}\times 100 \fallingdotseq 1.50\%$

따라서 그 비율이 큰 순서대로 에너지원을 나열하면 석유 – 원자력 – 천연가스 – 석탄 – 수력・풍력 순서이다.

03

정답 ②

뉴질랜드의 무역수지는 9월에서 10월까지 증가했다가 11월에 감소한 후 12월에 다시 증가했다.

오답분석

① 한국의 무역수지가 전월 대비 증가한 달은 9월, 10월, 11월이며, 증가량이 가장 많았던 달은 45,309−41,983=3,326백만 USD인 11월이다.

③ 그리스의 12월 무역수지는 2,426백만 USD이며 11월 무역수지는 2,409백만 USD이므로, 12월 무역수지의 전월 대비 증가율은 $\frac{2,426-2,409}{2,409}\times 100 \fallingdotseq 0.7\%$이다.

④ 10월부터 12월 사이 한국의 무역수지는 '증가 – 감소'의 추이다. 이와 같은 양상을 보이는 나라는 독일과 미국으로 2개국이다.

⑤ 제시된 자료를 통해 확인할 수 있다.

04

정답 ③

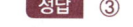

대치동의 증권자산은 23.0−17.7−3.1=2.2조 원이고, 서초동의 증권자산은 22.6−16.8−4.3=1.5조 원이므로 옳은 설명이다.

오답분석

① 압구정동의 가구 수는 $\frac{14.4조}{12.8억}$=11,250가구이고, 여의도동의 가구 수는 $\frac{24.9조}{26.7억}$≒9,300가구이므로 압구정동의 가구 수가 더 많다.

② 이촌동의 가구 수가 2만 이상이려면 총자산이 7.4×20,000=14.8조 원 이상이어야 한다. 그러나 이촌동은 총자산이 14.4조 원인 압구정동보다도 순위가 낮으므로 이촌동의 가구 수는 2만 가구 미만이다.

④ 여의도동의 부동산자산은 12.3조 원 미만이다. 따라서 여의도동의 증권자산은 최소 3조 원 이상이다.

⑤ 도곡동의 총자산 대비 부동산자산의 비율은 $\frac{12.3}{15.0}$×100=82%이고, 목동의 총자산 대비 부동산자산의 비율은 $\frac{13.7}{15.5}$×100≒88.39%이므로 옳지 않은 설명이다.

05

정답 ②

2021년과 2024년 처리 건수 중 인용 건수 비율은 2021년은 $\frac{3,667}{32,737}$×100≒11.20%, 2024년은 $\frac{3,031}{21,080}$×100≒14.38%로, 2024년과 2021년 처리 건수 중 인용 건수 비율의 차이는 14.38−11.20=3.18%이다. 따라서 처리 건수 중 인용 건수 비율은 2024년이 2021년에 비해 3% 이상 높다.

오답분석

ㄱ. 기타처리 건수의 전년 대비 감소율은 다음과 같다.

- 2022년 : $\frac{12,871-16,674}{16,674}$×100≒−22.81%
- 2023년 : $\frac{10,166-12,871}{12,871}$×100≒−21.02%
- 2024년 : $\frac{8,204-10,166}{10,166}$×100≒−19.30%

따라서 기타처리 건수의 전년 대비 감소율은 매년 감소하였다.

ㄷ. 처리 건수 대비 조정합의 건수의 비율은 2022년은 $\frac{2,764}{28,744}$×100≒9.62%로, 2023년의 $\frac{2,644}{23,573}$×100≒11.22%보다 낮다.

ㄹ. 조정합의 건수 대비 의견표명 건수 비율은 2021년에는 $\frac{467}{2,923}$×100≒15.98%, 2022년에는 $\frac{474}{2,764}$×100≒17.15%, 2023년에는 $\frac{346}{2,644}$×100≒13.09%, 2024년에는 $\frac{252}{2,567}$×100≒9.82%이다. 조정합의 건수 대비 의견표명 건수 비율이 높은 순서로 나열하면 2022년 → 2021년 → 2023년 → 2024년이다. 또한, 평균처리일이 짧은 순서로 나열하면 2022년 → 2024년 → 2021년 → 2023년이다. 따라서 평균처리일 기간과 조정합의 건수 대비 의견표명 건수 비율의 순서는 일치하지 않는다.

CHAPTER

03 문제해결능력

대표기출유형 01 기출응용문제

01

정답 ③

제시된 A ~ D 네 명의 진술을 정리하면 다음과 같다.

구분	진술 1	진술 2
A	C는 B를 이길 수 있는 것을 냈다.	B는 가위를 냈다.
B	A는 C와 같은 것을 냈다.	A가 편 손가락의 수는 B보다 적다.
C	B는 바위를 냈다.	A ~ D는 같은 것을 내지 않았다.
D	A, B, C 모두 참 또는 거짓을 말한 순서가 동일하다.	이 판은 승자가 나온 판이었다.

먼저 A ~ D는 반드시 가위, 바위, 보 세 가지 중 하나를 내야 하므로 그 누구도 같은 것을 내지 않았다는 C의 진술 2는 거짓이 된다. 따라서 C의 진술 중 진술 1이 참이 되므로 B가 바위를 냈다는 것을 알 수 있다. 이때, B가 가위를 냈다는 A의 진술 2는 참인 C의 진술 1과 모순되므로 A의 진술 중 진술 2가 거짓이 되는 것을 알 수 있다. 결국 A의 진술 중 진술 1이 참이 되므로 C는 바위를 낸 B를 이길 수 있는 보를 냈다는 것을 알 수 있다.

한편, 바위를 낸 B는 손가락을 펴지 않으므로 A가 편 손가락의 수가 자신보다 적었다는 B의 진술 2는 거짓이 된다. 따라서 B의 진술 중 진술 1이 참이 되므로 A는 C와 같은 보를 냈다는 것을 알 수 있다.

이를 바탕으로 A ~ C의 진술에 대한 참, 거짓 여부와 가위바위보를 정리하면 다음과 같다.

구분	진술 1	진술 2	가위바위보
A	참	거짓	보
B	참	거짓	바위
C	참	거짓	보

따라서 참 또는 거짓에 대한 A ~ C의 진술 순서가 동일하므로 D의 진술 1은 참이 되고, 진술 2는 거짓이 되어야 한다. 이때, 승자가 나오지 않으려면 D는 반드시 A ~ C와 다른 것을 내야 하므로 가위를 낸 것을 알 수 있다.

오답분석

① B와 같은 것을 낸 사람은 없다.
② 보를 낸 사람은 2명이다.
④ B가 기권했다면 가위를 낸 D가 이기게 된다.
⑤ 바위를 낸 사람은 1명이다.

02

정답 ③

가장 먼저 오전 9시에 B과 진료를 본다면 오전 10시에 진료가 끝나고, 셔틀을 타고 본관으로 이동하면 오전 10시 30분이 된다. 이후 C과 진료를 이어보면 오후 12시 30분이 되고, 점심시간 이후 바로 A과 진료를 본다면 오후 2시에 진료를 다 받을 수 있다. 따라서 가장 빠른 경로는 B – C – A이다.

대표기출유형 02 기출응용문제

01

정답 ③

리스크 관리 능력의 부족은 기업 내부환경의 약점 요인에 해당한다. 위협은 외부환경 요인에 해당하므로 위협 요인에는 회사 내부를 제외한 외부에서 비롯되는 요인이 들어가야 한다.

02

정답 ②

ㄱ. 회사가 가지고 있는 신속한 제품 개발 시스템의 강점을 활용하여 새로운 해외시장의 소비자 기호를 반영한 제품을 개발하는 것은 강점을 통해 기회를 포착하는 SO전략에 해당한다.

ㄷ. 공격적 마케팅을 펼치고 있는 해외 저가 제품과 달리 오히려 회사가 가지고 있는 차별화된 제조 기술을 활용하여 고급화 전략을 추구하는 것은 강점으로 위협을 회피하는 ST전략에 해당한다.

오답분석

ㄴ. 저임금을 활용한 개발도상국과의 경쟁 심화와 해외 저가 제품의 공격적 마케팅을 고려하면 국내에 화장품 생산 공장을 추가로 건설하는 것은 적절한 전략으로 볼 수 없다. 약점을 보완하여 위협을 회피하는 전략을 활용하기 위해서는 오히려 저임금의 개발도상국에 공장을 건설하여 가격 경쟁력을 확보하는 것이 더 적절하다.

ㄹ. 낮은 브랜드 인지도가 약점이기는 하나, 해외시장에서의 한국 제품에 대한 선호가 증가하고 있는 점을 고려하면 현지 기업의 브랜드로 제품을 출시하는 것은 적절한 전략으로 볼 수 없다. 약점을 보완하여 기회를 포착하는 전략을 활용하기 위해서는 오히려 한국 제품임을 강조하는 홍보 전략을 세우는 것이 더 적절하다.

대표기출유형 03 기출응용문제

01

정답 ④

발행형태가 4로, 전집이기 때문에 한 권으로만 출판된 것이 아님을 알 수 있다.

오답분석

① 국가번호가 05(미국)로, 미국에서 출판되었다.
② 서명식별번호는 1011로, 1011번째 발행되었다. 441은 발행자의 번호로, 출판사의 발행자번호가 441이라는 것을 의미한다.
③ 발행자번호는 441로, 세 자리로 이루어져 있다.
⑤ 도서의 내용이 710(한국어)이지만, 도서가 한국어로 되어 있는지는 알 수 없다.

02

정답 ②

A/S 접수 현황에서 잘못 기록된 일련번호는 총 7개이다.

분류 1	• ABE1C6100121 → 일련번호가 09999 이상인 것은 없음 • MBE1DB001403 → 제조월 표기기호 중 'B'는 없음
분류 2	• MBP2CO120202 → 일련번호가 09999 이상인 것은 없음 • ABE2D0001063 → 제조월 표기기호 중 '0'은 없음
분류 3	• CBL3S8005402 → 제조연도 표기기호 중 'S'는 없음
분류 4	• SBE4D5101483 → 일련번호가 09999 이상인 것은 없음 • CBP4D6100023 → 일련번호가 09999 이상인 것은 없음

PART 1

03

정답 ④

제조연도는 시리얼 번호 중 앞에서 다섯 번째 알파벳으로 알 수 있다. 2019년은 'A', 2020년은 'B'로 표기되어 있으며, A/S 접수 현황에서 찾아보면 총 9개이다.

04

정답 ③

A/S 접수 현황에서 제품 시리얼 번호를 보면 네 번째 자리의 숫자가 분류 1에는 '1', 분류 2에는 '2', 분류 3에는 '3', 분류 4에는 '4'로 나눠져 있음을 알 수 있다. 따라서 네 번째 자리가 의미하는 메모리 용량이 시리얼 번호를 분류하는 기준이다.

05

정답 ④

알파벳 순서에 따라 숫자로 변환하면 다음과 같다.

A	B	C	D	E	F	G	H	I	J	K	L	M
1	2	3	4	5	6	7	8	9	10	11	12	13
N	O	P	Q	R	S	T	U	V	W	X	Y	Z
14	15	16	17	18	19	20	21	22	23	24	25	26

'INTELLECTUAL'의 품번을 규칙에 따라 정리하면 다음과 같다.

- 1단계 : 9(I), 14(N), 20(T), 5(E), 12(L), 12(L), 5(E), 3(C), 20(T), 21(U), 1(A), 12(L)
- 2단계 : $9+14+20+5+12+12+5+3+20+21+1+12=134$
- 3단계 : $|(14+20+12+12+3+20+12)-(9+5+5+21+1)|=|93-41|=52$
- 4단계 : $(134+52)\div4+134=46.5+134=180.5$
- 5단계 : 180.5를 소수점 첫째 자리에서 버림하면 180이다.

따라서 제품의 품번은 '180'이다.

대표기출유형 04 기출응용문제

01

정답 ⑤

각 펀드의 총점을 통해 비교 결과를 유추하면 다음과 같다.

- A펀드 : 한 번은 우수(5점), 한 번은 우수 아님(2점)
- B펀드 : 한 번은 우수(5점), 한 번은 우수 아님(2점)
- C펀드 : 두 번 모두 우수 아님(2점+2점)
- D펀드 : 두 번 모두 우수(5점+5점)

각 펀드의 비교 대상은 다른 펀드 중 두 개이며, 총 4번의 비교를 했다고 하였으므로 다음과 같은 경우를 고려할 수 있다.

i)

A		B		C		D	
B	D	A	C	B	D	A	C
5	2	2	5	2	2	5	5

표의 결과를 정리하면 D>A>B, A>B>C, B·D>C, D>A·C이므로 D>A>B>C이다.

ii)

A		B		C		D	
B	C	A	D	A	D	C	B
2	5	5	2	2	2	5	5

표의 결과를 정리하면 B>A>C, D>B>A, A·D>C, D>C·B이므로 D>B>A>C이다.

iii)

A		B		C		D	
D	C	C	D	A	B	A	B
2	5	5	2	2	2	5	5

표의 결과를 정리하면 D>A>C, D>B>C, A·B>C, D>A·B이므로 D>A·B>C이다.

ㄱ. 세 가지 경우에서 모두 D펀드는 C펀드보다 우수하다.

ㄴ. 세 가지 경우에서 모두 B펀드보다 D펀드가 우수하다.

ㄷ. 마지막 경우에서 A펀드와 B펀드의 우열을 가릴 수 있으면 A ~ D까지 우열순위를 매길 수 있다.

02

정답 ①

250만+1,000만×0.03=280만 원

오답분석

② 1,350만+20,000만×0.004=1,430만 원

③ 1,000만+20,000만×0.005=1,100만 원

④ 1,750만+30,000만×0.002=1,810만 원

⑤ 1,350만+540,000만×0.004=3,510만 원이지만, 총한도 1,750만 원을 초과하므로 보상 지급금액은 1,750만 원이다.

03

정답 ③

내구성과 안전성이 1순위라고 하였으므로 내구성에서 '보통' 평가를 받은 D모델은 제외한다. 그다음 바닥에 대한 청소 성능 중 '보통' 평가를 받은 B모델을 제외하고, 자율주행 성능에서 '보통' 평가를 받은 A모델과 E모델을 제외하면 남는 것은 C모델이다. 따라서 K씨는 조건을 모두 만족하는 C모델을 선택한다.

04

정답 ①

음료의 종류별로 주문이 필요한 팀을 정리하면 다음과 같다.

- 이온음료 : 총 1팀(총무팀)
- 탄산음료 : 총 4팀(총무팀, 개발팀, 홍보팀, 고객지원팀)
- 에너지음료 : 총 3팀(개발팀, 홍보팀, 고객지원팀)
- 커피 : 총 5팀(총무팀, 개발팀, 영업팀, 홍보팀, 고객지원팀)

음료 구매 시 각 음료의 최소 구비 수량의 1.5배를 구매해야 하므로 이온음료는 9캔, 탄산음료는 18캔, 에너지음료는 15캔, 커피는 45캔씩 구매해야 한다. 그러므로 구매해야 하는 전체 음료의 수는 다음과 같다.

- 이온음료 : 9×1=9캔
- 탄산음료 : 18×4=72캔
- 에너지음료 : 15×3=45캔
- 커피 : 45×5=225캔

따라서 음료는 정해진 묶음으로만 판매하므로 이온음료는 12캔, 탄산음료는 72캔, 에너지음료는 48캔, 커피는 240캔을 구매해야 한다.

05

정답 ⑤

강좌 1회당 수강료는 플라잉 요가가 $\frac{330,000}{20}=16,500$원이고, 가방 공방은 $\frac{360,000}{12}=30,000$원이다. 따라서 플라잉 요가는 가방 공방보다 강좌 1회당 수강료가 $30,000-16,500=13,500$원 저렴하다.

오답분석

① 운동 프로그램인 세 강좌는 모두 오전 시간에 신청할 수 있으며, 공방 프로그램의 강좌시간은 모두 오후 1시 이후에 시작하므로 가능하다.

② 가방 공방의 강좌시간은 2시간 30분이며, 액세서리 공방은 2시간이므로 가방 공방 강좌시간이 30분 더 길다.

③ 공방 중 하나를 수강하는 경우 오후 1시 이전에 수강이 가능한 필라테스와 플라잉 요가를 모두 들을 수 있으므로 최대 두 프로그램을 들을 수 있다.

④ 프로그램을 최대로 수강하는 경우는 필라테스와 플라잉 요가를 오전에 수강하고, 오후에는 액세서리 공방, 가방 공방, 복싱 중 한 강좌를 듣는 것이다. 따라서 세 강좌 중 가장 비싼 수강료는 가방 공방이므로 총 수강료가 가장 비싼 경우는 가방 공방을 수강하는 것이다.

PART 2

직무역량

CHAPTER 01 행정

CHAPTER 02 경영

CHAPTER 03 경제

CHAPTER 04 토목

CHAPTER 05 건축

01 행정 적중예상문제

01	02	03	04	05	06	07	08	09	10	11	12	13	14	15	16	17	18	19	20
④	①	②	④	④	⑤	④	③	④	⑤	④	③	③	①	②	①	②	②	①	②

01

정답 ④

위탁집행형 준정부기관은 준정부기관 중 기금관리형 준정부기관이 아닌 공공기관으로, 한국도로교통공단, 건강보험심사평가원, 국민건강보험공단 등이 속한다.

오답분석

① 정부기업은 형태상 일반부처와 동일한 형태를 띠는 공기업이다.
② 지방공기업의 경우 지방공기업법의 적용을 받는다.
③ 준정부기관은 직원 정원이 300명, 총수입액 200억 원, 자산규모 30억 원 이상이면서 총수입 중 자체수입액이 50% 미만인 공공기관을 의미한다.
⑤ 일반적으로 공기업은 정부조직에 비해 인사 및 조직운영에 많은 자율권이 부여된다.

02

정답 ①

책임운영기관은 대통령령으로 설치한다.

책임운영기관의 설치 및 해제(책임운영기관의 설치·운영에 관한 법률 제4조 제1항)
책임운영기관은 그 사무가 다음 각 호의 기준 중 어느 하나에 맞는 경우에 대통령령으로 설치한다.
1. 기관의 주된 사무가 사업적·집행적 성질의 행정 서비스를 제공하는 업무로서 성과 측정기준을 개발하여 성과를 측정할 수 있는 사무
2. 기관 운영에 필요한 재정수입의 전부 또는 일부를 자체적으로 확보할 수 있는 사무

03

정답 ②

규제피라미드는 규제가 규제를 낳은 결과 피규제자의 규제 부담이 점점 증가하는 현상이다.

오답분석

①·③·④·⑤ 모두 규제의 역설에 대한 설명이다.

04

정답 ④

역사학적 신제도주의는 각국에서 채택된 정책의 상이성과 효과를 역사적으로 형성된 제도에서 찾으려는 접근방법을 말한다.

오답분석

① 행태론은 인간을 사물과 같은 존재로 인식하기 때문에 인간의 자유와 존엄을 강조하기 보다는 인간을 수단적 존재로 인식한다.
② 자연현상과 사회현상을 동일시하여 자연과학적인 논리실증주의를 강조한 것은 행태론적 연구의 특성이다.
③ 행태주의를 비판하며 나타난 후기 행태주의의 입장이다.
⑤ 행태주의는 객관적인 사실에 입각한 일반법칙적인 연구에만 몰두한 나머지 보수적인 이론이며, 제도변화와 개혁을 지향하지 않는다.

05

정답 ④

주민소환투표권자 총수의 3분의 1 이상의 투표와 유효투표 총수 과반수의 찬성으로 확정된다.

오답분석

① 시·도지사의 주민소환투표의 청구 서명인 수는 해당 지방자치단체 주민소환청구권자 총수의 100분의 10 이상이다.
② 주민이 직선한 공직자가 주민소환투표 대상이다.
③ 주민소환투표권자는 주민소환투표인명부작성기준일 현재 해당 지방자치단체의 장과 지방의회의원에 대한 선거권을 가지고 있는 자로 한다.
⑤ 주민소환이 확정된 때에는 주민소환투표대상자는 그 결과가 공표된 시점부터 그 직을 상실한다.

주민소환투표의 청구요건

- 특별시장·광역시장·도지사 : 해당 지방자치단체의 주민소환투표권자 총수의 100분의 10 이상
- 시장·군수·자치구의 구청장 : 해당 지방자치단체의 주민소환투표권자 총수의 100분의 15 이상
- 지역구 시·도의회의원 및 지역구 자치구·시·군의회의원 : 해당 지방의회의원의 선거구 안의 주민소환투표권자 총수의 100분의 20 이상

06

정답 ⑤

⑤는 등급에 대한 설명이다. 등급은 직무의 종류는 다르지만 직무의 곤란도 및 책임도나 자격요건이 유사하여 동일한 보수를 줄 수 있는 모든 직위의 집단을 의미한다.

직위분류제의 구성요소

구분	내용	예시
직위	한 사람의 근무를 필요로 하는 직무와 책임의 양	기상통보관, 예보관
직급	직무의 종류와 곤란성·책임도가 유사한 직위의 군(동일 직급에 속하는 직위에 대해서는 임용자격·시험·보수 등에 있어서 동일한 취급)	행정 7급
등급	직무의 종류는 다르지만 직무의 곤란도·책임도가 유사하여 동일한 보수를 줄 수 있는 직위의 군	9급 서기보
직군	직무의 성질이 유사한 직렬의 군	행정직군, 기술직군
직렬	직무의 종류가 유사하고 그 책임과 곤란성의 정도가 서로 다른 직급의 군	행정직군 내 행정직렬, 세무직렬
직류	같은 직렬 내에서 담당분야가 같은 직무의 군	행정직렬 내 일반행정 직류, 법무행정직류

07

정답 ④

관료제는 업무의 수행은 안정적이고 세밀하게 이루어져야 하며 규칙과 표준화된 운영절차에 따라 이루어지도록 되어 있다. 따라서 이념형으로서의 관료는 직무를 수행하는 데 감정을 갖지 않는 비정의성(Impersonality)이며 형식 합리성의 정신에 따라 수행해야 한다.

08

정답 ③

③은 크리밍효과에 대한 설명이다. 크리밍효과는 정책효과가 나타날 가능성이 높은 집단을 의도적으로 실험집단으로 선정함으로써 정책의 영향력이 실제보다 과대평가된다. 호손효과는 실험집단 구성원이 실험의 대상이라는 사실로 인해 평소와 달리 특별한 심리적 또는 감각적 행동을 보이는 현상으로, 외적타당도를 저해하는 대표적 요인이다. 실험조작의 반응효과라고도 하며, 1927년 호손 실험으로 발견되었다.

09

정답 ④

제도화된 부패란 부패가 관행화된 상태로, 부패가 실질적 규범이 되면서 조직 내의 공식적 규범은 준수하지 않는 상태가 만연한 경우이다. 이러한 조직에서는 지켜지지 않는 비현실적 반부패 행동규범의 대외적 발표를 하게 되며, 부패에 저항하는 자에 대한 보복이 뒤따르게 된다.

10

정답 ⑤

합리모형에서 말하는 합리성은 경제적 합리성을 말한다. 정치적 합리성은 점증모형에서 중시하는 합리성이다.

합리모형과 점증모형

구분	합리모형	점증모형
합리성 최적화 정도	• 경제적 합리성(자원배분의 효율성) • 전체적 · 포괄적 분석	• 정치적 합리성(타협 · 조정과 합의) • 부분적 최적화
목표와 수단	• 목표 – 수단 분석을 함 • 목표는 고정됨(목표와 수단은 별개) • 수단은 목표에 합치	• 목표 – 수단 분석을 하지 않음 • 목표는 고정되지 않음 • 목표는 수단에 합치
정책결정	• 근본적 · 기본적 결정 • 비분할적 · 포괄적결정 • 하향적 결정 • 단발적 결정(문제의 재정의가 없음)	• 지엽적 · 세부적 결정 • 분할적 · 한정적 결정 • 상향적 결정 • 연속적 결정(문제의 재정의 빈번)
정책특성	• 비가분적 정책에 적합	• 가분적 정책에 적합
접근방식과 정책 변화	• 연역적 접근 • 쇄신적 · 근본적 변화 • 매몰비용은 미고려	• 귀납적 접근 • 점진적 · 한계적 변화 • 매몰비용 고려
적용국가	• 상대적으로 개도국에 적용 용이	• 다원화된 선진국에 주로 적용
배경이론 및 참여	• 엘리트론 • 참여 불인정(소수에 의한 결정)	• 다원주의 • 참여 인정(다양한 이해관계자 참여)

11

정답 ④

공공선택론은 뷰캐넌(J. Buchanan)이 창시하고 오스트롬(V. Ostrom)이 발전시킨 이론으로, 경제학적인 분석도구를 중시한다.

공공선택론의 의의와 한계

의의	• 공공부문에 경제학적인 관점을 도입하여 현대 행쟁개혁의 바탕이 됨 – 고객중심주의, 소비자중심주의, 분권화와 자율성제고 등 • 정부실패의 원인을 분석하여 대안을 제시함
한계	• 시장실패의 위험이 있음 • 시장 경제 체제의 극대화만을 중시하여 국가의 역할을 경시함

12

정답 ③

NPM(신공공관리)과 뉴거버넌스 모두 방향잡기(Steering)역할을 중요시하지만, NPM에서는 정부를 방향잡기 중심에 둔다.

신공공관리와 뉴거버넌스의 비교

구분	신공공관리(NPM)	뉴거버넌스
기초	신공공관리 · 신자유주의	공동체주의 · 참여주의
공급주체	시장	공동체에 의한 공동생산
가치	결과(효율성 · 생산성)	과정(민주성 · 정치성)
관료의 역할	공공기업가	조정자
작동원리	시장매커니즘	참여매커니즘
관리방식	고객지향	임무중심

13

정답 ③

교육 · 소방 · 경찰공무원 및 법관, 검사, 군인 등 특수 분야의 업무를 담당하는 공무원은 특정직 공무원(경력직)에 해당한다.

오답분석

① 특수경력직 공무원은 정무직과 별정직 공무원으로, 직업공무원제나 실적주의의 획일적 적용을 받지 않는다.
② 특수경력직 공무원에 대하여는 다른 법률에 특별한 규정이 없으면 한정적으로 국가공무원법의 적용을 받고, 적용범위에 보수와 복무규율이 포함된다.
④ 국회수석 전문위원, 감사원 사무차장 등은 특수경력직 중 별정직 공무원에 해당한다.
⑤ 선거에 의해 취임하는 공무원은 특수경력직 중 정무직 공무원에 해당한다.

국가공무원과 지방공무원의 비교

<table>
<tr><th colspan="2">구분</th><th>국가공무원</th><th>지방공무원</th></tr>
<tr><td colspan="2">법적 근거</td><td>국가공무원법</td><td>지방공무원법</td></tr>
<tr><td colspan="2">임용권자</td><td>• 5급 이상 – 대통령
• 6급 이하 – 소속 장관 또는 위임된 자</td><td>지방자치단체의 장</td></tr>
<tr><td colspan="2">보수 재원</td><td>국비</td><td>지방비</td></tr>
<tr><td rowspan="5">공직 분류</td><td rowspan="2">일반직</td><td colspan="2">직군, 직렬별로 분류되는 공무원</td></tr>
<tr><td colspan="2">연구 · 지도직 : 2계급</td></tr>
<tr><td>특정직</td><td>법관, 검사, 경찰공무원, 소방공무원, 군인, 군무원, 헌법재판소 헌법연구관, 국가정보원 직원 등</td><td>자치경찰공무원, 지방소방공무원 등</td></tr>
<tr><td>정무직</td><td>대통령, 국무총리, 국회의원 등</td><td>지방자치단체장, 특별시의 정무부시장</td></tr>
<tr><td>별정직</td><td>국회수석 전문위원</td><td>광역시 특별자치시의 정무부시장</td></tr>
<tr><td colspan="2">공무원 구성</td><td>• 전체 공무원 중에 차지하는 비중이 65%
• 국가 공무원 중 특정직이 가장 많음</td><td>• 전체 공무원 중에 차지하는 비중이 35%
• 지방 공무원 중 일반직이 가장 많음</td></tr>
</table>

14

정답 ①

내용타당성은 시험이 특정한 직위에 필요한 능력이나 실적과 직결되는 실질적인 능력요소(직무수행지식, 태도, 기술 등)를 포괄적으로 측정하였는가에 관한 기준이다. 따라서 내용타당성을 확보하려면 직무분석을 통해 선행적으로 실질적인 능력요소를 파악해야 한다.

오답분석

② 구성타당성 : 시험이 이론적(추상적)으로 구성된 능력요소를 얼마나 정확하게 측정할 수 있느냐에 관한 기준이다. 즉, 추상적 능력요소를 구체적인 측정요소로 전환했을 때 구체적인 측정요소가 추상적 능력요소를 얼마나 잘 대변하는가의 문제이다.

③ 개념타당성 : 감정과 같은 추상적인 개념 또는 속성을 측정도구가 얼마나 적합하게 측정하였는가를 나타내는 타당성을 말한다.

④ 예측적 기준타당성 : 신규채용자를 대상으로 그의 채용시험성적과 업무실적을 비교하여 양자의 상관관계를 확인하는 방법이다. 측정의 정확성은 높으나, 비용과 노력이 많이 소모된다는 점, 시차가 존재한다는 점, 성장효과 및 오염효과가 존재한다는 점이 한계이다.

⑤ 동시적 기준타당성 : 재직자를 대상으로 그들의 업무실적과 시험성적을 비교하여 그 상관관계를 보는 방법이다. 측정의 정확성은 낮으나, 신속하고 비용과 노력이 절감된다.

15

정답 ②

책임운영기관의 총 정원 한도는 대통령령으로 정하고 종류별·계급별 정원은 총리령 또는 부령으로 정하며, 직급별 정원은 기본운영규정으로 정한다(책임운영기관의 설치·운영에 관한 법률 제16조, 시행령 제16조 제2항).

일반행정기관과 책임운영기관의 비교

구분	일반행정기관	책임운영기관
정원관리	종류와 정원을 대통령령으로 규정	• 총정원만 대통령령으로 규정 • 종류별·계급별 정원 : 총리령 또는 부령 • 직급별 정원 : 기관장이 기본운영규정으로 정함
하부조직	대통령령으로 규정	• 소속기관 : 대통령령 • 하부조직 : 기본운영규정

16

정답 ①

사전적 통제란 절차적 통제를 말하며, 예방적 관리와 같다. ①은 긍정적·적극적 환류에 의한 통제에 대한 설명이다. 실적이 목표에서 이탈된 것을 발견하고 후속되는 행동이 전철을 밟지 않도록 시정하는 통제는 부정적 환류인 반면, 긍정적·적극적 환류에 의한 통제는 어떤 행동이 통제기준에서 이탈되는 결과를 발생시킬 때까지 기다리지 않고 그러한 결과의 발생을 유발할 수 있는 행동이 나타날 때마다 교정해 나가는 것이다.

17

정답 ②

암묵적 지식인 '암묵지'는 언어로 표현하기 힘든 개인적 경험, 주관적 지식 등을 이르는 말이다. 여기에는 조직의 경험, 숙련된 기능, 개인적 노하우 등이 해당된다. 형식지는 객관화된 지식, 언어를 통해 표현 가능한 지식을 말하는데, 여기에는 업무매뉴얼, 컴퓨터 프로그램, 정부 보고서 등이 포함된다.

암묵지와 형식지의 비교

구분	암묵지	형식지
정의	주관적인 지식으로 언어로 표현하기 힘듦	객관적 지식으로 언어로 표현이 가능함
획득	경험을 통한 지식	언어를 통한 지식
전달	은유를 통해 전달(타인에게 전수하는 것이 어려움)	언어를 통해 전달 (타인에게 전수하는 것이 상대적으로 용이)

18

정답 ②

행정통제는 행정의 일탈에 대한 감시와 평가를 통해서 행정활동이 올바르게 전개될 수 있도록 계속적인 시정과정을 거치게 하는 행동이다. 별도의 시정노력을 하지 않아도 된다는 것은 행정통제의 개념과 반대되는 설명이다.

19

정답 ①

오답분석

ㄱ. 실체설이 아니라 과정설에 대한 설명이다.

ㄴ. 롤스의 사회정의의 원리에 따르면 제2원리 내에서 충돌이 생길 때에는 기회균등의 원리가 차등의 원리에 우선되어야 한다.

ㄷ. 실체설에 대한 설명이다.

ㄹ. 반대로 설명하고 있다. 간섭과 제약이 없는 상태를 소극적 자유라고 하고, 무엇을 할 수 있는 자유를 적극적 자유라고 하였다.

PART 2

20

정답 ②

구조적 요인의 개편이란 조직 합병, 인사교류 등을 말하는 것으로, 이는 갈등해소 방안이다.

오답분석

③ 행태론적 갈등론은 갈등의 순기능론으로서 갈등을 불가피하거나 정상적인 현상으로 보고, 문제해결과 조직발전의 계기로 보는 적극적 입장이다.

CHAPTER

02 경영 적중예상문제

01	02	03	04	05	06	07	08	09	10	11	12	13	14	15	16	17	18	19	20
⑤	⑤	②	⑤	①	②	④	①	④	②	③	①	⑤	①	⑤	①	①	③	③	②

01

정답 ⑤

학습과 성장 관점에서는 기존의 재무 고객 프로세스 측면의 관점과 연관하여 조직의 현재 역량을 파악하고, 필요한 역량을 끌어올리는 데 집중하여야 한다.

02

정답 ⑤

마이클 포터(M. Porter)의 산업경쟁에 영향을 미치는 요인

- 진입장벽
- 산업 내 경쟁업체들의 경쟁
- 제품의 대체가능성
- 구매자의 교섭력
- 공급자의 교섭력

03

정답 ②

오답분석

① 관계마케팅 : 거래의 당사자인 고객과 기업 간 관계를 형성하고 유지·강화하며 동시에 장기적인 상호작용을 통해 상호 간 이익을 극대화할 수 있는 다양한 마케팅활동이다.
③ 표적시장 선정 : 시장세분화를 통해 포지셔닝을 하기 전에 포지셔닝을 할 대상을 결정하는 단계이다.
④ 일대일 마케팅 : 기업과 개별 고객 간 직접적인 의사소통을 통한 마케팅이다.
⑤ 시장세분화 : 수요층별로 시장을 분할화 또는 단편화하여 각 층에 대해 집중적으로 마케팅 전략을 펴는 활동이다.

04

정답 ⑤

오답분석

① 데이터베이스관리시스템 : 데이터의 중복성을 최소화하면서 조직에서의 다양한 정보요구를 충족시킬 수 있도록 상호 관련된 데이터를 모아놓은 데이터의 통합된 집합체이다.
② 전문가시스템 : 특정 전문분야에서 전문가의 축적된 경험과 전문지식을 시스템화하여 의사결정을 지원하거나 자동화하는 정보시스템이다.
③ 전사적 자원관리시스템 : 구매, 생산, 판매, 회계, 인사 등 기업의 모든 인적·물적 자원을 효율적으로 관리하여 기업의 경쟁력을 강화시켜주는 통합정보시스템이다.
④ 의사결정지원시스템 : 경영관리자의 의사결정을 도와주는 시스템이다.

05

정답 ①

동기부여의 내용이론

- 매슬로의 욕구단계설 : 매슬로의 주장은 인간의 다양하고도 복잡한 욕구가 사람의 행동을 이끄는 주된 원동력이라는 것이다.
- 앨더퍼의 ERG 이론 : 앨더퍼는 인간욕구의 단계성을 인정하는 것은 매슬로와 같지만 존재욕구, 관계욕구, 성장욕구를 구분함으로써 하위단계에서 상위단계로의 진행과 상위단계 욕구가 만족되지 않을 경우 하위단계 욕구가 더 커진다는 이론을 제시했다.
- 허즈버그의 2요인 이론 : 허즈버그는 개인에게 만족감을 주는 요인과 불만족을 주는 요인이 전혀 다를 수 있다는 이론을 제시했다. 그에 따르면 동기요인(성취감, 상사로부터의 인정, 성장과 발전 등)은 직무동기를 유발하고 만족도를 증진시키지만, 위생요인(회사의 정책, 관리규정, 임금, 관리행위, 작업조건 등)은 직무불만족을 유발한다.
- 맥클랜드의 성취동기이론 : 맥클랜드는 개인의 성격을 크게 세 가지 욕구(성취욕구, 소속욕구, 권력욕구)의 구성체로 간주하고, 그중 성취욕구가 높은 사람이 강한 수준의 동기를 갖고 직무를 수행한다는 이론을 제시했다.

06

정답 ②

시계열분석법은 과거의 수요를 분석하여 시간에 따른 수요의 패턴을 파악하고 이 연장선상에서 미래의 수요를 예측하는 방법으로, 정량적 예측기법이다.

오답분석

① 델파이법 : 설계된 절차의 앞부분에서 어떤 일치된 의견으로부터 얻어지는 정보와 의견의 피드백을 중간에 삽입하여 연속적으로 질문 적용하는 기법을 말한다.
③ 전문가패널법 : 전문가들이 의견을 자유롭게 교환하여 일치된 예측결과를 얻는 기법을 말한다.
④ 자료유추법 : 유사한 기존제품의 과거자료를 기초로 하여 예측하는 방법을 말한다.
⑤ 패널동의법 : 개인보다는 집단의 의견이 더 나은 예측을 한다는 가정으로 경영자, 판매원, 소비자 등으로 패널을 구성하여 예측치를 구하는 방법을 말한다.

07

정답 ④

직무기술서는 직무수행과 관련된 과업 및 직무행동을 직무요건을 중심으로 기술한 양식이다.

직무기술서와 직무명세서의 비교

구분	직무기술서	직무명세서
개념	직무수행과 관련된 과업 및 직무 행동을 직무요건을 중심으로 기술한 양식	특정 직무를 수행하기 위해 요구되는 지식, 기능, 육체적 정신적 능력 등 인적요건을 중심으로 기술한 양식
내용	• 직무 명칭, 직무코드, 소속 직군, 직렬 • 직급(직무등급), 직무의 책임과 권한 • 직무를 이루고 있는 구체적 과업의 종류 및 내용 등	• 요구되는 교육 수준 • 요구되는 지식, 기능, 기술, 경험 • 요구되는 정신적, 육체적 능력 • 인정 및 적성, 가치, 태도 등
요건	명확성, 단순성, 완전성, 일관성	

08

정답 ①

포트폴리오의 분산은 각 구성자산과 포트폴리오간의 공분산을 각 자산의 투자비율로 가중평균하여 계산한다.

자본예산기법

자본예산이란 투자효과가 장기적으로 나타나는 투자의 총괄적인 계획으로, 투자대상에 대한 각종 현금흐름을 예측하고 투자안의 경제성분석을 통해 최적 투자결정을 내리는 것을 말한다.

자본예산의 기법에는 회수기간법, 회계적이익률법, 수익성지수법, 순현가법, 내부수익률법 등이 주로 활용된다.

- 회수기간법 : 투자시점에서 발생한 비용을 회수하는 데 걸리는 기간을 기준으로 투자안을 선택하는 자본예산기법이다.
  - 상호독립적 투자안 : 회수기간<목표회수기간 → 채택
  - 상호배타적 투자안 : 회수기간이 가장 짧은 투자안 채택
- 회계적이익률법 : 투자를 원인으로 나타나는 장부상의 연평균 순이익을 연평균 투자액으로 나누어 회계적 이익률을 계산하고 이를 이용하여 투자안을 평가하는 방법이다.
  - 상호독립적 투자안 : 투자안의 ARR>목표ARR → 채택
  - 상호배타적 투자안 : ARR이 가장 큰 투자안 채택
- 순현가법 : 투자로 인하여 발생할 미래의 모든 현금흐름을 적절한 할인율로 할인한 현가로 나타내어 투자결정에 이용하는 방법이다.
  - 상호독립적 투자안 : NPV>0 → 채택
  - 상호배타적 투자안 : NPV가 가장 큰 투자안 채택
- 내부수익률법 : 미래현금유입의 현가와 현금유출의 현가를 같게 만드는 할인율인 내부수익률을 기준으로 투자안을 평가하는 방법이다.
  - 상호독립적 투자안 : IRR>자본비용 → 채택
  - 상호배타적 투자안 : IRR이 가장 큰 투자안 채택

09

정답 ④

기업가 정신이란 기업의 본질인 이윤 추구와 사회적 책임의 수행을 위해 기업가가 마땅히 갖추어야 할 자세나 정신을 말한다. 미국의 경제학자 슘페터는 기업 이윤의 원천을 기업가의 혁신, 즉 기업가 정신을 통한 기업 이윤 추구에 있다고 보았다. 따라서 기업가는 혁신, 창조적 파괴, 새로운 결합, 남다른 발상, 남다른 눈을 지니고 있어야 하며, 새로운 생산 기술과 창조적 파괴를 통하여 혁신을 일으킬 줄 아는 사람이어야 한다고 주장하였다. 아울러 혁신의 요소로 새로운 시장의 개척, 새로운 생산 방식의 도입, 새로운 제품의 개발, 새로운 원료 공급원의 개발 내지 확보, 새로운 산업 조직의 창출 등을 강조하였다.

10

정답 ②

오답분석

① 횡축은 상대적 시장점유율, 종축은 시장성장률이다.
③ 별 영역은 시장성장률이 높고, 상대적 시장점유율도 높다.
④ 자금젖소 영역은 시장점유율이 높아 자금투자보다 자금산출이 많다.
⑤ 개 영역은 시장성장률과 상대적 시장점유율이 낮은 쇠퇴기에 접어든 경우이다.

11

정답 ③

순현가법에서는 내용연수 동안의 모든 현금흐름을 통해 현가를 비교한다.

오답분석

① 순현가는 현금유입의 현가를 현금유출의 현가로 나눈 것이다.
② 순현가법은 개별투자안들간 상호관계를 고려할 수 없는 한계가 있다.
④ 최대한 큰 할인율이 아니라 적절한 할인율로 할인한다.
⑤ 투자의 결과 발생하는 현금유입이 투자안의 내부수익률로 재투자 될 수 있다고 가정하는 것은 내부수익률법이다.

12

정답 ①

오답분석

② 스캔런 플랜 : 생산의 판매가치에 대한 인건비 비율이 사전에 정한 표준 이하의 경우 종업원에게 보너스를 주는 제도이다.
③ 메리크식 복률성과급 : 표준생산량을 83% 이하, 83 ~ 100%, 그리고 100% 이상으로 나누어 상이한 임금률을 적용하는 방식이다.
④ 테일러식 차별성과급 : 근로자의 하루 표준 작업량을 시간연구 및 동작연구에 의해 과학적으로 설정하고 이를 기준으로 하여 고·저 두 종류의 임금률을 적용하는 제도이다.
⑤ 러커 플랜 : 조직이 창출한 부가가치 생산액을 구성원 인건비를 기준으로 배분하는 제도이다.

13

정답 ⑤

글로벌경쟁이 심화될수록 해당 사업에 경쟁력이 낮아지며, 다각화 전략보다 집중화 현상이 심해진다.

다각화(Diversification)
한 기업이 다른 여러 산업에 참여하는 것이다.
- 관련다각화 : 제품이나 판매지역 측면에서 관련된 산업에 집중
- 비관련다각화 : 서로 연관되지 않은 사업에 참여하여 영위하는 전략(한국식 재벌기업형태)

14

정답 ①

델파이 기법은 예측하려는 현상에 대하여 관련 있는 전문가나 담당자들로 위원회를 구성하고 개별적 질의를 통해 의견을 수집하여 종합·분석·정리하고 의견이 일치될 때까지 개별적 질의 과정을 되풀이하는 예측기법이다.

15

정답 ⑤

마이클 포터는 원가우위전략과 차별화전략을 동시에 추구하는 것을 이도저도 아닌 어정쩡한 상황이라고 언급하였으며, 둘 중 한 가지를 선택하여 추구하는 것이 효과적이라고 주장했다.

16

정답 ①

ㄱ. 변혁적 리더십은 거래적 리더십에 대한 비판으로 현상 탈피, 변화 지향성, 내재적 보상의 강조, 장기적 관점이다.
ㄷ. 카리스마 리더십은 부하에게 높은 자신감을 보이며 매력적인 비전을 제시한다.

오답분석

ㄴ. 거래적 리더십은 전통적 리더십 이론으로 현상 유지, 안정 지향성, 즉각적이고 가시적인 보상체계, 단기적 관점이 특징이다.
ㄹ. 슈퍼리더는 부하들이 역량을 최대한 발휘하여 셀프 리더가 될 수 있도록 환경을 조성해 주고 동기부여를 할 줄 아는 리더이다.

17

정답 ①

신제품 수용자의 유형
- 혁신자(Innovators) : 신제품 도입 초기에 제품을 수용하는 소비자로, 모험적이고 새로운 경험을 추구함
- 조기 수용자(Early Adopters) : 혁신자 다음으로 수용하는 소비자로, 의견선도자 역할을 함
- 조기 다수자(Early Majority) : 대부분의 일반 소비자로, 신중한 편임
- 후기 다수자(Late Majority) : 대부분의 일반 소비자로, 신제품 수용에 의심 많음
- 최후 수용자(Laggards) : 변화를 싫어하고 전통을 중시함

18

정답 ③

오답분석

ㄴ. 개별주식의 기대 수익률이 증권시장선 위쪽에 위치하면 주가가 과소평가된 상태이다.
ㄷ. 자본시장의 기대수익과 위험간의 선형적인 관계를 나타낸다.

19

정답 ③

매트릭스 조직

조직의 구성원이 원래 속해 있던 종적계열과 함께 횡적계열이나 프로젝트 팀의 일원으로 속해 동시에 임무를 수행하는 조직형태로, 결국 한 구성원이 동시에 두 개의 팀에 속하게 된다. 특징은 계층원리와 명령일원화 원리의 불적용, 라인·스태프 구조의 불일치, 프로젝트 임무 완수 후 원래 속한 조직업무로의 복귀 등이 있다.

- 장점 : 지식공유가 일어나는 속도가 빠르므로 프로젝트를 통해 얻은 지식과 경험을 다른 프로젝트에 활용하기 쉽고, 프로젝트 또는 제품별 조직과 기능식 조직간에 상호 견제가 이루어지므로 관리의 일관성을 꾀할 수 있으며 인적자원 관리도 유연하게 할 수 있다. 또한 시장의 요구에 즉각적으로 대응할 수 있으며 경영진에게도 빠르게 정보를 전달할 수 있다.
- 단점 : 조직의 특성상 구성원은 자신의 위치에 대해 불안감을 가질 수 있고, 이것이 조직에 대한 몰입도나 충성심 저하의 원인이 될 수 있다. 관리비용의 증가 문제 역시 발생할 수 있다.

20

정답 ②

경영통제란 기업에서 결정한 목표 달성을 위해 업무의 실행이 제대로 이루어지고 있는지를 확인하여 시정하도록 하는 행위이다. 계획화, 조직화, 지휘화 기능에 이어 경영자가 마지막으로 수행하게 되는 기본적인 경영활동이며, 경영통제의 과정은 '표준의 설정 → 실제성과의 측정 → 편차의 수정' 순서이다.

03 경제 적중예상문제

01	02	03	04	05	06	07	08	09	10	11	12	13	14	15	16	17	18	19	20
②	⑤	①	④	③	②	①	④	⑤	③	①	①	⑤	①	②	⑤	②	①	②	④

01

정답 ②

이자율 상승으로 요구불예금이 증가하면 시장에 있는 현금들이 예금 쪽으로 들어와서 민간 화폐보유성향이 낮아져 통화승수가 증가한다.

02

정답 ⑤

물가지수를 구할 때는 상품에 대해 각각의 가중치를 부여한 후 합계를 내어 계산한다.

03

정답 ①

오답분석

② 새케인스학파는 비용인상 인플레이션을 긍정하였다.

③ 예상한 것보다 높은 인플레이션이 발생했을 경우에는 그만큼 실질이자율이 하락하게 되어, 채무자가 이득을 보고 채권자가 손해를 보게 된다.

④ 예상치 못한 인플레이션이 발생했을 경우 실질임금이 하락하므로 노동자는 불리해지며, 고정된 임금을 지급하는 기업은 유리해진다.

⑤ 예상하지 못한 인플레이션 발생의 불확실성이 커지면 단기계약이 활성화되고 장기계약이 위축된다.

04

정답 ④

지니계수는 0과 1 사이이며 이 값이 작을수록 소득분배가 평등하다는 것을 의미한다. 지니계수는 로렌츠 곡선에서 도출된 것이므로 로렌츠 곡선이 교차하는 경우에는 단순히 지니계수 수치만으로 소득분배상태를 비교하는 것이 불가능하다. 또한 동일한 지니계수일지라도 로렌츠 곡선의 형태가 달라질 수 있으며, 경우에 따라 소득분배상태가 변함에 따라 로렌츠 곡선이 교차하는 경우가 나타날 수 있다.

05

정답 ③

오답분석

ㄷ. 채용비용이 존재할 때는 숙련 노동수요곡선보다 미숙련 노동수요곡선이 임금의 변화에 더 탄력적이다.

06

정답 ②

IS곡선 혹은 LM곡선이 우측으로 이동하면 AD곡선도 우측으로 이동한다.

IS곡선	우측 이동요인	소비증가, 투자증가, 정부지출증가, 수출증가
	좌측 이동요인	조세증가, 수입증가, 저축증가
LM곡선	우측 이동요인	통화량증가
	좌측 이동요인	화폐수요증가, 물가상승, 실질통화량감소

ㄱ. 주택담보대출의 이자율 인하 → 투자증가 → IS곡선 우측 이동
ㄷ. 기업에 대한 투자세액공제 확대 → 투자증가 → IS곡선 우측 이동
ㅁ. 해외경기 호조로 순수출 증대 → 수출증가 → IS곡선 우측 이동

오답분석

ㄴ. 종합소득세율 인상 → 조세증가 → IS곡선 좌측 이동
ㄹ. 물가의 변화는 LM곡선의 이동요인이나, AD곡선의 이동요인은 아니다(AD곡선에서의 이동요인).

07

정답 ①

오답분석

② IS－LM곡선에 의해 실질이자율이 결정된다.
③ 유동성선호이론은 케인스의 화폐수요이론이다.
④ 실물시장과 화폐시장이 분리된다(화폐의 중립성).
⑤ 실물시장에서 대부자금공급곡선과 대부자금수요곡선에 의해 그 균형점에서 실질이자율이 결정된다(대부자금설).

08

정답 ④

케인스는 소득이 증가할수록 평균소비성향은 감소한다고 가정하였다. 소비와 가처분소득 사이의 관계를 1차함수로 표현한 것을 케인스의 소비함수라고 부른다. 이 소비함수는 케인스가 가정한 다음의 세 가지 속성을 보여준다.

- 한계소비성향은 0과 1 사이이므로 소득이 증대하면 소비가 증가하고 또한 저축도 증가한다.
- 소득이 증가함에 따라 평균소비성향이 감소한다.
- 케인스는 이자율이 특별한 역할을 하지 않는다고 보았다.

09

정답 ⑤

총수입 TR은 다음과 같이 나타낼 수 있다.

$TR = P \times Q = (100-2Q) \times Q = 100Q - 2Q^2$

이윤극대화의 조건은 한계수입과 한계비용이 같아야 하기 때문에 $MR = MC$가 된다.

한계 비용은 1단위당 60원이므로 $MC = 60$이 된다.

$MR = \dfrac{\Delta TR}{\Delta Q} = 100 - 4Q$

→ $100 - 4Q = 60$

→ $4Q = 40$

$\therefore\ Q = 10$

이 값을 시장 수요 곡선식인 $P = 100 - 2Q$에 대입하면 $P = 80$이다.

따라서 이 독점기업의 이윤극대화 가격은 80원이고, 생산량은 10개이다.

10

정답 ③

독점적 경쟁시장에서는 제품의 차별화가 클수록 수요의 가격탄력성은 작아져서 서로 다른 가격의 수준을 이루게 된다.

11

정답 ①

차선이론이란 모든 파레토효율성 조건이 동시에 충족되지 못하는 상황에서 더 많은 효율성 조건이 충족된다고 해서 더 효율적인 자원배분이라는 보장이 없다는 이론이다. 차선이론에 따르면 점진적인 제도개혁을 통해서 일부의 효율성 조건을 추가로 충족시킨다고 해서 사회후생이 증가한다는 보장이 없다. 한편, 후생경제학에서 효율성은 파레토효율성을 통하여 평가하고, 공평성은 사회후생함수(사회무차별곡선)를 통해 평가한다. 후생경제학의 제1정리를 따르면 모든 경제주체가 합리적이고 시장실패 요인이 없으면 완전경쟁시장에서 자원배분은 파레토효율적이다.

12

정답 ①

오답분석

ㄷ・ㄹ. 최고가격은 시장의 균형가격보다 낮은 수준에서 설정되어야 하며, 최고가격제가 실시되면 사회적 후생 손실이 발생한다.

13

정답 ⑤

노동생산성은 단위시간 동안에 생산한 재화나 서비스의 양을 생산에 투입된 노동량으로 나눈 비율을 의미한다. 따라서 생산량이 가장 낮고 노동투입량은 제일 높은 E기업이 평균노동생산성이 가장 낮다.

14

정답 ①

일정수준 이상의 임금 상승으로 실질소득이 증가하여 여가는 늘리고 근로시간을 줄이려는 소득효과가 대체효과보다 커지면 노동공급은 감소한다. 임금이 상승함에 따라 여가의 기회비용이 증가하여 여가는 줄이고 근로시간을 늘리려는 대체효과가 소득효과보다 커지게 되면 노동공급이 증가하여 노동공급곡선은 정(+)의 기울기를 가지게 된다.

15

정답 ②

가. 생산물시장과 생산요소시장이 완전경쟁일 때는 $W=MP_L \times P=VMP_L$이 성립한다.

다. 10분위 분배율은 0과 2 사이의 값을 나타내며, 그 값이 클수록 소득분배가 균등하다. 한편, 지니계수는 0과 1 사이의 값을 나타내며, 그 값이 작을수록 소득분배가 균등하다.

오답분석

나. 요소의 대체탄력성이 1보다 작은 경우에는 임금이 1% 상승하더라도 노동고용량은 1% 미만으로 감소하므로 노동소득분배비율이 증가한다.

라. 간접세의 역진적 성격에 따라 간접세 비중이 높아지면 소득분배가 불균등해지기 때문에 지니계수가 높아진다.

16

정답 ⑤

한계생산물 가치와 임금의 값이 같을 때 기업의 이윤이 극대화가 된다.

$VMP_L=MP_L \times P=w$ (VMP_L : 한계생산물가치, MP_L : 노동의 한계생산, P : 재화의 가격, w : 임금)

→ $MP_L \times P=w$

→ $(27-5L)\times 20=10$

∴ $L=5$

따라서 재화의 가격이 20이고, 임금이 40일 때 기업 A가 생산하는 재화에 투입하는 노동의 양은 5이므로 기업 A의 노동수요량은 5가 된다.

17

정답 ②

굴절수요곡선

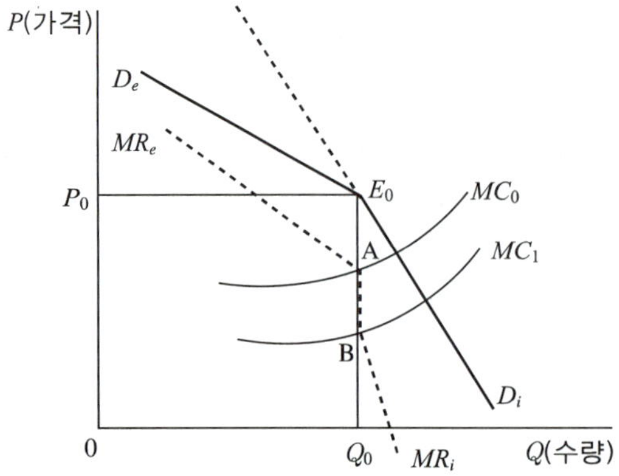

어떤 과점기업의 생산물 가격이 P_0라고 가정한다면 그보다 가격을 인상하여도 다른 기업은 가격을 유지할 것이며, 이 과점기업에 대한 수요곡선은 P_0점보다 위에서는 매우 탄력적이다. 그러나 이 기업이 가격을 내리면 다른 기업도 따라서 가격을 내릴 것이므로 P_0점보다 아래의 수요곡선은 비탄력적으로 될 것이다. 따라서 수요곡선은 P_0점에서 굴절하고, 굴절수요곡선($D_e - D_i$)에서 도출되는 한계수입곡선($MR_e - MR_i$)은 불연속이 된다.

18

정답 ①

조세부담의 귀착

$$\frac{(\text{수요의 가격탄력성})}{(\text{공급의 가격탄력성})} = \frac{(\text{생산자 부담})}{(\text{소비자 부담})}$$

수요의 가격탄력성이 0이므로 생산자 부담은 0이고, 모두 소비자 부담이 된다.

19

정답 ②

오답분석

ㄴ. 평균비용곡선이 상승할 때 한계비용곡선은 평균비용곡선 위에 있다.

ㄹ. 총가변비용곡선을 총고정비용만큼 상방으로 이동시키면 총비용곡선이 도출되므로 총가변비용곡선의 기울기와 총비용곡선의 기울기는 같다.

20

정답 ④

(2023년 GDP 디플레이터)

$$= \frac{\text{명목 GDP}_{2023}}{\text{실질 GDP}_{2023}} \times 100 = \frac{100}{\text{실질 GDP}_{2023}} \times 100 = 100$$

→ 2023년 실질 GDP=100

(2024년 GDP 디플레이터)

$$= \frac{\text{명목 GDP}_{2024}}{\text{실질 GDP}_{2024}} \times 100 = \frac{150}{\text{실질 GDP}_{2024}} \times 100 = 120$$

→ 2024년 실질 GDP=125

따라서 2024년의 전년 대비 실질 GDP 증가율은 $\frac{125-100}{100} \times 100 = 25\%$이다.

CHAPTER

04 토목 적중예상문제

01	02	03	04	05	06	07	08	09	10	11	12	13	14	15	16	17	18	19	20
②	②	①	④	⑤	②	①	③	⑤	③	②	④	③	①	③	③	③	④	②	③

PART 2

01

정답 ②

겹침의 원리는 외력과 변형이 탄성한도 이하의 관계에서만 성립하므로 ②는 옳지 않다.

02

정답 ②

최대 휨응력은 $\sigma_{max}=\frac{M}{Z}=\frac{M}{\frac{\pi D^3}{32}}=\frac{32M}{\pi D^3}=\frac{32M}{\pi(2r)^3}=\frac{4M}{\pi r^3}$이다.

03

정답 ①

서로 다른 크기의 철근을 압축부에서 겹침이음하는 경우 이음길이는 크기가 큰 철근의 정착길이와 크기가 작은 철근의 겹침이음길이 중 큰 값 이상이어야 한다.

04

정답 ④

$$\frac{1}{R}=\frac{M}{EI}$$

$$R=\frac{EI}{M}=\frac{1\times10^5\times\frac{20\times30^3}{12}}{2\times10^5}=22,500\text{cm}=225\text{m}$$

05

정답 ⑤

$\sum F_y=0,\ (F_A+F_y)\cos60°=P$

$2F_B\cos60°=1$

$F_B=1\text{t}$

$\sum F_x=0,\ F_A\sin60°=F_B\sin60°$

$F_A=F_B$

(A)는 $\frac{P}{2}$만큼의 하중을 한 끈이 지탱한다.

(B)는 $0.707P$만큼의 하중을 한 끈이 지탱한다.

(C)는 P만큼의 하중을 한 끈이 지탱한다.

따라서 힘의 크기는 (C)>(B)>(A) 순서이다.

06

정답 ②

면적의 정밀도$\left(\frac{dA}{A}\right)$와 거리정밀도$\left(\frac{dl}{l}\right)$와의 관계

$dl = 0.2 \times 600 = 120\text{mm} = 0.12\text{m}$이며, $\frac{dA}{A} = 2\left(\frac{dl}{l}\right)$이다.

따라서 $\frac{dA}{A} = 2\left(\frac{0.12}{10}\right) \times 100 = 2.4\%$이다.

07

정답 ①

다각측량의 순서

계획 - 답사 - 선점 - 조표 - 관측

08

정답 ③

$I_y = \frac{b^3 h}{12} = \frac{10^3 \times 20}{12} ≒ 1,667\text{cm}^4$

09

정답 ⑤

좌굴하중

양단힌지 : $P_b = \frac{n\pi^2 EI}{l^2}$

양단고정 : $P_b = \frac{4\pi^2 EI}{l^2}$

따라서 양단힌지 $P_b = 10\text{t}$이므로 양단고정은 $P_b = 40\text{t}$이다.

10

정답 ③

철근과 콘크리트의 단위질량은 다르기 때문에 무게가 같지 않다. 또한 철근과 콘크리트의 내구성도 다르므로 ③은 옳지 않다.

11

정답 ②

강재와 시스 사이의 마찰은 프리텐션 방식에서는 생기지 않으므로 포스트텐션 방식에서 나타나는 손실이다.

12

정답 ④

투수계수의 차원 $V = Ki$이므로 속도차원(LT^{-1})이다.

13

정답 ③

$V_u \leq \frac{1}{2}\phi V_c = \frac{1}{2}\phi\left(\frac{\lambda\sqrt{f_{ck}}}{6}\right)b_w d$이므로

$d \geq \frac{12 V_u}{\phi\lambda\sqrt{f_{ck}}b_w} = \frac{12 \times (70 \times 10^3)}{0.75 \times 1.0 \times \sqrt{21} \times 400} ≒ 611\text{mm}$이다.

따라서 최소 유효깊이 d는 약 611mm이다.

14

정답 ①

• 회전반경 구하는 공식

$$r=\sqrt{\frac{I}{A}}$$

• 원형 단면의 경우

$$r=\sqrt{\frac{\frac{\pi d^4}{64}}{\frac{\pi d^2}{4}}}=\frac{d^2}{16}=\frac{d}{4}$$

15

정답 ③

$$(\text{소성 단면계수})=\frac{A}{2}(y_1+y_2)$$

$$=\frac{bh}{2}\left(\frac{h}{4}+\frac{h}{4}\right)$$

$$=\frac{bh^2}{4}$$

16

정답 ③

생물막법에는 회전원판법, 살수여상법 등이 있다. 활성슬러지법, 활성슬러지 변법(산화구법, 수정식 폭기법, 심층폭기법 등)은 부유생물법에 해당한다.

17

정답 ③

완속여과지는 유입수가 저탁도인 경우에 적합하고, 세균처리에 있어서 확실성이 높으며, 유지관리비가 적게 든다. 반면 급속여과지는 유입수가 고탁도인 경우에 적합하고, 세균처리에 있어 확실성이 적다. 또한 유지관리비가 많이 들고, 특별한 관리기술이 필요하므로 ③은 옳지 않다.

18

정답 ④

$A_r=\dfrac{D_w^2-D_e^2}{D_e^2}\times 100=\dfrac{6^2-5.5^2}{5.5^2}\times 100 \fallingdotseq 19\%$이다.

19

정답 ②

습윤측 다짐을 하면 흙의 구조가 이산구조가 되기 쉬우므로 ②는 옳지 않다.

20

정답 ③

쪼갬인장강도가 주어졌으므로

$\lambda=\dfrac{f_{sp}}{0.56\sqrt{f_{ck}}}=\dfrac{2.17}{0.56\sqrt{24}}\simeq 0.79$이다.

따라서 경량 콘크리트계수(λ)는 0.79이다.

CHAPTER

05 건축 적중예상문제

01	02	03	04	05	06	07	08	09	10	11	12	13	14	15	16	17	18	19	20
④	④	④	③	①	②	③	①	④	①	②	②	④	③	①	②	①	④	②	①

01

정답 ④

공장의 레이아웃(Layout)

개요	• 기계설비, 작업자의 작업구역, 자재나 제품 두는 곳 등에 대한 상호 위치관계를 말한다. • 넓은 의미로는 생산 작업뿐만 아니라 사무작업, 복리후생, 보건위생, 문화관리 등 공장의 전반적인 시설을 다룬다.
형식	• 레이아웃은 공장의 생산성에 큰 영향을 미친다. • 공장 규모의 변화에 대응할 수 있도록 충분한 융통성을 부여하여야 한다.

02

정답 ④

몰(Mall)의 계획 시 고려사항

• 확실한 방향성과 식별성이 요구된다.
• 전문점과 핵점포의 주출입구는 몰에 면하도록 한다.
• 다층으로 계획할 경우, 시야의 개방감이 고려되어야 한다.
• 자연광을 끌어들여 외부공간과 같은 성격을 갖게 한다.
• 코트를 설치해 각종 연회, 이벤트 행사 등을 유치하기도 한다.
• 폭은 3 ~ 12m 정도, 핵점포 간의 거리는 240m 미만인 것이 좋다.

03

정답 ④

공사속도가 빠를수록 직접공사비는 증가한다.

04

정답 ③

휴식각을 고려할 경우, 터파기 경사각도는 흙의 휴식각(자연상태의 최대경사각)의 2배 정도로 한다.

05

정답 ①

사실지반과 점토지반의 비교

구분	사질지반	점토지반
압밀속도	빠르다	느리다
압밀침하량	작다	크다
투수계수·투수성	크다	작다
함수율	작다	크다
가소성	작다	크다
내부마찰각	크다	작다
불교란시료의 채집	불리	용이
파낸 후 부피변화	상대적으로 작다	상대적으로 크다

PART 2

06

정답 ②

등변분포하중은 삼각형의 무게중심(높이 방향 $\frac{l}{3}$ 지점)에 작용하는 집중하중으로 본다.

- $\Sigma M_B=0,\ V_A\times(a+b)-\frac{wl}{2}\times\frac{2b}{3}=0$
- $V_A\times(3\mathrm{m}+3\mathrm{m})-\frac{20kN/m\times 3m}{2}\times 2\mathrm{m}=0$
- $R_A=V_A=10\mathrm{kN}$

07

정답 ③

트러스의 부재를 연결하는 절점은 힌지로 간주한다.

트러스 해법의 기본 가정
- 절점과 절점을 연결하는 직선은 부재축과 일치한다.
- 모든 하중은 절점에 집중하중으로 작용한다.
- 모든 절점은 힌지로 간주한다.
- 외력은 모두 트러스를 포함한 동일 평면상에 있다.
- 모든 부재는 직선재이며, 부재의 자중 및 변형은 무시한다.

08

정답 ①

$V_A+V_B=wl$이고 $V_B=\frac{3wl}{8}$이므로, $V_A=\frac{5wl}{8}$이다.

09

정답 ④

강도설계법은 사용성(처짐, 균열 등) 확보에 대한 검토가 필요하다.

10

정답 ①

고가수조 급수방식의 물 공급순서는 상수도 → 저수조 → 펌프 → 고가수조 → 위생기구 순이다.

11

정답 ②

납땜접합은 연관(납관)의 접합에 사용된다.

12

정답 ②

트랩의 봉수 깊이는 50mm 이상 100mm 이하여야 한다.

13

정답 ④

$$[\text{마찰저항(Pa)}]=(\text{마찰계수})\times\frac{[\text{길이(m)}]}{[\text{직경(m)}]}\times\frac{[\text{풍속}^2\text{(m/s)}]}{2}\times[\text{공기의 밀도}(\text{kg/m}^3)]$$

$$0.02\times\frac{20}{0.4}\times\frac{12^2}{2}\times1.2=86.4\text{Pa}$$

14

정답 ③

병렬형 부엌의 특징

- 양쪽 벽면에 작업대가 마주 보도록 배치한 형식이다.
- 일렬형에 비해 작업동선이 단축된다.
- 외부로 통하는 출입구의 설치가 가능하다.
- 작업 시 몸을 앞뒤로 바꾸어야 한다.
- 부엌의 폭이 길이에 비해 넓은 부엌에 적합하다.

15

정답 ①

체육관의 크기

- 표준적으로 농구코트를 둘 수 있는 크기가 필요하다(400 ~ 500m^2).
- 천정 높이는 6m 이상, 징두리벽 높이는 2.5 ~ 2.7m 정도로 한다.

16

정답 ②

방수공사의 분류

멤브레인	• 연속적인 방수막을 형성하는 공법이다. • 아스팔트방수, 시트방수, 도막방수, 개량아스팔트시트방수, 합성고분자시트방수, 시트도막복합방수 등이 있다.
시멘트 모르타르계	• 방수성이 높은 모르타르를 이용해 방수층을 형성하는 공법이다. • 시멘트액체방수 등이 있다.
기타	• 콘크리트구체방수, 침투방수, 실링방수 등이 있다.

17

정답 ①

단열공사의 공법 및 시공

공법의 분류	단열재료	• 성형판단열재 공법, 현장발포재 공법, 뿜칠단열재 공법 등이 있다.
	시공부위	• 벽단열, 바닥단열, 지붕단열 공법 등이 있다.
	설치위치	• 내단열, 중단열, 외단열 등이 있다. • 내단열공법은 단열성능이 적고 내부 결로가 발생할 우려가 있다.
시공	• 단열시공바탕은 단열재 또는 방습재 설치에 지장이 없도록 못, 철선, 모르타르 등의 돌출물을 제거하여 평탄하게 청소한다. • 단열재를 접착제로 바탕에 붙이고자 할 때에는 바탕면을 평탄하게 한 후 밀착하여 시공하되 초기박리를 방지하기 위해 압착상태를 유지시킨다.	

PART 2

18

정답 ④

미장재료의 응결경화방식 구분

수경성	시멘트, 석고(순 / 혼합석고), 경석고 플라스터(킨즈 시멘트) 등
기경성	석회, 소석회, 석회크림, 회반죽, 회사벽, 진흙, 돌로마이트 플라스터 등
화학경화성	에폭시 수지 바닥재 등
고화성	유화 아스팔트 바닥재 등

19

정답 ②

엔드탭은 용접의 시작과 끝에 발생하는 결함부를 처리하기 위한 임시 보조판으로, 용접 종료 후에 제거한다.

오답분석

① 스티프너 : 플레이트보에서 웨브의 국부 좌굴을 방지하기 위한 보강재이다.
③ 윙플레이트 : 주각부에 부착하는 강판이다.
④ 커버플레이트 : 플레이트보에서 플랜지의 휨내력 보강을 위해 부착하는 강판이다.
⑤ 데크플레이트 : 아연도금철판을 절곡시켜 만든 것으로, 주로 콘크리트를 타설할 때 거푸집 대용으로 사용하는 판이다.

20

정답 ①

Euler의 좌굴하중 · 좌굴응력

• [좌굴하중(P_b)]$=\pi^2\times$[탄성계수(E)]$\times$[단면2차모멘트(I)]$\div$[좌굴길이^2($l_k{}^2$)]
  ※ [좌굴길이(l_k)]=[유효좌굴계수(K)]$\times$[길이(l)]
• [좌굴응력(σ_k)]=[좌굴하중(P_b)]$\div$[부재단면적(A)]

구분	1단 고정 1단 자유	양단 힌지	1단 고정 1단 힌지	양단 고정
유효좌굴계수(K)	2.0	1.0	0.7	0.5
좌굴길이(l_k)	$2.0\times l$	$1.0\times l$	$0.7\times l$	$0.5\times l$
좌굴강도(n)	$\frac{1}{4}$	1.0	2.0	4.0

• $P_b=\dfrac{\pi^2 EI}{(Kl)^2}=\dfrac{\pi^2\times 210{,}000\text{N/mm}^2\times\dfrac{30\text{mm}\times(6\text{mm})^3}{12}}{(250\text{mm})^2}$
  $=17{,}907.41\text{N}=17.9\text{kN}$

합격의 공식 시대에듀 SDEDU

먼저 행동으로 옮기고 말을 하라.

– 스티븐 스필버그 –

PART 3

최종점검 모의고사

PART 3

최종점검 모의고사

01 직업기초능력

01	02	03	04	05	06	07	08	09	10
④	③	②	⑤	③	①	⑤	③	②	⑤
11	12	13	14	15	16	17	18	19	20
③	③	④	③	④	⑤	④	②	③	③
21	22	23	24	25	26	27	28	29	30
⑤	③	⑤	④	④	④	①	④	④	③
31	32	33	34	35	36	37	38	39	40
④	③	②	⑤	①	④	④	①	②	②

01 문서 내용 이해 정답 ④

'개성 있는 단독주택에서 살고 싶다는 욕구를 가진 사람들이 증가하고 있다지만 아파트가 주는 편안한 생활을 포기할 사람이 많지 않을 것이라는 분석인 것이다.'라는 내용을 통해 유추할 수 있다.

오답분석

① 모듈러 주택과 콘크리트 주택의 비용의 차이는 제시문에서 알 수 없다.
② 모듈러 주택의 조립과 마감에 걸리는 시간은 30 ~ 40일이다.
③ 모듈러공법은 주요 자재의 최대 80 ~ 90퍼센트가량을 재활용할 수 있다는 내용만 있을 뿐, 일반 철근콘크리트 주택의 재활용에 대해서는 제시문에서 확인할 수 없다.
⑤ 모듈러 주택이 처음 한국에 등장한 시기는 해외 대비 늦지만, 해외보다 소요되는 비용이 적을 것인지는 알 수 없다.

02 문단 나열 정답 ③

제시문의 서론에서 지방은 건강에 반드시 필요한 것이라고 서술하고 있으며, 결론에서는 현대인들의 지방이 풍부한 음식을 찾는 경향이 부작용으로 이어졌다고 한다. 따라서 본론은 (나) 비만과 다이어트의 문제는 찰스 다윈의 진화론과 관련이 있음 – (라) 자연선택에서 생존한 종들이 번식하여 자손을 남기게 됨 – (다) 인류의 역사에서 인간이 끼니 걱정을 하지 않고 살게 된 것은 수십 년의 일임 – (가) 생존에 필수적인 능력은 에너지를 몸에 축적하는 능력이었음의 순서가 적절하다.

03 내용 추론 정답 ②

첫 번째 문단의 '제로섬(Zero – sum)적인 요소를 지니는 경제 문제'와 두 번째 문단의 '우리 자신의 수입을 보호하기 위해 경제적 변화가 일어나는 것을 막거나 사회가 우리에게 손해를 입히는 공공정책이 강제로 시행되는 것을 막기 위해 싸울 것'에 대한 것이 핵심 주장이므로 제시문은 사회경제적인 총합이 많아지는 정책, 즉 '사회의 총생산량이 많아지게 하는 정책이 좋은 정책'이라는 주장에 대한 비판이라고 할 수 있다.

04 내용 추론 정답 ⑤

현존하는 가장 오래된 실록은 전주 사고에 보관되어 있던 것으로, 강화도 마니산에 봉안되었다가 1936년 병자호란에 의해 훼손된 것을 현종 때 보수하여 숙종 때 강화도 정족산에 다시 봉안했다가 현재 서울대학교에서 보관하고 있다.

오답분석

① 원본을 포함해 모두 5벌의 실록을 갖추게 되었으므로 재인쇄하였던 실록은 모두 4벌이다.
② 강원도 태백산에 보관하였던 실록은 서울대학교에 있다.
③ 현재 한반도에 남아 있는 실록은 강원도 태백산, 강화도 정족산, 장서각의 것으로 모두 3벌이다.
④ 적상산에 보관하였던 실록은 구황국 장서각으로 옮겨졌으며, 이는 6・25 전쟁 때 북한으로 옮겨져 현재 김일성종합대학에서 소장하고 있다.

05 빈칸 삽입 정답 ③

빈칸 뒤의 문장은 최근 선진국에서는 스마트팩토리로 인해 해외로 나간 자국 기업들이 다시 본국으로 돌아오는 현상인 '리쇼어링'이 가속화되고 있다는 내용이다. 즉, 스마트팩토리의 발전이 공장의 위치를 해외에서 본국으로 변화시키고 있으므로 빈칸에는 ③이 가장 적절하다.

06 빈칸 삽입 정답 ①

- ㉠ : (가) 이후 '다시 말해서 ~'가 이어지는 것으로 보아 앞에 비슷한 내용을 언급하고 있는 문장이 와야 한다. 우주 안에서 일어나는 사건이라는 측면에서 과학에서 말하는 현상과 현상학에서 말하는 현상은 다를 바가 없고, (가)에서는 현상학적 측면에서 볼 때, 철학의 구조와 과학적 지식의 구조가 다를 바 없음을 말하고 있음으로 (가)에 들어가는 것이 적절하다.
- ㉡ : 언어학의 특징을 설명하고 있다. (나)의 앞에서 철학과 언어학의 차이를 언급하고 있으며, 뒤 문장에서는 언어학에 대한 설명이 이어지고 있으므로 (나)에 들어가는 것이 적절하다.

07 글의 주제 정답 ⑤

제시문은 빠른 사회변화 속 다양해지는 수요에 맞춘 주거복지 정책의 예로 예술인을 위한 공동주택, 창업 및 취업자를 위한 주택, 의료안심주택을 들고 있다. 따라서 제시문의 주제로 적절한 것은 '다양성을 수용하는 주거복지 정책'이다.

08 글의 제목 정답 ③

제시문은 고령화 시대에 발생하는 노인 주거 문제에 대한 일본의 정책을 언급하여 우리나라의 부족한 대처방안을 문제 삼고 있으며, 이러한 문제를 해결하기 위해 공동 주택인 아파트의 공유 공간을 활용하자는 방안을 제시하고 있다. 따라서 노인 주거 문제를 공유를 통해 해결하자는 ③이 제시문의 제목으로 가장 적절하다.

오답분석

① 고령화 속도에 대한 내용은 제시문에 나타나 있지 않다.
② 일본의 정책으로 '유니버설 디자인'의 노인 친화적 주택을 언급하고 있으나, 제시문의 일부에 해당하는 내용이므로 제목으로 적절하지 않다.
④ 제시문에서 주로 문제 삼고 있는 것은 사회 복지 비용의 증가가 아닌 부족한 노인 주거 정책이며, 그에 대한 해결 방안을 제시하고 있다.
⑤ 일본의 노인 주거 정책에 비해 우리나라의 부족한 대처방안을 문제 삼고 있을 뿐, 제시문 전체 내용을 일본과 한국의 정책 비교로 보기 어렵다.

09 문서 수정 정답 ②

한글 맞춤법에 따르면 지난 일을 나타내는 어미는 '-던'으로 적고, 물건이나 일의 내용을 가리지 아니하는 뜻을 나타내는 어미는 '-든'으로 적는다. ㉡의 경우 과거의 경험이 아닌 선택의 의미로 사용되었으므로 '-든'이 올바른 표기이다.

10 문서 작성 정답 ⑤

문서의 마지막에 반드시 '끝.'자를 붙여서 마무리해야 하는 문서는 공문서이다.

11 문서 내용 이해 정답 ③

상담 서비스는 요일에 따라 공공임대주택 등 주거지원, 주택도시기금 대출, 법률, 일자리, 금융복지, 건강 상담 등이 있고 별도의 예약 없이 자유롭게 이용할 수 있다.

12 문서 내용 이해 정답 ③

연립주택과 다세대주택의 차이는 바닥면적으로, 연립주택은 660m^2 초과이고 다세대주택은 660m^2 이하이다.

오답분석

① 노인복지주택은 단독주택과 공동주택에 모두 포함되지 않는다고 명시되어 있다.
② 다중주택과 다가구주택의 경우 3층 이하여야 하나, 단독주택의 경우 층수 제한은 없다.
④ 아파트의 경우 필로티 구조로 된 1층 전부가 주차장으로 사용되어야 층수 산정에서 제외되나, 다세대주택은 1층 바닥 면적의 2분의 1 이상을 필로티 구조로 된 주차장으로 사용하기만 하면 층수에서 제외된다. 따라서 아파트의 경우가 더 엄격한 기준이라고 할 수 있다.
⑤ 1개 동의 주택으로 쓰는 바닥면적의 합계가 660m^2 이하이면 다가구주택에 해당하는 사유가 되며, 부설 주차장 면적은 660m^2 산정에 포함되지 않는다.

13 문단 나열 정답 ④

최근 대두되고 있는 '초연결사회'에 대해 언급하는 (나)가 가장 먼저 오는 것이 적절하며, 그다음으로는 초연결사회에 대해 설명하는 (가)가 오는 것이 자연스럽다. 그 뒤를 이어 초연결 네트워크를 통해 긴밀히 연결되는 초연결사회의 (라)가 와야 하며, 마지막으로는 이러한 초연결사회가 가져올 변화에 대한 전망의 (다)가 오는 것이 적절하다.

14 빈칸 삽입 정답 ③

빈칸에는 공공미술이 아무리 난해해도 대중과의 소통 가능성이 늘 열려 있다는 내용을 근거로 하여 추론할 수 있는 결론이 와야 문맥상 자연스럽다. 따라서 공공미술에서 예술의 자율성이 소통의 가능성과 대립되지 않는다는 ③이 들어가야 한다.

15 응용 수리

정답 ④

아버지의 자리가 결정되면 그 맞은편은 어머니 자리로 고정된다. 어머니와 아버지의 자리가 고정되므로 남은 4자리는 어떻게 앉아도 같아지는 경우가 생기지 않는다. 따라서 4자리에 앉는 경우의 수는 $4!=24$가지이다.

16 응용 수리

정답 ⑤

A를 포함하는 모든 경우의 수는 ${}_6C_2=15$이고, B를 포함하지 않으면서 C를 포함하는 경우의 수는 ${}_5C_2=10$이다.

따라서 $a+b=15+10=25$이다.

17 응용 수리

정답 ④

처음 A비커에 들어 있는 소금의 양은 $\frac{6}{100}\times300=18$g이고, 처음 B비커에 들어 있는 소금의 양은 $\frac{8}{100}\times300=24$g이다.

A비커에서 소금물 100g을 퍼서 B비커에 옮겨 담았으므로 옮겨진 소금의 양은 $\frac{6}{100}\times100=6$g이고, A비커에 남아 있는 소금의 양은 12g이다. 따라서 B비커에 들어 있는 소금물은 400g이고, 소금의 양은 $24+6=30$g이다.

다시 B비커에서 소금물 80g을 퍼서 A비커에 옮겨 담았으므로 옮겨진 소금의 양은 $30\times\frac{1}{5}=6$g이다. 따라서 A비커의 소금물은 280g이 되고, 소금의 양은 $12+6=18$g이 되므로 농도는 $\frac{18}{280}\times100≒6.4\%$가 된다.

18 자료 이해

정답 ②

각 마을의 판매량과 구매량을 구해 보면 다음과 같다.

(단위 : kW)

구분	판매량	구매량	거래량 합계
갑 마을	570	610	1,180
을 마을	640	530	1,170
병 마을	510	570	1,080
정 마을	570	580	1,150
합계	2,290	2,290	4,580

따라서 갑 마을이 을 마을에 40kW를 더 판매했다면, 을 마을의 구매량은 $530+40=570$kW가 되어 병 마을의 구매량과 같게 된다.

오답분석

① 총거래량이 같은 마을은 없다.

③ 을 마을의 거래 수지만 양의 값을 가짐을 알 수 있다.

④ 판매량과 구매량이 가장 큰 마을은 각각 을 마을과 갑 마을이다.

⑤ 마을별 거래량 대비 구매량의 비율은 다음과 같으므로 40% 이하인 마을은 없다.

- 갑 마을 : $610\div1,180\times100≒51.7\%$
- 을 마을 : $530\div1,170\times100≒45.3\%$
- 병 마을 : $570\div1,080\times100≒52.8\%$
- 정 마을 : $580\div1,150\times100≒50.4\%$

19 자료 이해

정답 ③

A와 B음식점 간 가장 큰 차이를 보이는 부문은 분위기이다(A : 약 4.5, B : 1).

20 자료 이해

정답 ③

ㄷ. 2024년 1분기 전체 대출금 합계에서 도매 및 소매업 대출금이 차지하는 비중은 $\frac{110,526.2}{865,254.0}\times100≒12.8\%$이므로 옳지 않은 설명이다.

ㄹ. 2024년 2분기에 전분기 대비 감소한 산업은 광업, 공공행정 등 기타서비스 2개 산업뿐이다. 증가한 산업 수는 이를 제외한 15개 산업이고, 15의 20%는 $15\times0.2=3$이므로 옳지 않은 설명이다.

오답분석

ㄱ. 2024년 2분기에 전체 대출금 합계는 전분기 대비 증가하였으나, 광업 대출금은 감소하였다. 따라서 2024년 2분기에 광업이 차지하는 비중이 전분기 대비 감소하였음을 알 수 있다.

ㄴ. 2024년 2분기의 전문, 과학 및 기술 서비스업 대출금의 1분기 대비 증가율을 계산하면 $\frac{12,385.7-11,725.2}{11,725.2}\times100≒5.6\%$이므로 옳은 설명이다.

21 자료 이해

정답 ⑤

건설업 분야의 취업자 수는 2021년과 2024년에 각각 전년 대비 감소했다.

오답분석

① 2016년 도소매·음식·숙박업 분야에 종사하는 사람의 수는 총 취업자 수의 $\frac{5,966}{21,156}\times100≒28.2\%$이므로 30% 미만이다.

② 2016 ~ 2024년 농·임·어업 분야의 취업자 수는 꾸준히 감소하는 것을 확인할 수 있다.

③ 2024년 사업·개인·공공서비스 및 기타 분야의 취업자 수는 2016년 대비 $7,633-4,979=2,654$천 명으로 가장 많이 증가했다.

④ 2023년 전기·운수·통신·금융업 분야의 취업자 수는 2016년 대비 $\frac{7,600-2,074}{2,074}\times100≒266\%$ 증가했고, 사업·개인·공공서비스 및 기타 분야의 취업자 수는 $\frac{4,979-2,393}{4,979}\times100≒52\%$ 감소했다.

22 자료 이해 정답 ③

ㄱ. 2019년 어업 분야의 취업자 수는 농·임·어업 분야의 취업자 수 합계에서 농·임업 분야 취업자 수를 제외한 수이다. 따라서 1,950−1,877=73천 명이다.

ㄴ. 전기·운수·통신·금융업 분야의 취업자 수가 7,600천 명으로 가장 많다.

오답분석

ㄷ. 농·임업 분야 종사자와 어업 분야 종사자 수는 계속 감소하기 때문에 어업 분야 종사자 수가 현상을 유지하거나 늘어난다고 보기 어렵다.

23 자료 계산 정답 ⑤

사진별 개수에 따른 총용량을 구하면 다음과 같다.

- 반명함 : 150×8,000=1,200,000KB
- 신분증 : 180×6,000=1,080,000KB
- 여권 : 200×7,500=1,500,000KB
- 단체사진 : 250×5,000=1,250,000KB

사진 용량 단위 KB를 MB로 전환하면 다음과 같다.

- 반명함 : 1,200,000÷1,000=1,200MB
- 신분증 : 1,080,000÷1,000=1,080MB
- 여권 : 1,500,000÷1,000=1,500MB
- 단체사진 : 1,250,000÷1,000=1,250MB

따라서 모든 사진의 용량을 더하면 총 1,200+1,080+1,500+1,250=5,030MB이고, 5,030MB는 5.03GB이므로 필요한 USB의 최소 용량은 5GB이다.

24 자료 계산 정답 ④

A, B, E구의 1인당 소비량을 각각 a, b, $e$kg이라고 하자. 제시된 조건을 식으로 나타내면 다음과 같다.

- 첫 번째 조건 : $a+b=30$ ⋯ ㉠
- 두 번째 조건 : $a+12=2e$ ⋯ ㉡
- 세 번째 조건 : $e=b+6$ ⋯ ㉢

㉢을 ㉡에 대입하여 식을 정리하면

$a+12=2(b+6) \rightarrow a-2b=0$ ⋯ ㉣

㉠−㉣을 하면 $3b=30 \rightarrow b=10$, $a=20$, $e=16$

A～E구의 변동계수를 구하면 다음과 같다.

- A구 : $\frac{5}{20}\times100=25\%$
- B구 : $\frac{4}{10}\times100=40\%$
- C구 : $\frac{6}{30}\times100=20\%$
- D구 : $\frac{4}{12}\times100≒33.33\%$
- E구 : $\frac{8}{16}\times100=50\%$

따라서 변동계수가 3번째로 큰 곳은 D구이다.

25 자료 이해 정답 ④

서비스 품질 5가지 항목의 점수와 서비스 쇼핑 체험 점수를 비교해 보면, 모든 대형마트에서 서비스 쇼핑 체험 점수가 가장 낮다는 것을 확인할 수 있다. 따라서 서비스 쇼핑 체험 부문의 만족도는 서비스 품질 부문들보다 모두 낮으며, 이때 서비스 쇼핑 체험 점수의 평균은 $\frac{3.48+3.37+3.45+3.33}{4}≒3.41$점이다.

오답분석

① 인터넷쇼핑과 모바일쇼핑 만족도의 차를 구해 보면 A마트는 0.07점, B마트와 C마트는 0.03점, D마트는 0.05점으로, A마트가 가장 크다.

② 단위를 살펴보면 5점 만점으로 조사되었음을 알 수 있으며, 종합만족도의 평균은 $\frac{3.72+3.53+3.64+3.56}{4}≒3.61$점이다. 이때 업체별로는 A마트−C마트−D마트−B마트 순서로 종합만족도가 낮아짐을 알 수 있다.

③ 평균적으로 고객접점직원 서비스보다는 고객관리 서비스가 더 낮게 평가되었다.

⑤ 모바일쇼핑 만족도는 평균 3.85점이며, 인터넷쇼핑은 평균 3.8점이다. 따라서 모바일쇼핑이 평균 0.05점 높게 평가되었다.

26 자료 계산 정답 ④

5만 달러 미만에서 10만～50만 달러 미만까지의 투자건수 비율을 합하면 된다. 따라서 28+20.9+26=74.9%이다.

27 자료 계산 정답 ①

100만～500만 달러 미만에서 500만 달러 미만까지의 투자건수 비율을 합하면 11.9+4.5=16.4%이다.

28 자료 해석

정답 ④

오답분석

① 생산현장 시설점검 및 보수가 예정되어 있다.
② 추석연휴인 15일이 겹친다.
③ 바이어가 생산현장을 먼저 방문하기로 되어 있는데, 첫날이 생산공장의 휴무라 적절하지 않다.
⑤ 창립기념일 휴무가 겹쳐 있다.

29 명제 추론

정답 ④

A의 진술 중 'D가 두 번째이다.'가 참이라고 가정하면 D, E의 진술 중 'E가 네 번째이다.'가 거짓이다. 따라서 A가 가장 많이 나오고, D가 두 번째이다. 그러면 B의 진술이 모두 거짓이므로 모순이다. 그러므로 A의 진술 중 '내가 세 번째이다.'가 참이다.

A가 세 번째이므로, C의 진술 중 'B가 제일 적게 나왔다.'가 참이고, E의 진술 중 '내가 네 번째이다.'가 참이므로 D의 진술 중 'E가 네 번째이다.'가 참이다. 또한 B의 진술 중 'C가 두 번째로 많이 나왔다.'가 참이다. 따라서 요금이 많이 나온 순으로 나열하면 D－C－A－E－B이다.

30 자료 해석

정답 ③

ㄴ. 어떤 기계를 선택해야 비용을 최소화할 수 있는지에 대해 고려하고 있는 문제이므로 적절하다.

ㄷ. • A기계를 선택하는 경우
  – 비용 : (임금)+(임대료)=(8,000×10)+10,000=90,000원
  – 이윤 : 100,000−90,000=10,000원
  • B기계를 선택하는 경우
  – 비용 : (임금)+(임대료)=(8,000×7)+20,000=76,000원
  – 이윤 : 100,000−76,000=24,000원
  따라서 합리적인 선택을 하는 경우는 B기계를 선택하는 경우로, 24,000원의 이윤이 발생한다.

오답분석

ㄱ. B기계를 선택하는 경우가 A기계를 선택하는 경우보다 14,000원(=24,000−10,000)의 이윤이 더 발생한다.
ㄹ. A기계를 선택하는 경우, 드는 비용은 90,000원이다.

31 SWOT 분석

정답 ④

전문가용 카메라가 일반화됨에 따라 사람들은 사진관을 이용하지 않고도 고화질의 사진을 촬영할 수 있게 되었다. 따라서 전문가용 카메라의 일반화는 사진관을 위협하는 외부환경에 해당한다.

32 자료 해석

정답 ③

우선 아랍에미리트에는 해외 EPS센터가 없으므로 제외한다. 또한, 한국 기업이 100개 이상 진출해 있어야 한다는 두 번째 조건을 통해 인도네시아와 중국으로 후보를 좁힐 수 있으나 '우리나라 사람들의 해외취업을 위한 박람회'이므로 성공적인 박람회 개최를 위해서는 취업까지 이어지는 것이 중요하다. 중국의 경우 청년 실업률은 높지만 경쟁력 부분에서 현지 기업의 80% 이상이 우리나라 사람을 고용하기를 원하므로 중국 청년 실업률과는 별개로 우리나라 사람들의 취업이 쉽게 이루어질 수 있음을 알 수 있다. 따라서 중국이 가장 적절하다.

33 자료 해석

정답 ②

1단계 조사는 그 조사 실시일을 기준으로 3년마다 실시해야 하므로 을단지 주변지역은 2025년 3월 1일에 실시해야 한다.

오답분석

① 2단계 조사는 1단계 조사 판정일 이후 1개월 내에 실시해야 하므로 2024년 12월 31일 전에 실시해야 한다.
③ 환경부장관이 2단계 조사를 실시해야 한다.
④ 병단지 주변지역은 정상지역으로 판정이 났으므로 2단계 조사를 실시할 필요가 없다.
⑤ 1단계 조사는 당해 기초지방자치단체장이 시행해야 한다.

34 자료 해석

정답 ⑤

제11조 제1항에 해당하는 내용이다.

오답분석

① 응급조치에 소요된 비용에 대해서는 제시문에서 확인할 수 없다. 따라서 '갑'이 부담하는지 알 수 없다.
② 제10조 제2항에 따르면 '갑'은 상세시공도면의 작성비용을 공사비에 반영해야 한다.
③ '을'이 미리 긴급조치를 취할 수 있지만, 즉시 '갑'에게 통지해야 한다.
④ '을'은 설계상의 하자나 '갑'의 요구에 의한 작업으로 인한 재해에 대해서는 책임이 없다.

35 규칙 적용

정답 ①

입사순서는 해당 월의 누적 입사순서이므로 'W05240401'은 4월의 첫 번째 입사자임을 나타낼 뿐, 해당 사원이 2024년 홍보부서 최초의 여직원인지는 알 수 없다.

36 규칙 적용

정답 ④

사원번호의 부서 구분 기준에 따라 여성 입사자 중 기획부에 입사한 사원을 정리하면 다음과 같다.

M0123 0903	W0323 1005	M0523 0912	W0523 0913	W0123 1001	W0423 1009
W0223 0901	M0423 1101	W0123 0905	W0323 0909	M0223 1002	W0323 1007
M0323 0907	M0123 0904	W0223 0902	M0423 1008	M0523 1107	M0123 1103
M0323 0908	M0523 0910	M0223 1003	M0123 0906	M0523 1106	M0223 1004
M0423 1101	M0523 0911	W0323 1006	W0523 1105	W0323 1104	M0523 1108

따라서 여성(W) 입사자 중 기획부(03)에 입사한 사원은 모두 5명이다.

37 명제 추론

정답 ④

주어진 조건에서 적어도 한 사람은 반대를 한다고 하였으므로, 한 명씩 반대한다고 가정하고 접근한다.

- A가 반대한다고 가정하는 경우
  첫 번째 조건에 의해 C는 찬성하고 E는 반대한다. 네 번째 조건에 의해 E가 반대하면 B도 반대한다. 이때, 두 번째 조건에서 B가 반대하면 A가 찬성하므로 모순이 발생한다. 따라서 A는 찬성이다.
- B가 반대한다고 가정하는 경우
  두 번째 조건에 의해 A는 찬성하고 D는 반대한다. 세 번째 조건에 의해 D가 반대하면 C도 반대한다. 이때, 첫 번째 조건의 대우에 의해 C가 반대하면 D가 찬성하므로 모순이 발생한다. 따라서 B는 찬성이다.

위의 두 경우에서 도출한 결론과 네 번째 조건의 대우를 함께 고려해보면 B가 찬성하면 E가 찬성하고 첫 번째 조건의 대우에 의해 D도 찬성이다. 따라서 A, B, D, E 모두 찬성이며, 마지막 조건에 의해 적어도 한 사람은 반대하므로 나머지 C가 반대임을 알 수 있다.

38 명제 추론

정답 ①

주어진 조건에 따라 들어가야 할 재료 순서를 배치해 보면 다음과 같다.

첫 번째	두 번째	세 번째	네 번째	다섯 번째	여섯 번째	일곱 번째
바	다	마	나	사	라	가

따라서 두 번째로 넣어야 할 재료는 '다'이다.

39 SWOT 분석

정답 ②

경쟁자의 시장 철수로 인한 새로운 시장 진입 가능성은 L공사가 가지고 있는 내부환경의 약점이 아닌 외부환경에서 비롯되는 기회에 해당한다.

40 SWOT 분석

정답 ②

ㄱ. 기술개발을 통해 연비를 개선하는 것은 막대한 R&D 역량이라는 강점으로 휘발유의 부족 및 가격의 급등이라는 위협을 회피하거나 최소화하는 전략에 해당하므로 적절하다.

ㄹ. 생산설비에 막대한 투자를 했기 때문에 차량모델 변경의 어려움이라는 약점이 있고, 레저용 차량 전반에 대한 수요 침체 및 다른 회사들과의 경쟁이 심화되고 있으므로 생산량 감축을 고려할 수 있다.

ㅁ. 생산 공장을 한 곳만 가지고 있다는 약점이 있지만 새로운 해외시장이 출현하고 있는 기회를 살려서 국내 다른 지역이나 해외에 공장들을 분산 설립할 수 있을 것이다.

ㅂ. 막대한 R&D 역량이라는 강점을 이용하여 휘발유의 부족 및 가격의 급등이라는 위협을 회피하거나 최소화하기 위해 경유용 레저 차량 생산을 고려할 수 있다.

오답분석

ㄴ. 소형 레저용 차량에 대한 수요 증대라는 기회 상황에서 대형 레저용 차량을 생산하는 것은 적절하지 않은 전략이다.

ㄷ. 차량모델 변경의 어려움이라는 약점을 보완하는 전략도 아니고, 소형 또는 저가형 레저용 차량에 대한 선호가 증가하는 기회에 대응하는 전략도 아니다. 또한, 차량 안전 기준의 강화와 같은 규제 강화는 기회 요인이 아니라 위협 요인이다.

ㅅ. 내수 확대에 집중하는 것은 새로운 해외시장의 출현과 같은 기회를 살리는 전략이 아니다.

02 직무역량

행정 - 객관식

01	02	03	04	05	06	07	08	09	10	11	12	13	14	15	16	17	18	19	20
②	①	①	③	⑤	①	③	②	④	②	③	⑤	①	③	④	②	②	③	⑤	①
21	22	23	24	25	26	27	28	29	30	31	32	33	34	35	36	37	38	39	40
③	③	⑤	③	⑤	③	③	②	②	①	①	③	⑤	②	①	②	③	②	③	④
41	42	43	44	45	46	47	48	49	50										
①	⑤	⑤	①	③	⑤	③	③	②	⑤										

01

정답 ②

오답분석

ㄴ. 근무성적평가에 대한 설명이다. 근무성적평가는 5급 이하의 공무원들을 대상으로 한다.

ㄷ. 다면평정제도에 대한 설명이다. 다면평가제는 피평정자 본인, 상관, 부하, 동료, 고객 등 다양한 평정자의 참여가 이루어지는 집단평정방법이다. 이는 피평정자가 조직 내외의 모든 사람과 원활한 인간관계를 증진하게 하려는 데 목적을 둔다.

02

정답 ①

ㄱ은 역량평가제, ㄴ은 직무성과관리제, ㄷ은 다면평가제, ㄹ은 근무성적평정제에 해당한다.

공무원 평정제도

- 역량평가제 : 고위공무원단에 진입하기 전 관리자(고위공무원)로서의 능력 및 자격을 사전에 검증하는 제도이다.
- 직무성과관리제 : 장·차관 등 기관장과 실·국장, 과장, 팀장 간에 성과목표와 지표 등에 대해 직근상하급자 간에 합의를 통해 Top – Down 방식으로 공식적인 성과계약을 체결하고 그 이행도를 평가하여 승진 등에 반영하는 제도이다.
- 다면평가제 : 피평정자 본인, 상관, 부하뿐만 아니라 피평정자의 능력과 직무수행을 관찰할 기회가 있는 동료, 프로젝트 팀 구성원, 고객 등이 다양하게 참여하는 집단평정방법이다.
- 근무성적평정제 : 5급 이하 공무원을 대상으로 실시되며, 근무실적·직무수행능력·직무수행태도 등을 평가항목으로 한다. 상벌·채용시험의 타당도 측정·교육훈련 수요 파악·근무능률 향상·적절한 인사배치 및 각종 인사행정의 기준으로 이용한다.

03

정답 ①

프로슈머는 생산자와 소비자를 합한 의미로서 소비자가 단순한 소비자에서 나아가 생산에 참여하는 역할도 함께 수행하는 것을 말한다. 시민들이 프로슈머화 경향을 띠게 될수록 시민들이 공공재의 생산자인 관료의 행태를 쇄신하려 하고 시민 자신들의 의견을 투입시키려 할 것이기 때문에, 이러한 경향은 현재의 관료주의적 문화와 마찰을 빚게 될 것이다. 따라서 프로슈머와 관료주의적 문화가 적절한 조화를 이루게 될 것이라는 ①은 옳지 않다.

04

정답 ③

신제도론을 행정에 도입하여 노벨상을 수상한 오스트롬은 정부의 규제가 아닌 이해당사자들 간의 자발적인 합의를 통해 행위규칙(제도)을 형성하여 공유자원의 고갈을 방지할 수 있다고 하였다. 정부의 규제를 해결책으로 제시한 학자는 피구(Pigou)이다.

오답분석

① 정부가 저소득층을 대상으로 의료나 교육혜택을 주는 등의 방식으로 개입할 수 있다.
④ 공공재는 비배제성·비경합성을 띠므로 시장에 맡겼을 때 바람직한 수준 이하로 공급될 가능성이 높다.

05

정답 ⑤

예산의 이체는 정부조직 등에 관한 법령의 제정·개정 또는 폐지로 인하여 그 직무와 권한에 변동이 있는 경우 관련되는 예산의 귀속을 변경하여 예산집행의 신축성을 부여하는 제도이다. 사업내용이나 규모 등에 변경을 가하지 않고 해당 예산의 귀속만 변경하는 것으로, 어떤 과목의 예산부족을 다른 과목의 금액으로 보전하기 위하여 당초 예산의 내용을 변경시키는 예산의 이·전용과는 구분된다. 이체의 절차는 기획재정부장관이 중앙관서의 장의 요구에 따라 예산을 이체할 수 있도록 규정하고 있다. 정부조직법 개편 시 국회의 의결을 얻었기 때문에 이체 시 별도의 국회의 의결을 받을 필요는 없다.

오답분석

① 명시이월은 세출예산 중 경비의 성질상 연도내 지출을 끝내지 못할 것으로 예견되는 경우, 다음 연도로 이월할 수 있다는 취지를 명백히 하여 미리 국회의 의결을 거쳐 다음 연도에 이월하는 제도이다.
② 정부가 예비비로 사용한 금액의 총괄명세서를 다음 연도 5월 31일까지 국회에 제출하여 승인을 얻도록 한다. 총액으로 사전에 의결을 받지만, 구체적인 사용 용도는 사후승인을 받는다. 이런 이유로 견해에 따라 사전의결의 원칙에 예외로 보는 견해도 있고, 예외가 아니라고 보는 견해도 있다.
③ 예산의 이용은 예산이 정한 장·관·항 간(입법과목)에 각각 상호 융통하는 것을 말한다. 예산 이용제도는 국가재정법 제45조에 따른 예산의 목적 외 사용금지 원칙의 예외로, 예산집행에 신축성을 부여하여 예산집행주체가 집행과정에서 발생한 여건변화에 탄력적으로 대응할 수 있도록 미리 국회의 의결을 받은 경우에 한하여 허용되고 있다.
④ 계속비는 완성에 수년도를 요하는 공사나 제조 및 연구개발사업은 그 경비의 총액과 연부액(年賦額)을 정하여 미리 국회의 의결을 얻은 범위 안에서 수년도에 걸쳐서 지출할 수 있는 제도로, 수년간의 예산이 안정적으로 집행되어 재정투자의 효율성을 높일 수 있는 제도이다.

06

정답 ①

ㄱ. 인간관계론은 인간을 사회적·심리적 존재로 가정하기 때문에 사회적 규범이 생산성을 좌우한다고 본다.
ㄴ. 과학적 관리론은 과학적 분석을 통해 업무수행에 적용할 유일 최선의 방법을 발견할 수 있다고 전제한다.

오답분석

ㄷ. 체제론은 하위의 단순 체제는 복잡한 상위의 체제에 속한다고 이해함으로써 계서적 관점을 지지한다.
ㄹ. 발전행정론은 정치·사회·경제를 균형적으로 발전시키기 보다는 행정체제가 다른 분야의 발전을 이끌어 나가는 불균형적인 접근법을 중시한다.

07

정답 ③

탈신공공관리론은 신공공관리의 역기능적 측면을 교정하고 통치 역량을 강화하여 정치행정 체제의 통제와 조정을 개선하기 위해 재집권화와 재규제를 주장한다.

신공공관리론과 탈신공공관리론의 비교

구분		신공공관리론	탈신공공관리론
정부기능	정부 – 시장 관계의 기본 철학	시장지향주의(규제 완화)	정부의 정치·행정력 역량 강화 • 재규제의 주장 • 정치적 통제 강조
	주요 행정 가치	능률성, 경제적 가치 강조	민주성·형평성 등 전통적 행정가치 동시 고려
	정부규모와 기능	정부규모와 기능 감축 (민간화·민영화·민간 위탁)	민간화·민영화의 신중한 접근
	공공서비스 제공 방식	시장 메커니즘의 활용	민간 – 공공부문의 파트너십 강조
조직구조	기본모형	탈관료제모형	관료제모형과 탈관료제 모형의 조화
	조직구조의 특징	비항구적·유기적 구조, 분권화	재집권화(분권과 집권의 조화)
	조직개편의 방향	소규모의 준자율적 조직으로 행정의 분절화(책임운영기관)	• 분절화 축소 • 총체적 정부 강조 • 집권화, 역량 및 조정의 증대

08

정답 ②

제시문의 ㉠에 들어갈 용어는 '재분배 정책'이다. 재분배 정책은 계층 간 갈등이 심하고 저항이 발생할 수 있으며, 국민적 공감대를 형성할 때 정책의 변화를 가져오게 된다.

오답분석

①·④ 분배정책에 대한 설명이다.
③ 구성정책에 대한 설명이다.
⑤ 규제정책에 대한 설명이다.

09

정답 ④

국무총리 소속으로 설치한 국민권익위원회는 행정부 내에 소속한 독립통제기관이며, 대통령이 임명하는 옴부즈만의 일종이다.

10

정답 ②

정보기술아키텍처는 건축물의 설계도처럼 조직의 정보화 환경을 정확히 묘사한 밑그림으로 조직의 비전, 전략, 업무, 정보기술 간 관계에 대한 현재와 목표를 문서화한 것이다.

오답분석

① 블록체인 네트워크 : 가상화폐를 거래할 때 해킹을 막기 위한 기술망으로 출발한 개념이며, 블록에 데이터를 담아 체인형태로 연결, 수많은 컴퓨터에 동시에 이를 복제해 저장하는 분산형 데이터 저장 기술을 말한다.
③ 제3의 플랫폼 : 전통적인 ICT 산업인 제2플랫폼(서버, 스토리지)과 대비되는 모바일, 빅데이터, 클라우드, 소셜네트워크 등으로 구성된 새로운 플랫폼을 말한다.
④ 클라우드 – 클라이언트 아키텍처 : 인터넷에 자료를 저장해 두고, 사용자가 필요한 자료 등을 자신의 컴퓨터에 설치하지 않고도 인터넷 접속을 통해 언제나 이용할 수 있는 서비스를 말한다.
⑤ 스마트워크센터 : 공무용 원격 근무 시설로 여러 정보통신기기를 갖추고 있어 사무실로 출근하지 않아도 되는 유연근무시스템 중 하나를 말한다.

11

정답 ③

ㄱ. 신공공관리론은 기업경영의 논리와 기법을 정부에 도입·접목하려는 노력이다.
ㄷ. 신공공관리론은 거래비용이론, 공공선택론, 주인 – 대리인이론 등을 이론적 기반으로 한다.
ㅁ. 신공공관리론은 가격과 경쟁에 의한 행정서비스 공급으로 공공서비스의 생산성을 강조하기 때문에 형평의 저해 가능성이 있다.

오답분석

ㄴ. 신공공관리론은 법규나 규칙중심의 관리보다는 임무와 사명중심의 관리를 강조한다.
ㄹ. 중앙정부의 감독과 통제를 강화하는 것은 전통적인 관료제 정부의 특징이다. 신공공관리론은 분권을 강조한다.

12

정답 ⑤

품목별 예산제도는 지출대상 중심으로 분류를 사용하기 때문에 지출의 대상은 확인할 수 있으나, 지출의 주체나 목적은 확인할 수 없다.

13

정답 ①

행정지도는 상대방의 임의적 협력을 구하는 비강제적 행위로, 법적 분쟁을 사전에 회피할 수 있다는 장점이 있다.

오답분석

② 행정주체가 행정객체를 유도하는 행위이므로 행정환경의 변화에 대해 탄력적으로 적용이 가능하다는 것이 행정지도의 장점이다.
③ 행정지도는 비권력적 행위로서 강제력을 갖지 않는다.
④ 강제력 없이 단순 유도하는 행위로, 이와 관련해 행정주체는 감독권한을 갖지 못한다.
⑤ 행정지도는 비권력적 사실행위에 해당된다.

14

정답 ③

ㄱ. 파머는 유기적 행정을 위해 행정조직의 구조가 유연해져야 한다고 주장하였다.
ㄷ. 담론이론에서 행정은 시민들이 민주적으로 참여하고 토론하는 공간이 되어야 한다고 주장하였다.

오답분석

ㄴ. 파머는 타인을 자신과 동등한 주체로 인식하는 것을 바탕으로 개방적이고 반권위적 시민참여 행정을 강조하였다.

15

정답 ④

ㄴ. 국가재정법 제17조 제1항에 "한 회계연도의 모든 수입을 세입으로 하고, 모든 지출은 세출로 한다."라는 내용이 명시되어 있다.
ㄷ. 지방재정법 제34조 제3항에 따르면 해당 경우는 적용 예외사항으로 규정되어 있다.

오답분석

ㄱ. 예산총계주의는 세입과 세출에 대해 누락 없이 예산에 계상해야 한다는 완전성에 대한 원칙이다.

16

정답 ②

(가) 1910년대 과학적 관리론 → (다) 1930년대 인간관계론 → (나) 1940년대 행정행태론 → (라) 1990년대 후반 신공공서비스론의 순서이다.

PART 3

17

정답 ②

중앙정부가 지방자치단체별로 지방교부세를 교부할 때 사용하는 기준지표는 지방재정자립도가 아닌 재정력지수[(기준재정수입액)÷(기준재정수요액)]이다. 중앙정부는 지방자치단체의 재정력지수가 1보다 클 경우 보통교부세를 교부하지 않는다.

18

정답 ③

개방형 인사관리는 인사권자에게 재량권을 주어 정치적 리더십을 강화하고 조직 장악력을 높여준다.

개방형 인사관리의 장단점

장점	• 행정의 대응성 제고 • 조직의 신진대사 촉진 • 정치적 리더십 확립을 통한 개혁 추진 • 세력 형성 및 조직 장악력 강화 • 행정에 전문가주의적 요소 강화 • 권위주의적 행정문화 타파 • 우수인재의 유치 • 행정의 질적 수준 증대 • 공직침체 및 관료화의 방지 • 재직공무원의 자기개발 노력 촉진
단점	• 조직의 응집성 약화 • 직업공무원제와 충돌 • 정실임용의 가능성 • 구성원 간의 불신 • 공공성 저해 가능성 • 민·관 유착 가능성 • 승진기회 축소로 재직공무원의 사기 저하 • 빈번한 교체근무로 행정의 책임성 저하 • 복잡한 임용절차로 임용비용 증가

19

정답 ⑤

롤스(J. Rawls)는 정의의 제1원리(평등)가 제2원리(차등조정의 원리)에 우선하고, 제2원리 중에서는 기회균등의 원리가 차등의 원리에 우선되어야 한다고 보았다.

20

정답 ①

해외일정을 핑계로 책임과 결정을 미루는 행위 등의 해당 사례는 관료들이 위험회피적이고 변화저항적이며 책임회피적인 보신주의로 빠지는 행태를 말한다.

21

정답 ③

중첩성은 동일한 기능을 여러 기관들이 혼합적인 상태에서 협력적으로 수행하는 것을 의미한다. 동일한 기능을 여러 기관들이 독자적인 상태에서 수행하는 것은 중복성(반복성)이다.

22

정답 ③

각 중앙관서의 장은 성과금을 지급하거나 절약된 예산을 다른 사업에 사용하고자 하는 때에는 예산성과금심사위원회의 심사를 거쳐야 한다(국가재정법 제49조 제2항).

23

정답 ⑤

오답분석

ㄱ. 관세청은 기획재정부 소속이다.
ㄷ. 특허청은 산업통상자원부 소속이다.
ㄹ. 산림청은 농림축산식품부 소속이다.

24

정답 ③

오답분석

ㄱ. 첫머리 효과(시간적 오류) : 최근의 실적이나 능력을 중심으로 평가하려는 오류이다.
ㄹ. 선입견에 의한 오류(고정관념에 기인한 오류) : 평정자의 편견이 평가에 영향을 미치는 오류이다.

25

정답 ⑤

지방공사란 자본금을 주식으로 분할하여 그 2분의 1 이상을 자치단체가 출자한 법인체를 말한다. 다만, 지방공기업법 제53조 제2항에 따르면 필요한 경우에는 자본금의 2분의 1을 넘지 아니하는 범위에서 지방자치단체 외의 자로 하여금 공사에 출자하게 할 수 있다.

출자(지방공기업법 제53조 제1항 · 제2항)
① 공사의 자본금은 그 전액을 지방자치단체가 현금 또는 현물로 출자한다.
② 제1항에도 불구하고 공사의 운영을 위하여 필요한 경우에는 자본금의 2분의 1을 넘지 아니하는 범위에서 지방자치단체 외의 자(외국인 및 외국법인을 포함한다)로 하여금 공사에 출자하게 할 수 있다. 증자의 경우에도 또한 같다.

26

정답 ③

정부의 결산 과정은 ⓜ 해당 행정기관의 출납 정리 · 보고 – ⓛ 중앙예산기관의 결산서 작성 · 보고 – ㉠ 감사원의 결산 확인 – ㉣ 국무회의 심의와 대통령의 승인 – ㉢ 국회의 결산심의 순서로 진행된다.

27

정답 ③

기획재정부장관은 국무회의의 심의를 거쳐 대통령의 승인을 얻은 다음 연도의 예산안편성지침을 매년 3월 31일까지 각 중앙관서의 장에게 통보하여야 한다(국가재정법 제29조 제1항).

28

정답 ②

공공선택론은 유권자, 정치가, 그리고 관료를 포함하는 정치제도 내에서 자원배분과 소득분배에 대한 결정이 어떻게 이루어지는지를 분석하고, 그것을 기초로 하여 정치적 결정의 예측 및 평가를 목적으로 한다.

오답분석

① 과학적 관리론 : 최소의 비용으로 최대의 성과를 달성하고자 하는 민간기업의 경영합리화 운동으로, 객관화된 표준과업을 설정하고 경제적 동기 부여를 통하여 절약과 능률을 달성하고자 하였던 고전적 관리연구이다.
③ 행태주의 : 면접이나 설문조사 등을 통해 인간행태에 대한 규칙성과 유형성 · 체계성 등을 발견하여 이를 기준으로 종합적인 인간관리를 도모하려는 과학적 · 체계적인 연구를 말한다.
④ 발전행정론 : 환경을 의도적으로 개혁해 나가는 행정인의 창의적 · 쇄신적인 능력을 중요시한다. 또한 행정을 독립변수로 간주해 행정의 적극적 기능을 강조한 이론이다.
⑤ 현상학 : 사회적 행위의 해석에 있어서 이러한 현상 및 주관적 의미를 파악하여 이해하는 철학적 · 심리학적 접근법, 주관주의적 접근(의식적 지향성 중시)으로, 실증주의 · 행태주의 · 객관주의 · 합리주의를 비판하면서 등장하였다.

29

정답 ②

부패가 일상적으로 만연화되어 행동규범이 예외적인 것으로 전락한 상황은 제도화된 부패이다.

부패의 종류

종류	내용
생계형 부패	하급관료들이 생계유지를 위하여 저지르는 부패이다.
권력형 부패	정치권력을 이용하여 막대한 이득을 추구하는 부패이다.
일탈형 부패	일시적인 부패로 구조화되지 않았고, 윤리적인 일탈에 의한 개인적인 부패이다.
백색 부패	사익을 추구하는 의도 없이 선의의 목적으로 행해지는 부패로서 사회적으로 용인될 수 있는 수준이다.
흑색 부패	사회적으로 용인될 수 있는 수준을 넘어서 구성원 모두가 인정하고 처벌을 원하는 부패로서 법률로 처벌한다.
회색 부패	처벌하는 것에 관해 사회적으로 논란이 있는 부패로서 법률보다는 윤리강령에 의해 규정된다.

30

정답 ①

합리모형에 대한 설명이다. 회사모형은 환경의 불확실성으로 인해 단기적인 대응을 통해 불확실성을 회피·통제한다.

회사모형의 특징

- 갈등의 준해결 : 받아들일만한 수준의 의사결정
- 표준운영절차(SOP) 중시
- 불확실성 회피 : 단기적 대응, 단기적 환류를 통한 불확실성 회피
- 휴리스틱적 학습(도구적 학습)

31

정답 ①

구조적 분화와 전문화는 집단 간 갈등을 조성한다. 이는 분화된 조직을 통합하거나 인사교류를 통해 갈등을 해소할 수 있다.

32

정답 ③

소극적 대표성은 관료의 출신성분이 태도를 결정하는 것이며, 적극적 대표성은 태도가 행동을 결정하는 것을 말한다. 그러나 대표관료제는 소극적 대표성이 반드시 적극적 대표성으로 이어져 행동하지 않을 수도 있는 한계성이 제기되는데, ③은 자동적으로 확보한다고 하였으므로 옳지 않다.

33

정답 ⑤

예산제도는 품목별 예산(LIBS, 1920) → 성과주의 예산(PBS, 1950) → 기획 예산(PPBS, 1965) → 영기준 예산(ZBB, 1979) → 신성과주의 예산(프로그램 예산, 1990) 순으로 발전해 왔다.

34

정답 ②

성과규제에 대한 설명이다. 관리규제는 수단과 성과가 아닌 과정을 규제하는 것이다.

규제의 유형

유형	내용
성과규제	정부가 사회 문제 해결을 위해서 피규제자에게 목표를 정해주고 이를 달성할 것을 요구하는 규제이다.
수단규제	정부가 사전적으로 목표달성을 위한 기술 등의 수단을 규제이다.
관리규제	수단이나 성과가 아닌 과정을 규제이다.

35

정답 ①

총액배분 자율편성예산제도는 중앙예산기관이 국가재정운용계획에 따라 각 부처의 지출한도를 하향식으로 설정해주면 각 부처가 배정받은 지출한도 내에서 자율적으로 편성하는 예산제도이다.

36

정답 ②

근무성적평정은 모든 공무원이 대상이다. 다만 5급 이하의 공무원은 원칙적으로 근무성적평가제에 의한다. 4급 이상 공무원은 평가대상 공무원과 평가자가 체결한 성과계약에 따라 성과목표 달성도 등을 평가하는 성과계약 등 평가제로 근무성적평정을 실시한다.

37

정답 ③

신공공관리론은 행정과 경영을 동일하게 보는 관점으로 기업경영의 원리와 기법을 공공부문에 그대로 이식하려 한다는 비판이 있다.

오답분석

① 동태적 측면을 파악할 수 없다.
② 생태론에 대한 설명이다.
④ 합리적 선택 신제도주의가 방법론적 개체주의에, 사회학적 신제도주의는 방법론적 전체주의에 기반을 두고 있다.

PART 3

38

정답 ②

정보의 비대칭성에 의한 시장실패는 보조금이나 정부규제로 대응한다.

오답분석

① 공공재로 인한 시장실패는 공적공급으로 대응한다.
③ 자연독점은 공적공급 또는 정부규제로 대응한다.
④ 관료의 사적 목표의 설정은 정부실패의 원인으로 민영화가 필요하다.
⑤ 파생적 외부효과 역시 정부실패의 원인으로서 정부보조금 삭감 또는 규제완화가 필요하다.

39

정답 ③

품목별 분류는 지출대상별 분류이기 때문에 사업의 성과와 결과에 대한 측정이 어렵다.

오답분석

① 기능별 분류는 시민을 위한 분류라고도 하며, 행정수반의 재정정책을 수립하는 데 도움을 준다.
② 조직별 분류는 부처 예산의 전모를 파악할 수 있지만, 사업의 우선순위 파악이나 예산의 성과 파악이 어렵다.
④ 경제 성질별 분류는 국민소득, 자본형성 등에 관한 정부활동의 효과를 파악하는 데 유리하다.
⑤ 품목별 분류는 예산집행기관의 신축성을 저해한다.

40

정답 ④

우리나라는 행정의 양대 가치인 민주성과 능률성에 대해 규정하고 있다.

목적(국가공무원법 제1조)
이 법은 각급 기관에서 근무하는 모든 국가공무원에게 적용할 인사행정의 근본 기준을 확립하여 그 공정을 기함과 아울러 국가공무원에게 국민 전체의 봉사자로서 행정의 민주적이며 능률적인 운영을 기하게 하는 것을 목적으로 한다.

목적(지방공무원법 제1조)
이 법은 지방자치단체의 공무원에게 적용할 인사행정의 근본 기준을 확립하여 지방자치행정의 민주적이며 능률적인 운영을 도모함을 목적으로 한다.

목적(지방자치법 제1조)
이 법은 지방자치단체의 종류와 조직 및 운영, 주민의 지방자치행정 참여에 관한 사항과 국가와 지방자치단체 사이의 기본적인 관계를 정함으로써 지방자치행정을 민주적이고 능률적으로 수행하고, 지방을 균형 있게 발전시키며, 대한민국을 민주적으로 발전시키려는 것을 목적으로 한다.

41

정답 ①

권력문화적 접근은 권력남용에 의해 부패가 유발된다고 보는 접근이며, 공직자들의 잘못된 의식구조를 부패의 원인으로 보는 접근은 구조적 접근에 해당한다.

42

정답 ⑤

원래 행정처분을 한 처분청은 그 처분에 하자가 있는 경우에는 원칙적으로 별도의 법적 근거가 없더라도 스스로 이를 직권으로 취소할 수 있지만, 그와 같이 직권취소를 할 수 있다는 사정만으로 이해관계인에게 처분청에 대하여 그 취소를 요구할 신청권이 부여된 것으로 볼 수는 없다(대판 2006.6.30, 2004두701).

오답분석

① 행정기본법 제18조 제1항 단서
② 행정기본법 제18조 제2항 제2호
③ 행정기본법 제19조 제2항
④ 대판 2019.10.17, 2018두104

위법 또는 부당한 처분의 취소(행정기본법 제18조)
① 행정청은 위법 또는 부당한 처분의 전부나 일부를 소급하여 취소할 수 있다. 다만, 당사자의 신뢰를 보호할 가치가 있는 등 정당한 사유가 있는 경우에는 장래를 향하여 취소할 수 있다.
② 행정청은 제1항에 따라 당사자에게 권리나 이익을 부여하는 처분을 취소하려는 경우에는 취소로 인하여 당사자가 입게 될 불이익을 취소로 달성되는 공익과 비교·형량(衡量)하여야 한다. 다만, 다음 각 호의 어느 하나에 해당하는 경우에는 그러하지 아니하다.
1. 거짓이나 그 밖의 부정한 방법으로 처분을 받은 경우
2. 당사자가 처분의 위법성을 알고 있었거나 중대한 과실로 알지 못한 경우

43

정답 ⑤

고정간격 강화는 일정한 시간적 간격을 두고 강화요인을 제공하는 방법이며, 빈도는 비율과 관련된 것이다.

강화

- 연속적 강화 : 바람직한 행동이 나올 때마다 강화요인을 제공하며, 초기단계의 학습에서 바람직한 행동의 빈도를 늘리는 데 효과적이다.
- 단속적 강화
  - 고정간격법 : 일정한 시간적 간격을 두고 강화요인을 제공한다.
  - 변동간격법 : 불규칙적인 시간 간격에 따라 강화요인을 제공한다.
  - 고정비율법 : 일정한 빈도의 바람직한 행동이 나타났을 때 강화요인을 제공한다.
  - 변동비율법 : 불규칙한 횟수의 바람직한 행동이 나타났을 때 강화요인을 제공한다.

44

정답 ①

소방직은 소방정감 이상이 공개대상이다.

등록재산의 공개(공직자윤리법 제10조 제1항)

1. 대통령, 국무총리, 국무위원, 국회의원, 국가정보원의 원장 및 차장 등 국가의 정무직 공무원
2. 지방자치단체의 장, 지방의회의원 등 지방자치단체의 정무직 공무원
3. 일반직 1급 국가공무원(국가공무원법에 따라 배정된 직무등급이 가장 높은 등급의 직위에 임용된 고위공무원단에 속하는 일반직 공무원을 포함한다) 및 지방공무원과 이에 상응하는 보수를 받는 별정직 공무원(고위공무원단에 속하는 별정직 공무원을 포함한다)
4. 대통령령으로 정하는 외무공무원과 국가정보원의 기획조정실장
5. 고등법원 부장판사급 이상의 법관과 대검찰청 검사급 이상의 검사
6. 중장 이상의 장관급 장교
7. 교육공무원 중 총장·부총장·학장(대학교의 학장은 제외한다) 및 전문대학의 장과 대학에 준하는 각종 학교의 장, 특별시·광역시·특별자치시·도·특별자치도의 교육감
8. 치안감 이상의 경찰공무원 및 특별시·광역시·특별자치시·도·특별자치도의 지방경찰청장

8의2. 소방정감 이상의 소방공무원

9. 지방 국세청장 및 3급 공무원 또는 고위공무원단에 속하는 공무원인 세관장
10. 제3호부터 제6호까지, 제8호 및 제9호의 공무원으로 임명할 수 있는 직위 또는 이에 상당하는 직위에 임용된 국가공무원법 및 지방공무원법에 따른 임기제공무원. 다만, 제4호·제5호·제8호 및 제9호 중 직위가 지정된 경우에는 그 직위에 임용된 국가공무원법 및 지방공무원법에 따른 임기제공무원만 해당된다.
11. 공기업의 장·부기관장 및 상임감사, 한국은행의 총재·부총재·감사 및 금융통화위원회의 추천직 위원, 금융감독원의 원장·부원장·부원장보 및 감사, 농업협동조합중앙회·수산업협동조합중앙회의 회장 및 상임감사
12. 그 밖에 대통령령으로 정하는 정부의 공무원 및 공직유관단체의 임원
13. 제1호부터 제12호까지의 직(職)에서 퇴직한 사람(제6조 제2항의 경우에만 공개한다)

45

정답 ③

측정도구를 구성하는 측정지표(측정문항) 간의 일관성은 신뢰도를 의미한다. 내용타당성이란 처치와 결과 사이의 관찰된 관계로부터 도달하게 된 인과적 결론의 적합성 정도를 말한다.

46

정답 ⑤

신공공관리론은 폭넓은 행정재량권을 중시하고, 신공공서비스론은 재량의 필요성은 인정하나 제약과 책임이 수반된다고 본다. 신공공관리론은 시장의 책임을 중시하고, 신공공서비스론은 행정책임의 복잡성과 다면성을 강조한다.

47

정답 ③

우리나라의 총액인건비제도는 국 단위기구 이상은 '대통령령(직제)'에서 규정하고, 과 단위기구에서는 각 부처의 자율성을 인정한다.

48

정답 ③

집중화, 관대화, 엄격화 경향은 강제배분법을 활용함으로써 오류를 방지할 수 있다.

근무성적평정의 방법

구분	내용
산출기록법	근무실적을 일정한 기간동안 수량적으로 평가함
주기검사법	특정시기의 생산기록을 주기적으로 측정함
도표식평정척도법	가장 많이 사용하는 방법으로, 실적·능력의 평정요소와 우열을 나타내는 등급을 표시함
강제배분법	집단적 서열법으로 집중화·관대화 경향의 방지를 위해 사용함
강제선택법	체크리스트 4～5개 중 강제로 선택하게 되며 연쇄효과 방지가 가능함
중요사건기록법	성적평정에 영향을 미치는 중요사건들을 기록함
행태기준척도법	도표식평정척도법+중요사건기록법
행태관찰척도법	도표식평정척도법+행태기준척도법
목표관리법	과정보다는 결과중심으로 근무성적을 평정함

49

정답 ②

조직군생태론은 종단적 조직분석을 통하여 조직의 동형화를 주로 연구한다.

50

정답 ⑤

최고관리자의 관료에 대한 지나친 통제가 조직의 경직성을 초래하여 관료제의 병리현상이 나타난다고 주장한 학자는 머튼(Merton)이다.

행정 - 주관식

51	52	53	54	55
ㄱ	ㄴ	ㄴ, ㄹ	ㄱ	ㄷ, ㄹ
56	57	58	59	60
ㄷ, ㄹ, ㅁ	ㄱ	ㄱ, ㄹ	ㄱ, ㄴ, ㄷ	ㄷ

51

정답 ㄱ

상황론적 리더십

- 추종자(부하)의 성숙단계에 따라 리더십의 효율성이 달라진다는 주장은 Hersey & Blanchard의 삼차원이론(생애주기이론)이다.
- 리더의 행동이나 특성이 상황에 따라 달라진다는 것은 상황론적 리더십에 대한 설명이다.
- 상황이 유리하거나 불리한 조건에서는 과업을 중심으로 한 리더십이 효과적이라는 것은 Fiedler의 상황조건론이다.

PART 3

52

정답 ㄴ

규칙적 오류는 어떤 평정자가 다른 평정자들보다 언제나 좋은 점수 혹은 나쁜 점수를 주는 것을 말한다.

근무평정상의 오류

- 연쇄효과 : 피평정자의 특정 요소가 다른 평정요소의 평가에까지 영향을 미치는 것이다.
- 집중화 오류 : 무난하게 중간치의 평정만 일어나는 것이다.
- 규칙적 오류 : 한 평정자가 지속적으로 낮은 혹은 높은 평정을 보이는 것이다.
- 시간적 오류 : 시간적으로 더 가까운 때에 일어난 사건이 평정에 더 큰 영향을 끼치는 것이다.
- 상동적 오류 : 피평정자에 대한 선입견이나 고정관념이 다른 요소의 평정에 영향을 끼치는 것이다.

53

정답 ㄴ, ㄹ

직무평가란 직무의 각 분야가 기업 내에서 차지하는 상대적 가치의 결정으로, 크게 비계량적 평가 방법과 계량적 평가 방법으로 나눌 수 있다. 비계량적 평가 방법에는 서열법과 분류법이 있으며, 계량적 평가 방법에는 점수법과 요소비교법이 있다.

직무평가 방법

구분		설명
계량적	점수법	직무를 구성 요소별로 나누고, 각 요소에 점수를 매겨 평가하는 방법이다.
	요소비교법	직무를 몇 개의 중요 요소로 나누고, 이들 요소를 기준직위의 평가 요소와 비교하여 평가하는 방법이다.
비계량적	서열법	직원들의 근무 성적을 평정함에 있어 평정 대상자(직원)들을 서로 비교하여 서열을 정하는 방법이다.
	분류법	미리 작성한 등급기준표에 따라 평가하고자 하는 직위의 직무를 어떤 등급에 배치할 것인가를 결정하는 방법이다.

54

정답 ㄱ

상동적 오류는 유형화의 오류로, 편견이나 선입견 또는 고정관념(Stereotyping)에 의한 오류를 말한다.

오답분석

ㄴ. 연속화 오류(연쇄효과) : 한 평정 요소에 대한 평정자의 판단이 다른 평정 요소에도 영향을 주는 현상이다.
ㄷ. 관대화 오류 : 평정결과의 점수 분포가 우수한 쪽에 집중되는 현상이다.
ㄹ. 규칙적 오류 : 다른 평정자들보다 항상 후하거나 나쁜 점수를 주는 현상이다.
ㅁ. 시간적 오류 : 최근의 사건·실적이 평정에 영향을 주는 오류 현상이다.

55

정답 ㄷ, ㄹ

오답분석

ㄱ. 엽관주의는 정당에 대한 충성도와 공헌도를 기준으로 관직에 임용하는 방식의 인사제도이다.
ㄴ. 엽관주의는 국민과의 동질성 및 일체감을 확보하고, 선거를 통해 집권정당과 관료제의 책임성을 확보하고자 하는 민주주의의 실천원리로써 대두되었다.
ㅁ. 엽관주의는 국민에 대한 관료의 대응성을 높일 수 있다는 장점이 있다.

56

정답 ㄷ, ㄹ, ㅁ

오답분석

ㄱ. 보수주의 정부관에 따르면 정부에 대한 불신이 강하고 정부실패를 우려한다.
ㄴ. 공공선택론은 정부를 공공재의 생산자로 규정하고 있다. 그러나 대규모 관료제에 의한 행정은 효율성을 극대화하지 못한다고 비판하므로 옳지 않다.

보수주의 정부관과 진보주의 정부관의 비교

구분	보수주의	진보주의
추구하는 가치	• 자유 강조(국가로부터의 자유) • 형식적 평등, 기회의 평등 중시 • 교환적 정의 중시	• 자유를 열렬히 옹호(국가에로의 자유) • 실질적 평등, 결과의 평등 중시 • 배분적 정의 중시
인간관	• 합리적이고 이기적인 경제인	• 오류 가능성의 여지 인정
정부관	• 최소한의 정부 → 정부 불신	• 적극적인 정부 → 정부 개입 인정
경제 정책	• 규제완화, 세금감면, 사회복지정책의 폐지	• 규제옹호, 소득재분배정책, 사회보장정책
비고	• 자유방임적 자본주의	• 복지국가, 사회민주주의, 수정자본주의

57

정답 ㄱ

중앙행정기관의 장과 지방자치단체의 장이 사무를 처리할 때 의견을 달리하는 경우 이를 협의·조정하기 위하여 신청에 의해 국무총리 소속으로 행정협의조정위원회를 설치한다. 단, 실질적인 구속력은 없다.

58

정답 ㄱ, ㄹ

오답분석

ㄴ. X이론은 매슬로의 욕구계층 중 하위욕구를, Y이론은 상위욕구를 중요시한다.
ㄷ. 형평이론은 자신의 노력과 그에 따른 보상이 준거인물과 비교하여 불공정할 때 동기가 유발된다고 보았다.

59

정답 ㄱ, ㄴ, ㄷ

ㄱ. 강임이 아닌 강등에 대한 설명이다. 강임은 징계가 아니라 직제・정원의 변경, 예산감소 등을 이유로 직위가 폐직되거나 하위의 직위로 변경되어 과원이 된 경우, 같은 직렬이나 다른 직렬의 하위 직급으로 임명하는 것이다.

ㄴ. 직위해제가 아닌 직권면직의 대상이다.

ㄷ. 징계의결요구의 소멸시효는 3년이지만, 금품 및 향응 수수, 공금의 횡령・유용의 경우에는 5년이다.

징계의 종류

• 경징계
  - 견책 : 전과에 대하여 훈계하고 회개하게 하고 6개월간 승급 정지
  - 감봉 : 1～3개월간 보수의 1/3을 삭감하고 1년간 승급 정지

• 중징계
  - 정직 : 1～3개월간 신분은 보유, 직무수행 정지, 보수는 전액을 감하고 1년 6개월간 승급 정지
  - 강등 : 1계급 하향 조정, 신분은 보유, 3개월간 직무수행 정지, 보수는 전액을 삭감하고 1년 6개월간 승급 정지
  - 해임 : 강제 퇴직, 3년간 공무원 재임용 불가
  - 파면 : 강제 퇴직, 5년간 공무원 재임용 불가, 퇴직급여의 1/4～1/2 지급 제한

60

정답 ㄷ

재결(裁決)은 행정심판의 청구에 대하여 행정심판위원회가 행하는 판단을 뜻한다(행정심판법 제2조 제3호). 그중 청구사건에 대한 심리결과, 청구인의 심판청구가 이유 없다고 인정하여 청구를 배척하고 당초의 처분이 적법하고 타당함을 인정하는 재결은 '기각재결'이다.

재결의 종류

• 각하재결 : 청구사건에 대한 요건심리 결과 심판청구 요건을 갖추지 못하여 부적법하기 때문에 본안에 대한 심리를 거절하는 재결이다.

• 인용재결 : 청구사건에 대한 심리결과 심판청구가 이유 있고, 당초의 처분이나 부작위가 위법 또는 부당하다고 인정하여 청구인의 주장을 받아들이는 내용의 재결이다.

• 수용재결 : 수용재결이란 협의불능 또는 협의가 성립되지 않은 때에 관할 토지수용위원회에 의하여 보상금의 지급 또는 공탁을 조건으로 하는 수용의 효과를 완성하여 주는 형성적 행정행위로, 사업시행자가 신청하는 수용의 종국적 절차를 말한다.

PART 3

| 경영 – 객관식 |

01	02	03	04	05	06	07	08	09	10	11	12	13	14	15	16	17	18	19	20
④	⑤	⑤	①	⑤	③	③	②	①	①	⑤	②	④	①	③	①	③	①	⑤	①
21	22	23	24	25	26	27	28	29	30	31	32	33	34	35	36	37	38	39	40
②	③	⑤	①	④	④	⑤	⑤	⑤	④	②	⑤	③	①	②	③	②	⑤	④	④
41	42	43	44	45	46	47	48	49	50										
②	①	③	⑤	②	③	⑤	②	③	①										

01

정답 ④

자본자산가격결정모형(CAPM)이란 자산의 균형가격이 어떻게 결정되어야 하는지를 설명하는 이론이다. 구체적으로 자본시장이 균형상태가 되면 위험과 기대수익률 사이에 어떤 관계가 성립하는지 설명한다. 마찰적 요인이 없는 완전자본시장을 가정하기 때문에 세금과 거래비용이 존재하지 않는다.

CAPM의 가정
- 모든 투자자는 위험회피형이며, 기대효용을 극대화할 수 있도록 투자한다.
- 모든 투자자는 평균 – 분산 기준에 따라 투자한다.
- 모든 투자자의 투자기간은 단일기간이다.
- 자신의 미래 수익률분포에 대하여 모든 투자자가 동질적으로 기대한다.
- 무위험자산이 존재하며, 모든 투자자는 무위험이자율로 제한 없이 차입, 대출이 가능하다.
- 세금, 거래비용과 같은 마찰적 요인이 없는 완전자본시장을 가정한다.

02

정답 ⑤

오답분석

① 자본시장선은 시장포트폴리오와 무위험자산에 대한 자산배분을 통하여 구성된 자본배분선을 말한다. 부채를 사용할 때 지급하는 대가인 타인자본 비용과는 관계가 없다.
② 자본배분선은 무위험자산이 있는 경우 효율적 투자자가 어떻게 투자를 하는지를 표시한 수익률 – 위험 간 관계선이다.
③ 자본시장선은 무위험자산을 고려한다.
④ 증권시장선은 비효율적인 포트폴리오 혹은 개별증권들에 대한 위험과 수익률 간의 관계를 결정해 준다.

03

정답 ⑤

포트폴리오 이론(MPT; Modern Portfolio Theory)
- 정의 : 해리 마코위츠에 의해 체계화된 이론으로, 자산을 분산투자하여 포트폴리오를 만들게 되면 분산투자 전보다 위험을 감소시킬 수 있다는 이론이다.
- 가정 : 투자자는 위험회피성향을 가지고 있으며, 기대효용 극대화를 추구한다.
  - 동질적 예측
  - 평균분산기준 : 기대수익은 기댓값의 평균으로 측정하며, 위험은 분산으로 측정한다.
  - 단일기간모형

04

정답 ①

오답분석

다. 기업의 조직구조가 전략에 영향을 미치는 것이 아니라 조직의 전략이 정해지면 그에 맞는 조직구조를 선택하므로, 조직의 전략이 조직구조에 영향을 미친다.

라. 대량생산 기술을 사용하는 조직은 기계적 조직구조에 가깝게 설계해야 한다. 기계적 조직구조는 효율성을 강조하며 고도의 전문화, 명확한 부서화, 좁은 감독의 범위, 높은 공식화, 하향식 의사소통의 특징을 갖는다. 반면, 유기적 조직구조는 유연성을 강조하며 적응성이 높고 환경변화에 빠르게 적응하는 것을 강조한다.

05

정답 ⑤

인간관계론은 과학적 관리법의 비인간적 합리성과 기계적 도구관에 대한 반발로 인해 발생한 조직이론으로, 메이요(E. Mayo)와 뢰슬리스버거(F. Roethlisberger)가 중심이 된 호손실험이 출발점이 되었다. 조직 내의 인간적 요인을 조직의 주요 관심사로 여겼으며, 심리요인을 중시하고, 비공식 조직이 공식조직보다 생산성 향상에 더 중요한 역할을 한다고 생각했다.

06

정답 ③

OJT(On the Job Training)는 직장 내 교육훈련으로 회사 내에서 업무를 진행하면서 직속 상사로부터 교육, 훈련을 받는 것을 뜻한다. 즉, 실무상의 교육으로, 다른 말로는 도제식 훈련이라고 할 수 있다.

장점은 종업원이 실제로 수행하게 될 직무와 직접 관련성이 높은 교육을 받게 되며, 작업현장에서 교육이 실시되므로 결과에 대한 피드백이 즉각 주어지고, 동기부여 효과가 크다는 것이다. 상대적으로 비용이 적게 들어 효율적이며 능력과 수준에 따른 맞춤형 교육이 가능하다. 단점은 전문교육자가 아니므로 교육훈련의 성과가 떨어질 수 있으며, 일과 교육의 병행으로 집중도가 낮아질 수 있다는 것이다.

07

정답 ③

전문가시스템(ES)의 구성요소로는 지식베이스, 추론기제, 데이터베이스, 설명하부시스템, 지식획득하부시스템, 사용자인터페이스가 있다.

전문가시스템(ES)

전문가가 지닌 전문지식과 경험, 노하우 등을 컴퓨터에 축적하여 전문가와 동일한 또는 그 이상의 문제 해결 능력을 가질 수 있도록 만들어진 시스템이다. 전문가의 지식을 컴퓨터에 축적하고 다루어 나가려고 한다면 어떠한 방법으로 하면 좋은가 등을 연구하는 것을 지식 공학이라고 하며, 대화 등의 방법을 통하여 전문가의 지식을 컴퓨터에 체계적으로 수록하고 관리・수정・보완함으로써 그 시스템의 효율성을 향상시켜 나가는 사람을 지식 기술자(Knowledge Engineer)라고 한다. 그리고 그 지식을 축적해 놓은 것을 지식 베이스(Knowledge Base)라고 하는데, 우리가 흔히 말하는 데이터 베이스에 해당되는 개념이다. 전문가시스템이란 먼저 대상이 되는 문제의 특성을 기술하고, 지식을 표현하는 기본 개념의 파악, 지식의 조직화를 위한 구조 결정 단계를 거쳐 구체화된 지식의 표현과 성능 평가를 하는 과정을 거쳐서 이루어진다. 전문가시스템은 의료 진단, 설비의 고장 진단, 주식 투자 판단, 생산 일정 계획 수립, 자동차 고장 진단, 효과적 직무 배치, 자재 구매 일정, 경영 계획 분야 등을 비롯한 인간의 지적 능력을 필요로 하는 분야에 적용되고 있다.

08

정답 ②

허시와 블랜차드(P. Hersey & K. H. Blanchard)의 상황적 리더십

- 기본가정

  허시와 블랜차드는 리더십의 효과가 구성원의 성숙도라는 상황요인에 의하여 달라질 수 있다는 상황적 리더십 모델을 제안하였다.

- 리더십 모델

  여기서 구성원의 성숙도란 구성원의 업무에 대한 능력과 의지를 뜻하는 것인데, 구체적으로는 달성 가능한 범위 내에서 높은 목표를 세울 수 있는 성취욕구, 자신의 일에 대해서 책임을 지려는 의지와 능력, 과업과 관련된 교육과 경험을 종합적으로 지칭하는 변수가 된다.

- 지시형 리더십 : 업무의 구체적 지시, 밀착 감독
- 판매형 리더십 : 의사결정에 대해 구성원이 그 내용을 이해, 납득할 수 있도록 기회 부여
- 참여형 리더십 : 의사결정에서 정보와 아이디어를 공유
- 위임형 리더십 : 결정과 실행책임을 구성원에게 위임

09

정답 ①

오하이오 주립대학의 연구에 따르면 리더십의 유형은 '구조적 리더십'과 '배려적 리더십'에 따라 형성된다. 구조적 리더십은 리더가 부하들의 역할을 명확히 정해주고 직무수행의 절차를 정하거나 지시, 보고 등을 포함한 집단 내의 의사소통 경로를 조직화하는 행위를 말하며, 배려적 리더십은 리더가 부하들의 복지와 안녕, 지위, 공헌 등에 관심을 가져주는 행동을 말한다.

10

정답 ①

JIT(적시생산시스템)는 무재고 생산방식 또는 린(Lean) 시스템이라고도 하며, 인력과 생산설비 등 생산능력을 필요한 만큼만 유지하면서 생산효율을 극대화하는 생산방식을 의미한다. 이 생산방식을 창안한 도요타 자동차의 이름을 따서 도요타 생산방식이라고도 부른다. 필요한 것을 필요한 만큼 필요한 때에 만드는 생산방식으로, 무재고 생산을 지향하고 생산의 평준화를 끌어낸다. 서브시스템으로 칸반(Kanban) 시스템이 있다.

11

정답 ⑤

대비오차(Contrast Errors)는 대조효과라고도 하며, 고과자가 연속적으로 평가되는 두 피고과자 간의 평가점수 차이가 실제보다 더 큰 것으로 느끼게 되는 오류를 말한다. 면접 시 우수한 후보의 바로 뒷 순서에 면접을 보는 평범한 후보가 중간 이하의 평가점수를 받는 경우가 바로 그 예라고 할 수 있다.

12

정답 ②

총자산회전율(총자본회전율)은 매출액을 총자산으로 나눈 것으로, 기업이 소유하고 있는 자산을 얼마나 효과적으로 이용하고 있는지를 측정하는 것이다.

13

정답 ④

내부수익률은 미래 현금유입의 현가와 현금유출의 현가를 같게 만드는 할인율로서 투자안의 순현재가치를 0으로 만든다.

오답분석

① 초과수익률 : 자본자산가격결정모형에서 개별자산 또는 포트폴리오의 수익률이 무위험이자율을 초과하는 부분이다.
② 실질수익률 : 인플레이션율이 고려되어 조정된 투자수익률이다.
③ 경상수익률 : 채권수익률의 일종으로 채권매입가격 대비 표면이자의 비율이다.
⑤ 만기수익률 : 보유기간이 만료가 되는 경우의 채권수익률을 말하며, 만기까지 보유했을 때 얻을 수 있는 총수익이다.

14

정답 ①

원/달러 환율이 상승하여 달러 가치가 높아지면 달러를 일정한 가격에 살 수 있는 권리인 콜옵션을 매입한 경우 이익을 보게 된다.

15

정답 ③

오답분석

① 앰부시마케팅 : 게릴라 작전처럼 기습적으로 행해지며 교묘히 규제를 피해가는 마케팅 활동이다.
② 넛지마케팅 : 공공활동 등 상품을 소개하지 않는 다른 활동으로 주의를 끌거나 긍정적 이미지를 갖게 하여 구매활동으로 이어지게 하는 마케팅 활동이다.
④ 바이럴마케팅 : 입소문 마케팅으로도 불리며, 이슈를 만들고 이를 각종 휴먼네트워크를 통해 확산시켜 구매활동으로 이어지게 하는 마케팅 활동이다.
⑤ 그린마케팅 : 기존의 상품판매전략이 단순한 고객의 욕구나 수요충족에만 초점을 맞추는 것과는 달리 공해 요인을 제거한 상품을 제조·판매해야 한다는 소비자보호운동에 입각해 인간 삶의 질을 높이려는 기업활동을 지향하는 말이다.

16

정답 ①

재무상태표는 특정 시점에서 기업의 재무상태(자산, 자본, 부채의 구성상태)를 표시하는 재무제표이다.

오답분석

② 포괄손익계산서 : 일정한 회계기간 동안의 영업성과를 집약적으로 표시한 자료이다.
③ 자본변동표 : 회계기간 동안 소유주지분(자본)의 변동을 구성항목별로 구분하여 보고하는 회계보고서이다.
④ 현금흐름표 : 기업의 영업활동과 재무활동 그리고 투자활동에 의하여 발생하는 현금흐름의 특징이나 변동원인에 대한 정보를 제공하는 회계보고서이다.
⑤ 자금순환표 : 국가경제 내의 금융활동이 경제주체 간 어떤 관계를 가지고 있는지, 발생한 소득이 소비와 투자에 얼마나 사용되고 남은 자금은 어떻게 사용되는지 등을 나타내는 표이다.

17

정답 ③

ㄴ. 황금낙하산 : 적대적 M&A로 당해 기존 임원이 해임되는 경우 거액의 보상금을 지급하도록 미리 규정해 M&A를 저지하는 전략을 말한다.
ㄹ. 팩맨 : 적대적 M&A를 시도하는 공격 기업을 거꾸로 공격하는 방어 전략이다.
ㅁ. 독약조항 : M&A 공격을 당했을 때 기존 주주들이 회사 주식을 저가에 매입할 수 있는 권리를 행사할 수 있도록 콜옵션을 부여해 공격 측의 지분 확보를 어렵게 하는 방어법이다.

18

정답 ①

3C는 Company, Customer, Competitor로 구성되어 있다. 자사, 고객, 경쟁사로 기준을 나누어 현 상황을 파악하는 분석방법으로, PEST 분석 후 PEST 분석 내용을 기반으로 3C의 상황 및 행동을 분석하고 예측한다.

- Company : 자사의 마케팅 전략, 강점, 약점, 경쟁우위, 기업 사명, 목표 등을 파악(SWOT 활용)한다.
- Customer : 고객이 원하는 필요와 욕구를 파악하고, 시장 동향과 고객(표적 시장)을 파악한다.
- Competitor : 경쟁사의 미래 전략, 경쟁 우위, 경쟁 열위(자사와의 비교 시 장점, 약점)를 파악하고, 경쟁사의 기업 사명과 목표를 파악한다.

19

정답 ⑤

마이클 포터의 산업구조분석모델은 산업에 참여하는 주체를 기존기업, 잠재적 진입자, 대체제, 공급자, 구매자로 나누고 이들 간의 경쟁 우위에 따라 기업 등의 수익률이 결정되는 것으로 본다.

오답분석

① 정부의 규제 완화 : 정부의 규제 완화는 시장 진입장벽이 낮아지게 만들며 신규 진입자의 위협으로 볼 수 있다.
② 고객 충성도 : 고객의 충성도의 정도에 따라 진입자의 위협도가 달라진다.
③ 공급업체 규모 : 공급업체의 규모에 따라 공급자의 교섭력에 영향을 준다.
④ 가격의 탄력성 : 소비자들은 가격에 민감할 수도 둔감할 수도 있기에 구매자 교섭력에 영향을 준다.

20

정답 ①

지수평활법은 가장 최근 데이터에 가장 큰 가중치가 주어지고 시간이 지남에 따라 가중치가 기하학적으로 감소되는 가중치 이동평균 예측 기법으로, 평활상수가 클수록 최근 자료에 더 높은 가중치를 부여한다.

오답분석

② 회귀분석법은 인과관계 분석법에 해당한다.
③ 수요예측과정에서 발생하는 예측오차들의 합은 영(Zero)에 수렴하는 것이 바람직하다.
④ 이동평균법에서 과거자료 개수를 증가시키면 예측치를 평활하는 효과는 크지만, 예측의 민감도는 떨어뜨려서 수요예측의 정확도는 오히려 낮아진다.
⑤ 회귀분석법은 실제치와 예측치의 오차를 자승한 값의 총계가 최소화되도록 회귀계수를 추정한다.

21

정답 ②

- 2월 예측치 : 220+0.1×(240−220)=222
- 3월 예측치 : 222+0.1×(250−222)=224.8
- 4월 예측치 : 224.8+0.1×(230−224.8)=225.32≒225.3
- 5월 예측치 : 225.3+0.1×(220−225.3)=224.77≒224.8
- 6월 예측치 : 224.8+0.1×(210−224.8)=223.32≒223.3

따라서 6월 매출액 예측치는 223.3만 원이다.

단순 지수평활법 공식

$Ft=Ft=Ft-1+a[(At-1)-(Ft-1)]=a\times(At-1)+(1-a)\times(Ft-1)$

[Ft=차기 예측치, $(Ft-1)$=당기 예측치, $(At-1)$=당기 실적치]

22

정답 ③

- 기업 전략(Corporate Strategy) : 조직의 사명(Mission) 실현을 위한 전략으로, 기업의 기본적인 대외경쟁방법을 정의한 것
  예 안정 전략, 성장 전략, 방어 전략 등
- 사업 전략(Business Strategy) : 특정 산업이나 시장부문에서 기업이 제품이나 서비스의 경쟁력을 확보하고 개선하기 위한 전략
  예 원가우위 전략, 차별화 전략, 집중화 전략 등
- 기능별 전략 (Functional Strategy) : 기업의 주요 기능 영역인 생산 및 마케팅, 재무, 인사, 구매 등을 중심으로 상위 전략인 기업 전략 내지 사업 전략을 지원하고 보완하기 위해 수립되는 전략
  예 R&D 전략, 마케팅 전략, 생산 전략, 재무 전략, 구매 전략 등

23

정답 ⑤

부가가치 노동생산성은 국내에서 생산된 부가가치의 총합인 국내총생산(GDP)을 전체 고용자 수로 나눠 산출한다(단순화하면 노동자 한 명이 얼마를 버느냐를 확인하는 척도이다). 때문에 노동자의 능력과 관계없이 해당 노동에 대한 대가가 낮게 책정돼 있다면 노동생산성은 떨어질 수밖에 없다.

- $(\text{노동생산성})=\dfrac{\text{GDP}}{(\text{노동인구수})\times(\text{평균노동시간})}$
- $(\text{L국가 노동생산성})=\dfrac{3,200}{40\times0.5}\rightarrow\dfrac{3,200}{20}=160$

따라서 L국가의 노동생산성은 시간당 160달러로, 고임금 노동자가 많은 국가로 볼 수 있다.

24

정답 ①

마일즈 & 스노우 전략(Miles&Snow Strategy)

1. 방어형(Defender)
   - 기존 제품으로 기존 시장 공략
   - 현상 유지 전략
   - 비용 및 효용성 확보가 관건
2. 혁신형(Prospector)
   - 신제품 또는 신시장 진출
   - M/S 확보, 매출액 증대 등 성장 전략
   - Market Insight 및 혁신적 마인드가 필요
3. 분석형(Analyzer)
   - 방어형과 혁신형의 중간
   - Fast Follower가 이에 해당
   - Market Insight가 관건
4. 반응형(Reactor)
   - 무반응, 무전략 상태
   - 시장 도태 상태

PART 3

25

정답 ④

커크패트릭의 4단계 평가모형

1. 반응도 평가
   교육 후 만족도 평가이다. 인터뷰나 관찰을 통해서도 진행되지만, 보통 설문지로 진행된다.
2. 성취도 평가
   교육생이 교육내용을 잘 숙지하고 이해했는지 학습목표의 달성여부를 평가한다.
3. 적용도 평가
   교육을 통해 배운 것들이 현업에서 얼마나 잘 적용되었는지 평가한다.
4. 기여도 평가
   현업에 대한 적용도까지 평가한 상태에서 진행되었던 교육이 궁극적으로 기업과 조직에 어떤 공헌을 했는지를 평가한다.

26

정답 ④

푸시 전략과 풀 전략의 비교

구분	푸시 전략	풀 전략
의미	채널 파트너에게 마케팅 노력의 방향을 포함하는 전략	최종 소비자에게 마케팅 노력을 홍보하는 전략
목표	고객에게 제품이나 브랜드에 대해 알릴 수 있음	고객이 제품이나 브랜드를 찾도록 권장함
용도	영업 인력, 중간상 판촉, 무역 진흥 등	광고, 소비자 판촉 및 기타 의사소통 수단
강조	자원 할당	민감도
적당	브랜드 충성도가 낮을 때	브랜드 충성도가 높을 때
리드타임	긺	짧음

27

정답 ⑤

테일러(Taylor)의 과학적 관리법은 전문적인 지식과 역량이 요구되는 일에는 부적합하며, 노동자들의 자율성과 창의성은 무시한 채 효율성의 논리만을 강조했다는 비판을 받았다. 이러한 테일러의 과학적 관리법은 단순노동과 공정식 노동에 적합하다.

28

정답 ⑤

상대평가

• 개념

상대평가는 피평가자들 간에 비교를 통하여 피평가자를 평가하는 방법으로, 피평가자들의 선별에 초점을 두는 인사평가이다.

• 평가기법 : 서열법, 쌍대비교법, 강제할당법 등

– 서열법 : 피평가자의 능력·업적 등을 통틀어 그 가치에 따라 서열을 매기는 기법

– 쌍대비교법 : 두 사람씩 쌍을 지어 비교하면서 서열을 정하는 기법

– 강제할당법 : 사전에 범위와 수를 결정해 놓고 피평가자를 일정한 비율에 맞추어 강제로 할당하는 기법

절대평가

• 개념

절대평가는 피평가자의 실제 업무수행 사실에 기초한 평가방법으로, 피평가자의 육성에 초점을 둔 평가방법이다.

• 평가기법 : 평정척도법, 체크리스트법, 중요사건기술법 등

– 평정척도법 : 피평가자의 성과, 적성, 잠재능력, 작업행동 등을 평가하기 위하여 평가요소들을 제시하고, 이에 따라 단계별 차등을 두어 평가하는 기법

– 체크리스트법 : 직무상 행동들을 구체적으로 제시하고 평가자가 해당 서술문을 체크하는 기법

– 중요사건기술법 : 피평가자의 직무와 관련된 효과적이거나 비효과적인 행동을 관찰하여 기록에 남긴 후 평가하는 기법

29

정답 ⑤

라인 확장은 기존 제품 카테고리에서 새로운 세분시장으로 진입할 때, 새롭게 개발된 제품에 모 브랜드를 적용하여 확장하는 것이다. 해당 기업은 불닭볶음면이라는 브랜드 라인을 적용하여 확장한 대표적인 사례이다.

오답분석

① 대의명분 마케팅(Cause Related Marketing) : 기업이나 상표(브랜드)를 자선이나 대의명분과 연관지어 이익을 도모한다는 전략적 위치설정의 도구이다.

② 카테고리 확장(Category Extension) : 모 브랜드의 제품군과 전혀 다른 범주의 제품군으로 진입할 때, 모 브랜드를 적용하여 확장하는 것이다. 라인 확장 전략과 함께 이분법으로 구분된다.

③ 구전 마케팅(Word of Mouth Marketing) : 소비자 또는 그 관련인의 입에서 입으로 전달되는 제품, 서비스, 기업 이미지 등에 대한 마케팅을 말한다.

④ 귀족 마케팅(Noblesse Marketing) : VIP 고객을 대상으로 차별화된 서비스를 제공하는 것을 말한다.

30

정답 ④

소비자들은 자신이 탐색한 정보를 평가하여 최종적인 상표를 선택함에 있어 보완적 방식과 비보완적 방식에 따라 접근한다. 피쉬바인(Fishbein)의 다속성태도모형은 보완적 방식에 해당한다. 비보완적 방식에는 사전적 모형, 순차적 제거 모형, 결합적 모형, 분리적 모형 등이 있다.

31

정답 ②

• 연구개발에 착수해야 하는지의 결정

연구개발 후 예상되는 기대수익은 0.7×2,500만=1,750만 달러이므로 초기 연구개발비 200만 달러보다 훨씬 크므로 투자를 하는 것이 유리하다.

• 특허를 외부에 팔아야 할지의 결정

1,000만 달러를 추가 투자해 얻을 수 있는 기대수익은 (0.25×5,500만)+(0.55×3,300만)+(0.20×1,500만)=3,490만 달러이고, 추가 투자비용 1,000만 달러를 빼면 2,490만 달러를 얻을 수 있다. 이는 기술료를 받고 특허를 팔 경우에 얻을 수 있는 수익 2,500만 달러보다 적다(이미 투자한 연구개발비 200만 달러는 이 단계에서 매몰비용이므로 무시).

따라서 상품화하는 방안보다 기술료를 받고, 특허를 외부에 판매하는 것이 옳은 선택이다.

32 정답 ⑤

[동기유발력(MF)]$=\sum VIE$

상황별로 VIE의 값을 구하면 유인성(V)은 10점, 수단성(I)은 80%이며, 기대치(E)는 70%이다. 브룸의 기대이론에 따르면 동기유발력은 유인성과 기대치, 수단성을 서로 곱한 결과를 모두 합한 값이므로 동기유발력은 $VIE=10\times0.8\times0.7=5.6$이다.

33 정답 ③

맥그리거(Mcgregor)는 두 가지의 상반된 인간관 모형을 제시하고, 인간모형에 따라 조직관리 전략이 달라져야 한다고 주장하였다.

- X이론 : 소극적·부정적 인간관을 바탕으로 한 전략
  - 천성적 나태, 어리석은 존재, 타율적 관리, 변화에 저항적
- Y이론 : 적극적·긍정적 인간관을 특징으로 한 전략
  - 변화지향적, 자율적 활동, 민주적 관리, 높은 책임감

34 정답 ①

기능별 조직은 전체 조직을 기능별 분류에 따라 형성시키는 조직의 형태이다. 해당 회사는 수요가 비교적 안정된 소모품을 납품하는 업체이기 때문에 환경적으로도 안정되어 있으며, 부서별 효율성을 추구하므로 기능별 조직이 이 회사의 조직구조로 적합하다.

35 정답 ②

오답분석

① 테일러식 복률성과급 : 테일러가 고안한 것으로, 과학적으로 결정된 표준작업량을 기준으로 하여 고 – 저 두 종류의 임금률로 임금을 계산하는 방식이다.

③ 메리크식 복률성과급 : 메리크가 고안한 것으로, 테일러식 복률성과급의 결함을 보완하여 고 – 중 – 저 세 종류의 임금률로 초보자도 비교적 목표를 쉽게 달성할 수 있도록 자극하는 방법이다.

④ 할증성과급 : 최저한의 임금을 보장하면서 일정한 표준을 넘는 성과에 대해서 일정한 비율의 할증 임금을 지급하는 방법이다.

⑤ 표준시간급 : 비반복적이고 많은 기술을 요하는 과업에 이용할 수 있는 제도이다.

36 정답 ③

㉡ 명성가격은 가격이 높으면 품질이 좋다고 판단하는 경향으로 인해 설정되는 가격이다.

㉢ 단수가격은 가격을 단수(홀수)로 적어 소비자에게 싸다는 인식을 주는 가격이다(예 9,900원).

오답분석

㉠ 구매자가 어떤 상품에 대해 지불할 용의가 있는 최고가격은 유보가격이다.

㉣ 심리적으로 적당하다고 생각하는 가격 수준은 준거가격이라고 한다. 최저수용가격이란 소비자들이 품질에 대해 의심 없이 구매할 수 있는 가장 낮은 가격을 의미한다.

37 정답 ②

부채는 유동부채와 비유동부채로 구분되며, 그중 비유동부채는 장기차입금(ㄹ), 임대보증금(ㅁ), 퇴직급여충당부채, 장기미지급금(ㅈ) 등이 있다.

38

정답 ⑤

토빈의 Q－비율은 주식시장에서 평가된 기업의 시장가치(분자)를 기업의 실물자본의 대체비용(분모)으로 나눠서 도출할 수 있다.

오답분석

① 특정 기업이 주식 시장에서 받는 평가를 판단할 때 토빈의 Q－비율을 활용한다.
② Q－비율이 1보다 높은 것은 시장에서 평가되는 기업의 가치가 자본량을 늘리는 데 드는 비용보다 더 큼을 의미하므로 투자를 증가하는 것이 바람직하다.
③ Q－비율이 1보다 낮은 것은 기업의 가치가 자본재의 대체비용에 미달함을 의미하므로 투자를 감소하는 것이 바람직하다.
④ 이자율이 상승하면 주가가 하락하여 Q－비율 또한 하락한다. 이에 따라 투자를 감소시켜야 하는 것이 바람직하다.

39

정답 ④

부채 대리비용은 채권자와 주주의 이해상충관계에서 발생하며, 부채비율이 높을수록 커진다.

오답분석

① 위임자는 기업 운영을 위임한 투자자 등을 의미하고, 대리인은 권한을 위임받아 기업을 경영하는 경영자를 의미한다. 대리인은 위임자에 비해 기업 운영에 대한 정보를 더 많이 얻게 되어 정보비대칭 상황이 발생한다.
② 기업의 자금조달의 원천인 자기자본과 부채 각각에서 대리비용이 발생할 수 있다.
③ 자기자본 대리비용은 외부주주와 소유경영자(내부주주)의 이해상충관계에서 발생한다. 지분이 분산되어 있어서 외부주주의 지분율이 높을수록 자기자본 대리비용은 커진다.
⑤ 대리비용 이론에 따르면 최적 자본구조가 존재하는데, 이는 전체 대리비용의 합이 최소화되는 지점을 의미한다.

40

정답 ④

손익분기점 매출액이 주어진 경우 총고정원가를 구하는 문제에서는 손익분기점 매출액 공식을 활용하여 문제를 해결한다.

$$(\text{고정원가})=\frac{(\text{고정비})}{(\text{공헌이익률})}$$

• (공헌이익률) : $\frac{200,000-150,000}{200,000}=25\%$

• (고정원가) : $\frac{[\text{고정원가}(x)]}{25\%}=₩120,000(\text{매출액})$

∴ $[\text{고정원가}(x)]=₩30,000$

41

정답 ②

서브리미널 광고는 자각하기 어려울 정도의 짧은 시간 동안 노출되는 자극을 통하여 잠재의식에 영향을 미치는 현상을 의미하는 서브리미널 효과를 이용한 광고이다.

오답분석

① 애드버커시 광고 : 기업과 소비자 사이에 신뢰관계를 회복하려는 광고이다.
③ 리스폰스 광고 : 광고 대상자에게 직접 반응을 얻고자 메일, 통신 판매용 광고전단을 신문・잡지에 끼워 넣는 광고이다.
④ 키치 광고 : 설명보다는 기호와 이미지를 중시하는 광고이다.
⑤ 티저 광고 : 소비자의 흥미를 유발시키기 위해 처음에는 상품명 등을 명기하지 않다가 점점 대상을 드러내어 소비자의 관심을 유도하는 광고이다.

42

정답 ①

모집단에 대한 관찰과 통계적 추론을 위해 관심 모집단의 부분 집합(표본)을 선택하는 통계학적 과정을 표본추출(Sampling)이라고 한다. 표본추출방법은 크게 확률 표본추출과 비확률 표본추출로 나뉜다.

- 확률 표본추출(Probability Sampling)법
  모집단에 속한 모든 단위가 표본으로 선택받을 확률을 동일하게 가지고 있는 경우이다. 이 과정에서 무작위(랜덤)로 추출되어야만 한다. 단순무작위 표본추출법, 체계적(계통) 표본추출법, 층화 표본추출법, 군집 표본추출법이 이에 해당한다.
- 비확률 표본추출(Non－Probability Sampling)법
  모집단에 속한 모든 단위가 표본으로 선택받을 확률이 정확하게 결정되지 않은 상황의 표집 기법이다. 표집 편향에 영향을 받을 수 있으며, 모집단을 일반화하기 어렵다는 단점이 있다. 편의 표본추출법, 판단 표본추출법, 할당 표본추출법, 눈덩이 표본추출법이 이에 해당한다.

43

정답 ③

균형성과표(Balanced Score Card)는 조직의 비전과 전략을 달성하기 위한 도구이다. 이는 전통적인 재무적 성과지표뿐만 아니라 고객, 업무 프로세스, 학습 및 성장과 같은 비재무적 성과지표 또한 균형적으로 고려한다. 즉, BSC는 통합적 관점에서 미래지향적·전략적으로 성과를 관리하는 도구이다.

(A) 재무 관점 : 순이익, 매출액 등

(B) 고객 관점 : 고객만족도, 충성도 등

(C) 업무 프로세스 관점 : 내부처리 방식 등

(D) 학습 및 성장 관점 : 구성원의 능력개발, 직무만족도 등

44

정답 ⑤

완전경쟁시장은 같은 상품을 취급하는 수많은 공급자·수요자가 존재하는 시장이다. 시장 참여자는 가격의 수용자일 뿐 가격 결정에 전혀 영향력을 행사하지 못한다. 기업들은 자유롭게 시장에 진입하거나 퇴출할 수 있다. 완전경쟁시장에서 기업의 이윤은 P(가격)$=AR$(평균수입)$=MC$(한계비용)인 균형점에서 극대화된다.

그래프에서 이 기업의 평균가변비용의 최소점은 80원이다. 시장가격이 90원으로 평균가변비용을 충당할 수 있어 이 기업은 계속해서 생산을 한다. 균형점($P=AR=MC=$90원)에서 이윤을 얻을 수 있는지는 고정비용의 크기에 달려 있으므로 주어진 그래프만으로는 알 수 없다.

45

정답 ②

㉠ 케인스의 유동성 선호설에 따르면 자산은 화폐와 채권 두 가지만 존재한다고 가정하며, 화폐공급이 증가하더라도 증가된 통화량이 모두 화폐수요로 흡수되는 구간을 유동성함정이라고 한다.

㉢ 유동성함정에서의 화폐수요곡선은 수평형태를 가지고, 화폐수요의 이자율탄력성이 무한대인 상태이다.

오답분석

㉡ 유동성함정은 화폐수요곡선이 수평인 구간이다.

㉣ 케인스의 유동성 선호설에 따른 투기적 동기의 화폐수요는 화폐수요함수와 반비례관계에 있다. $\left[\frac{M^d}{P}=kY\right.$(거래적 동기의 화폐수요)$-hr$(투기적 동기의 화폐수요)$\left.\right]$

46

정답 ③

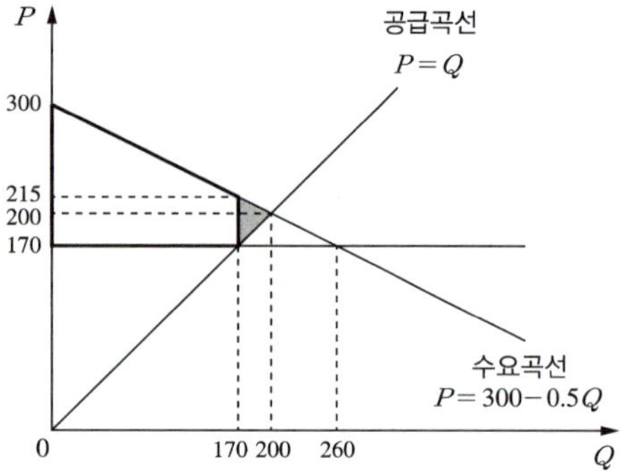

기존의 소비자잉여 : $200\times(300-200)\times\left(\frac{1}{2}\right)=10,000$

최고가격제 도입 후 소비자잉여(굵은 선의 사다리꼴 면적) : $170\times[(300-170)+(215-170)]\times\left(\frac{1}{2}\right)=14,875$

따라서 소비자잉여는 $14,875-10,000=4,875$ 증가한다.

47

정답 ⑤

최고가격제를 실시하면 그래프의 색칠한 삼각형 면적만큼의 사회적 후생손실이 발생한다. 이렇게 후생손실이 발생함에도 최고가격제를 실시하는 이유는 생산자잉여의 일부분을 소비자잉여로 전환시켜 소비자를 보호하기 위해서이다.

오답분석

① · ④ 정부가 최고가격을 설정하면 해당 재화에 대한 초과수요가 발생한다. 그래프에서 기존의 균형거래량은 200이었으나, 가격이 170으로 설정되자 260−170=90만큼의 초과수요가 나타나는 것을 알 수 있다. 이렇게 시장의 거래량이 수요를 모두 충당하지 못하면 암시장이 출현하는데, 암시장에서의 가격은 최고가격보다 높은 수준, 그리고 기존의 균형가격보다도 높은 수준에서 형성된다.

② 공급곡선의 기울기가 가파를수록 기존의 생산자잉여가 소비자잉여로 전환되는 크기가 커지게 된다. 즉, 공급곡선의 기울기가 가파를수록 최고가격제의 소비자 보호 효과는 크다.

③ 시장 균형가격보다 높은 수준으로 최고가격을 설정하는 것은 경제에 아무런 영향을 주지 못한다.

48

정답 ②

오답분석

① 경기적 실업은 경기가 침체함에 따라 발생하는 실업을 말하는 것으로, 기업의 설비투자와는 관련이 없다.

③ 전업주부가 직장을 가지는 경우 본래 비경제활동인구에서 경제활동인구가 되므로 경제활동참가율은 높아지게 된다. 실업률은 분모인 경제활동인구가 느는 것이므로 낮아지게 된다.

④ 실업급여가 확대되면 상대적으로 노동자들이 일자리를 탐색하는 데 여유가 생기므로 탐색적 실업을 증가시킬 수도 있다.

⑤ 구조적 실업은 경제구조의 변화에 따라 노동수요 구조가 변함에 따라 발생하는 실업을 말한다. 구조적 실업은 산업구조가 변화함에 따라 불가피한 면이 있으므로 노동자들에게 취업정보를 적극적으로 제공하고, 직업훈련을 받도록 함으로써 실업을 막을 수 있다.

49

정답 ③

고정환율제도는 정부가 환율을 일정수준으로 정하고, 지속적인 외환시장 개입을 통해 정해진 환율을 유지하는 제도이다. 이 제도에서 확대금융정책의 경우 중앙은행의 외환매각으로 통화량이 감소한다.

50

정답 ①

통화승수는 총통화량을 본원통화로 나눈 값으로, 총통화량을 구하는 공식은 다음과 같다.

- (총통화량)=(현금통화)+(예금통화)
- (통화승수)=$\frac{(\text{총통화량})}{(\text{본원통화})}$
- [총통화량(M)]=$\frac{1}{c+\gamma(1-c)}B$

  (c : 현금통화비율, γ : 지급준비율, B : 본원통화)

여기서 $c=\frac{150}{600}=0.25$, $\gamma=\frac{90}{450}=0.2$이므로 통화승수는 $\frac{1}{c+\gamma(1-c)}=\frac{1}{0.25+0.2(1-0.25)}=2.5$이다.

PART 3

| 경영 - 주관식 |

51	52	53	54	55
ㄱ	ㄱ, ㄷ, ㄹ	ㄷ	ㄴ, ㄷ, ㅇ	ㄹ
56	57	58	59	60
ㄴ	ㄱ	ㄱ	ㄴ, ㅁ	ㄹ

51

정답 ㄱ

리스폰스 광고는 광고 대상자에게 직접 반응을 얻고자 메일, 통신 판매용 광고전단을 신문·잡지에 끼워 넣는 광고이다.

오답분석

ㄴ. 서브리미널 광고 : 자각하기 어려울 정도의 짧은 시간 동안 노출되는 자극을 통하여 잠재의식에 영향을 미치는 현상을 의미하는 서브리미널 효과를 이용한 광고이다.
ㄷ. 키치 광고 : 설명보다는 기호와 이미지를 중시하는 광고이다.
ㄹ. 티저 광고 : 소비자의 흥미를 유발시키기 위해 처음에는 상품명 등을 명기하지 않다가 점점 대상을 드러내어 소비자의 관심을 유도하는 광고이다.

52

정답 ㄱ, ㄷ, ㄹ

ㄱ. 피들러(Fiedler)의 리더십 상황이론에 따르면 리더십 스타일은 리더가 가진 고유한 특성으로 한 명의 리더가 과업지향적 리더십과 관계지향적 리더십을 모두 가질 수 없다. 그렇기 때문에 어떤 상황에 어떤 리더십이 어울리는가를 분석한 것이다.
ㄷ. 상황이 호의적인지, 비호의적인지를 판단하는 상황변수로서 리더 – 구성원 관계, 과업구조, 리더의 직위권력을 고려하였다.
ㄹ. 상황변수들을 고려하여 총 8가지 상황을 분류하였고, 이를 다시 호의적인 상황, 보통의 상황, 비호의적인 상황으로 구분하였다. 상황이 호의적이거나 비호의적인 경우, 과업지향적 리더십이 적합하다. 그리고 상황이 보통인 경우에는 관계지향적 리더십이 적합하다.

오답분석

ㄴ. LPC 설문을 통해 리더의 특성을 측정하였다. LPC 점수가 낮으면 과업지향적 리더십, 높으면 관계지향적 리더십으로 정의한다.
ㅁ. 리더가 처한 상황이 호의적이거나 비호의적인 경우, 과업지향적 리더십이 적합하다.

53

정답 ㄷ

분류법은 직무평가의 방법 중 정성적 방법으로 등급법이라고도 하며, 직무의 가치를 단계적으로 구분하는 등급표를 만들고 평가직무를 이에 맞는 등급으로 분류한다.

54

정답 ㄴ, ㄷ, ㅇ

수요예측기법

- 정성적
  - 전문가 의견 활용
  - 컨조인트 분석
  - 인덱스 분석
- 정량적
  - 시계열 분석
  - 회귀 분석
  - 확산 모형

• 시스템
  – 정보 예측 시장
  – 시스템 다이나믹스
  – 인공 신경망

55

정답 ㄹ

EVA는 기업이 벌어들인 영업이익 가운데 세금과 자본비용을 공제한 금액으로, 경제적 부가가치라고도 한다. EVA 값이 클수록 수익성·안전성이 높은 기업으로 인식하고 해당 기업의 주가 또한 상승할 가능성이 있다고 평가된다.

56

정답 ㄴ

풀(Pull) 마케팅이란 광고·홍보 활동에 고객들을 직접 주인공으로 참여시켜 벌이는 판매기법을 의미한다. TV나 신문, 잡지 광고, 쇼윈도 등에 물건을 전시하여 쇼핑을 강요하던 푸쉬(Push) 마케팅과 상반된 개념이다.

57

정답 ㄱ

코넥스(Konex)란 코스닥시장 상장 요건을 충족시키지 못하는 벤처기업과 중소기업이 상장할 수 있도록 2013년 7월 1일부터 개장한 중소기업 전용 주식시장을 말한다.

58

정답 ㄱ

고정자산비율은 비유동비율이라고도 하며, 자기자본 중에 비유동자산에 투입되어 있는 비율을 의미한다. 고정자산비율이 낮을수록 고정설비투자가 많지 않음을 의미한다.

오답분석

ㄴ. 활동성비율(Activity Ratio) : 기업들이 보유한 자산을 얼마나 효율적으로 활용하고 있느냐를 판단할 수 있는 지표이다. 100%를 밑돌면 기업이 자산을 100% 활용하지 않고 일부가 잠자고 있다는 의미이다.
ㄷ. 자본회전율(Turnover Ratio of Capital) : 자기자본과 순매출액과의 관계를 표시하는 비율로, 자기자본의 회전속도를 표시한다.
ㄹ. 유동비율(Current Ratio) : 회사가 1년 안에 현금으로 바꿀 수 있는 '유동자산'을 1년 안에 갚아야 할 '유동부채'로 나눈 값이다. 통상 유동비율이 150%를 넘으면 기업의 재무 상태가 안정적이라고 평가한다.
ㅁ. 부채비율(Debt Ratio) : 어떤 기업의 재정상태나 재무건전성을 분석할 때 대표적으로 활용되는 지표 중 하나로, 기업이 가진 자산 중에 부채가 어느 정도의 비중을 차지하는지를 나타내는 비율이다. 부채비율은 부채총액을 자본총계(자기자본)로 나눈 뒤 100을 곱해 산출한다.

59

정답 ㄴ, ㅁ

오답분석

ㄱ. 재무상태표에 자산과 부채를 표시할 때는 유동자산과 비유동자산, 유동부채와 비유동부채로 구분하지 않고 유동성 순서에 따라 표시하는 방법도 있다.
ㄷ. 비용의 성격에 대한 정보가 미래현금흐름을 예측하는 데 유용하기 때문에 비용별 포괄손익계산서를 사용하는 경우에는 성격별 분류에 따른 정보를 추가로 공시하여야 한다.
ㄹ. 포괄손익계산서와 재무상태표를 연결시키는 역할을 하는 것은 총포괄이익이다.

60

정답 ㄹ

빈칸에 공통으로 들어갈 용어는 '타인자본'으로, 기업이 경영활동에 사용하고 있는 자본 가운데 차입금이나 사채와 같이 외부로부터 조달한 부분(부채)을 말한다.

| 경제 - 객관식 |

01	02	03	04	05	06	07	08	09	10	11	12	13	14	15	16	17	18	19	20
②	④	③	⑤	③	⑤	③	④	⑤	③	①	①	③	③	①	④	②	④	③	③
21	22	23	24	25	26	27	28	29	30	31	32	33	34	35	36	37	38	39	40
⑤	⑤	④	⑤	④	③	②	①	①	②	②	①	⑤	⑤	③	③	①	②	①	④
41	42	43	44	45	46	47	48	49	50										
④	⑤	⑤	④	①	④	②	①	④	①										

01

정답 ②

어떤 상품이 정상재인 경우 이 재화의 수요가 증가하면 수요곡선 자체를 오른쪽으로 이동시켜 재화의 가격이 상승하면서 동시에 거래량이 증가한다. 소비자의 소득 증가, 대체재의 가격 상승, 보완재의 가격 하락, 미래 재화가격 상승 예상, 소비자의 선호 증가 등이 수요를 증가시키는 요인이 될 수 있다. 한편, 생산기술의 진보, 생산요소의 가격 하락, 생산자의 수 증가, 조세 감소 등은 공급의 증가요인으로 공급곡선을 오른쪽으로 이동시킨다.

02

정답 ④

공공재의 시장수요곡선은 각각의 수요곡선의 합이다. 그러므로 L시 공공재의 시장수요곡선 $P=(10-Q)+(10-0.5Q)=20-1.5Q$이고, 한계비용 $MC=5$이므로 $20-1.5Q=5$이다. 따라서 $Q=10$이다.

03

정답 ③

'공짜 점심은 없다.'라는 말은 무엇을 얻고자 하면 보통 그 대가로 무엇인가를 포기해야 한다는 뜻으로 해석할 수 있다. 즉, 어떠한 선택에는 반드시 포기하게 되는 다른 가치가 존재한다는 의미이다. 시간이나 자금의 사용은 다른 활동에의 시간 사용, 다른 서비스나 재화의 구매를 불가능하게 만들어 기회비용을 유발한다. 정부의 예산배정, 여러 투자상품 중 특정 상품의 선택, 경기활성화와 물가안정 사이의 상충관계 등이 기회비용의 사례가 될 수 있다.

04

정답 ⑤

원화가치 상승에 따라 수출감소 및 수입증대 현상이 나타난다.

오답분석

① 기준금리 인상은 경기 과열을 진정시킨다.
② 투자, 소비 활동이 줄어들면 경기둔화로 이어져 물가하락 효과를 기대할 수 있다.
③ 단기시장금리가 가장 먼저 움직이고, 점차 장기시장금리 상승으로 이어진다.
④ 예금금리, 대출금리 모두 단기시장금리의 영향을 받기 때문에 함께 상승한다.

05

정답 ③

원자재가격 상승으로 인한 기업 생산비의 증가는 총공급곡선을 왼쪽으로 이동시킨다. 한편, 기준금리 인상으로 이자율이 상승하면 투자와 소비가 위축되므로 총수요곡선도 왼쪽으로 이동한다. 이 경우 실질 GDP는 크게 감소하게 되는 반면, 물가는 증가하는지 감소하는지 알 수 없다.

06

정답 ⑤

오답분석

① 완전고용은 실업률이 0인 상태를 의미하지는 않는다. 일자리를 옮기는 과정에 있는 사람들이 실업자로 포함될 가능성이 있기 때문이다.
② 경기적 실업이나 구조적 실업은 비자발적 실업이다. 자발적 실업에는 마찰적 실업과 탐색적 실업이 있다.
③ 실업률은 실업자 수를 경제활동인구 수로 나누고 100을 곱한 수치이다.
④ 취업의사가 있더라도 지난 4주간 구직활동을 하지 않았다면 구직단념자로 보고, 이들은 비경제활동인구로 분류된다.

07

정답 ③

• 리카도 대등정리의 개념
 정부지출수준이 일정할 때, 정부지출의 재원조달 방법(조세 또는 채권)의 변화는 민간의 경제활동에 아무 영향도 주지 못한다는 것을 보여주는 이론이다.
• 리카도 대등정리의 가정
 – 저축과 차입이 자유롭고 저축이자율과 차입이자율이 동일해야 한다.
 – 경제활동인구 증가율이 0%이어야 한다.
 – 합리적이고 미래지향적인 소비자이어야 한다.
 – 정부지출수준이 일정해야 한다.

08

정답 ④

도덕적 해이는 일단 보험에 가입한 사람들이 최선을 다해 나쁜 결과를 미연에 방지하려는 노력을 하지 않는 경향을 의미한다. 반면, 역선택이란 실제로 보험금을 탈 가능성이 많은 사람들(위험발생률이 보통 이상인 사람들)이 보험에 가입하게 된 현상을 의미한다.

오답분석

다·라. 역선택의 해결방안에 해당한다.

09

정답 ⑤

㉠ 밴드왜건 효과(편승 효과) : 유행에 따라 상품을 구입하는 소비현상으로, 특정 상품에 대한 어떤 사람의 수요가 다른 사람들의 수요에 의해 영향을 받는다.
㉡ 베블런 효과 : 다른 보통사람과 자신을 차별하고 싶은 욕망으로 나타나는데, 가격이 아닌 다른 사람의 소비에 직접 영향을 받는다.

오답분석

• 외부불경제 효과 : 시장실패와 관련되어 자원이 비효율적으로 배분되는 것으로, 자가용 운전자가 주변 사람들에게 배출가스 피해를 입히는 것도 하나의 예이다.

10

정답 ③

케인스(Keynes)의 유동성선호이론은 실질화폐공급과 실질화폐수요로 이루어진 화폐시장을 설명하는 이론으로, 경제가 유동성함정에 빠지면 통화량의 증가 등이 물가에 영향을 미치지 못하고, 늘어난 통화량은 투자적 화폐 수요로 흡수된다.

오답분석

① 총공급곡선이 우상향 형태일 때 물가수준이 하락하면 총공급곡선 자체가 이동하는 것이 아니라 총공급곡선에서 좌하방으로 이동한다.
② 확장적 재정정책을 실시하면 이자율이 상승하여 민간투자가 감소하는 구축효과가 발생하게 되는데, 변동환율제도에서는 확장적 재정정책을 실시하면 환율하락으로 인해 추가적으로 총수요가 감소하는 효과가 발생한다. 즉, 확장적 재정정책으로 이자율이 상승하면 자본유입이 이루어지므로 외환의 공급이 증가하여 환율이 하락한다. 이렇듯 평가절상이 이루어지면 순수출이 감소하므로 폐쇄경제에서보다 총수요가 더 큰 폭으로 감소한다.

④ 장기균형 상태에 있던 경제에 원유가격이 일시적으로 상승하면 단기에는 물가가 상승하고 국민소득이 감소하지만, 장기적으로는 원유가격이 하락하여 총공급곡선이 다시 오른쪽으로 이동하므로 물가와 국민소득은 변하지 않는다.
⑤ 단기 경기변동에서 소비와 투자가 모두 경기순응적이며, 소비의 변동성은 투자의 변동성보다 작다.

11

정답 ①

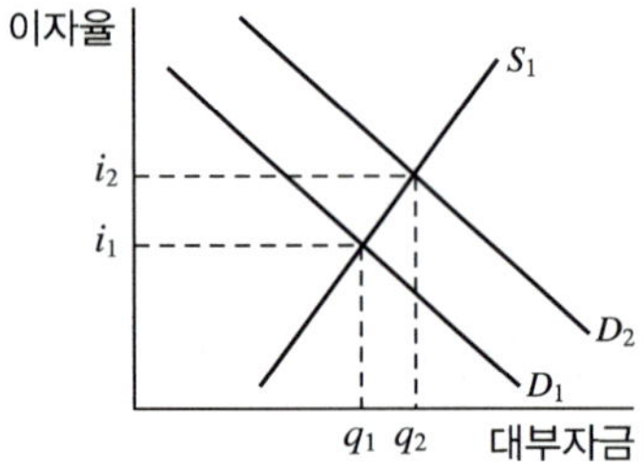

기업들에 대한 투자세액공제가 확대되면 투자가 증가하므로 대부자금에 대한 수요가 증가($D_1 \rightarrow D_2$)한다. 이렇게 되면 실질이자율이 상승($i_1 \rightarrow i_2$)하고 저축이 늘어난다. 그 결과, 대부자금의 균형거래량은 증가($q_1 \rightarrow q_2$)한다.

12

정답 ①

정부지출의 효과가 크기 위해서는 승수효과가 커져야 한다. 승수효과란 확대 재정정책에 따른 소득의 증가로 인해 소비지출이 늘어나게 되어 총수요가 추가적으로 증가하는 현상을 말한다. 즉, 한계소비성향이 높을수록 승수효과는 커진다. 한계소비성향이 높다는 것은 한계저축성향이 낮다는 것과 동일한 의미이다.

13

정답 ③

오답분석

마. 정책 실행 시차가 부재한다면 정부정책이 더 효과적으로 시행된다.

14

정답 ③

GDP는 한 나라에서 일정 기간에 생산된 모든 최종 재화와 서비스의 시장가치이다. GDP는 총생산, 총소득, 총지출의 세 측면에서 파악할 수 있는데 총지출의 경우 소비(C), 투자(I), 정부지출(G), 순수출(NX, 수출 – 수입)로 구성된다.
ㄱ. 정부지출의 증가로 인해 GDP가 증가한다.
ㄴ. 해외유입 관광객의 소비 증가로 인해 GDP가 증가한다.
ㄹ. 한국에서 생산된 중간재의 수출로 인한 순수출증가로 GDP가 증가한다.

오답분석

ㄷ. 주택가격의 상승은 GDP 증가에 직접적인 영향을 미치지 않는다.

15

정답 ①

칼도어의 정형화된 사실(Stylized Facts)
- 1인당 산출량(Y/L)은 지속적으로 증가한다.
- 1인당 자본량(K/L)은 지속적으로 증가한다.
- 산출량 – 자본비율(Y/K)은 대체로 일정한 지속성(Steady)을 보인다.
- 자본수익율은 대체로 일정하다.
- 총소득에서 자본에 대한 분배와 노동에 대한 분배 간의 비율은 일정하다.
- 생산성 증가율은 국가 간 차이를 보인다.

16

정답 ④

제10차 경기종합지수

선행 종합 지수	• 재고순환지표 • 건설수주액(실질) • 코스피 • 경제심리지수	• 기계류내수출하지수 • 수출입물가비율 • 장단기금리차
동행 종합 지수	• 비농림어업취업자수 • 광공업생산지수 • 소매판매액지수 • 서비스업생산지수	• 내수출하지수 • 건설기성액(실질) • 수입액(실질)
후행 종합 지수	• 취업자수 • 생산자제품재고지수 • 소비자물가지수변화율(서비스)	• 소비재수입액(실질) • CP유통수익률

따라서 ㉡·㉢·㉣은 선행종합지수이고, ㉠·㉤·㉥은 동행종합지수이며, ㉦은 후행종합지수이다.

17

정답 ②

오답분석

ㄴ. 부정적 외부효과가 존재할 경우 사회적비용은 사적비용보다 크다.
ㄹ. 긍정적 외부효과가 존재할 경우 시장생산량은 사회적으로 바람직한 생산량보다 적다.

18

정답 ④

공공재의 경우에는 개인의 한계편익곡선을 수직으로 합하여 사회적 한계편익곡선을 도출한다. 이때 개인의 한계편익곡선을 수직으로 합하는 이유는 소비에 있어서의 비경합성 때문이다.

19

정답 ③

노동수요에 대한 탄력성은 상품생산에 투입되는 다른 생산요소와의 대체가능성에 의해 영향을 받는다. 임금이 상승할 때 노동 대신 다른 생산요소로의 대체가능성이 높을수록, 즉 요소 간 대체가능성이 높을수록 노동수요에 대한 탄력성은 커지게 되므로 임금상승에 대하여 고용감소는 커진다.

20

정답 ③

동일한 사업 내의 동일 가치 노동에 대해서는 동일한 임금을 지급해야 한다는 것이 상응가치 원칙이다. 똑같은 일이라고 해서 가치가 동일한 것은 아니기 때문에 옳지 않다.

21

정답 ⑤

오답분석

① 기펜재는 열등재에 속하는 것으로 수요의 소득탄력성은 음(−)의 값을 갖는다.
② 두 재화가 서로 대체재의 관계에 있다면 수요의 교차탄력성은 양(+)의 값을 갖는다.
③ 우하향하는 직선의 수요곡선에 위치한 점에서 수요의 가격탄력성은 다르다. 가격하락 시 소비자총지출액이 증가하는 점에서는 수요의 가격탄력성이 1보다 크고, 소비자총지출액이 극대화가 되는 점에서는 수요의 가격탄력성이 1, 가격하락 시 소비자총지출액이 감소하는 점에서는 수요의 가격탄력성은 1보다 작다.
④ 수요의 가격탄력성이 1이면 판매자의 총 수입이 극대화되는 점이며, 가격변화에 따라 판매액이 증가하는 구간은 수요의 가격탄력성이 1보다 클 때이다.

22

정답 ⑤

화폐발행이득은 화폐발행의 특권에서 나오는 이득을 의미한다. 따라서 ㄱ, ㄴ, ㄷ 모두 옳은 설명에 해당한다.

23

정답 ④

총수요의 변동으로 경기변동이 발생하면 경기와 물가는 같은 방향으로 움직이므로 경기 순응적이 된다.

24

정답 ⑤

오답분석

가. 피셔효과에 따르면 '(명목이자율)=(실질이자율)+(예상인플레이션율)'인 관계식이 성립하므로 예상인플레이션율이 명목이자율을 상회할 경우 실질이자율은 마이너스(−) 값이 될 수 있다. 하지만 명목이자율이 마이너스(−) 값을 가질 수는 없다.

나. 명목임금이 하방경직적일 때 디플레이션으로 인해 물가가 하락하면 실질임금은 상승하게 된다.

25

정답 ④

보상적 임금격차는 노동강도의 차이, 작업환경의 차이, 교육·훈련비용의 차이 등에 따라 발생하는 임금격차를 말한다. 성별 임금격차는 보상적 임금격차가 아니라 차별의 일종이다.

26

정답 ③

소비, 투자, 국제수지, 국민소득은 일정 기간에 통상적으로 분기별 혹은 연도별로 기간을 정하여 측정하는 유량(Flow) 변수에 해당한다. 하지만 통화량은 일정 시점에 어느 정도의 양이 통화되고 있는지를 알아보기 위한 것으로 저량(Stock) 변수에 해당한다.

- 유량 변수 : 소비, 투자, 국민소득, 국제수지, 수출, 수입 등
- 저량 변수 : 통화량, 자본량, 외환보유량 등

27

정답 ②

기저 효과란 어떠한 결괏값을 산출하는 과정에서 기준이 되는 시점과 비교대상 시점의 상대적인 위치에 따라 그 결괏값이 실제보다 왜곡되어 나타나게 되는 현상을 말한다. 경제지표를 평가하는 데 있어 기준시점과 비교시점의 상대적인 수치에 따라 그 결과에 큰 차이가 날 수 있음을 뜻한다.

28

정답 ①

경기지표

- 선생종합지수 : 제조업 재고순환지표, 소비자기대지수, 기계류내수출하지수, 건설수주액, 수출입물가비율, 구인구직비율, 코스피지수, 장단기 금리 차이
- 동행종합지수 : 광공업생산지수, 건설기성액, 서비스업생산지수, 소매판매액지수, 내수출하지수, 수입액, 비농림어업 취업자 수
- 후행종합지수 : 생산자제품 재고지수, 소비자물가지수 변화율, 소비재수입액, 취업자 수, CP 유통수익률

29

정답 ①

제시문은 케인스가 주장하였던 유동성 함정(Liquidity Trap)의 상황이다. 유동성 함정이란 시장에 현금이 흘러 넘쳐 구하기 쉬운데도 기업의 생산·투자와 가계의 소비가 늘지 않아 경기가 나아지지 않고, 마치 경제가 함정(Trap)에 빠진 것처럼 보이는 상황을 말한다. 즉, 유동성 함정의 경우에는 금리를 아무리 낮추어도 실물경제에 영향을 미치지 못하게 된다.

30

정답 ②

자연독점이란 규모가 가장 큰 단일 공급자를 통한 재화의 생산 및 공급이 최대 효율을 나타내는 경우 발생하는 경제 현상을 의미한다. 자연독점 현상은 최소효율규모의 수준 자체가 매우 크거나 생산량이 증가할수록 평균총비용이 감소하는 '규모의 경제'가 나타날 경우에 발생한다. 최소효율규모란 평균비용곡선에서 평균비용이 가장 낮은 생산 수준을 나타낸다.

31

정답 ②

주어진 효용함수는 두 재화가 완전보완재일 때이다. 효용함수가 $U=min(X, Y)$이므로 효용을 극대화하려면 X재와 Y재를 항상 1 : 1로 소비해야 한다.

소득이 100이고 Y재의 가격이 10일 때, X재와 Y재의 양은 항상 같으므로 두 재화를 같은 양 X라고 설정하고 예산선식($M=P_X X+P_Y Y$)에 대입하면, $100=P_X\times X+10\times X$이다. 이를 정리하면 $X=\frac{100}{P_X+10}$임을 알 수 있다.

32

정답 ①

수요의 가격탄력성(ε)이란 가격이 변화할 때, 수요량의 변화정도를 나타낸다.

가격탄력성(ε)의 크기	용어
$\varepsilon=0$	완전비탄력적
$0<\varepsilon<1$	비탄력적
$\varepsilon=1$	단위탄력적
$1<\varepsilon<\infty$	탄력적
$\varepsilon=\infty$	완전탄력적

사례1의 경우 비탄력적인 재화이다. 비탄력적인 재화의 경우 다른 조건이 일정할 때, 가격 상승 시 기업의 총수입은 증가한다.
사례2의 경우 탄력적인 재화이다. 탄력적인 재화의 경우 다른 조건이 일정할 때, 가격 상승 시 기업의 총수입은 감소한다.

가격탄력성의 크기	판매자의 총수입	
	가격 인상 시	가격 인하 시
$0<\varepsilon<1$	증가	감소
$\varepsilon=1$	불변	불변
$\varepsilon>1$	감소	증가

33

정답 ⑤

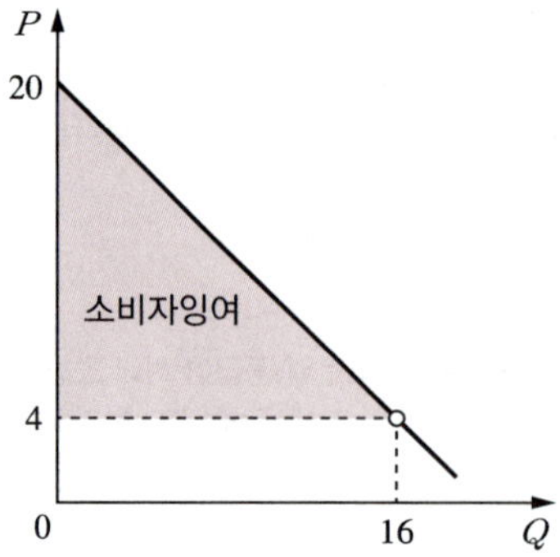

이부가격 설정을 통해 이윤을 극대화하고자 한다면 사용요금은 한계비용과 일치시키고, 소비자잉여에 해당하는 만큼 고정요금으로 설정한다. 따라서 총비용함수(TC)를 미분하면 한계비용(MC)은 4이므로, 사용요금(P)은 4가 된다. 이를 수요함수에 대입하면 $4=20-Q$이므로, 소비자의 구입량(Q)은 16으로 계산된다. 따라서 고정요금으로 받을 수 있는 최대금액은 소비자잉여에 해당하는 삼각형 면적인 $(20-4)\times16\times\frac{1}{2}=128$이다.

34

정답 ⑤

이자율평가설이 성립하기 위해서는 국가 간 자본이동이 완전히 자유로워야 하며, 거래비용과 조세가 존재하지 않아야 한다.

35

정답 ③

ㄱ. 노동의 한계생산물가치(VMP_L)는 P(가격)$\times MP_L$(노동의 한계생산)로 도출할 수 있고, 한계수입생산물(MRP_L)은 MR(한계수입)$\times MP_L$(노동의 한계생산)로 도출할 수 있다. 이때 $MR=P\left(1-\frac{1}{e_P}\right)$일 때 상품시장이 완전경쟁시장이라면 개별기업의 가격탄력성은 무한대가 되므로 $MR=P$가 된다. 따라서 노동의 한계생산물가치와 한계수입생산물은 일치한다.

ㄷ. 노동의 한계생산물(MP_L)이 증가하면 한계생산물가치곡선은 한계생산물이 증가한 만큼 상방이동하게 되므로 우측으로 이동한다.

오답분석

ㄴ. 노동수요곡선은 노동의 한계생산물가치곡선($P\times MP_L$)과 일치하는데 이때 상품의 가격(P)이 상승하면 한계생산물가치곡선은 상승한 가격만큼 상방이동한다. 따라서 좌측이 아니라 우측으로 이동하게 된다.

36

정답 ③

화폐수량설에 따르면 $MV=PY\rightarrow\frac{\Delta M}{M}+\frac{\Delta V}{V}=\frac{\Delta P}{P}+\frac{\Delta Y}{Y}$이다.

$\frac{\Delta P}{P}=\frac{\Delta M}{M}+\frac{\Delta V}{V}-\frac{\Delta Y}{Y}=6+0-3=3\%$

피셔방정식에 따르면 i(명목이자율)$=r$(실질이자율)$+\pi$(물가상승률)이다.

$\therefore\ r=i-\pi=10-3=7\%$

37

정답 ①

(테일러 법칙)=(균형 이자율)+(인플레이션 갭)−(산출 갭)

[(인플레이션 갭)=(실제 인플레이션율)−(목표 인플레이션율)]

(목표 이자율)$=0.03+\frac{1}{4}\times$[실제 인플레이션율(4%)$-0.02]-\frac{1}{4}\times$[GDP 갭(1%)]

$$=0.03+\frac{1}{4}\times(0.04-0.02)-\frac{1}{4}\times0.01=0.0325$$

따라서 목표 이자율(3.25%)은 균형 이자율(3%)보다 높다.

38

정답 ②

오답분석

① 경기적 실업은 경기가 침체함에 따라 발생하는 실업을 말하는 것으로, 기업의 설비투자와는 관련이 없다.

③ 전업주부가 직장을 가지는 경우 본래 비경제활동인구에서 경제활동인구가 되므로 경제활동참가율은 높아지게 된다. 실업률은 분모인 경제활동인구가 느는 것이므로 낮아지게 된다.

④ 실업급여가 확대되면 상대적으로 노동자들이 일자리를 탐색하는 데 여유가 생기므로 탐색적 실업을 증가시킬 수도 있다.

⑤ 구조적 실업은 경제구조의 변화에 따라 노동수요 구조가 변함에 따라 발생하는 실업을 말한다. 구조적 실업은 산업구조가 변화함에 따라 불가피한 면이 있으므로 노동자들에게 취업정보를 적극적으로 제공하고, 직업훈련을 받도록 함으로써 실업을 막을 수 있다.

PART 3

39

정답 ①

가. 인플레이션이 예상되지 못한 경우, 부와 소득의 재분배가 일어난다. 인플레이션으로 인해 화폐 가치가 하락하면 고정된 금액을 받아야 하는 채권자는 불리해지고, 반대로 채무자는 유리해진다. 즉, 채권자에게서 채무자에게로 부가 재분배된다. 이러한 부의 재분배는 인플레이션이 완전히 예상된 경우에는 발생하지 않는다.

나. 메뉴비용이란 인플레이션 상황에서 생산자가 제품의 가격을 수정하면서 발생하는 비용을 의미한다. 메뉴비용은 예상된 인플레이션과 예상되지 못한 인플레이션 두 경우 모두에서 발생한다.

오답분석

다. 인플레이션으로 인해 현금의 가치가 하락하고, 현금 외의 실물자산의 가치가 상대적으로 상승한다. 즉, 현금 보유의 기회비용이 증가한다.

라. 인플레이션이 발생하면 국내에서 생산되는 재화의 상대가격이 상승하므로, 이는 세계 시장에서의 가격경쟁력을 약화시킨다. 따라서 수출이 감소하고, 경상수지가 악화된다.

40

정답 ④

제시된 그래프는 필립스곡선이다. 영국의 경제학자 필립스는 실업률과 인플레이션율 사이에 단기적으로 마이너스 상관관계가 있음을 밝혀 냈다. 필립스곡선은 단기적으로 실업률이 낮을 땐 인플레이션이 높고, 실업률이 높은 해에는 인플레이션이 낮음을 보여준다. 하지만 장기적으로는 인플레이션율과 실업률 사이에 상충관계는 존재하지 않는다. 장기 필립스곡선은 수직이 되며 인플레이션이 아무리 높아져도 실업률은 일정한 수준, 즉 자연실업률 이하로 하락하지 않는다.

41

정답 ④

완전가격차별이란 각 단위의 재화에 대하여 소비자들이 지불할 용의가 있는 최대금액을 설정하는 것을 말한다. 따라서 1단위의 재화를 추가로 판매할 때 독점기업이 수취하는 가격이 소비자가 지불할 용의가 있는 가격과 일치하므로 소비자잉여가 전부 독점기업의 이윤으로 귀속되므로 소비자잉여는 0이 된다. 하지만 이 경우 독점으로 인한 후생손실은 발생하지 않으므로 사회 전체의 총잉여는 완전 경쟁일 때와 동일하다. 따라서 완전가격차별은 사회후생을 증가시킨다.

42

정답 ⑤

甲국의 화폐유통속도가 乙국의 화폐유통속도보다 크다는 것은 아무런 단서가 되지 못한다. 대신 화폐유통속도가 변하지 않으므로 고정된 값으로 정하고 풀어야 한다.

甲국은 $M \times V = P \times Y$에서 M은 5% 증가하고 V는 고정된 값이다. 따라서 명목산출량인 $P \times Y$ 역시 5% 증가해야 한다. 乙국 역시 마찬가지로 V는 甲국보다 작은 값이지만 고정된 값이므로 명목산출량은 5% 증가해야 한다.

43

정답 ⑤

수직의 수요곡선이란 수요가 완전비탄력적임을 의미한다. 공급곡선은 일반적인 형태라고 하였으므로, 이 경우 조세를 소비자가 모두 부담하게 되어 부과된 조세만큼 시장가격이 상승한다.

오답분석

① 생산자 가격은 조세 부과 후에도 동일하다. 따라서 생산자 잉여는 불변이다.
② 조세가 모두 소비자에게 귀착된다.
③ 조세 부과로 인해 공급곡선은 상방이동 한다.
④ 수요곡선이 수직이므로, 공급곡선이 이동해도 시장거래량은 불변이다.

44

정답 ④

무차별 곡선은 개인의 동일한 만족이나 효용을 나타내는 곡선으로, 어느 한 재화가 비재화인 경우 무차별곡선은 우상향한다.

오답분석

① 무차별곡선은 서수적 효용개념에 기초하므로 한계효용의 비율만이 중요하다.
② 무차별곡선은 단조성을 의미한다.
③ 무차별 곡선의 이행성을 의미한다.
⑤ 레온티에프 효용함수의 특징이다.

45

정답 ①

완만한 IS곡선이나 가파른 LM곡선에서 구축효과가 커지고, 이때 재정정책의 효과는 작아진다. IS－LM곡선에 대한 분석을 위하여 투자의 이자율탄력성을 b, 화폐수요의 이자율탄력성을 h, 한계소비성향을 c, 화폐수요의 소득탄력성을 k라고 하자.

IS곡선의 기울기는 $-\left(\frac{1-c}{b}\right)$로 표현된다.

따라서 투자의 이자율탄력성이 클수록 IS곡선의 기울기가 완만해지고, 구축효과가 커지기 때문에 재정정책의 효과가 작아진다.

오답분석

② LM곡선의 기울기는 $\frac{k}{h}$로 표현된다. 화폐수요의 이자율탄력성이 클수록 LM곡선의 기울기가 완만해지므로, 금융정책의 효과는 작아진다. 한편, 이때 LM곡선의 기울기가 완만해져서 구축효과가 작아지므로 재정정책의 효과는 커진다.
③・④ 한계소비성향이 커져서 IS곡선의 기울기가 완만해지면 금융정책의 효과가 커지고, 구축효과가 발생한다. 동시에 한계소비성향의 증가는 승수효과를 발생시켜 재정정책의 효과를 증가시키게 된다. 이때 구축효과의 절대적 크기는 승수효과보다 작기 때문에 재정정책의 절대적 효과는 커지게 된다.
⑤ 화폐수요의 소득탄력성이 클수록 LM곡선의 기울기인 $\frac{k}{h}$가 가팔라져서 구축효과가 커진고, 재정정책의 효과는 작아진다. 또한 LM곡선이 가팔라지지만 금융정책의 효과가 커지지는 않는다. 화폐수요의 소득탄력성이 커지면 국민소득이 감소하는 효과가 발생하여 LM곡선의 우측 이동폭이 감소하기 때문에 금융정책의 효과는 작아진다.

46

정답 ④

GDP 디플레이터는 명목GDP와 실질GDP 간의 비율로, 국민경제 전체의 물가압력을 측정하는 지수로 사용되며, 통화량 목표설정에 있어서도 기준 물가상승률로 사용된다.

47

정답 ②

환율의 하락은 외환시장에서 외환의 초과공급 또는 국내통화의 수요증가를 의미한다. 미국 달러 자본의 국내 투자 확대, 국내 부동산 매입, 국내 주식 매입, 국내산 제품의 수출 증가는 모두 외환의 초과공급과 국내통화의 초과수요라는 결과를 가져오므로 국내통화의 가치가 상승하면서 환율은 하락하게 된다.

48

정답 ①

래퍼 곡선(Laffer Curve)에 대한 설명이다.

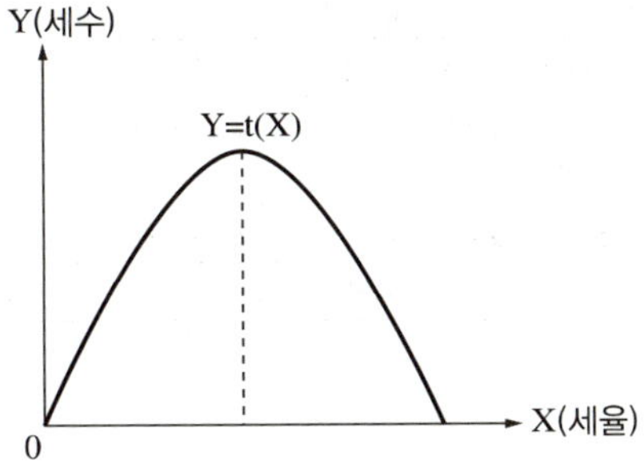

49

정답 ④

조세부담의 전가란 조세가 부과되었을 때 세금이 납세의무자에게 부담되지 않고 각 경제주체들의 가격조정 과정을 통해 조세부담이 다른 경제주체에게 이전되는 현상을 말한다. 한편, 조세부담의 전가는 해당 재화의 시장에서 수요와 공급의 가격탄력성에 따라 결정된다. 즉, 수요의 가격탄력성이 작으면 소비자가 조세를 더 많이 부담하고, 공급의 가격탄력성이 작으면 판매자가 조세를 더 많이 부담한다.

50

정답 ①

㉮ 애로우의 불가능성 정리란 사회후생함수가 갖추어야 할 조건을 모두 충족하는 이상적인 사회후생함수는 존재하지 않음을 증명한 것이다. 즉, 애로우는 사회구성원들의 선호를 집약하여 사회우선순위를 도출하는 합리적인 법칙이 존재하지 않음을 증명하였다.

㉯ 차선의 이론이란 모든 파레토효율성 조건이 동시에 충족되지 못하는 상황에서 더 많은 효율성 조건이 충족된다고 해서 더 효율적인 자원배분이라는 보장이 없다는 이론이다. 즉, 효율적 자원배분을 위하여 n개의 효율성 조건이 충족되어야 하는 경우, 1개의 효율성 조건이 파괴되었다면 일반적으로 나머지 $(n-1)$개의 조건을 만족시키는 것이 차선이라고 생각하기 쉬우나 실제로는 그렇지 않음을 보여주는 것이다.

| 경제 - 주관식 |

51	52	53	54	55
ㄴ	ㄹ	ㄱ	ㄱ, ㄷ	ㄴ, ㄹ
56	57	58	59	60
ㄱ, ㄹ	ㄴ, ㄹ	ㄹ	ㄱ, ㄴ	ㅁ

51

정답 ㄴ

스태그플레이션이란 경기가 불황임에도 불구하고 물가가 상승하는 현상을 말한다. 즉, 공급충격으로 인한 비용인상 인플레이션이 지속될 경우 인플레이션과 실업이 동시에 발생한다. 하지만 공급충격은 지속적으로 발생하는 것은 아니므로 지속적인 비용인상 인플레이션은 불가능하다.

인플레이션의 종류

종류	개념
하이퍼인플레이션	물가상승이 1년에 수백에서 수천 퍼센트를 기록하는 인플레이션이다.
애그플레이션	농업(Agriculture)과 인플레이션(Inflation)이 결합된 단어로서 농산물의 부족으로 인한 농산물가격의 급등으로 야기되는 인플레이션이다.
에코플레이션	환경(Ecology)과 인플레이션(Inflation)의 합성어로 환경적 요인에 의해 야기되는 인플레이션이다.
차이나플레이션	중국(China)과 인플레이션(Inflation)의 합성어로 중국의 경제 성장으로 인해 야기되는 인플레이션이다.

52

정답 ㄹ

필립스 곡선은 임금 상승률과 실업률 사이에 매우 안정적인 함수관계가 있음을 나타내는 모델로, 물가 상승률과 실업률 사이의 관계로 표시되기도 한다. 실업률이 낮을수록 임금 상승률 또는 물가 상승률이 높으며, 임금 상승률이 낮을수록 실업률이 높다.

오답분석

ㄱ. 래퍼 곡선(Laffer Curve) : 세율과 세수의 관계를 나타내는 곡선으로 납세 후의 임금, 이자율, 이윤이 높을수록, 즉 세율이 낮을수록 노동 의욕, 저축 의욕 및 투자 의욕이 제고된다는 사실을 전제한다.
ㄴ. 로렌츠 곡선(Lorenz Curve) : 소득분포의 불평등도를 나타낸 곡선이다.
ㄷ. 오퍼 곡선(Offer Curve) : 상대국의 상품에 대한 수요의 강도를 자국에서 제공하려는 상품의 양으로 표시한 곡선이다.

53

정답 ㄱ

유동성 함정이란 가계나 기업 등의 경제 주체들이 돈을 시장에 내놓지 않는 상황이다. 즉, 시장에 현금이 많은데도 기업의 생산, 투자와 가계의 소비가 늘지 않아 경기가 나아지지 않고 마치 경제가 함정(Trap)에 빠진 것처럼 보이는 상황을 의미한다.

54

정답 ㄱ, ㄷ

ㄱ. 규모의 경제(Economies of Scale)란 생산량이 두 배로 증가할 때 생산비용은 두 배보다 덜 증가하여 장기평균비용이 감소하는 경우를 말한다. 즉, 규모의 경제가 발생하면 생산 규모를 늘릴수록 생산물 1단위당 투입되는 생산요소의 양이 줄어들기 때문에 그만큼 단위당 생산비용이 감소한다.
ㄷ. 자연독점 현상은 최소효율규모의 수준 자체가 매우 크거나 생산량이 증가할수록 평균총비용이 감소하는 '규모의 경제'가 나타날 경우에 발생하는데, 전력, 상수도, 전화, 철도산업이 대표적인 자연독점의 사례이다.

55

정답 ㄴ, ㄹ

ㄴ. 정부의 직접적인 서비스 공급은 혼합경제체제에서 시장경제체제의 시장실패를 보완하기 위한 것이다.
ㄹ. 1인 1표가 아니라 1원 1표이다.

56

정답 ㄱ, ㄹ

돼지고기 값이 상승하는 경우는 돼지고기에 대한 수요가 늘거나, 공급이 줄거나, 대체재 소비가 줄어들 때이다. 돼지 사육두수가 감소하면 공급이 줄어들어 돼지고기 값이 상승하게 된다. 또한 정부의 예상보다 경기 회복세가 강하면 돼지고기에 대한 수요가 증가하여 돼지고기 값이 상승한다.

57

정답 ㄴ, ㄹ

ㄴ. 평균총비용이 감소하더라도 한계비용곡선이 평균가변비용곡선의 최저점을 통과하기 전에는 평균가변비용이 한계비용보다 많지만, 한계비용이 평균가변비용곡선을 통과한 후에는 한계비용이 평균가변비용보다 많아지게 된다.
ㄹ. 평균가변비용이 감소하면 한계비용이 평균가변비용보다 적다.

58

정답 ㄹ

펭귄 효과란 여러 마리의 펭귄 무리에서 한 마리의 펭귄이 처음으로 바다에 뛰어들면 그 뒤를 이어 나머지 펭귄들도 바다에 뛰어드는 펭귄의 습성에서 비롯된 용어이다. 소비자가 특정 제품의 구매를 망설이고 있을 때, 지인이나 유명인이 먼저 구매하는 모습을 보고 본인도 선뜻 구매를 결정하게 되는 것으로, 이로 인해 구매가 폭발적으로 증가하게 된다.

59

정답 ㄱ, ㄴ

ㄱ. 고기의 가격이 하락하면 고기의 수요가 증가하고 보완관계에 있는 채소의 수요도 함께 증가하여 채소의 가격이 상승하게 된다. 이는 채소의 수요곡선이 우측이동함을 의미한다.
ㄴ. 채소의 유익성이 알려지면 채소에 대한 사람들의 선호도가 커져 수요곡선이 우측이동하고 채소의 가격은 상승하게 된다.

오답분석

ㄷ·ㄹ. 다른 유기농 채소와 샐러리, 파프리카 등은 기사문의 채소의 대체재에 해당한다고 볼 수 있으므로, 이들의 출하나 인기는 파, 마늘 등의 수요 감소, 가격 하락을 가져온다. 이때 파, 마늘 등의 수요곡선은 좌측으로 이동한다.

60

정답 ㅁ

디지털 카메라의 등장으로 기존의 필름산업이 쇠퇴하게 된 것은 구조적 실업의 예이다.

실업의 종류
- 구조적 실업 : 일부산업의 사양화 등으로 인하여 발생하는 실업이다.
- 마찰적 실업 : 일시적으로 직장을 옮기는 과정에서 발생하는 실업이다.
- 계절적 실업 : 생산 또는 수요의 계절적 변화에 따라 발생하는 실업이다.
- 경기적 실업 : 경기침체로 인해 발생하는 대량의 실업이다.
- 만성적 실업 : 만성적 불황기에 생기는 실업이다.

| 토목 - 객관식 |

01	02	03	04	05	06	07	08	09	10	11	12	13	14	15	16	17	18	19	20
③	④	②	③	③	①	②	④	④	⑤	①	②	④	③	②	⑤	④	④	③	④
21	22	23	24	25	26	27	28	29	30	31	32	33	34	35	36	37	38	39	40
③	④	①	①	⑤	③	⑤	④	②	③	④	②	③	①	④	②	④	①	③	①
41	42	43	44	45	46	47	48	49	50										
④	②	④	①	⑤	①	①	①	②	④										

01

정답 ③

부재는 주로 축방향 압축력을 지지하여 휨모멘트와 압축력에 강하고 인장력은 발생하지 않는다.

02

정답 ④

$$I_p = I_x + I_y$$
$$= \frac{bh^3}{12} + \frac{b^3h}{12}$$
$$= \frac{bh}{12}(b^2 + h^2)$$

03

정답 ②

3점법에 의해 계산하면 평균유속은 다음과 같다.

$$V_m = \frac{1}{4}(V_{0.2} + 2V_{0.6} + V_{0.8})$$
$$= \frac{1}{4}[0.622 + (2\times0.442) + 0.332]$$
$$= 0.4695\text{m/s}$$

04

정답 ③

유관이란 옆면이 유선으로 둘러싸인 관을 말한다.

05

정답 ③

강우자료의 일관성을 조사하는 방법은 이중누가우량분석이다.

06

정답 ①

$$[\text{세장비}(\lambda)] = \frac{[\text{기둥의 길이}(l)]}{[\text{최소 회전 반경}(r)]} = \frac{l}{\sqrt{\frac{I}{A}}}$$

07

정답 ②

오답분석

① 상대측위란 두 대 이상의 수신기를 사용하여 동시에 측량을 한 후 데이터를 처리하여 측량정도를 높이는 GNSS 측량법이다.
③ 위상차의 계산은 단일차분, 이중차분, 삼중차분 기법으로 한다.
④ 절대측위보다 정밀도가 높다.
⑤ 고전적인 삼각측량에 해당하는 설명이다.

08

정답 ④

$1.4\text{kg/cm}^2 = 14\text{t/m}^2$ 이므로 한계고 $H_c = \dfrac{2q_u}{\gamma_t} = \dfrac{2\times 14}{2} = 14$이다(단, q_u는 일축압축강도이다).

따라서 안전율은 $F_s = \dfrac{H_c}{H} = \dfrac{14}{7} = 2.0$이다.

09

정답 ④

벽체 최소 전단 철근 배치 예외 규정

- 슬래브와 기초판(또는 확대기초)
- 콘크리트 장선 구조
- 전체 깊이가 250mm 이하인 보
- I형보와 T형보에서 그 깊이가 플랜지 두께의 2.5배와 복부폭 $\dfrac{1}{2}$ 중 큰 값 이하인 보
- 교대 벽체 및 날개벽, 옹벽의 벽체, 암거 등과 같이 휨이 주거동인 판 부재

10

정답 ⑤

$w_u = 1.2w_D + 1.6w_L = (1.2\times 18) + (1.6\times 26) = 63.2\text{kN}$
$63.2\text{kN} \ge 1.4w_D = 1.4\times 18 = 25.2\text{kN}$이므로 w_u를 택한다.

$\therefore\ M_u = \dfrac{w_u \times L^2}{8} = \dfrac{(63.2)\times(10)^2}{8} = 790\text{kN}\cdot\text{m}$

11

정답 ①

전단탄성계수 공식은 $G = \dfrac{E}{2(1+\nu)}$ 이다.

공식을 푸아송비로 표현한다면, $\nu = \dfrac{E}{2G} - 1 = \dfrac{230,000}{2(60,000)} - 1 \fallingdotseq 0.917$이다.

12

정답 ②

실제 보에서의 BMD선도가 공액보에서 탄성하중으로 작용한다.

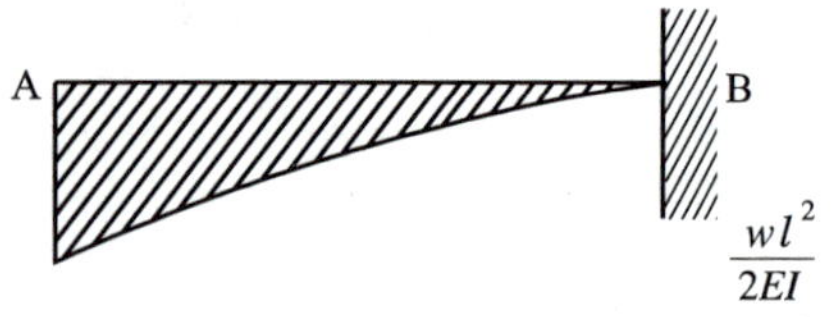

따라서 $\frac{M_{\max}}{EI}=\frac{wl^2}{2EI}$ 이므로, $\theta_B=R_B=\frac{1}{3}l\left(\frac{wl^2}{2EI}\right)=\frac{wl^3}{6EI}$ 이다.

13

정답 ④

$A=240\times240=57,600\text{m}^2$

$\frac{dA}{A}=2\times\frac{dl}{l}$ 이므로

$\frac{dA}{57,600}=2\times\frac{0.04}{60}$

$\therefore\ dA=76.8\text{m}^2$

14

정답 ③

오답분석

① 흄관은 내압력이 낮고, 현장에서 시공성이 좋다.
② PVC관은 내식성이 크고, 자외선에 약하다.
④ 주철관은 충격에 약하고, 이형관의 제작이 용이하다.
⑤ 덕타일 주철관은 강도가 크고, 절단가공이 쉬우며 시공성이 높다.

15

정답 ②

간극수압의 증가량의 공식은 $\Delta u=B[\Delta\sigma_3+A(\Delta\sigma_1-\Delta\sigma_3)]$이다.

$2.0\text{kg}_f/\text{cm}^2$의 구속응력을 가하여 시료를 완전히 압밀시킨 이후, 축차응력을 가하여 비배수 상태로 전단시켜 파괴되었기 때문에 $\Delta\sigma_3=0$이다($\because$ 들어가는 힘이 없기 때문에 $\Delta\sigma_3=0$이다).

따라서 $A=\frac{\Delta u}{\Delta\sigma_1}=\frac{1.5}{2.6}\fallingdotseq0.58$이다.

16

정답 ⑤

액상화 현상이란 포화된 모래가 비배수(非排水) 상태로 변하여 전단 응력을 받으면 모래 속의 간극수압이 차례로 높아지면서 최종적으로는 액상상태가 되는 현상이다. 액상화 현상의 요인 중 외적 요인으로는 지진의 강도나 그 지속시간 등이 있으며, 내적 요인으로는 모래의 밀도(간극비, 상대밀도 등), 지하수면의 깊이, 모래의 입도분포, 기반암의 지질구조 등이 있다.

17

정답 ④

복부판의 두께가 너무 얇으면 지간 중앙부의 휨모멘트가 증가하여 복부판에는 큰 압축응력이 생기므로 좌굴의 우려가 있다. 따라서 강종에 따라 복부판의 두께를 제한하고 있다.

18

정답 ④

중립축에서 $I_A = \frac{bh^3}{12}$, 밑면에서 $I_B = \frac{bh^3}{3}$ 이므로

$$\frac{I_A}{I_B} = \frac{\frac{bh^3}{12}}{\frac{bh^3}{3}} = \frac{1}{4}$$ 이다.

19

정답 ③

$$P = \frac{AE}{l}\delta = \frac{1 \times 2.1 \times 10^4}{100} \times 1 = 210\text{kN}$$

20

정답 ④

지형측량의 순서는 '측량계획 – 골조측량 – 세부측량 – 측량원도작성'이다.

21

정답 ③

$Q = CAV = c \cdot bd\sqrt{2gh}$

$200 \times 10^{-3} = 0.62 \times (0.2 \times 0.05) \times \sqrt{2 \times 9.8 \times h}$

$\therefore\ h \fallingdotseq 53\text{m}$

22

정답 ④

$D = 2\text{m} = 200\text{cm}$이므로

[레이놀즈수(R_e)] $= \frac{VD}{v}$ 에 대입하면

$R_e = \frac{50 \times 200}{0.0101} = 990{,}000$이다.

23

정답 ①

축동력 P를 계산하기 위해 전수두를 이용하면 다음과 같다.

(전수두)=(실 양정)+(손실수두)이므로

$$\therefore\ P = 9.8 \times \frac{QH_t}{\eta} = 9.8 \times \frac{0.03 \times (50+5)}{0.8} \fallingdotseq 20.2\text{kW}$$

24

정답 ①

유효 부산물(메탄가스) 생성은 혐기성 소화의 장점이다. 호기성 소화법의 장점으로는 상징수 수질 양호, 악취발생 감소, 운전 용이, 저렴한 최초 시공비 등이 있다.

25

정답 ⑤

부피와 무게와의 관계를 보면 $\omega \times G_s = S \times e$ 이므로

$0.3 \times 2.60 = S \times 0.8$

$\therefore\ S = 97.5\%$

26

정답 ③

N값은 보링을 한 구멍에 스플릿 스푼 샘플러를 넣고, 처음 흐트러진 시료를 15cm 관입한 후 63.5kg의 해머로 76cm 높이에서 자유 낙하시켜 샘플러를 30cm 관입시키는 데 필요한 타격횟수로, 표준관입시험 값이라고도 한다. 표준관입시험(SPT)에서 샘플러는 스플릿 스푼 샘플러를 사용하며, 해머의 무게는 64kg, 낙하높이는 76cm, 관입깊이는 30cm이다.

27

정답 ⑤

인장력을 받는 이형철근 및 이형철선의 겹침이음 중에서 A급 이음은 배치된 철근량이 이음부 전체 구간에서 해석결과 요구되는 소요 철근량의 2배 이상이고, 소요 겹침이음길이 내 겹침이음된 철근량이 전체 철근량의 1/2 이하인 경우를 말한다. B급 이음은 A급 이음에 해당되지 않는 경우를 말한다.

28

정답 ④

좌굴하중 $P_{cr} = \dfrac{\pi^2 EI}{(KL)^2}$ 에서 양단이 고정되어 있으므로 $K = 0.5$이다.

즉, $P_{cr} = \dfrac{\pi^2 EI}{(KL)^2} = \dfrac{\pi^2 EI}{(0.5L)^2} = \dfrac{4\pi^2 EI}{L^2}$ 이다.

29

정답 ②

20분 동안의 최대강우강도는 다음과 같다.

- $I_{5\sim20} = 20\text{mm/h}$
- $I_{10\sim25} = 35 - 2 = 33\text{mm/h}$
- $I_{15\sim30} = 40 - 5 = 35\text{mm/h}$
- $I_{20\sim35} = 43 - 10 = 33\text{mm/h}$

$\therefore\ I_{\max} = \dfrac{35}{20} \times \dfrac{60}{1} = 105\text{mm/h}$

30

정답 ③

반원의 도심에 대한 단면 2차 모멘트는

$I_{xc} = \dfrac{\pi D^4}{64} \times \dfrac{1}{2}$

평행축 정리에 의해

$I_{x-x} = I_{xc} + A \cdot d^2 = \dfrac{\pi D^4}{128} + \dfrac{\pi D^2}{8} \times \left(\dfrac{D}{2}\right)^2 = \dfrac{5\pi D^4}{128}$

31

정답 ④

연력도는 한 점에 적용하지 않는 여러 힘을 합성하고자 할 때 그 합력의 작용선을 찾아낸다.

32

정답 ②

$\tau = G\gamma$ 이므로

전단변형률 $\gamma = \frac{\tau}{G} = \frac{510}{850,000} = 0.0006$이다.

33

정답 ③

삼각망 중에서 정확도가 가장 높은 것은 조건식의 수가 가장 많은 사변형망이다.

34

정답 ①

레일 작업용 기계에는 레일 가열기, 레일 절단기, 레일 교환기, 레일 절곡기, 레일 천공기 등이 있다.

오답분석

㉣·㉤ 도상 작업용 기계에 해당한다.

35

정답 ④

노선측량의 일반적인 작업 순서는 계획 – 답사(ㄹ) – 선점 – 중심선 측량(ㄴ) – 종·횡단 측량(ㄱ) – 공사 측량(ㄷ)이다.

36

정답 ②

완화곡선의 접선은 시점에서는 직선에 접하고, 종점에서는 원호에 접한다.

37

정답 ④

면적은 축척의 분모수의 제곱에 비례하므로 다음과 같은 식이 성립한다.

$500^2 : 38.675 = 600^2 : A$

$\rightarrow 600^2 \times 38.675 = 500^2 \times A$

$\therefore A = 55.692$

38

정답 ①

- 유효 프리스트레스 힘(P_e)

  설계하중이 재하된 후 처짐이 없으므로 프리스트레스 힘만의 응력을 받고 있다.

  $f_c = \frac{P_e}{A_g} = E_c \epsilon$에서

  $P_e = E_c A_g \epsilon = 26,000 \times 150,000 \times (3.5 \times 10^{-4}) = 1,365,000\text{N} = 1,365\text{kN}$

- 초기 프리스트레스 힘(P_i)

  $R = \frac{P_e}{P_i}$ 에서

  $P_i = \frac{P_e}{R} = \frac{1,365}{0.85} \fallingdotseq 1,606\text{kN}$

39

정답 ③

표고가 53.85m인 A점의 표척이 1.34m이므로 전시 $F \cdot S$는 다음과 같다.

$53.85+1.34=50+F \cdot S$

$\therefore\ F \cdot S=5.19$

따라서 전시를 5.19m로 관측한 점을 연결했을 때 50m 등고선이 되므로 시준해야 할 표척의 높이는 5.19m이다.

40

정답 ①

오차의 범위를 제외한 면적을 $A_0\,\text{m}^2$라 하면, $A_0=75\times100=7{,}500$이다.

이때, 면적 A의 오차의 범위를 구하면, $dA=\pm\sqrt{(100\times0.003)^2+(75\times0.008)^2} \fallingdotseq \pm0.67$이므로 $A=7{,}500\pm0.67$이다.

41

정답 ④

현장의 건조단위중량 $\gamma_d=\dfrac{W_s}{V}=\dfrac{1{,}700}{1{,}000}=1.7$이다.

따라서 간극비(공극비)는 $e=\dfrac{G_s\gamma_w}{\gamma_d}-1=\dfrac{2.65\times1}{1.71}-1\fallingdotseq0.56$이다.

42

정답 ②

$V_u \le \phi V_n$

$0.1 \le 0.75\,V_n$

$\therefore\ V_n=0.133\text{MN}$

43

정답 ④

나선철근으로 둘러싸인 경우 축방향 주철근의 최소 개수는 6개이다.

축방향 주철근의 최소 개수

- 삼각형 띠철근 : 3개
- 사각형 및 원형 띠철근 : 4개
- 나선철근 : 6개

44

정답 ①

1방향 슬래브의 두께는 최소 100mm 이상으로 해야 한다.

45

정답 ⑤

다짐된 사질지반에서는 압밀현상이 일어나지 않으므로 부마찰력이 발생하지 않는다.

46

정답 ①

현장 타설 콘크리트 말뚝 기초는 정역학적 방법으로 지지력을 추정한다.

47

정답 ①

투수계수에 영향을 미치는 요소

토립자의 크기, 포화도, 간극의 형상과 배열, 유체의 점성

48

정답 ①

복철근 보에서의 압축철근에 대한 효과로 단면 저항 모멘트의 증대는 기대할 수 없다.

49

정답 ②

P_1이 하는 일 $w_1 = \dfrac{P_1\delta_1}{2} + P_1\delta_2 = \dfrac{150\times50}{2} + 150\times20 = 6,750\text{kN}\cdot\text{mm}$

50

정답 ④

전단응력은 보의 복부에서 가장 크며, 구형단면의 경우 최대전단응력이 평균전단응력보다 $\dfrac{3}{2}$배 더 크다.

PART 3

| 토목 - 주관식 |

51	52	53	54	55
270	213	ㅂ	1	ㄴ, ㅁ, ㅅ
56	57	58	59	60
20년	35	ㄹ	544	ㄷ, ㅁ

51

정답 270

$\sigma=\frac{P}{A}=\varepsilon E$, $A=\frac{\pi}{4}\times d^2$, $\varepsilon=\frac{\Delta l}{L}$이다.

따라서 $P=\frac{\pi d^2 \Delta l}{4L}\times E=\frac{3\times 50^2\times 15}{4\times 2,500}\times(2.4\times 10^4)=27\times 10^4\text{N}=270\text{kN}$이므로 $a=270$이다.

52

정답 213

$S_1=(2+6+4)\times(1+3+3)\times 3.5=294\text{cm}^3$

$S_2=6\times 3\times(3+1.5)=81\text{cm}^3$

따라서 빗금친 영역의 단면 1차 모멘트는 $S=S_1-S_2=294-81=213\text{cm}^3$이므로 $s=213$이다.

53

정답 ㅂ

하천 측량 순서

도상조사 → 자료조사 → 현지조사(답사) → 평면측량 → 수준측량 → 유량관측 → 기타측량

54

정답 1

삼각망의 폐합오차

- 1등 : ±1″
- 2등 : ±2″
- 3등 : ±10″
- 4등 : ±20″

55

정답 ㄴ, ㅁ, ㅅ

DAD(Depth－Area－Duration Analsis)해석에는 강우깊이, 유역면적, 강우기간이 관련되어 있다.

56

정답 20년

하수도의 계획 목표연도는 20년 후이다.

57

정답 35

입자가 둥글고 입도가 양호한 모래의 내부마찰각은 $\phi=\sqrt{12N}+20$이다. 따라서 $\sqrt{12\times 19}+20 \fallingdotseq 35°$이므로 $\phi=35$이다.

58

정답 ㄹ

재료에 힘을 가해 변형시킨 후 힘을 제거했을 때 원래대로 돌아온다면 탄성변형이라 하고, 원래대로 돌아오지 않는다면 처음 상태와 최종 상태의 차이(변형량)만큼 '소성변형'되었다고 한다.

59

정답 544

$M=\frac{w_u l^2}{8}$에서 $w_u=1.2w_d+1.6w_l=1.2\times30+1.6\times20=68$kN이다.

따라서 계수모멘트는 $\frac{w_u l^2}{8}=\frac{68\times8^2}{8}=544$kN·m이므로 $M=544$이다.

60

정답 ㄷ, ㅁ

ㄷ. 흙의 단위체적중량 : $\phi=0.65$
ㅁ. 무근콘크리트의 전단력 : 0.55

PART 3

| 건축 - 객관식 |

01	02	03	04	05	06	07	08	09	10	11	12	13	14	15	16	17	18	19	20
③	④	③	①	④	④	①	③	①	①	①	①	③	④	②	②	③	②	④	④
21	22	23	24	25	26	27	28	29	30	31	32	33	34	35	36	37	38	39	40
③	③	③	③	④	③	②	①	③	③	④	④	②	①	③	①	②	②	③	②
41	42	43	44	45	46	47	48	49	50										
④	①	①	①	①	④	④	②	②	③										

01

정답 ③

달비계

• 건물의 외부 수리 등에 사용되는 줄에 매달린 비계이다.

• 와이어로프로 매단 비계 권상기에 의해 상하로 이동시킨다.

02

정답 ④

생석회는 백화의 주원인이므로 ④는 옳지 않다.

백화를 방지하기 위한 방법

재료선정	• 10% 이하의 흡수율을 가진 양질의 벽돌을 사용한다. • 잘 소성된 벽돌을 사용한다.
양생준수	• 재료는 충분한 양생 후에 사용하며, 보양을 한다.
방수처리	• 벽면에 실리콘방수를 하며, 줄눈에 방수제를 넣는다. • 파라핀 도료를 벽면에 뿜칠하여 염류 용출을 방지한다.
우수차단	• 차양 등의 비막이를 설치하여 벽에 직접 비가 맞지 않도록 한다. • 돌출부의 상부에 우수가 침투하지 않도록 한다.

03

정답 ③

분관식은 저층 건물을 분산시키는 형식이므로 넓은 대지면적이 필요하다.

병원 건축의 분관식(파빌리온식) 특징

• 저층 분산형이므로 관리가 어렵고 동선과 배관이 길어진다.

• 보통 3층 이하의 저층 건물로 구성되며 넓은 대지가 필요하다.

• 각 병실의 일조, 통풍을 균일하게 할 수 있다.

• 병원의 확장 등 성장변화에 대한 대응이 용이하다.

• 환자는 주로 경사로를 이용한 보행 또는 들것으로 운반된다.

04

정답 ①

CD기둥을 중심으로 좌우대칭인 구조물에 작용하는 하중이 좌우대칭인 경우, CD기둥에는 휨모멘트가 작용하지 않고 수직반력만 발생한다. 휨모멘트가 없으므로 CD기둥의 전단력은 0이다.

05

정답 ④

커버플레이트는 보의 플랜지 부분의 단면계수를 크게 하여 플레이트보의 휨내력을 보강하기 위해 사용하는 부재이다.

06

정답 ④

④는 증기난방에 대한 설명이다.

지역난방의 장단점

장점	• 건물마다 보일러 시설을 할 필요가 없다. • 관리가 용이하고 열효율면에서 유리하다. • 설비면적이 감소하고 유효면적이 증가한다.	• 도시의 매연을 경감시킬 수 있다. • 위험물 취급이 제한되어 화재위험이 적다. • 보일러의 용량을 줄일 수 있다.
단점	• 초기투자비가 높다. • 배관의 길이가 길어서 열손실이 많다. • 사용요금의 분배가 곤란하다.	

07

정답 ①

통합품질관리(TQC)를 위한 7가지 도구

- 파레토도
- 특성요인도
- 산포도(산점도)
- 히스토그램
- 층별
- 체크시트
- 관리도

08

정답 ③

적층공법

- 미리 공장 생산한 기둥이나 보, 바닥판, 외벽, 내벽 등을 한 층씩 쌓아 올라가는 조립식 공법으로, 구체를 구축하고 마감 및 설비공사까지 포함하여 차례로 한 층씩 시공한다.
- 구체공사와 함께 외벽 및 내부마감이 연속적으로 진행되므로 공기단축 효과가 있다.

09

정답 ①

디오라마 전시는 특정 사실 또는 주제를 전시물과 각종 특수효과 등을 사용하여 가장 실감나게 표현하는 기법이다.

디오라마 전시

개요	• 특정 장면을 전시물, 영상, 음향, 조명 등으로 실제처럼 연출하는 기법이다.
특징	• 하나의 사실 또는 주제의 시간 상황을 고정시켜 연출한다. • 현장에 임한 느낌을 주며, 현장감을 가장 실감나게 표현한다.

10

정답 ①

피시아이는 용착금속 단면에 수소의 영향으로 생긴 은색의 점으로, 100℃로 가열하여 24시간 정도 방치하면 회복된다.

용접결함의 종류

블로홀	• 금속이 녹아들 때 용접부분 안에 발생하는 기포이다.
언더컷	• 용착금속이 채워지지 않고 홈이 남아있는 것이다.
오버랩	• 용착금속이 모재와 융합하지 않고 겹쳐져 있는 상태이다.
피시아이	• 용착금속 단면에 수소의 영향으로 생긴 은색의 점이다. • 100℃로 가열하여 24시간 정도 방치하면 회복된다.
피트	• 블로홀이 용접부분 표면에 부상하여 생긴 작은 구멍이다. • 도료, 녹, 밀 스케일, 모재의 수분 등에 의해 발생한다.
크랙	• 용착금속과 모재 사이에 냉각 속도의 차이 또는 가스 등의 요인으로 인해 발생하는 균열이다.
슬래그 함입	• 용접부분 안에 슬래그가 섞여 있는 것을 말한다.
크레이터	• 용접부분 비드 종단부가 움푹 패인 것을 말한다.

11

정답 ①

$\frac{P_1(2l)^3}{3EI} = \frac{P_2 l^3}{3EI} \times 2$이므로

$\frac{P_1}{P_2} = \frac{2}{8}$

$\therefore P_1 : P_2 = 1 : 4$

캔틸레버보의 처짐

집중하중		등분포하중	
최대처짐	처짐각	최대처짐	처짐각
$\frac{Pl^3}{3EI}$	$\frac{Pl^2}{2EI}$	$\frac{wl^4}{8EI}$	$\frac{wl^3}{6EI}$
끝단	끝단	끝단	끝단

12

정답 ①

옥내 가스배관은 외부에 노출하여 시공한다.

도시가스 배관의 시공

- 배관은 원칙적으로 직선, 직각으로 한다.
- 배관 도중에 신축 흡수를 위한 이음을 한다.
- 건물의 주요구조부를 관통하여 설치하지 않는다.
- 건축물 내의 배관은 외부에 노출하여 시공한다.
- 보호조치를 한 배관을 이음매 없이 설치할 때에는 매설할 수 있다.
- 건물 규모가 크고 배관 연장이 긴 경우에는 계통을 나누어 배대한다.
- 가스사용시설의 지상배관은 황색으로 도색하는 것이 원칙이다.

13

정답 ③

i) (조경면적)$=1,500\times0.1=150\text{m}^2$

ii) (조경면적의 50%)$=150\times0.5=75\text{m}^2$

iii) $\left(\text{옥상조경면적의 }\frac{2}{3}\right)=150\times\frac{2}{3}=100\text{m}^2$

i)에서 ii)와 iii) 중 작은 면적을 차감한다.

따라서 (대지의 조경면적)$=150-75=75\text{m}^2$ 이다.

건축물의 옥상조경

- 건축물의 옥상에 조경이나 그 밖에 필요한 조치를 하는 경우에는 옥상부분 조경면적의 3분의 2에 해당하는 면적을 대지의 조경면적으로 산정할 수 있다.
- 조경면적으로 산정하는 옥상부분 조경면적은 조경면적의 100분의 50을 초과할 수 없다.

14

정답 ④

도막방수 공사는 바탕면 시공과 관통공사가 종결된 후에 실시해야 한다.

도막방수의 바탕면 · 관통부 시공

바탕면 및 바닥을 관통하거나 매설되는 파이프, 고정철물 등과의 접속부에서는 누수 등의 결함이 발생하기 쉬우므로 사전에 접속부 처리를 계획하여야 하며, 시공이 종결된 후 세심하게 방수처리를 실시한다.

15

정답 ②

- (수용률)$=\dfrac{(\text{최대수용전력})}{(\text{총부하설비용량})}\times100$
- (총부하설비용량)$=\dfrac{500\text{kW}}{80}\times100=625\text{kW}$

수전설비용량의 추정

수용률	• 최대수용전력을 구하기 위한 것이다. • (최대수용전력)÷(총부하설비용량)×100
부등률	• 합성최대수용전력을 구하는 계수이다. • (각 부하의 최대수용전력의 합계)÷(합성최대수용전력)
부하율	• 전기설비가 어느 정도 유효하게 사용되는가를 나타내는 것이다. • (부하의 평균전력)÷(최대수용전력)×100

16

정답 ②

승객의 층별 대기시간은 평균 운전간격 이하가 되어야 한다.

사무소 건축의 엘리베이터 설치 계획

- 건축물의 종류, 규모, 임대 상황 등을 고려한다.
- 승객의 층별 대기시간은 평균 운전간격 이하가 되게 한다.
- 출입층이 2개 층일 경우 각각의 교통 수요량 이상이 되도록 한다.
- 5분간 총수송능력이 5분간 최대 교통 수요량(아침 출근시간)과 같거나 그 이상이 되도록 한다.

17

정답 ③

$$l_{hb}=\frac{0.24\times1\times15.9\times400}{1\times\sqrt{30}}\fallingdotseq 279\text{mm}$$

표준갈고리를 갖는 인장 이형철근의 정착길이

- 정착길이(l_{dh})는 [기본정착길이(l_{hb})]×[적용 가능한 모든 보정계수]이며, 항상 150mm 이상이어야 한다.
- $l_{hb}=\dfrac{0.24\times\beta\times d_b\times f_y}{\lambda\sqrt{f_{ck}}}$

18

정답 ②

0.5B 정미량 : $40\text{m}^2\times75$매$/\text{m}^2=3{,}000$장

기본벽돌 쌓기

- 기본벽돌은 정미량, 모르타르는 소요량이다.
- 할증률 : 붉은벽돌 3%, 내화벽돌 3%, 시멘트벽돌 5%

구분	단위	0.5B	1.0B	1.5B
기본벽돌	m^2당	75매	149매	224매
모르타르	1,000매당	0.25m^3	0.33m^3	0.35m^3

19

정답 ④

안전개가식은 서가에 접근하여 열람 후 도서를 선택하고, 대출 수속 후 열람실로 이동하는 방식이다.

안전개가식 출납시스템

절차	• 서가 접근 → 열람 후 선택 → 대출 수속 → 열람석
특징	• 서고와 열람실이 분리되어 있다. • 서가 열람이 가능하여 도서를 직접 뽑을 수 있다. • 검열·기록·감시를 위한 관원이 필요하다.
적용	• 1실 15,000권 이하의 소규모 도서관에 적합하다.

20

정답 ④

도로와 대지의 관계

- 건축물의 대지는 2m 이상이 도로(자동차만의 통행에 사용되는 도로는 제외)에 접하여야 한다.
- 연면적의 합계가 $2{,}000\text{m}^2$(공장인 경우에는 $3{,}000\text{m}^2$) 이상인 건축물의 대지는 너비 6m 이상의 도로에 4m 이상 접하여야 한다.

21

정답 ③

$$D=1.13\sqrt{\frac{\frac{1}{60}}{2.5}}\fallingdotseq 0.09226\text{m}=92.26\text{mm}$$

펌프의 구경

[펌프의 구경(D)]$=1.13\sqrt{\dfrac{Q}{V}}$

※ Q : 펌프의 토출량(m^3/min), V : 펌프의 유속(m/s)

22

정답 ③

금속관 배선공사에는 제3종 접지공사를 실시한다.

금속관 배선공사
- 금속관 내부에 절연전선을 넣어서 설치하는 공사이다.
- 은폐 및 노출장소, 옥내, 옥외, 다습한 장소에도 시공이 가능하다.
- 과열에 의한 화재의 우려가 없고 기계적인 보호성이 우수하다.
- 고압, 저압, 통신설비 등 옥내배선의 모든 공사에 널리 사용된다.
- 전선의 인입이 우수하며 철근콘크리트건물의 매입배선으로 사용된다.

23

정답 ③

가우징은 용접부의 수정 등을 위하여 고온의 아크열로 홈을 파내는 것을 말한다.

가우징(Gouging)
- 용접이 잘못된 부분을 수정하기 위해 사용되는 방법이다.
- 고온의 아크열로 모재를 순간적으로 녹이는 동시에 압축공기의 강한 바람으로 용해된 금속을 뿜어내어 용접부에 깊은 홈을 파내는 방식으로, 불완전 용접부 제거 및 밑면 파내기 등에 사용된다.

24

정답 ③

지하층과 피난층 사이의 개방공간 설치

바닥면적의 합계가 3,000m^2 이상인 공연장·집회장·관람장 또는 전시장을 지하층에 설치하는 경우에는 각 실에 있는 자가 지하층 각 층에서 건축물 밖으로 피난하여 옥외 계단 또는 경사로 등을 이용하여 피난층으로 대피할 수 있도록 천장이 개방된 외부 공간을 설치하여야 한다.

25

정답 ④

- 3.5kg/cm^2 ≒ 수두 35m ≒ 압력 350kPa
- $H \geq 35+5=40$m

압력수조의 실양정
- 물의 경우 1kg/cm^2 ≒ 수두 10m ≒ 압력 100kPa
- 압력수조의 실양정(H) ≥ 수조 내 최고압력+흡입양정

26

정답 ③

건축물의 내부에서 피난안전구역으로 통하는 계단은 특별피난계단의 구조로 설치하여야 한다.

피난안전구역의 구조

높이	• 2.1m 이상일 것
마감	• 내부마감재료는 불연재료로 설치할 것
계단	• 건축물 내부에서 피난안전구역으로 통하는 계단은 특별피난계단의 구조로 설치할 것 • 피난안전구역에 연결되는 특별피난계단은 피난안전구역을 거쳐서 상·하층으로 갈 수 있는 구조로 설치할 것

PART 3

27

정답 ②

간접가열식 급탕방식은 스케일의 부착 가능성이 낮다.

간접가열식 급탕법

개요	• 저탕조 내에 설치한 코일 등을 가열하여 열교환을 통해 물을 급탕하는 방식이다.
특징	• 보일러에서 만들어진 증기 또는 고온수를 열원으로 한다. • 난방용 증기를 사용하면 별도의 보일러가 필요 없다. • 열효율이 직접가열식에 비해 낮다. • 스케일이 부착하는 일이 적고 전열 효율이 높다. • 일반적으로 규모가 큰 건물의 급탕에 사용된다.

28

정답 ①

경량골재콘크리트의 단위시멘트량의 최솟값은 300kg/m^{3}이다.

경량골재콘크리트의 배합

• 공기연행 콘크리트로 하는 것을 원칙으로 한다.
• 슬럼프 값은 180mm 이하로 하고, 단위시멘트량의 최솟값은 300kg/m^3, 물－결합재비의 최댓값은 60%로 한다.
• 굵은골재의 최대치수는 원칙적으로 20mm로 한다.
• 기건단위질량의 범위는 1종은 1,700～2,000kg/m^3, 2종은 1,400～1,700kg/m^{3}이다.

29

정답 ③

• $V_u \le \phi V_c \times \frac{1}{2}$인 경우, 전단보강 철근을 배치하지 않는다.

• $V_c = \frac{1}{6} \times \lambda \times \sqrt{f_{ck}} \times b_w \times d$이므로

$V_u \le \dfrac{\phi\lambda\sqrt{f_{ck}} \times b_w \times d}{12}$이고, $d \ge \dfrac{12 \times V_u}{\phi\lambda\sqrt{f_{ck}} \times b_w}$이다.

$$\therefore\ d \ge \frac{12 \times V_u}{\phi\lambda\sqrt{f_{ck}} \times b_w} = \frac{12 \times 50,000}{0.75 \times 1 \times \sqrt{28} \times 300} ≒ 504\text{mm}$$

보의 최소 전단철근

계수전단력 V_u가 콘크리트에 의한 설계전단강도 ϕV_c의 $\frac{1}{2}$을 초과하는 모든 철근콘크리트 및 프리스트레스트 콘크리트 휨부재에는 최소 전단철근을 배치하여야 한다(예외사항 있음).

구분	콘크리트 부담(전단력＋휨모멘트)
공칭강도	$V_c = \frac{1}{6} \times \lambda \times \sqrt{f_{ck}} \times b_w \times d$
설계강도	$V_n = \phi V_c$

30

정답 ③

㉠ 전도 발생지점에 대한 옹벽의 도심

- 옹벽 단면의 좌하단 꼭짓점으로부터의 옹벽의 도심을 구한다.
- 옹벽의 전면부 삼각형(2m×6m)과 배면부 사각형(1m×6m)으로 나누어 계산한다.
- $x_0 = \frac{G_y}{A}$

$$= \frac{\left(2\text{m} \times 6\text{m} \times \frac{1}{2}\right)\left(2\text{m} \times \frac{2}{3}\right) + (1\text{m} \times 6\text{m})\left(2\text{m} + 1\text{m} \times \frac{1}{2}\right)}{\left(2\text{m} \times 6\text{m} \times \frac{1}{2}\right) + (1\text{m} \times 6\text{m})}$$

$$= \frac{23}{12}\text{m}$$

㉡ 전도 모멘트와 저항 모멘트의 계산

- 전도 모멘트 : $P \times y_1 = 10\text{kN} \times 2\text{m} = 20\text{kN} \cdot \text{m}$
- 저항 모멘트 : $W \times x_0 = W \times \frac{23}{12}\text{m}$
- 저항 모멘트>전도 모멘트이어야 하므로,

$W \times \frac{23}{12}\text{m} > 20\text{kN} \cdot \text{m}$, $W > 10.435\text{kN}$

따라서 10.44kN의 자중이 필요하다.

31

정답 ④

④는 주심포식 건축물에 해당한다.

건축물의 형식

주심포식	봉정사(극락전), 관음사(원통전), 부석사(무량수전, 조사당), 수덕사(대웅전), 무위사(극락전), 강릉 객사문 등
다포식	경복궁(근정전), 창경궁(명정전), 남대문, 동대문, 심원사(보광전), 불국사(극락전), 전등사(대웅전), 화암사(극락전), 위봉사(보광명전), 석왕사(응진전), 봉정사(대웅전), 내소사(대웅전) 등
익공식	강릉 오죽헌 등
절충식	경복궁(향원정) 등

32

정답 ④

오픈 시스템은 미국·유럽식 운영방식이며, 클로즈드 시스템은 한국·일본식 운영방식이다.

외래진료부의 운영방식

오픈 시스템 (Open System)	종합병원에 등록된 일반 개업 의사가 종합병원의 진찰실과 시설을 사용하는 미국·유럽식 운영방식이다.
클로즈드 시스템 (Closed System)	종합병원 내에 대규모의 각종 과(외과, 내과 등)를 설치하고 진료하는 한국·일본식 운영방식이다.

33

정답 ②

은행의 건축 계획

- 영업장(영업실)의 면적은 은행건축의 규모를 결정한다.
- 면적은 은행원 1인당 $4 \sim 5\text{m}^2$ 정도이다.
- 영업대는 고객과 은행원의 업무기능이 함께 이루어지는 공간으로, 인간공학적인 배려가 요구된다.
- 영업대(카운터)의 높이는 고객 방향 100~110cm, 은행원 방향 75cm 정도로 하며, 폭은 60~75cm 정도로 한다.
- 고객을 직접 상대하는 업무 외에는 고객과의 직접적인 접촉을 피한다.

34

정답 ①

$13매/m^2 \times 2m^2 = 26매$이다.

기본블록 쌓기

구분	할증	단위	블록매수
기본블록	포함(4%)	m^2당	13매

35

정답 ③

스프레이도장(뿜칠)은 운행의 한 줄마다 뿜칠 폭의 $\frac{1}{3}$ 정도를 겹쳐서 뿜어야 한다.

스프레이도장(뿜칠)의 시공

- 스프레이건의 운행은 항상 평행하게 한다.
- 운행의 한 줄마다 뿜칠 폭의 $\frac{1}{3}$ 정도를 겹쳐 뿜는다.
- 뿜칠의 각도는 칠바탕에 직각으로 한다.
- 각회의 뿜도장 방향은 전회의 방향에 직각으로 한다.
- 매회 붓도장과 동등한 정도의 두께로 한다.
- 2회분의 도막 두께를 한 번에 도장하지 않는다.
- 뿜칠 공기압은 $2 \sim 4kg/cm^2$를 표준으로 한다.

36

정답 ①

셀룰로오스 섬유판은 유기질의 식물성 수지인 셀룰로오스로 만들어진 단열재료이다.

37

정답 ②

②는 오수처리시설 공사의 착공 전 신고사항이다. 공사 착공시점의 주요 인허가 항목으로는 비산먼지 발생사업 신고, 특정공사 사전신고, 사업장폐기물배출자 신고, 가설건축물 축조신고, 도로점용허가 등이 있다.

38

정답 ②

열기식 공정표는 인부, 재료, 노력, 원척도 등이 필요한 기일까지 반입, 동원될 수 있도록 준비하는 데 적합한 공정표이다.

공정표의 종류

횡선식 공정표	• 세로축에 공정, 가로축에 날짜를 표시하고 막대그래프로 표시하는 공정표이다. • 예정·실시의 비교가 용이하다.
열기식 공정표	• 표의 각 칸에 글자를 나열시키는 공정표이다. • 인부, 재료, 노력, 원척도 등이 필요한 기일까지 반입, 동원될 수 있도록 준비하는 데 적합하다.
사선식 공정표	• 세로축에 공정, 가로축에 날짜를 표시하고 사선 또는 곡선으로 진척상황 등을 표시하는 공정표이다. • 작업 간의 관련성을 나타낼 수 없다.
일순식 공정표	• 특정 기간(1주일이나 10일 등) 단위로 상세하게 작성한 공정표이다.
네트워크 공정표	• 각 작업의 관계를 네트워크로 표현하는 공정표이다. • 공정표 작성에 특별한 기능이 요구된다.

39

정답 ③

- 1절점에 모인 평행한 AB(AF, BF)와 방향이 다른 DF → 영부재
- E절점에서 수평하중을 받지 않는 DE부재 → 영부재
- C절점에서 수직하중을 받지 않는 AC부재 → 영부재
- 영부재는 DF, DE, AC의 총 3개이다.

트러스 부재력

절점에 하중이 작용하지 않는 경우		반력 작용
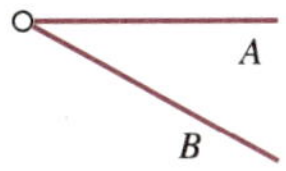	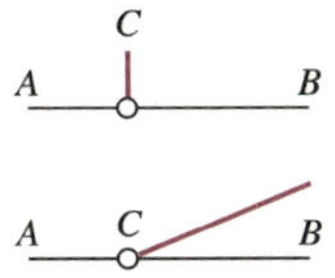	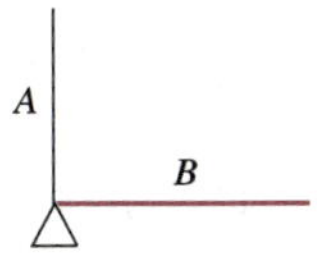
1절점에 모인 A, B	1절점에 모인 평행한 A, B와 방향이 다른 C	지점과 평행한 A와 방향이 다른 B
$A=B=0$	$A=B$ $C=0$	$B=0$

40

정답 ②

- $A=P\div\sigma$이므로 $\sigma=P\div A$

  $\sigma_A=\dfrac{P}{50\times50}=\dfrac{P}{2,500}$, $\sigma_B=\dfrac{P}{100\times100}=\dfrac{P}{10,000}$

- $\sigma_A:\sigma_B=\dfrac{P}{2,500}:\dfrac{P}{10,000}=4:1$

응력도
- [응력도(σ)]=[축방향력(P)]÷[단면적(A)]
- $1\text{MPa}=1\text{N/mm}^2$

41

정답 ④

직류 엘리베이터는 교류 엘리베이터에 비해 가격이 비싸다.

직류 엘리베이터
- 직류전동기로 구동하는 방식으로, 부하에 의한 속도 변동이 없다.
- 속도를 임의로 선택할 수 있으며 속도 조정이 자유롭다.
- 기동 토크를 쉽게 얻을 수 있고 착상오차가 적다.
- 중속, 고속 엘리베이터에 주로 사용되며 직류 기어드, 기어레스 등이 있다.

42

정답 ①

옥내소화전설비의 가압송수장치의 성능

특정소방대상물의 해당 층의 옥내소화전(5개 이상 설치된 경우에는 5개의 옥내소화전)을 동시에 사용할 경우 각 소화전의 노즐선단에서의 방수압력이 0.17MPa 이상이고, 방수량이 130L/min 이상이 되도록 한다.

43

정답 ①

$$\frac{0.018\text{m}^3/\text{h}\times 900}{0.001-0.0004}=27{,}000\text{m}^3/\text{h}$$

CO_2 농도에 따른 필요 환기량

- 1L=0.001m^{3}이며, 1ppm=백만분의 일(1/1,000,000)이다.
- (CO_2 발생량)=(수용인원)×(1인당 CO_2 배출량)
- (필요 환기량)=$\dfrac{(CO_2\ 발생량)}{(최대허용\ CO_2\ 농도)-(외기\ 중의\ CO_2\ 농도)}$

44

정답 ①

강전설비와 약전설비

강전설비	• 교류, 110V 이상의 전력을 사용하는 설비이다. • 변전설비, 발전설비, 축전지설비, 동력설비, 조명설비, 전열설비 등이 있다.
약전설비	• 직류, 24V 정도의 전력을 사용하는 설비이다. • 표시설비, 주차관제설비, 전기음향설비, 전기방재설비, 감시제어설비 등이 있다. • 정보통신설비를 포함하면 전화설비, 인터폰설비, 전기시계설비, 안테나 및 방송설비, 정보통신설비 등이 해당한다.

45

정답 ①

이동식 보도의 특징

- 승객을 수평으로 수송하는 데 사용된다.
- 수평으로부터 10° 이내의 경사로 되어 있다.
- 주로 역이나 공항, 박람회장 등에 이용된다.
- 수송능력은 1시간당 최대 1,500명 정도이다.
- 이동속도는 30 ~ 50m/min 정도이다.

46

정답 ④

증기난방의 단점

- 실내 상하온도차가 크고 방열기의 표면온도가 높다.
- 난방의 쾌감도가 낮고 스팀해머가 발생할 수 있다.
- 부하변동에 따른 실내방열량의 제어가 곤란하다.
- 계통별 용량제어가 곤란하다.

47

정답 ④

전공기 방식의 종류

단일덕트	1개의 공급덕트와 1개의 환기덕트를 통해 조화공기를 공급하는 방식이다.
이중덕트	2개의 공급덕트(냉풍, 온풍)와 1개의 환기덕트로 구성되어 있으며, 각 실의 혼합상자에서 공기를 혼합하는 방식이다.
멀티존유닛	부하조건에 따라 건물 내 존(Zone)을 구분하여 중앙 공기조화기 내부에서 각 존에 적합한 조화공기를 혼합하여 송풍하는 방식이다.
각층유닛	층마다 공기조화기를 설치하여 공기조화를 하는 방식이다.

48

정답 ②

축전지의 충전 방식

보통충전	필요할 때마다 표준시간율로 소정의 충전을 한다.
균등충전	전압불균등 해소를 위해 1～2개월마다 충전한다.
부동충전	상용부하에 대한 전력은 충전기가 부담하고 일시적으로 급증한 전류 부하는 축전지가 부담한다.
급속충전	단시간에 보통 전류의 2～3배로 충전한다.
세류충전	일정한 전류로 자기방전량만 충전을 계속한다.

49

정답 ②

에스컬레이터의 경사도는 공칭속도 0.5m/s 초과인 경우 30° 이하로 한다.

에스컬레이터의 일반사항

경사도	• 에스컬레이터의 경사도는 30° 이하로 한다. • 높이 6m 이하, 공칭속도 0.5m/s 이하인 경우 35°까지 증가시킬 수 있다.	
정격속도	• 하강방향의 안전을 고려하여 30m/min 이하로 한다.	
공칭속도	경사도 30° 이하	경사도 30° 초과 35° 이하
	0.75m/s 이하	0.5m/s 이하
공칭수송능력	800형	1,200형
	6,000인/h	9,000인/h

50

정답 ③

1대$+(12{,}000\text{m}^2-3{,}000\text{m}^2)\div3{,}000\text{m}^2=4$대이다.

승용 승강기의 설치대수

건축물의 용도	6층 이상 거실면적의 합계	
	$3{,}000\text{m}^2$ 이하	$3{,}000\text{m}^2$ 초과
공연장, 집회장, 관람장, 판매시설, 의료시설	2대	2대에 $3{,}000\text{m}^2$를 초과하는 $2{,}000\text{m}^2$ 이내마다 1대를 더한 대수
전시장, 동물원, 식물원, 업무시설, 숙박시설, 위락시설	1대	1대에 $3{,}000\text{m}^2$를 초과하는 $2{,}000\text{m}^2$ 이내마다 1대를 더한 대수
공동주택, 교육연구시설, 노유자시설, 기타	1대	1대에 $3{,}000\text{m}^2$를 초과하는 $3{,}000\text{m}^2$ 이내마다 1대를 더한 대수

※ 8인승 이상 15인승 이하 1대 기준이며, 16인승 이상의 승강기는 2대로 본다.

건축 - 주관식

51	52	53	54	55
ㄱ, ㅁ	24	200	ㄱ	250
56	57	58	59	60
35	ㄹ	ㄴ	120	ㄴ, ㄷ, ㅁ, ㅂ

51

정답 ㄱ, ㅁ

부동침하 및 연약지반에 대한 대책

- 경반지질에 기초를 지지할 것
- 지반반력을 같게 할 것
- 지반개량을 실시할 것
- 건문을 경량화할 것
- 지중보의 크기, 강성을 크게 할 것
- 강성체의 지하실, 지지말뚝, 마찰말뚝, 피어기초에 사용할 것
- 건물의 평면상 길이를 짧게 할 것
- 부분 증축, 일부 지정, 이질 지정, 이질 기초를 지양할 것
- 신축이음을 설치할 것
- 인접 건물과의 거리를 이격할 것

52

정답 24

집중하중의 최대처짐은 $\delta = \dfrac{Pl^3}{48EI}$ 이다.

따라서 $\dfrac{200,000 \times 8,000^3}{48 \times 200,000 \times \left(\dfrac{200 \times 300^3}{12}\right)} \fallingdotseq 24\text{mm}$이므로 $\delta = 24$이다.

53

정답 200

타일의 접착력 시험

- 타일의 접착력 시험은 일반 건축물의 경우 타일 면적 200m^2당, 공동주택은 10호당 1호에 한 장씩 시험한다. 시험 위치는 담당원의 지시에 따른다.
- 시험할 타일은 먼저 줄눈 부분을 콘크리트 면까지 절단하여 주위의 타일과 분리시킨다.
- 시험할 타일은 시험비 부속장치의 크기로 하되, 그 이상은 180mm×60mm 크기로 타일이 시공된 바탕면까지 절단한다. 다만, 40mm 미만의 타일은 4배를 1개조로 하여 부속장치를 붙여 시험한다.
- 시험은 타일 시공 후 4주 이상일 때 실시한다.
- 시험결과의 판정은 타일 인장 부착강도가 0.39N/mm^2 이상이어야 한다.

54

정답 ㄱ

몰(Mall)은 쇼핑센터 내의 주 보행동선으로, 핵점포・전문점에서의 출입이 이루어지는 페데스트리언 지대의 일부이며 고객의 휴식처로서의 기능을 한다. 외기에 개방된 오픈몰, 별도로 격리된 엔클로즈드몰, 일부 개방된 세미오픈몰이 있으며, 공기조화로 쾌적한 실내기후를 유지할 수 있는 엔클로즈드몰이 선호된다.

55

정답 250

급수배관의 모든 기울기는 250분의 1을 표준으로 하며, 상향 급수배관은 상향구배로, 하향 급수배관은 하향구배로 시공하여야 한다.

56

정답 35

에스컬레이터의 경사도는 30° 이하로 한다. 단, 높이 6m 이하, 공칭속도 0.5m/s 이하인 경우에는 35°까지 증가시킬 수 있다.

57

정답 ㄹ

미의 특성
- 변화 및 다양성 : 억양, 대비, 황금비(비율), 비례 등
- 통일 : 대칭, 반복, 균일 등

58

정답 ㄴ

문화 및 집회시설
- 관람장(경마장, 경륜장, 체육관 및 운동장으로서 관람석의 바닥면적의 합계가 1,000m^2 이상인 것)
- 공연장(극장, 영화관 등 근린생활시설에 해당하지 않는 것)
- 집회장(예식장, 공회당, 회의장, 마권 장외 발매소 등)
- 전시장(박물관, 미술관, 과학관, 기념관, 박람회장 등)
- 동물원, 식물원, 수족관 등

59

정답 120

옥상광장 등의 설치(건축법 시행령 제40조 제1항)
옥상광장 또는 2층 이상인 층에 있는 노대등의 주위에는 높이 120cm 이상의 난간을 설치하여야 한다. 다만, 그 노대등에 출입할 수 없는 구조인 경우에는 그러하지 아니하다.

60

정답 ㄴ, ㄷ, ㅁ, ㅂ

축조 시 신고 대상인 공작물
- 높이가 8m를 넘는 고가수조
- 높이가 6m를 넘는 굴뚝, 장식탑, 기념탑, 골프연습장 등의 운동시설을 위한 철탑, 주거·상업지역에 설치하는 통신용 철탑
- 높이가 5m를 넘는 태양에너지를 이용하는 발전설비
- 높이가 4m를 넘는 광고탑, 광고판
- 높이가 2m를 넘는 옹벽 또는 담장
- 높이가 8m 이하의 기계식 주차장 및 철골 조립식 주차장으로 외벽이 없는 것
- 바닥면적이 30m^2를 넘는 지하대피호

지식에 대한 투자가 가장 이윤이 많이 남는 법이다.

– 벤자민 프랭클린 –

LH 한국토지주택공사 직무능력검사 답안카드

성 명

지원 분야

문제지 형별기재란	
(　　　)형	Ⓐ Ⓑ

수 험 번 호						
⓪	⓪	⓪	⓪	⓪	⓪	⓪
①	①	①	①	①	①	①
②	②	②	②	②	②	②
③	③	③	③	③	③	③
④	④	④	④	④	④	④
⑤	⑤	⑤	⑤	⑤	⑤	⑤
⑥	⑥	⑥	⑥	⑥	⑥	⑥
⑦	⑦	⑦	⑦	⑦	⑦	⑦
⑧	⑧	⑧	⑧	⑧	⑧	⑧
⑨	⑨	⑨	⑨	⑨	⑨	⑨

감독위원 확인
인

1	① ② ③ ④ ⑤	21	① ② ③ ④ ⑤	41	① ② ③ ④ ⑤	61	① ② ③ ④ ⑤	81	① ② ③ ④ ⑤
2	① ② ③ ④ ⑤	22	① ② ③ ④ ⑤	42	① ② ③ ④ ⑤	62	① ② ③ ④ ⑤	82	① ② ③ ④ ⑤
3	① ② ③ ④ ⑤	23	① ② ③ ④ ⑤	43	① ② ③ ④ ⑤	63	① ② ③ ④ ⑤	83	① ② ③ ④ ⑤
4	① ② ③ ④ ⑤	24	① ② ③ ④ ⑤	44	① ② ③ ④ ⑤	64	① ② ③ ④ ⑤	84	① ② ③ ④ ⑤
5	① ② ③ ④ ⑤	25	① ② ③ ④ ⑤	45	① ② ③ ④ ⑤	65	① ② ③ ④ ⑤	85	① ② ③ ④ ⑤
6	① ② ③ ④ ⑤	26	① ② ③ ④ ⑤	46	① ② ③ ④ ⑤	66	① ② ③ ④ ⑤	86	① ② ③ ④ ⑤
7	① ② ③ ④ ⑤	27	① ② ③ ④ ⑤	47	① ② ③ ④ ⑤	67	① ② ③ ④ ⑤	87	① ② ③ ④ ⑤
8	① ② ③ ④ ⑤	28	① ② ③ ④ ⑤	48	① ② ③ ④ ⑤	68	① ② ③ ④ ⑤	88	① ② ③ ④ ⑤
9	① ② ③ ④ ⑤	29	① ② ③ ④ ⑤	49	① ② ③ ④ ⑤	69	① ② ③ ④ ⑤	89	① ② ③ ④ ⑤
10	① ② ③ ④ ⑤	30	① ② ③ ④ ⑤	50	① ② ③ ④ ⑤	70	① ② ③ ④ ⑤	90	① ② ③ ④ ⑤
11	① ② ③ ④ ⑤	31	① ② ③ ④ ⑤	51	① ② ③ ④ ⑤	71	① ② ③ ④ ⑤	91	
12	① ② ③ ④ ⑤	32	① ② ③ ④ ⑤	52	① ② ③ ④ ⑤	72	① ② ③ ④ ⑤	92	
13	① ② ③ ④ ⑤	33	① ② ③ ④ ⑤	53	① ② ③ ④ ⑤	73	① ② ③ ④ ⑤	93	
14	① ② ③ ④ ⑤	34	① ② ③ ④ ⑤	54	① ② ③ ④ ⑤	74	① ② ③ ④ ⑤	94	
15	① ② ③ ④ ⑤	35	① ② ③ ④ ⑤	55	① ② ③ ④ ⑤	75	① ② ③ ④ ⑤	95	
16	① ② ③ ④ ⑤	36	① ② ③ ④ ⑤	56	① ② ③ ④ ⑤	76	① ② ③ ④ ⑤	96	
17	① ② ③ ④ ⑤	37	① ② ③ ④ ⑤	57	① ② ③ ④ ⑤	77	① ② ③ ④ ⑤	97	
18	① ② ③ ④ ⑤	38	① ② ③ ④ ⑤	58	① ② ③ ④ ⑤	78	① ② ③ ④ ⑤	98	
19	① ② ③ ④ ⑤	39	① ② ③ ④ ⑤	59	① ② ③ ④ ⑤	79	① ② ③ ④ ⑤	99	
20	① ② ③ ④ ⑤	40	① ② ③ ④ ⑤	60	① ② ③ ④ ⑤	80	① ② ③ ④ ⑤	100	

※ 본 답안지는 마킹연습용 모의 답안지입니다.

〈절취선〉

LH 한국토지주택공사 직무능력검사 답안카드

성 명

지원 분야

문제지 형별기재란	
(　　　)형	Ⓐ Ⓑ

수 험 번 호						
⓪	⓪	⓪	⓪	⓪	⓪	⓪
①	①	①	①	①	①	①
②	②	②	②	②	②	②
③	③	③	③	③	③	③
④	④	④	④	④	④	④
⑤	⑤	⑤	⑤	⑤	⑤	⑤
⑥	⑥	⑥	⑥	⑥	⑥	⑥
⑦	⑦	⑦	⑦	⑦	⑦	⑦
⑧	⑧	⑧	⑧	⑧	⑧	⑧
⑨	⑨	⑨	⑨	⑨	⑨	⑨

감독위원 확인
㉧ 인

1	① ② ③ ④ ⑤	21	① ② ③ ④ ⑤	41	① ② ③ ④ ⑤	61	① ② ③ ④ ⑤	81	① ② ③ ④ ⑤
2	① ② ③ ④ ⑤	22	① ② ③ ④ ⑤	42	① ② ③ ④ ⑤	62	① ② ③ ④ ⑤	82	① ② ③ ④ ⑤
3	① ② ③ ④ ⑤	23	① ② ③ ④ ⑤	43	① ② ③ ④ ⑤	63	① ② ③ ④ ⑤	83	① ② ③ ④ ⑤
4	① ② ③ ④ ⑤	24	① ② ③ ④ ⑤	44	① ② ③ ④ ⑤	64	① ② ③ ④ ⑤	84	① ② ③ ④ ⑤
5	① ② ③ ④ ⑤	25	① ② ③ ④ ⑤	45	① ② ③ ④ ⑤	65	① ② ③ ④ ⑤	85	① ② ③ ④ ⑤
6	① ② ③ ④ ⑤	26	① ② ③ ④ ⑤	46	① ② ③ ④ ⑤	66	① ② ③ ④ ⑤	86	① ② ③ ④ ⑤
7	① ② ③ ④ ⑤	27	① ② ③ ④ ⑤	47	① ② ③ ④ ⑤	67	① ② ③ ④ ⑤	87	① ② ③ ④ ⑤
8	① ② ③ ④ ⑤	28	① ② ③ ④ ⑤	48	① ② ③ ④ ⑤	68	① ② ③ ④ ⑤	88	① ② ③ ④ ⑤
9	① ② ③ ④ ⑤	29	① ② ③ ④ ⑤	49	① ② ③ ④ ⑤	69	① ② ③ ④ ⑤	89	① ② ③ ④ ⑤
10	① ② ③ ④ ⑤	30	① ② ③ ④ ⑤	50	① ② ③ ④ ⑤	70	① ② ③ ④ ⑤	90	① ② ③ ④ ⑤
11	① ② ③ ④ ⑤	31	① ② ③ ④ ⑤	51	① ② ③ ④ ⑤	71	① ② ③ ④ ⑤	91	
12	① ② ③ ④ ⑤	32	① ② ③ ④ ⑤	52	① ② ③ ④ ⑤	72	① ② ③ ④ ⑤	92	
13	① ② ③ ④ ⑤	33	① ② ③ ④ ⑤	53	① ② ③ ④ ⑤	73	① ② ③ ④ ⑤	93	
14	① ② ③ ④ ⑤	34	① ② ③ ④ ⑤	54	① ② ③ ④ ⑤	74	① ② ③ ④ ⑤	94	
15	① ② ③ ④ ⑤	35	① ② ③ ④ ⑤	55	① ② ③ ④ ⑤	75	① ② ③ ④ ⑤	95	
16	① ② ③ ④ ⑤	36	① ② ③ ④ ⑤	56	① ② ③ ④ ⑤	76	① ② ③ ④ ⑤	96	
17	① ② ③ ④ ⑤	37	① ② ③ ④ ⑤	57	① ② ③ ④ ⑤	77	① ② ③ ④ ⑤	97	
18	① ② ③ ④ ⑤	38	① ② ③ ④ ⑤	58	① ② ③ ④ ⑤	78	① ② ③ ④ ⑤	98	
19	① ② ③ ④ ⑤	39	① ② ③ ④ ⑤	59	① ② ③ ④ ⑤	79	① ② ③ ④ ⑤	99	
20	① ② ③ ④ ⑤	40	① ② ③ ④ ⑤	60	① ② ③ ④ ⑤	80	① ② ③ ④ ⑤	100	

※ 본 답안지는 마킹연습용 모의 답안지입니다.

LH 한국토지주택공사 직무능력검사 답안카드

성 명

지원 분야

문제지 형별기재란	
( )형	Ⓐ Ⓑ

수 험 번 호						
⓪	⓪	⓪	⓪	⓪	⓪	⓪
①	①	①	①	①	①	①
②	②	②	②	②	②	②
③	③	③	③	③	③	③
④	④	④	④	④	④	④
⑤	⑤	⑤	⑤	⑤	⑤	⑤
⑥	⑥	⑥	⑥	⑥	⑥	⑥
⑦	⑦	⑦	⑦	⑦	⑦	⑦
⑧	⑧	⑧	⑧	⑧	⑧	⑧
⑨	⑨	⑨	⑨	⑨	⑨	⑨

감독위원 확인
ⓘⓝ 인

1	① ② ③ ④ ⑤	21	① ② ③ ④ ⑤	41	① ② ③ ④ ⑤	61	① ② ③ ④ ⑤	81	① ② ③ ④ ⑤
2	① ② ③ ④ ⑤	22	① ② ③ ④ ⑤	42	① ② ③ ④ ⑤	62	① ② ③ ④ ⑤	82	① ② ③ ④ ⑤
3	① ② ③ ④ ⑤	23	① ② ③ ④ ⑤	43	① ② ③ ④ ⑤	63	① ② ③ ④ ⑤	83	① ② ③ ④ ⑤
4	① ② ③ ④ ⑤	24	① ② ③ ④ ⑤	44	① ② ③ ④ ⑤	64	① ② ③ ④ ⑤	84	① ② ③ ④ ⑤
5	① ② ③ ④ ⑤	25	① ② ③ ④ ⑤	45	① ② ③ ④ ⑤	65	① ② ③ ④ ⑤	85	① ② ③ ④ ⑤
6	① ② ③ ④ ⑤	26	① ② ③ ④ ⑤	46	① ② ③ ④ ⑤	66	① ② ③ ④ ⑤	86	① ② ③ ④ ⑤
7	① ② ③ ④ ⑤	27	① ② ③ ④ ⑤	47	① ② ③ ④ ⑤	67	① ② ③ ④ ⑤	87	① ② ③ ④ ⑤
8	① ② ③ ④ ⑤	28	① ② ③ ④ ⑤	48	① ② ③ ④ ⑤	68	① ② ③ ④ ⑤	88	① ② ③ ④ ⑤
9	① ② ③ ④ ⑤	29	① ② ③ ④ ⑤	49	① ② ③ ④ ⑤	69	① ② ③ ④ ⑤	89	① ② ③ ④ ⑤
10	① ② ③ ④ ⑤	30	① ② ③ ④ ⑤	50	① ② ③ ④ ⑤	70	① ② ③ ④ ⑤	90	① ② ③ ④ ⑤
11	① ② ③ ④ ⑤	31	① ② ③ ④ ⑤	51	① ② ③ ④ ⑤	71	① ② ③ ④ ⑤	91	
12	① ② ③ ④ ⑤	32	① ② ③ ④ ⑤	52	① ② ③ ④ ⑤	72	① ② ③ ④ ⑤	92	
13	① ② ③ ④ ⑤	33	① ② ③ ④ ⑤	53	① ② ③ ④ ⑤	73	① ② ③ ④ ⑤	93	
14	① ② ③ ④ ⑤	34	① ② ③ ④ ⑤	54	① ② ③ ④ ⑤	74	① ② ③ ④ ⑤	94	
15	① ② ③ ④ ⑤	35	① ② ③ ④ ⑤	55	① ② ③ ④ ⑤	75	① ② ③ ④ ⑤	95	
16	① ② ③ ④ ⑤	36	① ② ③ ④ ⑤	56	① ② ③ ④ ⑤	76	① ② ③ ④ ⑤	96	
17	① ② ③ ④ ⑤	37	① ② ③ ④ ⑤	57	① ② ③ ④ ⑤	77	① ② ③ ④ ⑤	97	
18	① ② ③ ④ ⑤	38	① ② ③ ④ ⑤	58	① ② ③ ④ ⑤	78	① ② ③ ④ ⑤	98	
19	① ② ③ ④ ⑤	39	① ② ③ ④ ⑤	59	① ② ③ ④ ⑤	79	① ② ③ ④ ⑤	99	
20	① ② ③ ④ ⑤	40	① ② ③ ④ ⑤	60	① ② ③ ④ ⑤	80	① ② ③ ④ ⑤	100	

※ 본 답안지는 마킹연습용 모의 답안지입니다.

〈절취선〉

LH 한국토지주택공사 직무능력검사 답안카드

성 명

지원 분야

문제지 형별기재란	
(　　　)형	Ⓐ Ⓑ

수 험 번 호						
⓪	⓪	⓪	⓪	⓪	⓪	⓪
①	①	①	①	①	①	①
②	②	②	②	②	②	②
③	③	③	③	③	③	③
④	④	④	④	④	④	④
⑤	⑤	⑤	⑤	⑤	⑤	⑤
⑥	⑥	⑥	⑥	⑥	⑥	⑥
⑦	⑦	⑦	⑦	⑦	⑦	⑦
⑧	⑧	⑧	⑧	⑧	⑧	⑧
⑨	⑨	⑨	⑨	⑨	⑨	⑨

감독위원 확인
인

1	① ② ③ ④ ⑤	21	① ② ③ ④ ⑤	41	① ② ③ ④ ⑤	61	① ② ③ ④ ⑤	81	① ② ③ ④ ⑤
2	① ② ③ ④ ⑤	22	① ② ③ ④ ⑤	42	① ② ③ ④ ⑤	62	① ② ③ ④ ⑤	82	① ② ③ ④ ⑤
3	① ② ③ ④ ⑤	23	① ② ③ ④ ⑤	43	① ② ③ ④ ⑤	63	① ② ③ ④ ⑤	83	① ② ③ ④ ⑤
4	① ② ③ ④ ⑤	24	① ② ③ ④ ⑤	44	① ② ③ ④ ⑤	64	① ② ③ ④ ⑤	84	① ② ③ ④ ⑤
5	① ② ③ ④ ⑤	25	① ② ③ ④ ⑤	45	① ② ③ ④ ⑤	65	① ② ③ ④ ⑤	85	① ② ③ ④ ⑤
6	① ② ③ ④ ⑤	26	① ② ③ ④ ⑤	46	① ② ③ ④ ⑤	66	① ② ③ ④ ⑤	86	① ② ③ ④ ⑤
7	① ② ③ ④ ⑤	27	① ② ③ ④ ⑤	47	① ② ③ ④ ⑤	67	① ② ③ ④ ⑤	87	① ② ③ ④ ⑤
8	① ② ③ ④ ⑤	28	① ② ③ ④ ⑤	48	① ② ③ ④ ⑤	68	① ② ③ ④ ⑤	88	① ② ③ ④ ⑤
9	① ② ③ ④ ⑤	29	① ② ③ ④ ⑤	49	① ② ③ ④ ⑤	69	① ② ③ ④ ⑤	89	① ② ③ ④ ⑤
10	① ② ③ ④ ⑤	30	① ② ③ ④ ⑤	50	① ② ③ ④ ⑤	70	① ② ③ ④ ⑤	90	① ② ③ ④ ⑤
11	① ② ③ ④ ⑤	31	① ② ③ ④ ⑤	51	① ② ③ ④ ⑤	71	① ② ③ ④ ⑤	91	
12	① ② ③ ④ ⑤	32	① ② ③ ④ ⑤	52	① ② ③ ④ ⑤	72	① ② ③ ④ ⑤	92	
13	① ② ③ ④ ⑤	33	① ② ③ ④ ⑤	53	① ② ③ ④ ⑤	73	① ② ③ ④ ⑤	93	
14	① ② ③ ④ ⑤	34	① ② ③ ④ ⑤	54	① ② ③ ④ ⑤	74	① ② ③ ④ ⑤	94	
15	① ② ③ ④ ⑤	35	① ② ③ ④ ⑤	55	① ② ③ ④ ⑤	75	① ② ③ ④ ⑤	95	
16	① ② ③ ④ ⑤	36	① ② ③ ④ ⑤	56	① ② ③ ④ ⑤	76	① ② ③ ④ ⑤	96	
17	① ② ③ ④ ⑤	37	① ② ③ ④ ⑤	57	① ② ③ ④ ⑤	77	① ② ③ ④ ⑤	97	
18	① ② ③ ④ ⑤	38	① ② ③ ④ ⑤	58	① ② ③ ④ ⑤	78	① ② ③ ④ ⑤	98	
19	① ② ③ ④ ⑤	39	① ② ③ ④ ⑤	59	① ② ③ ④ ⑤	79	① ② ③ ④ ⑤	99	
20	① ② ③ ④ ⑤	40	① ② ③ ④ ⑤	60	① ② ③ ④ ⑤	80	① ② ③ ④ ⑤	100	

※ 본 답안지는 마킹연습용 모의 답안지입니다.

2025 최신판 시대에듀 LH 한국토지주택공사
NCS + 전공 + 최종점검 모의고사 3회 + 무료NCS특강

개정15판1쇄 발행	2025년 02월 20일 (인쇄 2025년 01월 03일)
초 판 발 행	2012년 03월 05일 (인쇄 2012년 02월 20일)
발 행 인	박영일
책 임 편 집	이해욱
편 저	SDC(Sidae Data Center)
편 집 진 행	김재희
표지디자인	박수영
편집디자인	김경원 · 장성복
발 행 처	(주)시대고시기획
출 판 등 록	제 10-1521호
주 소	서울시 마포구 큰우물로 75 [도화동 538 성지 B/D] 9F
전 화	1600-3600
팩 스	02-701-8823
홈 페 이 지	www.sdedu.co.kr
I S B N	979-11-383-8478-0 (13320)
정 가	25,000원

LH 한국토지 주택공사

NCS+전공+모의고사 3회

최신 출제경향 전면 반영

기업별 맞춤 학습 "기본서" 시리즈

공기업 취업의 기초부터 심화까지! 합격의 문을 여는 **Hidden Key!**

기업별 시험 직전 마무리 "모의고사" 시리즈

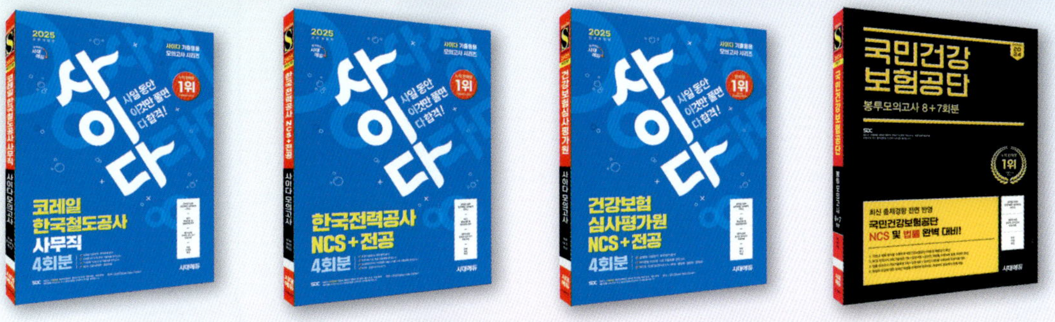

실제 시험과 동일하게 마무리! 합격을 향한 **Last Spurt!**

※기업별 시리즈 : HUG 주택도시보증공사/LH 한국토지주택공사/강원랜드/건강보험심사평가원/국가철도공단/국민건강보험공단/국민연금공단/근로복지공단/발전회사/부산교통공사/서울교통공사/인천국제공항공사/코레일 한국철도공사/한국농어촌공사/한국도로공사/한국산업인력공단/한국수력원자력/한국수자원공사/한국전력공사/한전KPS/항만공사 등

※도서의 이미지 및 구성은 변동될 수 있습니다.

시대에듀가 합격을 준비하는
당신에게 제안합니다.
결심하셨다면 지금 당장 실행하십시오.
시대에듀와 함께라면 문제없습니다.
성공의 기회!
시대에듀를 잡으십시오.
NEXT STEP!
기회란 포착되어 활용되기 전에는 기회인지조차 알 수 없는 것이다.
- 마크 트웨인 -